全国工程专业学位研究生教育国家级规划教材

王蒲生 李平 刘立栋 等 编著

工程伦理案例集

清华大学出版社
北京

内 容 简 介

工程伦理案例教学在培养工程师的责任意识、规范认知和伦理决策能力方面发挥着不可替代的作用。在工程伦理教育与工程安全和社会发展密不可分的今天,案例教学形式已成为提高工程伦理教育质量的有效手段,并且日益受到社会各界的广泛关注。

为满足当前高校和产业界对工程伦理案例教学的迫切需求,本书围绕《工程伦理(第 2 版)》的 13 章内容,精编了能反映新时代工程形态以及中国工程与产业实践的配套案例。案例集编写旨在体现典型性、原创性、新颖性和激励性,不仅针对教材中的重点难点进行分析并有所补充,而且鼓励编写人员深入田野发掘一手资料,以回应时代诉求,聚焦新的工程形态中存在的伦理问题,彰显新时代中国工程伦理精神。

本书旨在为工程伦理课程的案例教学提供支持,亦可为相关领域科研人员和工程管理人员开展工程实践提供有益参考。

图书在版编目(CIP)数据

工程伦理案例集/王蒲生等编著. —北京:清华大学出版社,2022.11
全国工程专业学位研究生教育国家级规划教材
ISBN 978-7-302-62088-4

Ⅰ. ①工…　Ⅱ. ①王…　Ⅲ. ①技术伦理学－研究生－教材　Ⅳ. ①B82-057

中国版本图书馆 CIP 数据核字(2022)第 196577 号

责任编辑:冯　昕　赵从棉
封面设计:何凤霞
责任校对:王淑云
责任印制:沈　露

出版发行:清华大学出版社
　　　　网　　　址:http://www.tup.com.cn,http://www.wqbook.com
　　　　地　　　址:北京清华大学学研大厦 A 座　　邮　　编:100084
　　　　社 总 机:010-83470000　　　　　　　　邮　　购:010-62786544
　　　　投稿与读者服务:010-62776969,c-service@tup.tsinghua.edu.cn
　　　　质量反馈:010-62772015,zhiliang@tup.tsinghua.edu.cn
印 装 者:北京同文印刷有限责任公司
经　　销:全国新华书店
开　　本:185mm×260mm　　印　张:18.5　　　　字　　数:449 千字
版　　次:2022 年 12 月第 1 版　　　　　　　　印　　次:2022 年 12 月第 1 次印刷
定　　价:55.00 元

产品编号:095814-01

序
Foreword

以实践智慧引领工程伦理的案例教学

工程教育涉及面广、影响深远,于国家发展、人类进步,有基础性的重要意义。而工程伦理教育则重在将伦理责任融入工程师的专业能力和创造实践之中,对于提升工程共同体伦理素养,让工程促进人类福祉提升,有方向性作用。

2022年中共中央办公厅、国务院办公厅印发《关于加强科技伦理治理的意见》,鼓励和要求高校开设科技伦理教育相关课程,这对已经推进了数年的工程伦理课程的开展提出了更高的要求。在工程伦理教育的"三位一体"目标中,知识传授基础上和能力提升过程中的价值塑造处于核心地位,也是工程教育立德树人的有力抓手。

但价值塑造不易,因为涉及人的思想、观念,隐性而深层、长期且极具挑战性,与社会环境风气高度相关,也需要学习者的深度参与和主动配合,即如孟子所言"君子深造之以道,欲其自得之也"。

案例教学是开展工程伦理教育的有效载体。"不动手,无工程。"只通过课本理论学习,成不了优秀的工程师。工程伦理教育亦是如此。工程伦理不仅仅是一种知识形态,更要体现工具理性之上升华而成的价值理性,是实践智慧的结晶。以实践智慧引领工程伦理案例教学的特点体现在以下四个方面:

一是教学模式上从主客体模式向主体间性模式转变。在"主客二分"的单向度教学模式中,师生之间是一种灌输与被灌输的关系。面对"三观"已经成型的成年学生,仅凭教者的热情远远不够。如何力戒说教和泛泛之论,切中学生的"痛点",调动起学的一方的主动参与热情,是讲好伦理课(而非伦理学课)的难点所在。

案例教学的实践智慧强调从人的生存实践出发,超越了笛卡尔的"主体-客体"对象性认识论框架,恰好有助于完成这样的任务。学生不是被教师投喂,而是参与到食物制作的过程并常常伴有更为主动的"反刍""体味"。正如清华大学梅贻琦校长所言:"我们的知识,固有赖于教授的教导指点,就是我们的精神修养,亦全赖有教授的 inspiration。"显然,指点与激发,并不相同。

二是讲授方法上提倡场景叙事法。案例中的工程实践场景具有复杂性,往往伴随着很多并非自明的"灰色空间"。规范一旦应用到具体的实践场景,会展现出解释的灵活性以及规范之间的矛盾性,特别需要学生在具体情境中理解和运用规范的能动性。

戏剧理论家斯坦尼斯拉夫斯基认为,在演员接近角色这一极为重要的认识阶段,想象起决定作用,会帮助演员"存在"于剧本情境之中。通过场景叙事,学生能像演员阅读剧本一样,把双脚放进主人公的靴子里,身临其境地去体会"我"在具体工程实践情境中的情感体验、伦理诉求和选择困境,从而让讨论的伦理话题真正入脑、入心,帮助学生使工程伦理规范内化,从自为走向自觉。

三是案例选择上挑选与教学目标相恰的教学案例。教学案例类型多样,按照叙事的风格,可分为示范榜样型、说明评价型和决策问题解决型。示范榜样型案例暗含了作者推崇和激励的意思。说明评价型案例中也会有主人公的选择,只是编写者并未预设评价是非的标准。决策问题解决型案例则更为中立和开放,决策点摆在那里,把选择权(以及对其承担的责任)交给学生。

因此教学案例的选用也因对象及教学目标的不同而改变。示范榜样型案例和说明评价型案例较适合作为讲授制下契合教科书叙事的例证,为证实某种理论、原理的正确性而使用。决策问题解决型案例中的矛盾、纠纷、困扰等冲突性的安排会增加学习的代入感,其开放性有助于激发学生产生不同的想法,推动课堂辩论、讨论的进行。教授具有实践经验的学生时,首选决策问题解决型教学案例。

四是案例来源上提倡开发本土的、产教融合的案例。实践智慧蕴含在具体的文化情景中。中国工程伦理案例教学离不开适合中国国情、展现中国话语和工程师实践探索的本土化、高标准、成体系的经典案例库。

实践智慧体现在案例情景的历时性变化之中。中国工程师的职业精神可以溯源到都江堰等古代工程中管理者和匠人秉持的"道法自然、以道驭术"传统文化德性。晚清开始的中国工程师现代职业化进程中注入了科学理性、救国兴邦和自立自强的职业使命;到了今天,伴随着中国的"工程出海",构建人类命运共同体体现出的全球视野和跨文化交流能力成为新时代中国工程师重要的职业素养。这就要求我们善于开发实践中涌现出的体现中国工程伦理智慧的案例。正所谓"守正创新"。

实践智慧提倡知行合一。在培养未来工程师伦理敏感性的同时,工程伦理教育看重将对人类社会与环境负责任的价值观注入工程设计与创新行动中去,实现"工程向善"。2021年中央人才工作会议要求不断完善校企协同育人机制,加强研究生在实践基地中的真刀真枪历练,提升研究生发现真问题、解决大难题、定义新命题的实践创新能力。深化产教融合,构建产学研用互通互促的案例开发与教学机制也是一种探索。本次案例的采编得到华润学习与创新中心的支持,体现了产业界对工程伦理案例教学的实际需求。

"工程伦理"课程正式纳入工程硕士专业学位研究生公共必修课后,全国工程专业学位研究生教育指导委员会一直致力于加强工程伦理师资队伍建设,成批次、高质量地开展教师培训,组织案例教学专题研讨会,加快形成一批精品教材、经典案例等教学资源。支持和推动《工程伦理案例集》编写和出版就是其中一项重要工作。为此工程教指委专门召开了工作坊,支持清华大学深圳国际研究生院王蒲生教授、李平副教授以及清华大学创新领军工程项目博士生刘立栋组织案例集的编写工作。在此特别感谢所有参与者的贡献。相信本案例集的出版,以及在教学中广泛的应用,一定会有助于践行"工程向善"理念,让工程伦理教育成为中国工程教育的底色和亮色。

杨斌

清华大学副校长

中国学位与研究生教育学会副会长

教育部高校科技伦理教育专项工作组组长

2022 年 9 月

目 录
Contents

第1章

工程与伦理(教学案例)

案例 1.1　从怒江水电开发的争论看工程的性质与价值

作者姓名：李正风,阎妍
作者单位：清华大学社会科学学院
案例来源：作者根据相关资料整理
案例真实性：真实

内容提要：怒江是我国西南地区的一条国际河流,其中下游河段径流丰沛而稳定、落差大,所经区域交通便利,是水电能源丰富、开发条件较好的河段,是我国尚待充分开发的水电能源基地之一。从 2003 年怒江水电开发论证伊始,对其的争议已经持续了十余年,成为经济社会发展与生态环境保护争议的标志性事件,也被视为中国水利开发主要受阻于环保因素的一个典型案例。从该争议性事件,我们可以进一步了解工程的性质和特点,理解工程决策如何受各种复杂因素的影响,以及如何看待工程对经济社会发展、自然生态环境可能产生的影响。

关键词：怒江；水电开发；工程；环境保护

1　引言

怒江是我国西南地区的一条国际河流,发源于青藏高原的唐古拉山南麓,由怒江第一湾西北向东南斜贯西藏东部的平浅谷地,入云南省折向南流,经怒江傈僳族自治州、保山市和德宏傣族景颇族自治州,流入缅甸后改称萨尔温江,最后注入印度洋的安达曼海。怒江全长 3240 km,中国部分 2013 km。怒江中下游河段径流丰沛而稳定、落差大,所经区域交通便捷,是水电能源丰富、开发条件较好的河段。其技术可开发容量居全国第六,待开发的可开发容量居全国第二,是我国尚待开发的水电能源基地之一。

1999 年,国家发展与改革委员会决定对怒江进行开发。但从 2003 年该项目论证伊始,怒江水电开发的争议已经持续了十余年,成为环保与发展争议的标志性事件,也被外界视为中国乃至世界水利开发受环保等复杂因素影响的一个典型案例。

2　事件经过

1999 年,国家发展与改革委员会"根据我国的能源现状,根据有关人大代表的呼吁,决定用合乎程序的办法对怒江进行开发"。

2003 年 1 月 31 日,云南省人民政府与华电集团明确了签署《关于促进云南电力发展的合作意向书》的共同愿望,"双方表达了加强合作的真诚愿望,也表明省人民政府大力支持华电集团在云南的发展"[1];该意向书 2003 年 3 月 14 日在昆明正式签署,同年 6 月 14 日,云南华电怒江水电开发有限公司组建,揭开了怒江流域水电资源全面开发的序幕[2];7 月 18 日,云南华电怒江六库水电站正式挂牌成立。

怒江流域水电规划用时近 3 年,2003 年 7 月基本完成,并提出了《怒江中下游水电规划报告》。

2003 年 8 月 14 日,国家发展与改革委员会主持评审了由云南省怒江州完成的《怒江中下游水电规划报告》,通过了怒江中下游河段两库十三级梯级开发方案。然而在审查会上,"国家环保部门提出,《中华人民共和国环境影响评价法》于 2003 年 9 月 1 日正式实施,要求大型电站规划必须专门做环境影响评价报告,鉴于怒江水电开发的规模和《环境影响评价法》实施日期的临近,要求专题审查'环境影响评价报告'"[3]。

2003 年 9 月 3 日、10 月 20—21 日,国家环保总局分别在北京和昆明就怒江水电开发问题召开专家座谈会,"2003 年 9 月 3 日的争论一边倒,赞成建设的云南专家在会上占绝对优势。10 月 20 日的座谈会,支持者与反对者壁垒分明、互不相让,以云南本地专家为主的支持派和以北京专家为主的反对派在会上针锋相对。"[4]期间,云南省环保局也分别在 9 月 29 日、10 月 10 日召开了两次专家座谈会。

2003 年 10 月 22 日,云南省怒江州委书记解毅、州长欧志明率队进京,"就怒江水电开发与环境保护问题再次向国家发展改革委、环保总局、水利部、水规总院、交通部和国家民委作了汇报,并与国电北京院、华电集团全面交换了意见。"[4]

2003 年 10 月 25 日,在中国环境文化促进会第二届会员代表大会上,民间环保人士汪永晨征集了 62 位科学、文化、新闻和民间环保人士联名反对怒江建坝。[5]

2003 年 11 月底,在泰国举行的世界河流与人民反坝会议上,民间环保组织绿家园、自然之友、绿色流域等为宣传保护怒江在众多场合奔走游说。"最终 60 多个国家的 NGO 以大会的名义联合为保护怒江签名,此联合签名最后递交给了联合国教科文组织,联合国教科文组织为此专门回信,称其'关注怒江'。随后,泰国的 80 多个民间 NGO 也就怒江问题联合写信,并递交给了中国驻泰国使馆。因为怒江的下游流经泰国。"[6]这表明怒江水电开发也受到复杂国际因素的影响。

2004 年 1 月 5 日,怒江水电开发终于通过了环境影响评价。

2004 年 1 月 8—9 日,中国社科院、绿色流域、四川地质学会、移民研究中心等联合在北京举行了怒江水电开发的研讨,最后将会议记录递交给了国家最高决策者。

2004 年 2 月 18 日,国家相关领导在国家发展改革委报送的《怒江中下游流域水电规划报告》上作出批示,表示对这类引起社会高度关注,且有环保方面不同意见的大型水电工程应慎重研究,科学决策。这体现了政府对重大工程决策的审慎态度。

2004 年 7 月,在列入世界遗产名录一年之际,"三江并流"因水电开发计划受到黄牌警告。"世遗中心表示,怒江被誉为中国'最后一条自由流淌的伟大河流',在此世界遗产保护区内建任何水坝,或把水坝建在区外但却同样对世界遗产的完整性产生重大影响的行为,都与其作为世界遗产的身份不相调和。"[5]

2004 年之后,关于怒江水电开发的争论也没有停止。国家能源开发规划也在考虑以适当方式重启怒江水电开发。如 2013 年 1 月 23 日,国务院办公厅公布《能源发展"十二五"规划》称,怒江松塔水电基地被列入重点建设项目,六库、马吉、亚碧罗、赛格等被列入有序启动项目。但争论也仍然在延续。如何看待工程可能带来的影响,以及如何处理发展与保护的关系成为人们不断争论的焦点。

3　争论双方意见

支持怒江水电开发的主要理由集中在两个方面。

一是可以有效利用水利资源,缓解能源压力。"我国水电能源丰富,但是利用率低,煤炭发电不仅严重破坏生态环境,且严重影响我国能源可持续发展。"[7]而怒江"是怒江流域重要的优势资源,具有地质条件好、径流量大、搬迁人口少、淹没土地少、开发任务单一、开发成本低等显著特点,适合大规模开发。"[8]据 2003 年 8 月国家发改委主持评审的由云南省完成的《怒江中下游水电规划报告》,按"两库十三级"开发方案总装机容量可达 2132 万 kW,比三峡大坝的装机容量还要多 300 万 kW。

二是可以有效改变怒江地区贫困落后状况。怒江既是资源最富集的地区之一,又是全国最贫困的地区之一。怒江州是全国唯一的傈僳族自治州,少数民族占全州人口的 92.2%,一些地方至今还保留着刀耕火种、人背马驮等原始生产方式和纹面部落等原始社会痕迹。时任中国华电集团云南公司副工程师陈伊恂总结了怒江的贫困落后现状:"怒江州 4 县均为国家扶贫开发重点扶持县,基础设施十分落后。全州未形成支撑经济增长的任何支柱产业,2004 年全州国内生产总值 16.2 亿元,人均生产总值 3407 元;农民人均纯收入 970 元,仅为全国平均水平的 1/3、全省平均水平的 1/2。全州贫困人口 27.53 万人(年人均收入低于882 元),有 12.7 万人因生存条件恶劣需异地安置;有 4.5 万户特困农村群众居住在茅草屋、'权权房',占全州总户数的 48.7%。"[8]

怒江水电开发被视为该地区脱贫致富求发展的重要途径。按照云南省有关部门提出的规划,"怒江中下游干流将实行大规模梯级开发,规划 2015 年至 2020 年开发马吉、亚碧罗、赛格、碧江等 7 座水电站,2030 年前将其余 6 座开发完毕。"[9]实际上,怒江水电开发存在巨大的经济利益,怒江州在一份材料中提出:"13 个梯级电站的开发,总投资 896.5 亿元,如果2030 年前全部建成,平均每年投入 30 多亿元,国税年收入增加 51.99 亿元,地税年收入增加 27.18 亿元。巨额投资将扩大就业。据统计,电站建设每投入 20 万元,就带来一个长期就业机会,896.5 亿元的总投资,可带来 448250 个就业机会。巨额投资还将带动地方建材、交通等二、三产业的发展,带动地方 GDP 的增长,促进财政增收。"[9]不但电力成为地方新兴的支柱产业,而且由此带来的社会经济效益将远远超过电力行业本身。

当地政府开发水电愿望强烈。据时任怒江州人民政府常务副州长和六中介绍,"2003年 9 月,怒江州绝大多数人民代表和政协委员再次提出了加快怒江水电开发的意见。在232 位人民代表中,认为应加快开发的 205 人,同意开发的 26 人,不同意开发的 1 人;192位政协委员中,认为应加快开发的 160 人,应该开发的 30 人,不应该开发的 2 人。充分表达了怒江人民开发水电、渴望发展的强烈愿望和迫切要求。"[10]

但怒江水电开发引发了多方面的争议。时任《瞭望》杂志记者李自良总结了反对派的两个核心观点:"其一,水电开发会破坏生态环境;其二,水电开发不是怒江州脱贫的唯一选择,可以考虑保留好生态环境,开发旅游产业。"[11]具体而言包括:①水电站的建设可能降低怒江峡谷作为旅游资源的价值;②将改变自然河流的水文、地貌及河流生态的完整性和真实性,也将影响其作为世界自然遗产的地质、地貌、生物多样性、珍稀濒危物种及降低其自然美学价值;③将破坏怒江地区多民族聚居的独特的地方民族文化;④应从国家生态安全长期目标出发,将其作为一条生态江予以保留;⑤移民问题不易解决。此外,环保组织和一些专家曾联名致信相关部门,提请在怒江水电开发中依照《环境影响评价法》的要求,吸收公众参与环评。

针对反对的声音,怒江州政府提供的材料中指出,"怒江现在的问题不仅仅是保护和恢复生态的问题,还有拯救生态的问题。开发怒江水能资源,对治理怒江流域的生态恶化具有关键的意义。"[9]中国工程院院士陆佑楣此前表示:"只要在开发中重视环保问题,坚持科学的开发模式,资源开发与环境保护就可以实现双赢。"[9]针对外界对怒江水电开发的质疑,时任怒江州州长侯新华表示:"怒江人民有着脱贫致富的强烈愿望,已经初步具备了改变家乡面貌的能力,我们拥有建设新农村的权利。"[9]怒江州的地方官员这样表达他们的不解:"问题被一些所谓的环保人士和新闻媒体复杂化了,他们的行为甚至引起了中央领导人的注意。我就想不通,以前我们怒江人过了这么多年的穷苦日子他们并不关心,现在我们想通过开发怒江过点好日子他们却特别关注——一致反对了,似乎我们怒江人就不该向往过好日子。"[12]

关于怒江水电开发是否影响"三江并流"世界遗产保护问题,争论双方也存在不同意见。

4 案例讨论

一个规划中的水电开发工程何以引发如此广泛的争论?究其原因,是因为该水电开发工程会带来多方面复杂的后果和影响。这也引导我们进一步理解工程实践的性质和特点。

工程是一种社会性、物质性的实践活动,是有意识、有目的地改造客观对象的状况,以使之更好地满足人们特定需求的实践行为。1828年英国工程师托马斯·特尔福德(Thomas Tredgold,1788—1829,1820年当选土木工程师社团主席)给出的"工程"定义就很好地反映了这个特点。他认为工程是驾驭源于自然界的力量以供人类使用并为人类提供便利的艺术。可以说工程就是要运用人类的智慧,利用自然界和外部世界的各种资源,为人类的生活提供便利和福祉。

但值得注意的是,随着工程活动越来越复杂,涉及的利益相关方越来越多,人们对美好生活的诉求越来越多样化,以及工程活动影响自然环境的后果复杂性、不确定性不断提高,工程活动在带来某些方面便利或福祉的同时,也会带来其他方面的不利影响。因此,对什么是"好"的工程,需要从什么样的评价维度和伦理立场出发评判一个工程可能带来的后果,人们的看法往往存在差异,也引发出多方面的争议。在争议的背后,就蕴涵着必须面对的工程伦理问题。

从这个争论可以看出,人们对工程实践过程中要遵循的伦理准则的认识正在发生重要的变化。以往人们更关心工程活动可能带来的直接影响和经济、社会收益,现在也越来越关注工程对自然环境的影响,对地区、人类可持续发展的影响,更关心工程活动对人类文化演进带来的影响。

这个争论也很好地诠释了工程是一种社会实验的思想。工程活动不同程度地包含着未知和不确定性,无论是在工程设计阶段,还是在工程实施过程中,人们的知识与技术总是不完备的,既需要面对新的情境和问题,也可能产生超出预期的不良后果。因此,在工程活动中必须时刻保持风险意识,在实践中不断提高伦理意识和伦理敏感性,同时建立环境、社会影响评价及社会矫正机制,增强应对新的风险、新的伦理问题的能力。

当然,这个争论引发的思考还有很多,包括应该如何处理发展和保护之间的关系,如何在坚持可持续发展目标的过程中保障当地民众的发展权等,这些问题在工程的规划和设计中如何能够得到很好的体现,都值得进一步思考。

5 思考题

(1) 工程对经济社会发展、自然环境都会产生多种影响,如何从这些复杂的影响中理解工程的性质和特点?

(2) 对工程活动的综合评价包括哪些主要的维度?

(3) 怒江水电开发过程中地方政府表现出强烈的愿望,也面临脱贫致富的很大压力,应当如何在工程规划和立项过程中处理发展和保护之间的关系?

(4) 工程规划和立项过程中的争论有什么意义?如何推进工程实践的科学决策?

案例 1.1 使用说明

1 案例摘要

怒江是我国西南地区的一条国际河流,其中下游河段径流丰沛而稳定、落差大,所经区域交通便捷,是水电能源丰富、开发条件较好的河段,是我国尚待开发的水电能源基地之一。从 2003 年怒江水电开发论证伊始,对其的争议已经持续了十余年,成为环保与发展争议的标志性事件,也被视为中国水利开发主要受阻于环保因素的一个典型案例。从该争议性事件,我们可以进一步了解工程的特点,以及工程对经济社会发展、自然生态环境可能产生的影响。

2 课前准备

课前了解怒江及其水电开发工程的基本情况,重点把握开发条件和开发结果;随着工程活动越来越复杂,涉及的利益相关方越来越多,人们对美好生活的诉求越来越多样化,以及工程活动影响自然环境的后果复杂性、不确定性不断提高,怒江水电开发工程会带来多方面复杂的后果和影响。搜集各国在水电开发工程方面同样面临争议的案例,用于课堂与怒江水电开发工程的对照和比较。

3 教学目标

要求通过此案例的讨论和分析,理解工程的性质和特点,明确工程评价维度的多样性,以及应该坚持的基本原则。

从工程决策的角度让学生认识到环境意识的重要性,一个好的工程在最初的决策和设计过程中,既要考虑可能带来的直接影响和经济、社会收益,也要考虑工程对自然环境、地区和人类可持续发展以及人类文化演进带来的影响。

从工程建设的角度让学生了解,工程活动不同程度地包含着未知和不确定性,无论是在工程设计阶段,还是在工程实施过程中,人们的知识与技术总是不完备的,既需要面对新的情境和问题,也可能产生超出预期的不良后果。

从工程伦理的角度让学生了解,当前人们对工程实践过程中要遵循的伦理准则的认识正在发生重要的变化。应当时刻保持风险意识,不断提高伦理意识和伦理敏感性。

4   分析的思路与要点

思路:本案例围绕着怒江水电开发的争论展开,主要解决三方面的问题。

(1) 争论双方的主要理由包括哪些?为何会引发广泛争论?

(2) 透过该争论,如何进一步理解工程实践的性质和特点?

(3) 工程规划和立项过程中的争论有什么意义?如何推进工程实践的科学决策?

本案例开篇介绍怒江的基本资源条件和开发潜力。根据我国的能源现状,国家发改委在1999年决定对怒江进行开发,但此后各群体展开了持续不断的争论。争论焦点集中在如何看待工程可能带来的影响,以及如何处理发展与保护的关系。其中支持者主要从该工程能够有效缓解能源压力、改变怒江地区贫困落后状况等方面进行论证,而反对者则更加注重怒江地区自然生态环境、生物多样性以及地方民族文化等方面的保护。通过分析争论焦点及其相应观点,引导学生进一步理解工程实践的性质和特点。随着现代工程活动复杂程度和不确定性的提升,工程事件对经济社会发展、自然生态环境可能带来多方面复杂的后果和影响。当前需要从更多元的评价维度和伦理立场出发,对一个工程活动进行综合评价。对于工程实践的决策者而言,一方面,在最初设计时就要考虑多元层面的实践伦理和实践后果;另一方面,在实践各阶段都要清醒地认识到自身知识和技术的不完备性,不断提高伦理意识和伦理敏感性,同时建立环境、社会影响评价及社会矫正机制,增强应对新的风险、新的伦理问题的能力。

5   课堂安排建议

时间安排:课前让同学们了解怒江水电开发的基本情况。课堂案例讲述20 min,依据给出的问题讨论25 min。

组织引导:

(1) 建议课程开始的时候,请同学发表自己对于"工程实践"性质和特点的初步认知和理解。

(2) 建议描述怒江水电开发事件经过后停顿一下,引导学生讨论怒江水电开发会造成哪些后果以及自身更倾向于哪些观点。

(3) 建议案例讲述基本完成后,请同学们讨论水电开发工程引发广泛争论的原因。

(4) 最后老师进行点评和总结。

参考文献

[1] 郭世明.在中国华电集团公司云南公司成立仪式上的讲话[J].云南水力发电,2003,19(2):4.

[2] 佚名.怒江水电资源开发拉开序幕[J].云南水力发电,2003,19(2):2.

[3] 邹仕华.怒江水电经济的前世今生[J].魅力中国,2018(23):354.

[4] 简光洲.怒江水电项目:一条生态河的开发与保护难题[N].东方早报,2004-04-02.

[5] 于晓刚.从"怒江保卫战"看民间环保力量[J].中国周刊,2017(3):2-4.

[6] 曹海东,张朋.怒江大坝突然搁置幕后的民间力量[N].经济,2004(5).

[7] 仝立杨.怒江水电开发的工程伦理思考[J].内蒙古水利,2019(8):54-55.

[8] 陈伊恂.怒江水电开发是怒江实现可持续发展的必由之路[J].云南水力发电,2005(6):1-3,6.

[9] 章轲.怒江:依然蜿蜒在环保争议与发展压力之间[N].第一财经日报,2008-01-08.

[10] 和六中.怒江水电开发与可持续发展[C]//联合国水电与可持续发展研讨会文集.北京,2004:224-226.

[11] 李自良.怒江"争"坝[J].瞭望新闻周刊,2004(49):24-31.

[12] 尹鸿伟.怒江-萨尔温江开发的多方争议[N].时代周报,2012-03-20.

[13] 唐建光.谁来决定怒江命运[J].新闻周刊,2004(18):36-38.

[14] 洪尚群,陈吉宁,吴晓青.怒江水电开发的生态保护战略[J].人民长江,2005(11):65-67.

[15] MARTIN M W,SCHINZINGER R. Ethics in engineering[M].4th ed. New York:The McGraw-Hill Companies,2005.

[16] 李正风,丛杭青,王前.工程伦理[M].2版.北京:清华大学出版社,2019.

案例 1.2　特斯拉"减配门"事件①

作者姓名：何菁[1]，周颖[2]
作者单位：1 南京林业大学高等教育研究所，2 南京林业大学机械电子工程学院
案例来源：作者根据相关资料整理
案例真实性：真实

内容提要：2020 年 3 月初，数十位国产特斯拉车主称，自己购买的国产 Model 3 本应配置的自动驾驶硬件 HW3.0 版本，被"减配"换为性能相差 21 倍的 HW2.5 版本。2020 年 3 月 10 日，工业和信息化部（以下简称"工信部"）装备工业一司针对特斯拉 Model 3 车型部分车辆违规装配 HW2.5 组件问题约谈了特斯拉（上海）有限公司，责令其按照《道路机动车辆生产企业及产品准入管理办法》有关规定立即整改，切实履行企业主体责任，确保生产一致性和产品质量安全。

关键词：特斯拉国产；Model 3；汽车减配；安全；诚实；企业责任

1　引言

特斯拉 Model 3 是特斯拉 Model 系列的新品，北京时间 2016 年 4 月 1 日 11 时 30 分在美国发布，基础售价 3.5 万美元。2019 年 12 月，在国产 Model 3 首次交付之际，特斯拉首次将价格压低至 30 万元以内，享受补贴后售价为 29.905 万元。2019 年 12 月 30 日，特斯拉在上海临港超级工厂交付了首批国产 Model 3，这一交付时间比特斯拉此前在中国官网预告的 2020 年一季度大幅提前。2020 年 3 月初，有特斯拉车主发布微博称，发现自己的国产 Model 3 搭载的不是随车环保清单上标注的 HW3.0 芯片，而被"减配"为 HW2.5 芯片。此后又有十多位车主相继发现自己的车辆存在上述状况，这迅速引发公众关注。3 月 3 日，特斯拉中国官方微博发布"关于中国制造 Model 3 环评清单问题的说明"，称 2020 年年初因为新冠疫情的影响，供应链的不足导致部分标准续航升级版 Model 3 安装了 HW2.5。这意味着特斯拉默认了部分国产 Model 3 车型确实存在减配问题。

2　相关背景介绍

2.1　特斯拉

特斯拉（Tesla）是一家美国电动汽车及能源公司，总部位于帕洛阿托（Palo Alto）。特斯拉第一款汽车产品 Roadster 发布于 2008 年，为一款两门运动型跑车。第二款汽车产品 Model S 发布于 2012 年，为一款四门纯电动豪华轿跑车。第三款汽车产品为 Model X，于 2015 年 9 月开始交付，为豪华纯电动 SUV。2016 年 4 月 1 日，特斯拉 Model X 系列的新品 Model 3 发布。2018 年 12 月，特斯拉入围 2018 年世界品牌 500 强。2019 年 11 月 22 日，特斯

---

①　本案例为国家社科基金重大项目"中国工程实践的伦理形态学研究"（15ZDB015）阶段性成果。

拉首席执行官埃隆·马斯克(Elon Musk)发布了特斯拉第一辆电动皮卡 Cybertruck。2020年1月13日,特斯拉入选 2020 胡润至尚优品获奖名单。

近年特斯拉汽车频发起火事故。2013 年 10 月 1 日,一辆特斯拉 Model S 在美国华盛顿州肯特(Kent)的公路上碰撞金属物体后起火,引发人们对电动车安全性的关注、质疑和热议;10 月底,墨西哥一位 Model S 驾驶者在转弯时撞上并穿过了一面水泥墙,撞在一棵树上发生起火事故;11 月,一辆 2013 款 Model S 在田纳西州高速公路上与一辆牵引车相撞后起火。2014 年 7 月 4 日,一名偷车嫌疑犯驾驶 Model S 逃逸过程中与另一辆汽车相撞后,电池起火发生爆炸。2018 年 3 月 23 日,一辆特斯拉 Model X 撞上隔离带后电池起火,又接连与两车相撞,事故司机送入医院后抢救无效死亡。

与此同时,特斯拉汽车还被反映存在其他质量问题。2014 年 2 月,马斯克因为旗下 Model S 电动汽车因技术故障而导致充电困难,向挪威用户表示道歉。2017 年 4 月 20 日,因电动车手刹问题,特斯拉宣布召回 5 万多辆电动车(主要是 Model X 和 Model S 两种型号)。2018 年 8 月,特斯拉车辆缺陷证据曝光,其电池工厂制造工艺存在缺陷。

2020 年 6 月,美国国家公路交通安全管理局(NHTSA)表示,该局已连续接到多起特斯拉相关车型触摸屏失灵的投诉,已对 6.3 万辆特斯拉 Model S 展开调查。7 月,美国 J. D. Power[①]发布了 2020 年新车质量研究报告,特斯拉排名垫底。而在美国《消费者报告》做的品牌可靠性排行中,特斯拉在总共 26 个品牌中位列第 25 名。11 月,NHTSA 针对特斯拉 Model S/Model X 触控屏故障及其可能造成的事故展开调查,结果是要求特斯拉召回 2012—2018 年生产的 Model S 及 Model X,共计 15.8 万辆。

2021 年 1 月,NHTSA 向特斯拉致函要求召回 15.8 万辆缺陷车辆之后,德国机动车管理局(KBA)也在 1 月 24 日宣布加入调查特斯拉车辆的相关安全问题。

2.2　特斯拉上海超级工厂

2017 年 6 月,特斯拉上海超级工厂确认落户于上海南汇新城镇工业区,它是特斯拉首座美国本土以外的超级工厂,是上海迄今最大的外资制造业项目,也是中国第一家外商独资设立的汽车公司,主要负责生产 Model 3 和 Model Y。2018 年 10 月 17 日,特斯拉上海超级工厂在临港地区实质性落地。2019 年 1 月 7 日,特斯拉超级工厂一期宣布开工建设。按照规划,该工厂一期年产能为 25 万辆纯电动整车,包括 Model 3 等系列车型。2019 年 12 月 30 日上午,特斯拉上海超级工厂生产出首批 Model 3,该批次电动汽车虽然只有 15 辆,但顺利地赶上了年底前交给车主的生产目标。2020 年 10 月,从这里下线的 Model 3 开始出口欧洲。

2.3　HW2.5 芯片与 HW3.0 芯片的区别

2020 年 3 月初,国产特斯拉 Model 3 因自动驾驶芯片由 HW3.0 减配至 HW2.5 而陷入了消费者维权的风波。3 月 3 日,特斯拉官方微博发布《关于中国制造 Model 3 环评清单

---

① 作为全球领先的市场研究机构,J. D. Power 庞大的数据库和分析模式使其市场调查报告结果具有一定的权威性,其在汽车用户满意指数方面在全球工商界获得较高认同。报告根据九个调查项目来进行考量:车身外观、驾驶辅助、信息娱乐系统、配置、操纵和仪表板、车身内装、动力总成、座椅、驾驶体验和空调。新车质量得分以平均每百辆车问题数(PP100)表达,得分越低,意味着问题数越少,质量越好。

问题的说明》,指出,完全自动驾驶(full self driving,在没有选装 FSD)功能的情况下,HW2.5 和 HW3.0 的驾乘体验和使用安全基本不存在区别。

HW 是 hardware 的缩写,"HW+数字"代表特斯拉自动驾驶硬件的第几代。HW2.5 和 HW3.0 是两款从外观来看就存在一定差异的硬件,但两个硬件的插孔是相同的,可以用在相同车型上。

首先,HW2.5 的图像处理能力是每秒 110 帧图像,而 HW3.0 是每秒 2300 帧图像,HW3.0 处理图像的能力是 HW2.5 的 21 倍。其次,HW3.0 芯片可进行 OTA 升级[①],从而具备识别交通信号灯等更高级的辅助驾驶功能,而 HW2.5 芯片并不具备这些功能。最后,更重要的是,据特斯拉介绍,全新的 HW3.0 综合性能表现方面是 HW2.5 的 2.5 倍。

2.4 《机动车运行安全技术条件》

《机动车运行安全技术条件》(GB 7258—2012,以下简称《条件》)是我国机动车国家安全技术标准的重要组成部分,于 2012 年 9 月 1 日起实施。该标准是我国机动车运行安全管理最基础的技术标准,是新车注册登记检验和在用车安全技术检验、事故车检验鉴定的主要技术依据,也是新车定型强制性检验、新车出厂检验和进口机动车检验的重要技术依据之一。但相对于同期国外相关技术法规和标准要求,该标准仍然偏低。例如,《条件》对欧美国家都强制要求汽车安装 ESP 等车身稳定系统没有作出明确要求。

2017 年,根据技术成熟度和中国国情,借鉴国外相关技术法规和标准要求,《条件》启动了修订工作——增加空气悬架、车道保持辅助系统(LKAS)、自动紧急制动系统(AEBS)、电子稳定性控制系统(ESC/ESP)等新技术和新装备要求;增加事件数据记录系统(EDR)、汽车电子标识安装用微波窗口等运行安全管理要求,强化车辆识别代号(VIN)打刻要求和新能源汽车运行安全要求,制定切合中国实际状况的、可操作性强的机动车运行安全技术条件。2018 年 1 月 1 日,《机动车运行安全技术条件》(GB 7258—2017)代替《机动车运行安全技术条件》(GB 7258—2012)正式实施。

2.5 汽车召回

汽车召回(automobile recall),就是按照法定的要求和程序,由缺陷汽车产品制造商进行的消除其产品缺陷的过程。缺陷汽车产品可能导致安全和环境问题。生产厂家必须及时向国家有关部门报告产品存在的问题、原因和改进措施,通知销售商、修理商、车主等有关方关于缺陷的具体情况以及消除缺陷的方法等事项,并由制造商组织销售商、修理商等通过修理、更换、退货等具体措施消除其汽车产品缺陷,消除事故隐患。汽车召回的目的,就是消除缺陷汽车安全隐患给全社会带来的不安全因素,维护公共安全。目前实行汽车产品召回的国家有美国、日本、英国、加拿大、澳大利亚、中国等。

2004 年 10 月 1 日,中国以缺陷汽车产品为试点,首次实施召回制度《缺陷汽车产品召回管理规定》。

---

① OTA(over-the-air technology)升级,即空中下载技术,通过移动通信的接口实现对软件进行远程管理。汽车 OTA 升级类似于手机系统的升级,简单来讲,就是进行远程车辆控制或远程升级车辆系统。

3　事件经过

3.1　导火索：车主怀疑特斯拉"狸猫换太子"

2020年2月29日,有网友爆料称,自己刚买的国产Model 3不能识别锥形桶。车主怀疑车上装的是HW2.5芯片,于是私信特斯拉的官方微博。2月29日下午,客服人员回复不能保证每辆Model 3都配备的是HW3.0芯片;如果想要装配HW3.0芯片就要额外花费5.6万元加装FDS(完全自动辅助驾驶功能),且没有明确的装配时间。当晚,车主拆了自己的主机,发现清单上标注的车辆控制器型号为HW3.0,而车辆实际搭载的硬件型号却是HW2.5。

另一位2020年2月28日提车的Model 3车主也爆料称,他买的新车实际安装的车辆控制器配件代码为11483112-02-E(HW2.5),而非随车清单中明确标注型号为HW3.0(代码为1462554)的整车控制器。3月2日,该车主表示特斯拉对电池和硬件都进行了减配,原本的松下电池被减配成了LG电池,导致续航里程减少了20 km。随后的几天,陆续有特斯拉国产Model车主在微博、论坛等社交媒体上称,自己购买的国产Model 3出现减配情况,不少媒体对此事加以报道。

3.2　事件发酵：特斯拉中国官方回应

2020年3月3日,特斯拉在其官方微博发布关于《中国制造Model 3环评清单问题的说明》,称特斯拉上海超级工厂自2月10日复工以来,受供应链影响,一部分标准续航升级版Model 3安装的硬件为HW2.5,待产能及供应链恢复将为有更换需求的客户提供免费更换HW3.0的服务。特斯拉官博还表示,在没有选装FSD功能的前提下,Model 3车型使用HW2.5与使用HW3.0在驾乘体验和使用安全上基本不存在区别。不过,特斯拉的这一份说明似乎难以服众。在全国12315平台上,一位国产特斯拉车主写道:"特斯拉中国在回应里说是因为供应链出问题,为了尽快交付的原因而更换了芯片。由此可见,特斯拉中国是在主观的情况下,已知是HW2.5芯片,仍使用了HW2.5芯片。特斯拉中国私自替换核心硬件,并故意隐瞒实情,我认为这是一种欺诈行为。"[1]

3.3　引发众怒：特斯拉CEO马斯克回应

3月5日,特斯拉CEO马斯克在推特发文回应称,"那些投诉的车主实际上并没有订购FSD。他们可能并不清楚,如果在交付后又订购了FSD,那么相应的计算机硬件是可以免费升级的",言外之意是消费者过于吹毛求疵。这一回应也使特斯拉在中国并未公开宣布的"隐性销售策略"浮出水面,进一步引发中国消费者的不满。

3月6日,特斯拉中国官网在"完全自动驾驶能力(FSD)"一栏中新增"配置完全自动驾驶车载电脑(HW3.0)"的内容,指出"消费者花5.6万元购买FSD可以享受HW3.0硬件"。特斯拉中国相关负责人还表示:"对购买FSD的用户提供HW3.0是我们全球的策略,特斯拉中国官网信息的调整是和全球进行了同步。"3月7日,特斯拉在官网表示,所有搭载HW2.0或HW2.5版本芯片且已购买FSD的车主,均可免费将芯片升级为HW3.0。

3.4 事件爆发：工信部约谈特斯拉，中国车主欲集体起诉

3月10日，工信部装备工业一司针对特斯拉 Model 3 车型部分车辆违规装配 HW2.5 组件问题约谈了特斯拉（上海）有限公司，责令其按照《道路机动车辆生产企业及产品准入管理办法》有关规定立即整改，切实履行企业主体责任，确保生产一致性和产品质量安全。至此，特斯拉才决定给新购国产 Model 3 的用户（无论是否选装 FSD）免费升级到 HW3.0 硬件。对于尚未提车的订单用户，特斯拉将根据车主意愿决定先交车再升级芯片，还是取消订单。

3月11日，中国车主欲集体起诉特斯拉。专家称："这个事件还有一个疫情的大背景，这会导致供应链出现问题，是一种不可抗力。"特斯拉的减配行为虽然在事实上损害了消费者的知情权，但判决成"退一赔三"的可能性不大，且由于 HW3.0 成本更低，因此从法律的视角分析，特斯拉刻意欺骗消费者的动机不强。

4 案例分析

4.1 伦理视角中的工程的经济性与社会性

经济是理解工程活动常见的视角之一，从经济的维度看"减配门"事件，我们似乎可以理解特斯拉的动机——猝不及防的新冠疫情让特斯拉上海工厂出现了供应链问题，降级到 HW2.5 是为了尽快向消费者交付产品，抢占中国的电动汽车市场。但是，工程活动是非常复杂的社会现象，对某一工程活动的理解也不止于"经济"的单一维度。从"社会"维度看，"减配门"折射出特斯拉涉嫌欺诈，商业伦理缺失。

首先，虽然疫情对供应链产生了影响，但特斯拉并未向消费者说明该芯片在购买前已"降级"，同时也未在相关产品清单中注明相应的更改，这明显是一种故意欺骗的行为。从法律视角来看，故意通过语言、文字或活动隐瞒事实或告知虚假情况，让对方在违背真实意思的情况下实施的民事法律行为，可以认定为欺诈。以欺诈实施的民事法律行为可以申请撤销。特斯拉中国曾于 2019 年 5 月 16 日在其官方微信公众号发布《"软硬"兼施，只为完全自动驾驶而生》的文章，声称"即日起至 2019.06.30 期间（太平洋时间）下订单，并在 2019.06.30（含）之前（太平洋时间）提车的 Model 3 长续航后轮驱动版、Model 3 双电机全轮驱动版以及 Model 3 高性能双电机全轮驱动版车主，你的车辆将免费获得完全自动驾驶能力功能"，在很大程度上让许多消费者认为，自 2019 年 5 月 16 日之后交付的新车，因为搭载 HW3.0 芯片而"拥有了更加整合、强大的完全自动驾驶能力"。[2] 特斯拉明知两款芯片在安全性能上的显著差异，在供应链出现问题后故意使用 HW2.5 芯片代替 HW3.0 芯片；在减配后依然将 HW3.0 芯片作为 Model 3 的宣传卖点；对重要元器件进行改变却未提前告知新购车主，甚至都没有写入环保随车清单中。特斯拉的如此作为明显损害了消费者利益。从伦理的视角来看，特斯拉的"减配"事件中既有交付前对消费者的隐瞒信息行为（更换芯片未写入购车合同和随车清单），也有公司官方回复中对消费者质疑后的故意欺骗（两款芯片"在驾乘体验和使用安全上基本不存在区别"），这些都是特斯拉"不诚实"行为的表现。

其次，为达成产能目标忽略产品质量，减配可以识别"蛋糕筒"的 HW3.0 芯片，极易将潜藏的风险转变为现实的事故。HW3.0 芯片在算力上是 HW2.5 性能的 21 倍，更强的算

力意味着在车辆自动驾驶时能够处理更复杂的数据,对环境理解更充分,在自动驾驶变道、前后侧方来车的判定上更准确,从而可以帮助车辆更好地完成自动驾驶,保障车主的行车安全;同时 HW3.0 芯片也是特斯拉完全自动驾驶过程中实现交通灯识别功能的核心,而搭载 HW2.5 及以下硬件的特斯拉车型则无法实现该功能,因此增加了事故风险。

4.2 "减配"反映出企业社会责任的淡漠

企业社会责任(corporate social responsibility,CSR)是指企业在其商业运作中对其利害关系人应负的责任。企业的社会责任包括很多层面,对于汽车行业来说,最核心的莫过于保护消费者的产品使用安全。事前减配,事后甩锅,体现出特斯拉对问题的拖延和对消费者的不负责任,其对"减配"回应的漠然和对消费者的敷衍态度反映出特斯拉缺失企业社会责任与担当的傲慢。

首先,当中国车主自拆盲盒发现硬件减配后,特斯拉不仅不道歉正视自身的企业责任,还态度傲慢"甩锅"回避问题,无视减配带来的安全隐患。在被工信部严肃约谈后,特斯拉才不得不面对"减配"引起的中国消费者的愤怒,才避重就轻承诺后期会进行免费的升级更换,自始至终都没有向消费者诚恳道歉和主动赔偿。

其次,对中国消费者安全与正当权益的轻慢显示出特斯拉缺失汽车制造企业的基本社会责任——不能提供对消费者有潜在安全风险的产品和服务。从案例资料分析中可知,特斯拉更为在意中国市场的销量能否带来更多的利润,而对减配带来的产品质量缺陷及安全隐患避而不谈。特斯拉自实现国产化以来,一是凭借不断降价的策略抢占中国的市场份额,2020 年年初"减配"的目的也是为确保按时交付、确保国内市场份额;二是"减配"的心理是,绝大多数的消费者并不是专业人士,很难发现减配后的产品缺陷,一旦发生安全事故,"甩锅"就成为推诿责任的惯常做法,会将责任推脱给车主及外界环境。

5 结论与启示

5.1 产品安全是制造业企业生产与经营的首要责任

对安全的强调,来源于工程产品应用于人类实际生活中可能产生的风险性。从工程是社会实验的角度看,制造业企业应该成为负责任的生产经营组织。这一方面意味着企业在生产并向公众销售其产品的同时,还必须履行保障消费者及公众的安全、尊重其知情同意权的基本责任。另一方面,企业应该"富有想象力地预见"产品可能的副作用甚至带给公众的危害。除此之外,若是工程产品出现质量缺陷,产生安全隐患,企业应及时开展调查,主动报告成因,召回缺陷产品,主动承担发现缺陷、排除缺陷并找到改善措施的责任。

产品安全是制造业企业生产与经营的首要责任。第一,产品安全是对企业在生产与经营中的底线伦理要求。企业的生产和经营不仅是技术活动和经济活动,还是一种社会活动。这就规定了企业生产与经营的目标不仅仅是追求利润、创造更多的物质财富,而更应该是建设和守护社会的公共利益,将公众的安全、健康和福祉放在首位。第二,产品安全包含企业发展对消费者、公众及环境的社会责任——确保企业发展以人为本,不伤害且有利于环境的可持续发展,符合人类的平安幸福生活之根本性社会要求。第三,以产品安全的伦理责任带动企业的可持续发展,全面带动产品质量提升,促进企业的科技创新和安全投入,在产品的迭代升级中密切监视可能的风险,避免潜藏的风险转变为现实的灾害或事故。可以说,关注产品安全符合企业可持续发展的长远利益。第四,将工程产品视为社会实验的结果,可以为企业的生产与经营提供一个看待法律和规定的适当视角:企业与其"实验"的工程产品密切相关并对产品的安全性负责。

5.2 诚实是企业生产与经营的第一美德

从最直观的意义上理解,诚实就是不说假话、不做假证,不欺瞒,内心与言行一致。关于"诚实"的含义,亚里士多德指出:"有适度品质的人则是诚实的,对于自己,他在语言上、行为上都实事求是,既不夸大也不缩小。"[3]

当代工程实践的诸多领域受社会传统的习染和公共伦理的影响,对"诚实"的关注更多地体现在企业经营的座右铭中,比如优立普华公司的"以诚信为生,做正确的事",空中客车公司的"诚信经营",英特尔公司的"高度的诚信",辉瑞制药公司的"恪守诚信",艾伯维公司的"诚信给人以灵感"。诚实与诚信基本上是同义词,"诚实侧重的是对真的追求;诚信不仅要满足对真的要求,而且要满足可信赖的要求"[4]。

企业将所制造车型在工信部备案,并按照备案信息生产制造,本是天经地义的事,但本案例中特斯拉的"减配"处置方式显然是一种失信行为,使特斯拉遭遇了2020年的第一场诚信危机。

6 思考题

(1) 特斯拉官方微博回应称,之所以出现了硬件安装的不一致,是受到疫情期间供应链的影响,这是否算是一种例外的情形?特斯拉面向中国消费者对芯片"减配"是否具有行为上的正当性?

(2) 结合本案例,谈谈产品安全对于制造业企业生产与经营的重要性。

(3) 结合本案例,根据"特斯拉傲慢"谈谈汽车召回的企业责任与社会担当。

案例 1.2 使用说明

1 案例摘要

2020年3月初,数十位国产 Model 3 车主称,在不知情的情况下,自己购买的国产 Model 3 应配置的自动驾驶硬件 HW3.0 版本被"减配",换为性能相差 21 倍的 HW2.5 版本。2020年3月10日,工业和信息化部装备工业一司针对特斯拉 Model 3 车型部分车辆违规装配 HW2.5 组件问题约谈了特斯拉(上海)有限公司,责令特斯拉(上海)有限公司按照《道路机动车辆生产企业及产品准入管理办法》有关规定立即整改,切实履行企业主体责任,确保生产一致性和产品质量安全。

2 课前准备

课前了解世界知名跨国车企尤其是特斯拉(美国电动汽车及能源公司)的发展历史及其

进入中国市场后的历次产品质量争议、汽车召回制度的起源和世界各国的相关规章、近20年国内外的主要召回事件及执行标准,以及世界500强企业伦理规范的主要内容。重点把握教材《工程伦理(第2版)》第1章1.1.4节"作为社会实践的工程"和1.1.5节"理解工程活动的几个维度"的内容,梳理制造业企业伦理与社会责任的主要内容。重点把握产品质量安全在企业可持续发展(包括跨文化经营)、履行企业社会责任中的关键要素。

3　教学目标

要求通过此案例的讨论和分析,初步了解汽车召回制度的起源及国内外相关规章和执行标准,熟悉世界500强企业伦理规范的高频关键词及其内容阐释。

从工程的社会性角度引导学生梳理制造业企业伦理与社会责任的主要内容,让学生熟知和理解"产品安全是制造业企业生产与经营的首要责任",理解和内化"诚实是企业生产与经营的第一美德"。

在工程伦理与企业伦理的双重视域中,引导学生探寻企业社会责任的主要内容及其践履方式。

4　分析的思路与要点

思路:本案例围绕工程企业生产经营过程中的社会性及企业社会责任展开,主要解决三方面的问题。

(1) 为什么不能从经济性的单一视角来看待工程企业的生产经营活动?

(2) 工程企业的社会责任主要包括哪几个方面?为什么"不能提供对消费者有潜在安全风险的产品和服务"是企业履行社会责任的基本原则?

(3) 诚实为什么是企业生产与经营的第一美德?

第一,开篇从宏观层面介绍汽车召回制度的起源和发展,着重介绍美国各车企汽车召回的执行情况,并概括介绍特斯拉(美国电动汽车及能源公司)的发展历史以及特斯拉上海超级工厂的建设及运营情况。第二,简要介绍"减配门"事件发生的社会背景及HW2.5芯片与HW3.0芯片的区别。第三,详细讲述特斯拉中国官方微博回应的"甩锅"和特斯拉CEO马斯克推特发文的"傲慢",表现出违约减配、忽略产品质量、漠视行车安全等企业行为,以及这种行为背后折射出的企业良心的缺失、社会责任与担当的淡漠,引入世界500强企业伦理规范的高频关键词及其内容阐释。第四,根据案例内容,分析产品安全作为制造业企业生产与经营的首要责任的诸种含义,分析诚实在企业生产与经营中作为"第一美德"的重要性及意义。第五,在工程伦理与企业伦理的双重视域中,引导学生探寻企业社会责任的主要内容及其践履方式。

知识点与能力点:作为社会实践的工程;理解工程的技术、经济、社会和伦理维度;工程是社会实验(安全);诚实;企业良心;企业的社会责任。

5　课堂安排建议

时间安排:课前阅读相关资料3 h,讲授1 h,讨论2 h。

组织引导：

（1）提前布置关于汽车召回制度起源及发展、特斯拉（美国电动汽车及能源公司）的发展历史以及特斯拉上海超级工厂的建设及运营情况、特斯拉进入中国市场后的历次产品质量争议等资料的阅读，使学生从伦理思考的角度对特斯拉"减配门"事件有初步了解。

（2）在课堂上引导学生理解工程的技术、经济、社会和伦理维度，理解"作为社会实践的工程"的内涵。

（3）重点讲解"减配门"事件所表现出的违约减配、忽略产品质量、漠视行车安全等企业行为，以及这种行为背后折射出的企业良心的缺失、社会责任与担当的淡漠。引入世界 500 强企业伦理规范的高频关键词及其内容阐释。

（4）分析产品安全作为制造业企业生产与经营的首要责任的诸种含义，分析诚实在企业生产与经营中作为"第一美德"的重要性及意义，引导学生探寻企业社会责任的主要内容及其践履方式。

（5）课后，可安排学生搜索、梳理、总结国内外健全企业伦理规范、践履社会责任的有效做法。

参考文献

[1] 宋杰.特斯拉陷"减配门" 车主：自己拆车发现芯片被掉包[J].中国经济周刊,2020(5)：82-84.

[2] "软硬"兼施,只为完全自动驾驶而生[EB/OL].(2019-05-16)[2022-08-22].https://www.sohu.com/a/314435701_125034.

[3] 亚里士多德.尼各马可伦理学[M].廖申白,译注.北京：商务印书馆,2005：119.

[4] 丛杭青.世界 500 强企业伦理宣言精选[M].北京：清华大学出版社,2019.

[5] 钱童心.工信部就"减配门"约谈特斯拉,责令整改确保一致性[EB/OL].(2020-03-10)[2022-05-15].https://news.sina.com.cn/o/2020-03-10-doc-iimxyqvz9415982.shtml.

[6] 前瞻经济学人.一文带你了解特斯拉 Model 3 销售情况[EB/OL].(2020-02-09)[2022-05-15].https://baijiahao.baidu.com/s?id=1658046376713018360&wfr=spider&for=pc.

[7] 汽车情报网.特斯拉自动驾驶芯片 HW2.5 与 HW3.0 的区别大吗?[EB/OL].(2020-03-21)[2022-05-15].https://chejiahao.autohome.com.cn/info/5802728#pvareaid=28086821202.

[8] 新浪汽车.特斯拉再陷"简配"争议? HW2.5 与 HW3.0 有何区别? [EB/OL].(2020-03-03)[2022-05-15].https://auto.sina.com.cn/newcar/x/2020-03-03/detail-iimxxstf6054746.shtml.

[9] 特斯拉"减配门"再升级,HW2.5 与 HW3.0 到底差在哪? [EB/OL].(2020-03-16)[2022-05-15].https://www.ednchina.com/news/202003161131.html.

[10] 刘文新.从"特斯拉式傲慢"看召回的责任与担当[EB/OL].(2020-11-10)[2022-05-15].http://www.ccn.com.cn/Content/2020/11-10/1417024332.html.

[11] 邱洪涛.又见"减配门"[EB/OL].(2020-04-26)[2022-05-15].http://www.fx361.com/page/2020/0426/6601939.shtml.

[12] 中车评.不顾瓶颈扩产,特斯拉争议几时休?[EB/OL].(2020-12-31)[2022-05-15].https://xw.qq.com/partner/vivoscreen/20201231a0gn2s00.

[13] 功夫汽车.特斯拉质量问题背后究竟是什么?[EB/OL].(2021-01-25)[2022-05-15].https://www.sohu.com/na/446379345_151284.

第2章

工程中的风险、安全与责任(教学案例)

案例 2.1 守得云开见月明——L 写字楼工程楼板裂缝处理中的伦理之争

作者姓名:姜卉[1],王岩伟[2]

作者单位:1 中国科学院大学工程科学学院,2 中建一局集团第五建筑有限公司

案例来源:作者根据真实事件改编

案例真实性:真实(文中所有人物及单位均为化名)

内容提要:本案例描述了 L 写字楼建筑施工项目各参建方负责人围绕楼板裂缝是否影响竣工验收的问题,所展开的一系列的焦点争论与问题处置。案例所涉及的项目相关方在项目竣工预验收过程中,发现各楼层的结构楼板均不同程度地出现了裂缝。经检测和验算,楼板裂缝满足验收规范要求,承载力也满足设计要求。设计方认为裂缝可能会影响建筑使用功能,要求先处理楼板裂缝问题,再组织竣工验收。建设方、施工方则认为楼板裂缝不可避免,且满足规范要求,没有必须处理的强制性要求,应当按期组织竣工验收。项目竣工验收各参加单位形成了两种截然不同的意见,直接影响到该项目竣工验收及移交租户的时间,扰动起各方利益的漩涡。

关键词:建筑施工;楼板裂缝;规范;竣工验收;伦理

1 引言

2019 年 5 月 1 日上午,北京 L 写字楼项目会议室内,勘察、设计、建设、施工、监理五方建设主体单位集聚一堂,进行该项目的竣工预验收。本项目是建设单位的重点项目,计划通过高品质的设计与施工,将其打造成本商业区域最高档的写字楼。检查过程中,结构设计师王华英发现三至五层楼板上存在较多的微裂缝,并通知了验收组成员。设计单位项目负责人左倩提出对楼板裂缝进行检测和专家论证的要求。一周后,经过检测和论证,检测结果和专家意见均认为裂缝满足规范要求,不影响结构安全。设计单位项目负责人左倩提出对楼板裂缝进行处理后,再组织竣工验收。这一要求遭到了建设单位项目负责人张文斗和施工单位项目负责人关山的反对,他们认为本项目已经具备了竣工验收的条件。由此,验收组分裂成两个对立派,呈现胶着状态。

2 L 写字楼工程背景及现状

2.1 工程概况

L 写字楼工程是位于北京市东四环酒仙桥地区的商业办公项目,建筑面积约 5 万 m²,由 3 幢五层建筑构成一个相对成熟的产业园区,地下二层为车库及设备用房。本工程结构形式为钢筋混凝土现浇框架结构,楼板采用钢筋混凝土现浇梁板结构,外立面为单元式玻璃幕墙。本工程结构使用的规范有:《混凝土结构设计规范》(GB 50010—2010),《混凝土结构工程施工质量验收规范》(GB 50204—2015)。

2.2 管理目标

本工程总工期目标为 725 天,于 2017 年 6 月 12 日正式开工,2019 年 6 月 6 日竣工。安全质量目标为获得北京市安全文明工地、北京市结构长城杯金奖。绿色建筑目标为获得 LEED-CS 铂金认证。建设方高度重视此项目,计划通过高品质的设计与施工,将其打造成为该商业区域最高档的写字楼,面向世界五百强企业招商,提高自身的关注度和知名度。

2.3 建设相关方

勘察单位:北京鸿图基地基勘察研究院有限公司

设计单位:中国大成建筑科学研究院有限公司

建设单位:北京天利房地产开发有限公司

总包单位:北京恒强建筑工程有限公司

监理单位:北京力圆工程咨询监理有限公司

北京天利房地产开发有限公司是本项目独立投资方。该公司成立于 1992 年,立足京津地区,主营业务为房地产开发。经过二十余年的发展,该公司从住宅项目开发逐步转型为商业办公项目开发,积累了丰富的行业经验,其开发的已投入运营的北京三处写字楼项目成为首批获得美国绿色建筑业协会 LEED 铂金认证的楼宇,得到国际大型企业的认可,企业入伙率和稳定性较高,由此,其逐步形成了以商业办公项目开发为主的商业模式。

2.4 项目现状及矛盾分析

2019 年 4 月底,该项目已经按照合同及设计要求完成了全部施工内容,室内空气质量检测、水质检测、防雷检测、电梯检测、消电检等第三方检测合格,并组织完成了绿化、节能、环保、规划、消防、档案等分项验收,已经全面进入竣工验收阶段。

按照建筑行业惯例,在满足现行验收规范的情况下,允许楼板出现一定数量的裂缝,但各个项目对待裂缝的态度以及处置方式因人而异。管理严格、精细的项目会对裂缝进行封闭处理,但更多项目则会认为对建筑影响不大,选择不予处理。本项目参建各方对裂缝问题提出了不同意见,分析具体情况,参与竣工验收各方的诉求及利益关系如下:

勘察单位:本案例中基本不涉及利益和责任问题。

设计单位：对主体结构质量负有设计责任，对建筑结构安全负有终身的设计责任。另外，也涉及竣工验收后尽快回收设计费的问题。

建设单位：已向租户承诺竣工时间为 2019 年 5 月 15 日，并在竣工验收后的两周内将楼面移交租户进行二次装修。未按期移交租户可能涉及违约问题，建设方高层已经给项目负责人张文斗下达了 2019 年 5 月 15 日前必须通过竣工验收的指令。因此，建设方迫切希望办理竣工验收手续。

总包单位：对工程施工质量负有直接责任，在工期、质量、安全等方面全面向建设方负责，质量问题、工期延后等问题已经构成对建设方的违约行为，将面临处罚或扣款，此外，处理裂缝问题会增加额外的费用。另外，竣工验收完成后会增加约 1500 万元的收款。因此，竣工验收延误将面临收款时间延后以及管理成本增加等严重问题。

监理单位：对工程施工质量负有监督管理责任，同时，在工期、质量、安全等方面向建设方负责。因质量问题未能按期组织竣工验收，很可能会构成对建设方的违约行为。另外，竣工验收延误会导致管理成本增加，回收监理费延迟。

3　预验收中的分歧

2019 年 5 月 1 日，预验收的五方会议如期召开，项目实体和验收资料全部检查完毕后，建设方组织召开最终的讲评会议，各方充分讨论并发表对项目竣工预验收的意见。

总包单位项目负责人关山首先发表意见。他简述了工程施工内容的完成情况，分部分项及专项验收情况，各项检测检验合规情况，以及各项资料整理完成情况，最后给出了本工程已经满足竣工验收各项条件的意见，并提请各方组织竣工验收。

随后，监理单位总监理工程师温明介绍了监理工作完成情况和完工后内部验收情况，表达了同意竣工验收的最终意见。

勘察单位项目负责人用简短的语言表明了同意竣工验收的态度。

设计单位项目负责人左倩表达了不同的意见。她认为自身作为设计方在该项目中恪守职责，严格履行了设计单位的责任和义务，过程中也对项目进行了质量控制。同时，对前面三家单位没有提到现场检查中出现的裂缝问题表示遗憾，并提请各家对该问题予以重视。随后，她让结构设计师王华英谈一谈对楼板裂缝问题的意见。

王华英认为，三幢主楼的三到五层的楼板裂缝数量较多，超出了其以往项目的经验值。首层和二层数量较少，基本可以忽略。裂缝虽然宽度较小，但就上面三层的裂缝情况来说，应当进行裂缝检测，并再次进行结构检测，以分析成因。

随后，左倩再次表达了暂时不同意组织竣工验收的意见，同时，针对裂缝较多的问题，建议组织结构专家进行结构安全论证。

建设单位项目负责人张文斗提出了竣工验收与裂缝检测同步进行的方案，但遭到了设计单位的反对。会议最终确定在一周内进行裂缝和结构检测，并组织专家论证。张文斗急于组织竣工验收，只能尽快组织检测和论证工作。

接下来是问题处理的过程。根据建设、设计、监理三方讨论的结果，工作流程大致如下：

(1) 组织建设、设计、监理、总包、混凝土供应等单位，再次进行楼板裂缝专项检查，做好相关记录。

(2) 委托权威的专业第三方结构检测单位进行楼板及裂缝的检测，对检测结果进行计算,出具专业检测报告。

(3)组织专家进行楼板裂缝专项论证,通过专家论证得出裂缝处理意见。

(4)依据检测报告和论证意见确定楼板裂缝处理方案。

应设计单位要求,楼板结构检测选择了北京乃至全国最为权威的国家建筑工程质量监督检验中心(以下简称"国检中心"),确保了数据的真实性和可靠性。为确保公正、公平、科学,张文斗通知设计、监理、施工三家单位各自选择本行业专家,每家至少邀请1名建筑结构专家,后续将组织楼板裂缝的专家论证会。

各个单位对检测工作都很重视,分别派出了技术人员进行全程配合和追踪。与此同时,各方也都积极寻找和选择论证专家。一周后,各单位将自己挑选的专家名单上报到建设方。张文斗将专家名单汇总后,看到专家组中有杨崇信、李嘉盛这样的业界泰斗,心里顿时踏实了不少。

显然,检测验算与专家论证双管齐下的方式,将客观数据和主观经验结合起来,得到的结果能够达到一种科学、全面、实事求是的效果,让各个单位负责人都能够心悦诚服,从而形成一致的结论。

张文斗用一周时间完成了基础数据采集工作。国检中心的检测人员对楼板及裂缝部位进行了细致的仪器检测和量测,并将相关数据反馈到国检中心的计算分析中心进行楼板抗力核算,最终出具了检测报告。

4　专家论证的意见

2019年5月7日,验收组拿到裂缝和结构检测结果。随后,楼板结构裂缝成因分析及处理方案专家论证会于5月8日召开,5位专家、各参建单位项目技术负责人以及检测单位负责人均参加了此次会议。

5位专家通过认真踏勘现场,在会上表达了自己的意见。由于各位专家的施工经验非常丰富,处理过较多的类似问题,在现场察看过程中已经有了初步的共识,因此在后面的专家会上的结论比较一致。

国检中心通过详细的检测数据,经核算得出结论如表1所示。

表 1　国检中心检测结论

检测数据	所抽检楼板混凝土按批计算的混凝土抗压强度推定区间为 40.9~41.8 MPa,符合设计混凝土强度等级(C30)要求
	采用钢筋磁感应探测仪结合现场剔凿对钢筋配置情况进行检测,检测结果表明:楼板下部钢筋间距按批推定满足设计及《混凝土结构工程施工质量验收规范》(GB 50204—2015)要求,所测楼板上部负弯矩区钢筋保护层厚度满足设计及《混凝土结构工程施工质量验收规范》(GB 50204—2015)要求
	所抽检的楼板厚度满足设计及《混凝土结构工程施工质量验收规范》(GB 50204—2015)要求
	所测楼板、梁挠度满足《混凝土结构设计规范》(GB 50010—2010)要求

续表

检测数据	对楼板裂缝进行普查,发现楼板裂缝多位于以下位置: (1) 裂缝位于板与梁交接位置板上表面的负弯矩区,分布在框架梁两侧,裂缝宽度 0.10～0.30 mm,对部分典型楼板上部裂缝进行剔凿,发现裂缝处上部负弯矩区钢筋保护层厚度超过设计值,剔凿处钢筋未见锈蚀现象; (2) 板上表面存在垂直主梁方向裂缝及角部斜裂缝,裂缝宽度为 0.10～0.30 mm; (3) 裂缝位于主梁和次梁之间,平行于主梁方向,或裂缝位于柱边与次梁之间斜向分布,裂缝宽度为 0.20～0.30 mm
	对裂缝较多的楼板下部框架梁进行检查,发现部分框架梁存在裂缝: (1) 裂缝垂直于框架梁方向竖向分布,裂缝上下宽度基本相同,裂缝宽度为 0.15～0.25 mm; (2) 裂缝位于框架梁侧面,水平分布
楼板承载力计算结果	用 PKPM 按现行规范体系和检测结果(其中荷载按委托方提供的荷载要求取值)进行计算,计算方法与原楼板结构设计分析方法一致(跨度为 4.05 m×8.1 m 的楼板按塑性计算,跨度为 3.55 m×8.1 m 的楼板按弹性计算),结果如下: 所验算楼板承载力满足《混凝土结构设计规范》(GB 50010—2010)要求
原因分析	楼板裂缝主要原因分析:由楼板混凝土收缩、温度差引起拉应变等因素共同叠加作用所致
	框架梁裂缝主要原因分析:主要与混凝土材料收缩等因素有关

5 位专家的主要意见整理于表 2 中。

表 2　专家结论

杨崇信	经询问,C30 混凝土水泥用量不多,但配合比重,增加了大量的矿渣粉
	裂缝发现得比较晚,早期就应该有,造成早期裂缝的主要原因是水化热
	温度变形是造成裂缝的主因,受力不是造成裂缝的主因
	在结构完工后,近两年不封闭、采暖,温度变化对结构影响较大
	裂缝分布极不均匀,北侧裂缝多,南侧裂缝少,说明北风的影响较大
	此种裂缝不影响结构安全,没有必要加固
李嘉盛	梁边裂缝弯曲,为收缩裂缝,排除受力裂缝;穿透裂缝非直线,不规则,主要分析裂缝产生原因,以及对结构承载力是否有影响
	板的安全储备一般较大。以个人实践经验来看,未出现过板垮塌的现象,在垮塌的楼中从未出现过楼板垮塌
	梁部位裂缝需要全面处理,宽度 0.3 mm 以下封闭,0.3 mm 以上注浆,注浆材料最好为环氧树脂
	验算承载力过程中,请设计单位考虑梁跨中板的有效高度
	楼板裂缝在工程中较为普遍,裂缝宽度与养护和气温关系较大
	东塔裂缝产生的原因:早期混凝土水化热,养护再好也会有少量裂缝
	西面、北面裂缝多,说明西北风对楼板的裂缝影响严重
	根据裂缝位置与分布情况分析,裂缝主因不是受力。主要验算板支座跨度 1/2 处的承载力。建议采用有限元方式计算。个人认为不必加固

杨祖恭	同意以上专家的主要意见
	总包应积极配合国检,提供隐检文字、图像资料
	120 mm 厚的楼板,由于分布筋和柱根部双向交叉的因素,主筋与负弯矩筋的间距与设计的有效高度是有区别的
徐寿全	商混由于增加了大量的外加剂细骨料,收缩量较大,易出现裂缝
	裂缝是施工过程中慢慢形成的,不可能是在施工后期突然出现的
	从板裂缝的分布规律看,应该是收缩裂缝。梁板由于受力与收缩应力叠加,造成梁边裂缝宽度大,以收缩为主
	主要应该关注梁跨中部位板的有效高度 h_0,如果 h_0 只是降低 20 mm,应该没有问题,板的安全储备非常大
	裂缝应该是收缩与温度、受力叠加后产生的
	建议采用柔性材料封闭处理
唐一哲	现在的实际荷载只有设计荷载的 1/3,故目前裂缝应该不是受力裂缝
	个人认为裂缝与供暖季屋内干燥度有一定的关系

经过一个多小时的沟通和讨论,这次专家论证会取得了一致的会议决议:

(1) 裂缝成因是综合因素,满足规范要求,不影响结构安全。

(2) 建议对裂缝采取注浆封闭处理措施。

5 主要分歧和争论

专家组成员离开后,验收组成员继续召开竣工验收预备会议。这次建设方的张文斗首先表达意见,认为检测报告和专家论证均认为裂缝满足规范要求,不影响结构安全,可以按原计划于 5 月 15 日组织竣工验收。

施工单位、监理单位和勘察单位均表示同意,只有设计单位有些迟疑。左倩和王华英私下交谈了一会儿,最后说道:"设计单位还是认为要将裂缝处理完成后再组织竣工验收。处理之前,我们不同意验收。"

左倩话音刚落,关山马上接话,大声说道:"楼板裂缝是工程常见问题,这样有点小题大做了吧!再说了,我们已经提供了数据性和专业性的支持结果,完全满足施工验收标准,这个要求我们不同意!"

左倩缓缓说道:"首先,楼板裂缝虽然满足验收规范要求,但是不能否定它是质量问题,我们完全有理由担心它对结构的长期危害。其次,我的意见是对工程负责,不针对任何单位和任何人,也请大家尊重我们作为验收方之一的意见。最后,我方认为施工单位必须提出楼板裂缝处理方案并执行完成后,再组织验收。"她说话斩钉截铁,像是对大家表明了一种坚定而不可更改的态度。

关山接着大声说道:"我不认为这是质量问题。如果你能拿出我们违反规范、标准的依据,我就同意!"

左倩听到这话,也有些沉不住气了,说道:"你简直是强词夺理,明摆的问题还需要拿出规范和标准吗?"

一时间,气氛有些凝滞。

"好了,我先表达一下建设单位的意见,然后大家再讨论!"张文斗打破了尴尬的局面,说道："为了项目竣工验收,大家都做了大量的准备工作。近三个月的时间,我们进行了各专业工程收尾工作,组织了防雷、水质、电梯、空气质量等各项检测,通过了人防、节能、消防、规划等专项验收。现在,'万事俱备,只欠东风',竣工验收的时间已经确定为下周,我已经通知了住建委质监站,相信各位也收到了通知。"

张文斗已经向公司领导立下了"军令状",要在 5 月 15 日前完成竣工验收,他顶着巨大的压力,没想到在关键时刻遇到这样的难题,明知道是个应当正视的问题,但是目前只能"两害相权取其轻"。他接着说道："问题是必须要处理的。我相信大家都对这个项目抱着积极的负责任的态度,想把它做好做精,对业主方负责,对自己企业负责,这一点是值得肯定的。所以,今天提出的所有问题,施工单位要做好记录,一周内提出处理方案,到时由我方组织相关单位进行处理。但是,竣工验收时间已经确定,最好不要改变。"

讲到这里,张文斗停顿了一下,说道："其实,竣工验收只是一个形式,我们按质监站的要求做好相关准备就可以了。如果有些问题在竣工验收前没有处理好,那就等竣工验收以后,我们内部再限期整改,最终验收一次就好了。好了,我就说这么多。大家还有什么说的吗?"

"张总,我不同意将楼板裂缝问题留到竣工验收以后再处理。"左倩用恳切的目光看着张文斗,说道："虽然竣工验收是个形式,但是我们为什么不能借着这个形式,把所有问题都处理掉呢? 竣工验收通过了,谁还会正视和重视这些问题呢? 我对行业里这些不良习惯和潜规则一直是坚决反对和抵制的!"

关山还是紧接着左倩的话茬儿,说道："左总不要有什么顾虑,我们也不是一般的小施工企业。如果真的是质量问题,我们一定会重视的。不过,竣工验收真的是目前的第一要务,一天也不能耽误呀! 我们已经连续三个月产值为零了,再不组织竣工验收,公司的经济指标我们难以完成呀!"

左倩没有看他,也没有回复,只是默默地坐着,好像已经无力辩驳。

张文斗又打破安静,说道："监理温总,你是什么意见?"

在刚才的讨论中温明一直低着头,不看大家,也不想表态。不过,现在被甲方领导点了名,他只好硬着头皮说道："我觉得关经理和左总说的都有道理。我们也看到了检测报告和专家意见,裂缝是满足规范要求的。但是,设计单位的意见也没有任何问题,裂缝问题也应当引起我们的重视。目前,行业内对楼板微裂缝问题还没有明确地界定性质,据我的经验,大多数项目还是不予处理的。不过,具体问题具体分析,既然我们这个项目遇到了这样的分歧,那就好好讨论解决方案。"

张文斗听到这骑墙的说法,只能摇摇头,拿出甲方领导的气势,说道："那好,看看我们能不能统一一下意见。竣工验收时间不改,施工单位尽快出具方案并审批,确保将问题整改到位。如果没有问题,今天的会就到这里吧。"他作出总结,并强行结束了这场争论不休的会议。

大家赶紧收拾自己的东西,匆匆离开了会场。只有左倩和王华英没有起身,左倩喊住即将走出会议室的张文斗,说："张总,我们能跟你单独谈谈吗?"

张文斗又退回来,将会议室的门关上,在原来的位置坐下。

张文斗先说了话："左总,其实这个裂缝是满足规范要求的,本身也不会对工程造成本质性的危害。我也做过好多项目了,这个问题一直存在,但是,没有人会将它作为一个问题来处理的。何况,现在竣工验收的时间马上到了,你知道我顶着多大的工期压力吗?"

左倩恳切地说道:"张总,其实我也知道,像这样的裂缝问题是一个难以定性的问题。如何处理,就要看我们对待工程的认真程度了。我不管别的项目怎么处理,但只要是我负责的项目,就不能对这样的问题视而不见。因此,今天讨论的问题不是质量的问题,而是职业伦理问题,是对职业负责、对雇主负责、对工程使用者负责的态度问题。要想改变建筑行业的不良之风,我们必须从自身做起。张总,您是经验丰富的职业经理人,希望您能理解我。"

张文斗一脸为难地说道:"左总,在这件事情上,我是理解你的。不过,裂缝问题是个突发状况,谁也没想到今天会出现这个问题。我已经向公司汇报了竣工验收时间,公司也通知了签约租户,这对我们的客户也是一个承诺呀!如果时间延后了,我们岂不是失约了?这会严重影响企业形象的。"

"张总,我不这么认为。您如果妥善处理了这个问题,不但不会影响企业形象,而且反而证明了你们企业是对客户积极负责的。这也是一个企业的责任和担当。"左倩努力说服张文斗,说道:"同样,如果这个问题不解决,我们是无法在竣工验收单上签字盖章的,这也是我们企业对客户负责的基本态度。"

张文斗迟疑了一下,说道:"那好吧,我考虑一下你的意见,我会跟公司汇报一下今天的情况。"张文斗知道,如果设计单位拒绝签字盖章,竣工验收是无法组织的,左倩这是拿出了一个"撒手锏"呀!

6 工程利益相关方的伦理抉择

张文斗回到公司后,回忆了一下当天的论证和会议过程,反思了一下自己当时的态度,觉得自己在面对裂缝这个问题上似乎有失偏颇,没有真正想明白问题的性质。他又想到关山和左倩处理问题的立场和态度。如果不处理楼板裂缝问题,受益的无疑是施工单位,同时自己也可以按期完成任务,获得领导的认可,但是受损失的肯定是建筑物的所有者和使用者,势必会给他们带来不可预测的风险。

张文斗重新思考了对待这个问题的利弊,他开始后悔上午在会上的表现了。

张文斗写了一份两千字的报告,将竣工预验收的具体情况以及楼板裂缝的问题一一说明。同时,他没有等施工单位的处理方案,自己提出了一份详细的解决方案。之后,他鼓起勇气,向公司领导作了汇报,提出了延迟竣工验收的建议,并主动承担了该事件的责任。

这份解决方案的编制,是张文斗和左倩沟通的结果。张文斗考虑到,施工单位是楼板裂缝的第一责任人,他们势必会弱化裂缝的负面影响,编制一份对自身有利的处理方案。因此,他首先向左倩咨询了处理意见,然后跟温明一起讨论方案,经过两个小时的讨论,最终确定了处理流程。随后,他让工程师编制了一份楼板裂缝处理方案。

他给关山打了电话,询问他们编制方案的情况。关山的态度在他的意料之中,拿"问题不大""不要小题大做""再等等"之类的话企图搪塞和蒙混过关。张文斗果断挂掉电话,将已经编制好的方案以函件的方式发送给了施工单位,明确了问题必须妥善处理的态度。

关山所在的施工单位对这件事情也抱着抵触的情绪,起初采取拖延的策略,不想增加更多的成本,不予处理和回复,想逼着建设单位尽快组织竣工验收。经过与施工单位公司主管领导反复沟通,张文斗用耐心和诚意将其中的利害关系进行了详细说明,成功说服了他们重视并彻底处理这一问题。施工方按照要求编制了楼板裂缝修补方案,经监理、建设方审批后予以实施,所有裂缝均进行了灌浆和封闭处理。

7　结论与启示

2019 年 6 月初,建设、勘察、设计、监理、总包等单位均在竣工验收单上签字盖章,同意验收合格。6 月 6 日上午,张文斗代表建设单位组织竣工验收会,各单位项目负责人再次齐聚项目会议室。质监站负责人询问各单位对竣工验收的意见时,大家踊跃发言,纷纷表达了同意验收合格的意见。

竣工验收顺利通过。三天后,张文斗致函设计单位,对设计方及左倩团队严谨负责的态度予以肯定,并表达了感激之情。

张文斗并没有被领导批评,并且由于对问题的认真负责和妥善处理获得了公司同事的一致认可。

施工方为楼板裂缝的主要责任方,承担了裂缝的检测、修补费用,并在保修期内负责对裂缝进行定期观测,以确保本工程的使用安全。

楼板微裂缝问题是建筑行业常见的争论问题。我们不禁要思考,在工程规范标准内被接受的问题,是否就能够成为行业内普遍认可和接受的问题? 工程建设者们不仅要在工程建设期内负起责任,而且要充分考虑工程竣工后运营阶段的使用安全,也就是说,工程建设应充分考虑未来使用群体的利益。只有将工作深度做到这一层次,建筑行业才会有实质性的进步。

在这场硝烟弥漫的工程伦理之争中,各方的权力观、职业观和价值观产生了激烈的碰撞,坚持自身原则的设计方取得了最终的胜利,成为这个项目的亮点。而同样的问题在别的项目中是否能够得到足够的重视并被妥善处理呢? 在目前的行业实践中,答案并不是明确的。

8　思考题

(1) 你认为在工程规范标准中没有被明确规定的工程实体问题应当如何处理? 如果你是张文斗,你在处理楼板裂缝的问题时,会考虑哪些因素? 会如何处理?

(2) 在竣工验收预备会议上,左倩发表对裂缝的意见和看法后,关山的态度不太友善,你认为其中的原因有哪些?

(3) 你如何看待监理单位总监理工程师温明在案例中的表现? 作为总监理工程师,温明的职责是什么?

案例 2.1 使用说明

1　案例摘要

案例讲述了 L 写字楼建筑施工项目在竣工预验收时从发现楼板裂缝问题,到处理裂缝,再到竣工验收顺利通过的整个过程,以及在整个过程中工程利益相关方心理、态度与行为上的变化,生动地刻画出工程安全、质量与进度、效益间存在的冲突与矛盾。通过工程利益相关方最终的伦理困惑与抉择,让学生了解在工程活动中应具备的伦理敏感性、职业操守与责任担当。

2　课前准备

本案例讨论以小组报告或以小组为基本单元的其他表现形式呈现为好,因此,在课前需对学生进行分组。每组以 5～8 人为宜,学生的专业背景尽可能体现差异化。

至少提前一周将案例发给学生,让学生自学风险与伦理责任相关的知识,了解工程竣工验收以及建设工程五方责任主体的相关要求,并以案例中的思考题为基本报告内容准备小组汇报。

3　教学目标

本案例的教学目的是希望通过 L 写字楼工程楼板裂缝的处理过程,引起学生对工程利益冲突中工程伦理问题的思考,从而有效提高学生的伦理敏感性以及伦理判断能力。具体目标如下:

(1) 让学生了解工程利益冲突中隐含的各种伦理问题;

(2) 让学生了解安全与质量目标是工程活动的首要目标,工程师要为公众的安全、健康与福祉负责;

(3) 让学生掌握工程安全风险来源、应对、可接受风险等方面的相关知识;

(4) 让学生理解处理类似工程冲突时应当具备的专业素质和职业底线。

4　分析的思路与要点

以《工程伦理》(第 2 版)第 2 章内容为基础设置讨论议题。

4.1　针对案例正文思考题(1)的分析思路与要点

(1) 工程安全风险的来源:本案例中的工程安全风险来源涉及环境、技术与人。对应教材 2.1.1 节。

(2) 工程安全风险的伦理评估原则:本案例涉及教材中"以人为本""预防为主"两个原则。对应教材 2.2.1 节。

(3) 工程安全风险的防范:本案例涉及"工程的质量监理与安全""意外风险控制与安全"。对应教材 2.1.3 节。

(4) 工程风险的伦理评估途径:本案例涉及教材中"工程风险的专家评估"。对应教材 2.2.2 节。

4.2　针对案例正文思考题(2)的分析思路与要点

(1) 工程相关方的伦理责任:本案例涉及建设单位代表、勘察单位代表、设计单位代表、监理单位代表、总包单位代表、外聘专家、第三方检测单位代表。不同相关方肩负的责任不同,所面对的利益冲突与价值冲突也不同,伦理取舍也有很大差异。对应教材 2.3 节。

(2) 工程风险的客观实在性与主观建构性(引出工程风险的可接受性及不同群体具有不同风险可接受性背后的伦理依据)。对应教材 2.1.2 节。

4.3　针对案例正文思考题(3)的分析思路与要点

(1) 工程安全风险的防范：本案例涉及"工程的质量监理与安全""意外风险控制与安全"。对应教材 2.1.3 节。

(2) 工程相关方的伦理责任：本案例涉及建设单位代表、勘察单位代表、设计单位代表、监理单位代表、总包单位代表、外聘专家、第三方检测单位代表。不同相关方肩负的责任不同，所面对的利益冲突与价值冲突也不同，伦理取舍也有很大差异。对应教材 2.3 节。

本案例包含了建筑工程施工阶段典型的工程问题定性及处理的问题，背后还包含着利益与责任的冲突问题，教师可以根据教学目标和内容有所侧重。此处提供本案例的一些分析思路，仅供参考。

4.4　可拓展的讨论议题

本案例是一个真实的、综合性的案例，刻画的场景也是学生们就业后会经常遇到的场景，可分析的视角较多。本案例一方面可基本串起《工程伦理》教材第 2 章的所有内容，另一方面亦可从其他伦理视角对本案例进行剖析，例如：

(1) 伦理行为的四组分模型

可以让学生通过不同项目相关方的语言与行为来分析其具有的伦理组分，加深学生对伦理行为四组分的理解并能有效运用模型进行案例分析。伦理行为四组分模型的相关理论内容可参见 Rest 的著作。[1]

(2) 团体思维

可以让学生分析在本案例中是否存在团体思维这一现象，团体思维对伦理决策的影响是什么，从而使学生在工作实践中能够意识到团体思维的存在，有意识地避免团体思维对决策客观性的影响。如选择总监理工程师温明作为分析对象，分析其在决策中陷入了哪几种团体思维的误区，进而影响了自己的独立判断，成为不恰当决策的附庸。有关团体思维的相关理论内容可参见哈里斯的著作。[2]

(3) 影响伦理决策的关键因素

可以让学生分析案例中的关键人物所作决策背后的判断原则是什么，后续态度上的转变又是因为什么，从而通过分析抽离影响伦理决策的一些关键因素。还可以让学生从创造性的中间方式的角度来分析本案例的最终方案，使学生在面对实践中的伦理困境时，有意识地寻找创造性的中间方式，避免陷入僵局。有关伦理判断原则以及创造性的中间方式等内容可参见哈里斯的著作。[2]

4.5　关键点

(1) 本案例主要涉及的是工程安全风险与工程师伦理责任相关的知识。面对楼板裂缝问题，关山与左倩表现出截然相反的态度，除去利益因素方面的考虑，其中的原因主要是不同群体或个人对工程风险的认知与接受程度不同。关山是在施工方环境中成长起来的项目经理，平时处理的问题较多，很可能对楼板裂缝这类问题见怪不怪，认为问题不大；而左倩是在设计院环境中成长起来的项目负责人，对待建筑设计严谨认真是设计工作的基本要求，她对工程质量问题的敏感度比较高，会充分考虑对建筑物整个寿命期的影响。因此，她发现裂缝问题后,会表现出非常审慎的态度。同样的工程风险,由设计方与施工方两方进行评估,得到的结果可能差距很大。课堂教学时,教师可以从工程风险的认知与可接受风险这一知识点进行深入剖析。

(2)本案例另外一个非常关键的知识点就是伦理决策应当遵循怎样的准则。我们通常使用的决策准则有功利主义原则、黄金法则、权利论原则,这三个准则都有其适用范围和应用上的限制。教学过程中,可以引导学生从每个准则出发,探讨针对楼板裂缝处置与竣工验收的矛盾,依据不同准则作出的伦理决策应该是怎样的,然后进行对比,看哪个准则的伦理决策更能让大多数学生信服。最后,要告知学生在实际工作中解决这类问题进行时,并非只能选择单一的准则,可以创造性地采用中间方式,以达到更加圆满的效果。

5 课堂安排建议

本案例可作为相关课程的课堂教学案例使用,也可作为专门案例讨论课使用。

5.1 相关课程教学案例(60 min)

要求学生们事前分组,由特定一组于课堂上呈现对启发思考题的回应,该组报告完毕后其他各组参与讨论。课堂组织计划如下:

教师明确案例主题	(5 min)
小组报告	(15 min)
全班讨论	(25 min)
教师总结	(15 min)

5.2 专门案例讨论课(120 min)

要求学生课前自行阅读案例,并对启发思考题进行思考。由学生自愿选择案例中的角色以情景剧的方式进行情景扮演(亦可开发视频案例,在课上播放),情景剧结束后,在课堂上直接进行小组讨论以及全班讨论。课堂组织计划如下:

教师明确案例主题	(5 min)
情景剧	(20 min)
分组讨论	(30 min)
小组发言	(每组约 5 min,控制在 30 min 内)
全班讨论	(20 min)
教师总结	(15 min)

参考文献

[1] REST J R,NARVÁEZ D. Moral development in the professions:psychology and applied ethics[M]. Mahwah,NJ:Lawrence Erlbaum Associates,1994.

[2] 哈里斯,普里查德,雷宾斯.工程伦理概念和案例[M].3 版.丛杭青,沈琪,等译.北京:北京理工大学出版社,2006.

案例 2.2 H5N1 病毒的两用研究与争议

作者姓名：高璐
作者单位：中国科学院自然科学史研究所
案例来源：作者根据相关资料整理
案案真实性：真实

内容提要：生命科学和生物技术是当今发展最为迅速的科技领域之一,其两用研究受到了科学界与社会的多重关注。生命科学两用性研究风险与收益并存,监管措施的制定需要考虑促进生命科学发展与降低两用性风险之间的平衡。在这一案例中我们将讨论河冈义裕和富希耶的两个研究团队就 H5N1 病毒展开的一系列研究与实验。他们为了研究促发 H5N1 产生最危险的变异,这一工作引发了极大的伦理争议。首先是在成果的发表上一波三折,科学界对于不确定性较大的、容易被蓄意滥用的研究的发表方式存在着争议；其次,对两用研究的监管主体、监管方式及权限等存在争议。这一案例尝试引导学生辩证地看待当代新兴技术的两面性,并探索科学研究的边界与未来。

关键词：两用研究；生物安全；科技重大风险；治理；H5N1

1 引言

人类与病原微生物的斗争从未停息。近代科学与基础医学迅速发展,对病原微生物的研究也在不断推进。尤其是经过 20 世纪的三次大规模流感病毒感染、2003 年的 SARS 疫情,以及 2020 年以来在全球范围内暴发的新型冠状病毒疫情后,对于病毒本身及其相关研究的关注又被推上了一个新的高峰。一般来说,病原微生物突变后会表现出一些特殊的性状,比如获得跨物种传播的能力、容易引发急速恶化和高死亡率等。[1]

近年来,美国国立卫生研究院(National Institutes of Health,NIH)加大了对流感病毒的研究,包括针对 H5N1 病毒在内的野生型高致病性禽流感(highly pathogenic avian influenza,HPAI)病毒,通过实验手段监测其是否能通过突变和(或)与其他流感病毒重配,演变成一种可在人际间通过空气传播的新型流感病毒,并对其传播媒介、传播手段、传播速率等传播特性进行预测与预防。在这样的背景下,美国威斯康星大学河冈义裕(Yoshihiro Kawaoka)小组和荷兰伊拉斯姆斯医学中心的富希耶(Ron Fouchier)小组对 H5N1 病毒的突破性研究便具有了重要意义。

此案例将对生命科学两用研究的伦理问题进行探讨,通过对富希耶与河冈义裕所进行的 H5N1 病毒研究及其引发的一系列发表与监管争议进行总结,对科研伦理、生物技术监管等进行反思。[2]

2 相关背景介绍

2.1 H5N1 禽流感病毒及其传播

禽流感(avian influenza,AI)是一种由甲型流感病毒引起的急性、高度接触性传染病,主要感染家禽、鸟类等。根据禽流感病毒致病能力的差异,可将其分为低致病性禽流感(low pathogenic avian influenza,LPAI)和高致病性禽流感,其中 H5 亚型是 HPAI 之一。[3]1997 年 H5N1 流感病毒首次从患者体内被分离,随后在家禽中流行,偶尔跨越病毒自然宿主感染野生鸟类以及人类等哺乳动物。自 2003 年起,高致病性 H5N1 亚型流感病毒感染人的事件不断发生,并且不断衍生出多个新的基因谱系,存在流行的可能性。[4]

2.2 关于病毒的两用研究

"两用"(dual-use)一词通常被用来描述一项技术既能民用又能军用。但近年来,随着新兴技术的快速发展,特别是经历了"9·11"恐怖袭击之后的炭疽病毒邮件事件,人们再次认识到科学被恶用的巨大风险,这使得"两用研究"(dual-use research of concern,DURC)成为一个专有的研究范畴。世界卫生组织(World Health Organization,WHO)将两用研究定义为那些本意为了人类福祉,但却能轻易地通过知识传播产生滥用,直接威胁国家与公共安全的研究。[5]在生命科学与生物技术领域,随着合成生物学、基因编辑等技术平台的不断提升,我们对基因组的修改能力逐渐提高,相关研究被滥用和恶用的可能性也不断增加。

对流感等病毒的研究通常是对已经发现的病原微生物的结构、生物特性以及流行病学数据进行分析,但也有一部分科学家致力于对病原微生物进行预先"干预",通过 DNA 重组技术来制造一些具有新性状的变异,使病毒改变宿主或者提高致病性,以期提前理解病毒的演化——这种研究方式又被称为"功能获得型研究"(gain-of-function research)。[6]这类研究的最终目标是更好地为公共卫生和预防工作提供信息,但同时也引发了许多与生物安全有关的争议。

2006 年,美国流感研究专家小组建议美国国立卫生研究院传染病与变态反应病研究所(National Institute of Allergy and Infectious Disease,NIAID)优先研究流感病毒的传播、变异,尤其是从动物到人的传播因素。2008 年,禽流感研究联合技术咨询小组强调需要进一步了解影响传播和流感大流行的病毒因素。2009 年,美国疾病控制与预防中心(Centers for Disease Control and Prevention,CDC)建议,应当加强对人畜共患和大流行流感病毒特异性因素(传染性、传播性、致病性等)研究。此后,NIH 进一步加大了对大流行性流感病毒的研究,其中就包括多项引发争议的"两用"研究。

2.3 针对 H5N1 病毒的两用研究

2006 年,研究人员发现,H5N1 病毒开始向人传播且具有高传染性、高致死率,由于作为病毒供体的猪可以同时感染来源于鸟类以及人类的病毒,而病毒的高突变性又可导致出现更加高致病性的病毒,因此人们越来越关注可影响其传播率的可能自然突变。其中,美国威斯康星大学河冈义裕小组和荷兰伊拉斯姆斯医学中心的富希耶小组的研究引起了病毒学界、生物学界、医学界等诸多学科领域学者以及公众媒体的关注。[7]2012 年,富希耶和河冈义裕小组的两篇饱受争议的关于 H5N1 禽流感病毒基因重组的研究论文使这种担忧进一步升级。[8]尽管对 H5N1 病毒的研究本身具有潜在的科学与社会价值,但一些科学家和决策者反对发表这些论文,因为他们担心恐怖分子(或其他别有用心者)可能利用这些研究来制造一种危害全球的生物武器。研究 H5N1 病毒的论文的出现,凸显了科技风险治理的艰难,以 NIH 及 WHO 为首的研发管理组织都逐步建立起两用研究治理的规范,涉及研发投入、研究过程、研究成果发表与合作等诸多方面。[9]

2.4　河冈义裕及其研究小组

威斯康星大学麦迪逊分校的河冈义裕教授是长期致力于流感病毒、埃博拉病毒等传染病领域研究的病毒学家,同时供职于日本东京大学医学科学研究所,担任微生物学和免疫学系教授。[10]他的研究兴趣集中于病毒致病机理及预防控制研究,在流感病毒的致病、跨宿主传播、抗原研究及疫苗研发等方面做了不少重要工作,也引起过巨大争议。自2008年开始,河冈义裕在NIH的资助下,开展与H5N1禽流感病毒传播的分子特征有关的研究。2013年,河冈义裕当选美国科学院外籍院士。

2.5　富希耶及其研究小组

供职于荷兰伊拉斯姆斯大学医学中心(Erasmus MC)的荣恩·富希耶博士于1995年获得阿姆斯特丹大学的医学博士学位,主要研究艾滋病毒,并于1995年至1998年在费城宾夕法尼亚大学医学院的霍华德·休斯医学院担任博士后,继续研究艾滋病毒。随后,他在伊拉斯姆斯大学医学中心成立了一个新小组,研究呼吸道病毒,尤其是A型流感病毒的分子生物学。作为荷兰皇家科学院院士,他研究了流感病毒的人畜共患病及其致病性。由于其在病毒研究上的突出表现,富希耶博士在荷兰政府和国际间的诸多科学组织咨询委员会任职,并且参与了WHO的组织工作,得到了欧盟计划以及荷兰、美国政府的进一步资助。[11]

2.6　NSABB的组成与宗旨

美国国家生物安全科学咨询委员会(National Science Advisory Board for Biosecurity, NSABB)[12]是一个联邦咨询委员会,服务于美国卫生与公共服务部,隶属于NIH,由不多于25名投票委员组成,委员涵盖分子生物学、微生物学、传染病、生物安全、公共卫生、兽医、植物健康、国家安全、生物防御、执法、科学出版以及其他相关领域的从业人员。其职责是为生命科学的两用研究的生物安全监督提供指导和建议,主要包括:为科研人员提供关于两用研究的教育、培训与发展建议;就两用研究成果的出版、公众传播提供政策建议;为促进国际社会参与生命科学两用研究的管理制定战略;对两用研究和研究结果的实施、交流和监督提供政策建议等。

3　禽流感病毒的两用研究始末

3.1　一石激起千层浪:两篇论文的初次投出

2011年8月31日,河冈义裕将论文《血凝素基因突变赋予H5N1甲型流感病毒识别人受体并以呼吸道飞沫在雪貂中传播》投稿到《自然》杂志,在文中披露了通过对病毒进行基因修饰使其获得了更强的传染性。河冈义裕将经基因改造的H5N1流感病毒的H5部分替换为2009年流感的H1N1病毒株的H1部分,产生了可在雪貂间通过飞沫传播的H5N1流感病毒。[13]这是一种典型的功能获得型研究,为了理解病毒的进化机制,给H5N1插上了新的"翅膀",让其毒性提高,并且更具传播性。

富希耶的研究小组也对甲型H5N1流感病毒进行了诱发突变的研究与实验,并于2011

年 8 月 30 日向《科学》杂志投稿论文《禽流感 H5N1 甲型病毒的空气传播》。该文指出禽流感 H5N1 经过部分基因改造可以大幅增加在哺乳动物雪貂之间的传播性，只需要将 5 种已经在自然界中发现的变异，通过基因改造汇聚在一次病毒变异的过程中，就能够实现 H5N1 病毒的加速演化。编辑部在收到富希耶和河冈义裕的这两篇论文后，意识到这一研究结果和数据的公开存在巨大风险，于是便快速地提交给了 NSABB。

3.2 NSABB 及其余部门的讨论与磋商

NSABB 很快作出了响应。通过长时间的讨论，他们认为这项研究虽然有助于我们理解新的可能变异，但是总体而言弊大于利。尽管这两个关于 H5N1 的研究能够进一步提高对流感大流行的监测、预测、预防、诊断和治疗能力，具有重大的公共卫生意义，但不可否认的是这两个研究有潜在的、巨大的被误用的风险。因此，NSABB 委员会的全部成员都参加到对这两项研究的讨论中。经历了 5 周半艰难的讨论，委员们分析了两篇文章中的数据，衡量公布信息后的风险与收益，最终在 2011 年 11 月 21 日，NSABB 建议《自然》与《科学》杂志重新编辑这两篇文章，将关键的结论公布出来，将数据与方法隐去，只分享给那些可信的专家和机构。[14]这是 NSABB 自 2004 年成立以来第一次作出这样的限制性建议。这一结果引发了许多争议，一些人认为，这是学术审查对科学自由的剥夺；也有一些声音认为，科学的两用性让我们不得不有所取舍。

2012 年 1 月 20 日，NIH 发表了《关于国家安全局审查 H5N1 研究的声明》，声明中指出 NSABB 是一个独立的专家委员会，关于 NIH 资助的 H5N1 流感传播性研究的论文手稿，NSABB 认为公布这项工作的方法和其他细节，可能会推动那些有不合理企图的人复制此类实验，因此建议不要全文公布这些手稿。NSABB 成员还讨论了在研究提出的问题得到解决之前，是否应暂停广泛传播 H5N1 的两用研究。[15]也是基于此，卫生部向河冈义裕和富希耶以及期刊编辑提供了 NSABB 的非强制性建议。

同日，河冈义裕、富希耶和 H5N1 研究界的其他科学家宣布，他们将自愿暂停对 H5N1 病毒的某些研究 60 天，等待国际社会彻底地讨论该如何更好地对这一研究问题负责后，再决定是否开启研究。[16]这种暂停适用于增强高致病性禽流感病毒在哺乳动物中的传播能力，以及任何已经证明可在雪貂中传播的 H5N1 病毒的试验。

随着媒体的曝光，这一争议事件也从科学共同体内部走到公众面前，变成广受关注的社会议题。公众质疑这种高致病性、高风险的病毒是否应该被主动制造，又该如何进行保存和保护，如何避免被用于不法用途和恐怖活动，研究者和决策者需要考虑恐怖主义和极端分子的作恶企图和能力，以及公众的脆弱性等情况。

因此，2012 年 2 月 1 日，NSABB 在《自然》与《科学》两大杂志上发布了一项声明，强调对于获得功能型类的禽流感研究的发表与出版是存在较大风险的，应谨慎为之。鉴于这一问题具有全球性，世界卫生组织也于 2012 年 2 月 16—17 日召开了一次技术协商会议（technical consultation），目的是澄清与研究相关的一些事实，并衡量这一研究带来的生物安全漏洞，以及如何更好地获取和传播研究成果。会议邀请了 22 名参与者，其中包括河冈义裕和富希耶、政府监督人员和公众媒体，当时正处于禽流感 H5N1 疫情中的国家的代表也出席了会议。与会者回顾了研究中使用的 H5N1 病毒从实验室外转移到实验室内的时间顺序、有关使用样本的相关协定、研究经历的审查,以及经费方对工作的监督等问题。两位研究者宣读了未发表的研究报告的全文和修订版,并听取了大家对研究结果的意见。与会者认为:基因改造的数据对于改善人类公共卫生和动物卫生部门的监测能力具有价值,有助于监测正在传播的 H5N1 病毒发生重大变异,这些研究结果为病毒在自然界中的进化积累数据提供了有价值的补充。但是,必须结合社会与政治背景,去判断研究成果是否会带来人们对病毒重组知识的滥用。这也是本着一种底线思维安全观,思考这一研究带来的对全局的影响。

为了促进对这一问题的关注,WHO 在 2 月又召开了一次会议,深入讨论了生命科学两用研究需要关注的重要问题。综合各方意见,WHO 作出了一个大胆的决策,认为在保护科学自由的前提下,公开发表这两篇文章是利大于弊的,但是,必须加强对 H5N1 病毒的科学普及,以提高公众对此类研究的认识,同时建立有效的沟通方案,以降低可能的社会风险。同时,他们也对两种实验室改造病毒的保存与否,在何种时间、地点、环境下进行保存,以及后续如何建立生物安全标准、哪些后续研究被允许等问题进行了讨论。尽管这些病毒目前所处的设施达到或超过了所需的生物安全和生物安保标准,但代表们一致认为应该提高研究 H5N1 病毒实验室的相关条件。在研究暂停结束之后,需要就其他研究地点所需的生物安全和生物安保标准提供明确的指导,并建立一个全面的监测系统。

2012 年 3 月 29—30 日,NSABB 第二次会议审查了之前的会议信息与国际意见,重新审议了出版意见,建议两篇论文全文发表。NSABB 同时发布了《美国政府对生命科学两用研究的监管政策》[17],这一监管政策的主要责任是定期审查美国政府资助的以及一些正在进行中的研究,这类研究的研究对象为高致病性的病原微生物,通过审查降低风险,收集安全信息,从而维护科学研究本身的利益。这项政策补充了美国政府关于持有和处理病原微生物的现行条例和政策,对于研究人员、国家安全官员和全球卫生专家在内的有关群体起到了指导作用。

2012 年 5 月 1 日,美国国家科学院科学技术和法律委员会与生命科学委员会联合举办了微生物威胁论坛(Forum on Microbial Threats),召开了为期一天的公众研讨会。[18] 研讨会的目的是"探讨从研究概念化到出版的可能干预节点"的全周期,并讨论当前对研究的监管和监督,思考如何建立和实施新机制。

3.3　发表与监管改革

2012 年 6 月 22 日,河冈义裕的论文《H5HA 流感的实验性适应使雪貂的呼吸液滴传播到重组 H5HA/H1N1 病毒》发表在《自然》杂志上。研究结果强调,有必要为 H5HA 流感病毒引起的潜在大流行做好准备。这些知识将提高研究者监测正在传播或新出现的变种的大流行能力,将工作的重点放在这些至关重要的分子变化亚组的病毒上,在病毒传播的地区储存抗病毒复合物,并在大流行前启动疫苗生产。[19] 富希耶的论文《呼吸道飞沫传播的甲型 H5N1 流感病毒在哺乳动物宿主体内进化的可能性》也于同日在《科学》杂志上发表,指出甲型 H5N1 流感病毒只需要 5 个氨基酸替换或者 4 个重组就可能通过飞沫在哺乳动物间传播,构成大流行威胁。其中两种替换在甲型 H5N1 病毒中很常见[20],有些病毒可能只需要另外三种替换就可以通过哺乳动物之间的飞沫传播。因此,这项研究通过使用病毒进化的数学模型来研究病毒在感染哺乳动物宿主后的进化概率,尝试预测该类病毒在自然界进化的潜在威胁。

随着文章的发表,对 H5N1 研究的紧张情绪逐渐松弛,河冈义裕和富希耶等在 2012 年 10 月提出要终止对甲型 H5N1 流感研究的暂停禁令,恢复自 2012 年 1 月以来暂停的工作,因为人们已经观察到一些自然条件下的病毒突变,这对人类造成了新的威胁。[21]这场有关实验室与自然环境中的病毒的赛跑,在政府和有关机构批准下又再次上演。2013 年 2 月 1 日,河冈义裕等人正式宣告研究恢复[22],宣称 H5N1 病毒传播研究对大流行预防和了解流感病毒对哺乳动物的适应能力至关重要,科学家应在具备条件的实验室与监管制度下进行研究。

尽管围绕河冈义裕、富希耶两人的文章发表与否的争议告一段落,但这一事件引发的争议在美国促成了 NSABB 对于两用研究的监管革命。2012 年 3 月,NSABB 发布了《美国对政府生命科学两用研究的监管政策》;2013 年 2 月,美国白宫科技政策办公室(OSTP)发布了《美国政府生命科学两用研究机构监管政策》。两项新政策有助于美国对整个生命科学研究周期(从最初提交资助申请到研究结论和研究成果交流)潜在的误用风险进行管理,对研究进行全周期评审。一方面,明确了政府需要监管的 15 种重点生物制剂或毒素,以及 7 类两用性研究类型;另一方面,也明确了联邦政府与研究机构的职责,以及如何定期地进行生物安全评审。

在全周期的科技管理中,有三个层面的机构十分重要。第一个层面,是与研究者关系最密切的机构生物安全委员会(Institutional Biosafety Committees,IBCs)。IBCs 是 20 世纪 70 年代 DNA 重组技术产生后,由 NIH 设计出的一个制度框架,与机构伦理委员会(Institutional Review Boards,IRBs)一起,在研究者所在的研究机构中与科学家共同应对人们对基因工程带来的风险的担忧。两用研究带来的潜在威胁促使 NSABB 考虑进一步扩大 IBCs 的作用,以监测那些可能对生物恐怖主义有影响的研究。如果一项研究涉及危险病原体(如 H5N1、炭疽杆菌、埃博拉病毒等),大学或者研究所的 IBCs 需要预先对项目进行审议,确认该研究的研究价值与安全措施,并决定这一项目的危险程度是否需要提交到美国卫生部(HHS)与国立卫生研究院(NIH)。同时,研究人员必须提供符合"加强生物安全的措施""提供两用研究的教育培训""在机构层面定期检查新兴额外的两用研究"以及"明确沟通形式以确保负责任的两用研究"等规定的"风险缓解计划"。如果研究人员无法通过 IBCs 的审查,那么他也无法在 HHS 与 NIH 层面参与项目申请。第二个层面,由 HHS 与 NIH 为主的联邦机构会从联邦政府的层面审核研究的风险、必要性以及生物安全措施是否完备,给出资助与项目评审意见。美国联邦政府的选择是将审查前置,在资助、项目申请与研发阶段就加强生物安全管理,避免研究成果完成带来的措手不及。第三个层面,仍然将论文与成果的发布、与研究有关的风险的沟通作为要点,在重要期刊、预印本以及学术会议上,都加强生物安全的考量。

3.4 超级病毒的产生

2014 年 7 月 3 日,河冈义裕为了分析 H1N1 的基因变化,绕过人类免疫系统的关键步骤制造出"超级 H1N1 病毒",再次引发极大的争议。[23]在该研究中,流感病毒被设计成改变宿主范围、传播能力和毒性等特性。河冈义裕的目标是探讨类似 1918 年的大流行病毒从目前的禽流感毒株中变异的可能性,并探讨为何 H1N1 毒性强大到导致全球 4000 万人死亡。研究小组利用与 1918 年流感病毒相似的编码蛋白质的野生禽流感 H1N1 病毒基因来构建新的病毒。新病毒不仅能在雪貂之间传播——目前为人类流感传播的最佳模式,而且比原始的禽流感病毒毒性更强。因此,研究小组认为,一种类似 1918 年的病毒自然出现的风险很高。美国国家过敏和传染病研究所 2009 年以来资助了这个为期 6 年的项目。但当政府在 2012 年 3 月推出新规定时,联邦政府要求河冈义裕所在的大学检查该项目是否符合这些规定。如果这项研究属于对已有病毒毒性与传播性的增强,那么就符合两用研究的管理规则。但在 2012 年 7 月和次年 11 月的进度报告中,河冈义裕所在的威斯康星大学认为,该项目不属于两用研究,认为这项研究不会增加比 2005 年重建 1918 年流感病毒更大的风险,也不会产生毒性更强的病毒。威斯康星大学的这一判断为河冈教授的研究开了绿灯。然而,根据《自然》杂志的调查,NIAID 以及许多学者都认为河冈义裕的工作符合两用研究监管的要求,应该制订更加严格的风险缓解计划。

这一事件也成为美国政府加强对两用研究的监管后出现的第一个广受关注的争议事件。其实,这一方面说明大学的监管或许并不能完全起到有效监督的作用;另一方面也意味着新的体系正在开始运转,对于研究价值的判断、对于大学研究成果的保护都在这一系统中开始碰撞。即使是科学家之间,也对如何应对两用研究带来的风险存在着强烈分歧。比如,斯坦福大学的微生物学家 David Relman 对该项目最初没有被视为两用研究感到非常惊讶,同时他也非常反对这样的研究。他认为,无论科学家采取什么立场,每个人都应该同意,评估过程是透明和有效的。不能把监督权留给那些本意是促进科学发展的机构,而应让对这项工作更加冷静、无党派的机构进行监督。[23]

4 案例分析

反思美国的风险治理逻辑,或许有助于理解两用研究监管的难题。正如贾萨诺夫在《自然的设计:欧美的科学与民主》中分析的那样,美国不同部门中咨询机构的共识是生物技术产品与传统的化学工艺制造的产品没有区别,因此美国将生物技术视为需要一般审查的常见产品的供应者,而不是一个对社会造成不确定性的或者危害的特别工艺。[24]因此,美国形成了一个审查最终"产品"的风险与安全性的风险治理范式。与此同时,生物技术也成为咨询委员会技术专家指导下的决策对象,而不是一个广泛参与的政治事件。对比坚持以"工艺"作为生物技术监管对象的欧洲,美国的"产品审查"逻辑直接决定了其对风险的态度——科学家的自我管制是首要的,由专家承担责任并作出决策,同时通过政治体系与科学建议对生物技术研究的产品风险进行控制,并通过风险沟通的方式将公众纳入整个体系之中。自重组 DNA 技术出现以来,美国对于转基因作物、基因编辑技术、干细胞治疗等新技术的监管方式都是在这样的理念中形成的。因此,在如此的体系之下,两用研究只是一种新的风险管理范畴。尽管联邦政府通过全周期的科研管理来对两用研究的风险进行把控,但是这些程序层面的补救很难妥善控制两用研究风险。同时,即使能够对两用研究从经费申请到研究过程、成果发表的全程进行监管,在美国的科技制度下,也只能对联邦政府的研究机构与经费进行管理,而企业中的私人实验室则几乎不受这一体制的控制。因此,在这样的产品管理逻辑下的两用研究监管,其效果是不尽如人意的。

（1）被忽视的风险：生物技术在争议中迅速发展

生物科学正在迅速发展，生物技术的最新发展可能为人类带来巨大的利益。然而，在许多情况下，促进医学进步的发现同样也可以促进大规模毁灭性生物武器的生产。美国中央情报局（CIA）一份名为《未来更黑暗的生物武器》的非机密文件声称："生物技术的进步……有可能制造更危险的生物战争威胁……经工程改造的生物制剂可能比人类已知的任何疾病都更糟糕。"[25]但是，尽管人们看到了生物技术发展带来的潜在风险，我们却很难在已有的制度与监管之下完成善治。纽约州立大学石溪分校的研究人员根据网上公布的脊髓灰质炎病毒的 RNA 图谱，通过网络购买相关材料，从零开始人工合成了脊髓灰质炎病毒。因为在操作中添加一个蛋白导致了一种新病毒的产生，这种病毒能使老鼠瘫痪和死亡。[26]

尽管一些科学家和杂志编辑了解其中的危险，但由于监管的重担更多地落在科学共同体之上，因此他们仍在为自己的行为辩护。就流感研究而言，有人认为，发表论文的医学益处超过了与恐怖主义有关的风险，特别是考虑到目前对大流行性流感的关注。因此，即使有部分科学家认为目前的处理方式不妥，但仍然会有大量的文章完成发表。在科学界内部，尽管争议存在，研究仍然飞速向前，这是两用研究出现并不断引发难题的关键。

（2）伦理责任与道德能力的培养

已有的生命伦理学的研究对于两用研究的关注不足[27]，这导致人们在两用研究认识层面的忽视。欧盟曾向生命科学家进行了一次关于两用研究的安全教育的调查。该研究报告称，很少有大学提供这样的教育，建议开设更多关于生物安全和生物伦理学的课程。[28]生命伦理学应该更多地讨论生物安全与两用研究的各种可能性，让科学家们关注伦理可能性。生命伦理学本质上涉及对相互竞争的价值和利益的评估，而不一定产生确定的答案，加强研究人员的伦理责任与道德能力才是解决问题的根本。

也有人认为，科技伦理意识的养成不足以让生命科学家独立管理和监督两用研究，或者它是否仅仅提供了一个伦理标签，使科学界用它认为合适的方式来处理伦理争端。其实道德决策能力的提高是否足够，既取决于能力的质量，也取决于所需的能力程度和类型。

因此，伦理能力应该被视为一种需要不断循环反复的能力建设过程，需要长期的坚持。此外，为了确保一定程度和质量的能力，可以开发衡量两用研究的道德能力的工具。

（3）缺少明确指导原则与有效的国际合作

无论是美国还是其他西方国家，迄今为止还缺乏明确统一的两用研究风险治理指导原则，在传统安全观和非传统安全观两者之间摇摆不定。他们既要防控风险，又担心失去国家竞争优势。从底线思维考虑，应该以人类安全为最高指导原则，站在人类命运共同体的角度负责任地发展生命科学与生物技术。对于两用研究的管理，还未形成成熟的全球协作框架，这就使得知识的流动带来的风险更大，也更容易产生伦理倾销。因此，应该在全球范围内建立良好的全球治理与合作机制，对危险级别高的研究与产品进行共同管理。

这其实呼唤的是一种科学观与科学发展模式的整体转型。当科学技术的能力远超过人类预防其风险与滥用风险的能力时，人们应该如何看待科学？科学是为全人类服务还是为少数的利益群体或是国家发展服务？我们或许面临的是对整个科学体系的重新定位、划界，因此应该就两用研究带来的困境来重新思索这些问题，而非通过简单的程序与监管上的修补尝试一蹴而就地解决这一问题。

5　结论与启示

在这一案例中,我们介绍与阐释了 H5N1 病毒引发的两用研究的争议,以及美国如何通过制度、组织与科研管理体系的调节,从一种对两用研究"应急"似的管理模式,转变到深思熟虑的、常规化的管理模式。美国的实践为我们展示了对两用研究监管的方式的转变,即从发表物、结果审查转向全研究周期的管理策略,同时,尝试通过安全教育、公众意见的反馈来影响研究内容本身,通过提高门槛来阻碍一些设计不当的、有其他可选择进路的两用研究。

这一案例的意义在于,它将科学研究的不确定性、伦理与安全难题展示了出来。自科学革命以来,人类或许从未遭遇如此棘手的选择,而监管部门的责任是通过制度来引导研究向善的同时,规避一些难以承受的风险。在后疫情时代,对病毒的编辑与修改更加普遍,哪些操作应该被允许,哪些是不符合伦理与监管规范的工作,需要我们更加细致、规范的研究,以及更加体系化的、全球范围的治理努力。

6　思考题

(1) 科学与自由的关系是怎样的? 科学家是否有单方面决定其研究课题的权利?

(2) 伦理学在两用研究这一问题中的角色是什么? 伦理学是否存在着局限性?

(3) 两用性研究的边界应当如何确立? 在此过程中伦理审查应当在什么阶段介入?

(4) 人们常常说,科学技术是一把"双刃剑",既能带来巨大的利益,也存在着一定风险。你认为这一说法在解释两用研究的难题时是否合理?

(5) 案例中谈到的功能获得型研究,即通过生物技术来制造一些具有新性状的变异,使病毒改变宿主或者提高致病性的研究。你认为这一类型的研究是否是恰当的? 在什么样的条件下可以实施? 是否应该禁止一部分两用研究?

(6) 你认为在两用研究的治理与监管问题上,科学家、政府与公众应该扮演什么样的角色?

(7) 假设你是河冈义裕,你会如何为自己的研究辩护? 如果你是一位反对两用研究的生物安全专家,你又可以提出哪些观点?

案例 2.2 使用说明

1　案例摘要

生命科学和生物技术是当今发展最为迅速的科技领域之一,其两用研究受到了科学界与社会的多重关注。生命科学两用性研究的风险与收益并存,监管措施的制定需要考虑促进生命科学发展与降低两用性风险之间的平衡。在这一案例中我们介绍了河冈义裕和富希耶两个研究团队就 H5N1 病毒展开的一系列研究与实验,由于他们为了研究病毒的最危险可能性而促发 H5N1 产生变异,这一工作引发了极大的伦理争议。首先是在科研成果的发表上一波三折,科学界对于不确定性较大的、容易被蓄意滥用的研究的发表方式存在着争议;其次,对两用研究的监管主体、监管方式以及权限等存在争议。这一案例尝试引导学生辩证地看待当代新兴技术的两面性,并探索科学研究的边界与未来。

2 课前准备

阅读《工程伦理》(第 2 版)一书。

3 教学目标

首先,通过使用本案例进行教学,使学生了解生物技术变革的意义及其可能带来的伦理与生物安全等问题,包括:①认识生物技术带来的争议、风险与公平等问题;②认识到新兴技术的监管、法律及治理与其发展不匹配带来的难题;③反思科学研究的不确定性与科研模式的未来方向。

其次,培养学生掌握一些生命伦理学的基本原则,包括有利原则、尊重原则、公正原则与互助原则;使学生理解技术的发展与伦理、监管、舆论与政策、法律的复杂关系,并分析伦理学在解决新兴技术发展中的问题时的优势与劣势。

4 分析的思路与要点

通过阅读案例并收集补充材料,分析:

(1) 我们对病毒的操作,尤其是功能获得性的研究带来了巨大的生物安全与风险问题,这是两用难题的根源。那么,应该在什么情况下允许进行功能获得性的病毒研究? 比如,在疫情之前与疫情之中的判断是否会有所不同?

(2) 科学家在实验室中的工作是否应该有一个边界? 还是只要是基础研究,就能够允许它自由发展与探索? 科学家通过研究获益,与违反伦理、生物安全的规范获罚,两者之间是否存在着不平衡的现象?

(3) 对于是否应该主张案例中两篇文章的发表,在科学共同体意见不统一的情况下,谁应该参与并作出决策? 限制发表文章是否意味着限制了科学自由?

(4) 如何看待两用研究? 是否很多研究存在着两用性? 这个案例的特殊之处在哪里? 政府应该如何监管两用研究? 如何看待底线安全观,即以我们能够承受的最大程度的风险作为发展的约束条件,而非发展的高度与速度?

5 课堂安排建议

(1) 课堂报告:请若干位同学收集相关材料,制作 PPT 进行课堂报告,呈现案例内容。

(2) 分组讨论:将班级同学分为若干小组,每组 6～8 人,对案例进行讨论。

(3) 小组总结:每组举荐一位同学为代表,对该组讨论的要点向全班进行汇报。

(4) 拓展练习:①查阅我国与两用研究有关的法规与管理办法,找到我国监管中的问题。②如果你所在的实验室正在做一项类似的实验,你会如何处理? 我国高校是如何管理类似研究的? 机构的伦理委员会、科研资助机构与科技管理部门应该承担怎样的责任? 如果你与导师的意见不同,应该如何处理?

参考文献

[1] 张琰,钟灿涛.美国生命科学双途研究审查协调机制及其启示[J].科学学与科学技术管理,2013,34(10):39-47.

[2] 高璐.生命科学两用研究的治理——以H5N1禽流感病毒的研究与争议为例[J].工程研究——跨学科视野中的工程,2020,12(4):355-365.

[3] 刘宏生,赵丹,段艳婷.禽流感病毒H5N1亚型NS1蛋白的研究进展[J].微生物学杂志,2013,33(5):1-4.

[4] 刘静,任志广,王铁成,等.通用H5N1亚型禽流感病毒样颗粒疫苗的制备[J].中国病原生物学杂志,2019,14(7):755-760.

[5] WHO. Dual use research of concern[EB/OL]. [2020-06-23]. https://www.who.int/csr/durc/en/.

[6] SELGELID M. Gain-of-function research:ethical analysis[J]. Science and engineering ethics,2016,22(4):923-964.

[7] 董时军,刁天喜.高致病性禽流感H5N1病毒基因改造引发争议案例剖析[J].军事医学,2013,37(8):635-638.

[8] COHEN J,MALAKOFF D. On second thought,flu papers get gohead[J]. Science,2012(336):190.

[9] 杨坤,刁天喜.美国禽流感病毒研究监管分析与启示[J].中国医药导报,2015(12):153-168.

[10] University of Wisconsin-Madison. Yoshihiro Kawaoka [EB/OL]. [2021-02-20]. https://www.vetmed.wisc.edu/people/kawaokay/.

[11] Erasmus MC. Prof. R. A. M. (Ron) Fouchier [EB/OL]. [2021-02-20]. https://www.erasmusmc.nl/en/research/researchers/fouchier-ron.

[12] NIH. National Science Advisory Board for Biosecurity(NSABB)[EB/OL]. [2021-02-20]. https://osp.od.nih.gov/biotechnology/national-science-advisory-board-for-biosecurity-nsabb/.

[13] NIH. Ntatement by NIH director Francis Collins, M. D. , Ph. D. on the NSABB review of revised H5N1 manuscripts[EB/OL]. (2012-04-19)[2020-04-20]. http://www.nih.gov/about/director/04202012_NSABB.htm.

[14] MAHER B. Bird-flu research:the biosecurity oversight[J]. Nature,2012,485(7399):431-434.

[15] 陈化兰."流感百年"专题简介[J].中国科学:生命科学,2018(12):1245-1246.

[16] FOUCHIER R,GARCÍA-SASTRE A,KAWAOKA Y. Pause on avian flu transmission studies[J]. Nature,2012,481(7382):443.

[17] The United States Government. United States Government Policy for Oversight of Life Sciences Dual Use Research of Concern[EB/OL] . [2020-06-10]. https://ehs.uccs.edu/sites/g/files/kjihxj1296/files/2020-03/US-polioy-2.pdf.

[18] KARIN M,ANNEMARIE M,STEVEN K. Perspectives on research with H5N1 avian influenza:scientific inquiry,communication,controversy:summary of a workshop[R]. Washington(DC):Nationnal Academy Press,2013:3.

[19] IMAI M,WATANABE T,HATTA M,et al. Experimental adaptation of an influenza H5HA confers respiratory droplet transmission to a reassortant H5HA/H1N1 virus in ferrets[J]. Nature,2012,486(7403):420-428.

[20] PASTERNNAK J. Experimental adaptation of an influenza H5HA strain confers respiratory droplet transmission to reassortant H5H/H1N1 virus strain in ferrets[J]. Einstein,2012,10(3):391.

［21］ RUSSELL C A，FONVILLE J M，BROWN A E，et al. The potential for respiratory droplet-transmissible A/H5N1 influenza virus to evolve in a mammalian host［J］. Science，2012，336（6088）：1541-1547.

［22］ FOUCHIER R，GARCÍA-SASTRE，A，KAWAOKA Y. The pause on avian H5N1 influenza virus transmission research should be ended［J］. Mbio，2012，3（5）：429-493.

［23］ BUTLER D，MAHER B. Risks of flu work underrated［J］. Nature，2014，511（7507）：13-14.

［24］ 贾萨诺夫. 自然的设计：欧美的科学与民主［M］. 上海：上海交通大学出版社，2021：83.

［25］ Central Intelligence Agency. The darker bioweapons future［R/OL］. （2003-11-03）［2019-02-19］. http://www. fas. org/irp/cia/product/bw1103. pdf.

［26］ POLLACK A. Scientists create a live polio virus［N］. New York Times，2002-07-02.

［27］ SELGELID M J. Ethics engagement of the dual use dilemma：progress and potential［M］//RAPPERT B. Education and ethics in the life sciences：strengthening the prohibition of biological weapons. Canberra，Australia：ANU Press，2010.

［28］ MANCINI G，REVILL J. Fostering the biosecurity norm：biosecurity education for the next generation of life scientists［R］. Como，Italy：Landau Network-Centro Volta and Bradford，Yorkshire，England：Bradford Disarmament Research Centre（BDRC），University of Bradford.

第3章

工程中的价值、利益与公正(教学案例)

案例 3.1　城市更新"华润后海模式"中的价值冲突与平衡①

作者姓名：李平[1]，刘立栋[1,2]，赵自强[1]
作者单位：1 清华大学深圳国际研究生院，2 华润学习与创新中心
案例来源：作者根据对华润置地员工的访谈资料及相关文献撰写
案例真实性：真实

内容提要：城市更新所涉主体多元,需要满足经济效益、生态保护、公众服务等一系列需求。城市更新路径选择的背后,是不同价值与利益诉求的博弈与权衡。深圳市在后海中心区约 $2.26\ km^2$ 片区的规划建设中,面对市民的精神文化需要如何满足、人和自然如何和谐共处等问题,依托华润集团"城市综合投资开发运营商"的角色,以公众参与、可持续发展等伦理原则来平衡多方利益,形成了长效运营、片区统筹的"华润后海模式",有效避免了经济利益至上的城市更新路径。

关键词：城市更新；利益攸关方；价值冲突；利益协调

1　引言

城市更新(urban regeneration)是一种以综合协调与统筹兼顾的整体性目标与行动来引导解决各类城市问题,并致力于持久改善亟待发展地区的经济、物质、社会和环境各方面条件的城市建设模式。[1] 长期以来,我国的城市建设模式一直以经济利益为首要考虑,"以粗放的空间扩张换取经济发展",而忽略了对城市的规划与运营,制约了城市的发展。[2]

改革开放以来,我国的城市建设多与地方财政紧密相关。地方政府为保证其财政收入,探索出"土地金融"的实践策略：一方面,以土地出让获得主要税收收入；另一方面,则以土地抵押置换出金融资本以投入城市的基础建设。虽然到 2019 年我国城市化率已超过 60%[3],但是这种快速扩张与大规模改造的过程,也为城市发展埋下了生态、环境、社会、经济等多方面的潜在危机。土地空间有限、水资源和能源短缺、人口不堪重负、环境承载力严重透支,这"四个难以为继"的现实困难日益凸显。

城市化的突出问题决定了城市更新的目标和方向：超越对纯粹经济价值的考量,综合经济、社会、文化、生态各方价值,形成多元平衡、协调发展的局面,以促进地区振兴与人居和

① 本文系国家社科基金"中美负责任创新跨文化比较研究"(19BZX039)阶段性研究成果。

谐。以深圳市建设后海中心区为例,为推进"福田-前海双中心"建设,深圳市委市政府同华润集团多次考察磋商,于 2016 年 6 月正式赋予华润集团"后海运营商"身份,令其全面负责约 2.26 km² 片区内公共设施的建设及运营。华润集团在建设过程中,逐步摸索和明确了城市综合投资开发运营商的角色定位,通过广泛采纳专家及社会意见和长期论证,面向全球优选设计建设方案,圆满完成后海中心区内深圳人才公园、深圳湾文化广场等重大项目的建设,形成了在城市更新中具有示范意义的"华润后海模式",得到了包括《人民日报》在内多家权威媒体的广泛报道。

2 案例背景及相关主体

2.1 相关背景介绍

行政疆域狭小、空间资源有限一直是制约深圳城市发展的瓶颈因素。过往粗放的高速发展进一步带来了功能结构衰退、生态环境破坏等问题,困扰着城市可持续发展。通过城市更新,调整结构功能和空间利用、破解资源难题、提升发展质量,成为转型期城市发展的必然选择。[4][5]

2006 年深圳市发布了《深圳市土地利用总体规划(2006—2020 年)》,划定围海造地功能区 15 个,其中包括后海填海工程。这片填海区域沉降结束后,对它的规划与建设也随之提上日程。

2009 年 10 月,在广东省建设"节约集约用地试点示范省"背景下,深圳率先提出"城市更新"概念,并颁布全国首部城市更新办法《深圳市城市更新办法》,开启城市更新时代,明确了"政府引导、市场运作"等原则,并在实践中不断完善城市更新发展路径。深圳市政府旨在以此拓展城市发展空间、促进城市转型升级,推动城市更新工作从高速发展向高质量发展转变,进一步提升城市品质和竞争力。[6]

2010 年 8 月,在深圳经济特区成立 30 周年之际,国务院正式批复同意《深圳市城市总体规划(2010—2020)》,确立了"福田中心"与"前海中心"的双城市中心战略(前海中心包括前海、后海和宝安中心区,而后海被定义为金融总部基地)。该规划为深圳全面转型提供了方向和指引,明确深圳"经济特区、全国性经济中心城市和国际化城市"的城市性质,提出"区域协作、经济转型、社会和谐、生态保护"的城市发展目标。

2015 年 12 月,经过同华润集团领导的座谈讨论,南山区委区政府决定向市委市政府建议由华润集团作为后海片区总运营商来打造该片区,提升片区品质。[7]2016 年 6 月,华润与南山区政府正式签署战略合作协议,成为"后海运营商",全面负责约 2.26 km² 片区内公共设施的建设及运营。

此时的后海,"春茧"深圳湾体育中心独据其北,"春笋"中国华润大厦建设正兴;而周围却是一片荒地与滩涂。这里是政府眼中未来的城市中心,是企业眼中无限的经济价值之源。政府与企业如何规划、如何开发、如何运营,这一系列的选择不仅将改变这块区域,更将影响这座城市及其生活的千万居民的未来。

2.2 目标人群及利益攸关方

目标人群一般是"预期的受益者",而与之相对的利益攸关方则多以"被动承受者"的形象出现。[8]65,72 而在现实中,完全被动无言的攸关方是很少的,原本的目标人群也可能在工程建成后转为攸关方。因此,对此二者的理解与区分应归于具体情境、诉之以利益与价值所向。

(1)政府部门

政府作为城市的管理者,有责任与义务为居民提供更好的公共服务与城市环境。城市更新的目标方向离不开政府政策的支撑、规范与引导。作为城市更新的主导者,地方政府的观念与决策直接影响当地城市更新的成效。政府拥有重大事项决策话语权,但在具体实践中仍需要依托于地产企业的专业建设能力与市场机制作用下的资源调度能力,更加高效地完成城市更新的任务。而营利往往是企业的最大追求。因此,为了平衡多元价值间的冲突,政府有必要、有能力指引城市更新的方向、规范企业的实践行为。在本案例中,深圳市及南山区政府关注的不仅是地方财政收入,更应是"后海中心区"的长远发展及所在居民的生活实际所需。

(2)地产企业

地产企业是城市更新的主要执行者。"土地金融"策略不仅使地方政府财政得利,也帮助地产企业营造广阔市场、觅得发展良机。对于地产企业而言,城市更新是其同政府维系良好关系、建设品牌的重要途径,也是其实现经济价值的重要来源。若城市更新旨在平衡多元价值,势必会对企业所寻求的经济利益造成直接影响。在本案例中,华润置地作为"后海中心区"的主要建设方,如何完成好代建业务,如何看待后海及自身的价值定位,如何在经济利益与其他价值间作出适当的取舍,格外关键。

(3)广大市民

"城市最好的经济模式是关心人和陶冶人。"[9]市民是城市生活的主体,是城市更新的主要受众,亦是所谓"攸关方"。民众身体力行地感知城市更新带来的一切变化,城市的一切均与之息息相关。"民众对(城市)规划的接受程度并不取决于民众对于复杂成就的理解,而是取决于对直截了当的目标的认知:目标就是对社会、对民众有益。"[10]因此,如何保证社会、文化、生态等多元价值不因经济价值而偏废、牺牲,以促进民众更好地生活,更真切地感受到以人为本,才是最重要的。在本案例中,后海城市更新成功与否,相信市民会以亲身所历及选择给出一个明确的答案。

(4)社会组织

社会组织是政府与企业外的重要第三方,是公共服务体系的重要构成。[11]通常,社会组织可分为行业协会、兴趣组织、高等院校等。在日常生活中,社会组织经常发挥理念倡导、服务供给、催生社会资本等重要功能[12],以弥补普通民众在某些境况下的"失语"。社会组织与民众同为城市更新的受众,却能以独特的视角与积极的行动为城市更新的实践细节提供更多元的价值倡导与专业建议。在本案例中,深圳观鸟协会及一些高校的专家在生态建设中发挥了重要作用,以其专业性建议表达自身的价值诉求。

3 案例概述

3.1 城市更新的规划方向:小地块开发经营还是长效运营的片区统筹

将土地切割为小地块开发经营是追求经济价值最大化的常见行为。将土地分割多块,引入更多的竞争者入局竞价,便可将有限的待开发土地置换为更多的经济价值。若城市更新以分割小地块的形式进行,确实会为政府带来更多的经济价值,但却从物理与功能层面割裂了区域,破坏有机与协调,并不能完全实现城市更新为区域赋予的总体职能。

片区统筹指由政府对集中连片更新地区进行整体统筹,综合考虑功能规划、交通组织、公共配套、自然生态等因素,统筹划定各单元边界,统筹用地贡献和公共服务设施配置,以统一规则协调多元利益,统筹解决片区内历史遗留问题,并制定各单元规划设计条件,提出实施方案和时序。[13]

片区统筹以整体视野追求社会价值的发掘,但其早期应用并非尽如人意。一些开发者借特色小镇、新区建设之名圈地,无顾城市的经济与人口基础,却最终难以为继。片区统筹并非不可为,关键在于平衡地产商等企业的经济价值与城市更新背后的社会价值之间的冲突,避免无用建设、烂尾建设的乱象。

南山区政府同华润签订"后海运营商"协议,正是出于如何在城市更新中吸取过往教训、平衡各类价值诉求、发掘社会价值的考量。深圳市颁行《深圳市城市更新办法》,其第三条明确规定"城市更新应当遵循政府引导、市场运作、规划统筹……",强调了片区统筹的重要作用。在合作地产商的选取上,政府选择了具有国企性质的华润置地,既是因为华润置地在建设大运会场馆"春茧"中与地方政府形成了良好的合作互信关系、不忘履行社会责任,亦是因为华润集团有完整的全价值链与产业链,有能力支撑起后海中心区的建设。政府为进一步引导与规范后海的建设,在规范合同中明确规定了各下属地块的明确功用,为文化用地、公共用地留下充足空间,保证其社会价值,体现于随后城市更新实践中的人才公园、文化广场建设以及大沙河景观治理之中。

3.2　城市更新中人的精神文化需要如何满足

城市更新绝不应忽略文化价值,文化价值是工程建设中的重要部分。对于历史文化悠久的名城而言,旧城古建筑、传统民俗等的保护是其中关键;而对于以深圳为代表的新兴城市或地区而言,如何在城市更新中融入城市文化、塑造城市精神为其重中之重。文化价值不只是为了提升城市魅力,更是为了注入灵魂、满足人的精神文化需要。

政府在地块规划中明确了文化建设的位置安排,引导执行企业积极履行社会责任,避免其一味追求经济价值。在深圳湾文化广场的项目规划中(见图1),政府明确规定土地的使

图 1　深圳湾文化广场规划立体图(图片来自华润置地)

用性质,A区地块作为深圳市划拨给市文化广电旅游体育局的文体设施用地,其用地面积达50 899.24 m²,在此将建成未来的深圳创意设计馆和深圳科技生活馆。[14]就两馆建设而言,南山区工务署自2018年3月开始筹备深圳湾文化广场规划与设计的国际竞赛,经过专家评审、深圳市与南山区领导两轮听取汇报,最终于当年8月10日确定由MAD Office Limited公司着手深化设计。自此历经两年的讨论与改进,最终于2020年10月30日通过"文化原石"建设方案,如图2所示。

图2 深圳湾文化广场"文化原石"方案设计示意图(图片来自华润置地)

"市领导来看过(建设方案)之后,发表了一段很著名的论断:那几块地(指深圳湾文化广场项目),我们拍卖出去,可能深圳市政府能够获得100多亿元的财政收入,只能由万把人去使用。但如果变成文化用地的话,则可供深圳市将近2000万人口使用很长时间。"①

企业从长效运营角度重点建设文化广场,以实现文化价值、社会价值与经济价值的统一。作为代建代运营方,华润置地不仅需要考虑深圳创意设计馆和深圳科技生活馆如何建设,还需要考虑建设之后区域内如何联动、长效运营。因此,长期运营化果为因,以营促建,成为指导深圳湾文化广场建设的重要标准。为保障两馆建设能够更好地服务于深圳及大湾区的社会公众,尤其是中小学生及其家庭,华润置地重点建设经营两馆的周边环境。华润将文化要素加入商业建设中,在B、C地块建设商业文化廊,支撑文化中心的定位,如图1所示。

除却景观营造与公共空间建设,华润置地将深圳的"人才"观念融入公园建设中,打造中国首个以"人才"为主题特色及元素的公园:人才功勋墙、人才星光桥、院士雕像作为景观装点其中;求贤阁作为公园会务中心,承办每一期的院士讲堂;群英荟作为公园活动中心,则向公众展示了深圳的人才发展历史与人才创新成果。人才公园的一景一物,无不在彰显深圳对各类人才的尊重、关怀和激励,并在潜移默化间培育起尊重人才的文化氛围与城市精神。

"在后海中心区,我们想实现这样一个场景:你可能带着小孩,或是与家人、朋友一起;可以在人才公园聚会、跑步,然后周末听听院士讲堂,去旁边万象城购物、吃饭,可以在'春茧'运动,小孩在这边培训,大人可以去旁边的艺术中心看看艺术展、文化展。如果我们提供这样的平台场景,整个城市会变得非常有活力。"②

---

①② 引自与华润置地华南大区某部门总经理的访谈记录。

3.3 城市更新中人与自然如何和谐共处

人才公园是华润建设后海中心区的重要组成部分。2007 年至 2011 年,F1 摩托艇世锦赛在深圳湾的人工湖举办深圳分站赛。在因场地改造而停办后,人工湖也荒废至今,化为荒地与滩涂。华润在此以植物造景,通过疏密有致、高低错落的植物群落景观,使荒野变绿园、枯滩复碧波,为深圳市营造了一个贴近自然的新场所。

全球候鸟迁徙线路有三条经过我国,其中东亚—澳大利亚迁徙线就途经深圳。[15] 每年有数以十万计的水鸟选择在深圳越冬,其中包括从澳大利亚远道而来的鸻鹬类水鸟(铁嘴沙鸻、蒙古沙鸻、环颈鸻、黑腹滨鹬、阔嘴鹬等)。小型鸻鹬类腿长不超过 5cm,作为涉禽,其不善游泳,故而常在开阔的沿海泥滩及沙滩中觅食与休息。也因此,深圳湾原先荒废的人工湖中的杂石堆与滩涂成了这些候鸟的乐园。但伴随着人才公园的建设即将完工,滩涂不再、碎石难寻,绿意盎然的植被反而难以承载数千只候鸟。根据深圳观鸟协会粗略统计,2016 年 10 月下旬与三年前相比,深圳鸻鹬类水鸟数量从 5000 只左右下降到约 600 只。[16] 谁也未曾想到,人类眼中的青山绿水、生机盎然,却可能剥夺一群小家伙的生存空间。

为此,深圳市观鸟协会多次调研,在其公众号上两度发声,以号召人才公园建设方改善候鸟的栖息地环境。[17] 深圳市观鸟协会主要有两个倡议:第一,在公园沿水线保留一片没有植被的泥滩、边坡或碎石地,为小型鸻鹬类水鸟提供一个生存的空间,并与公众步道保持一定的安全距离;第二,在内湖水域中设置站桩、栈道,让水鸟有可停栖之处,同时亦可便于市民观赏。[12] 这一建言,很快得到了华润置地的重视与采纳。2017 年 7 月,华润置地便在人才公园环湖驳岸周边区域设置了供候鸟停留的木桩和碎石滩涂(见图 3),以便候鸟在此停留、生活。同时,也将观赏候鸟作为公园科普教育的一部分,使人与候鸟、环境融洽共处,形成和谐的公园生态体系。

图 3　深圳市人才公园中设置的木桩与碎石滩(图片来自华润置地)

在大沙河生态长廊建设中,华润置地吸取了此前人才公园中候鸟保护的经验与教训,将生态价值提前纳入城市更新的具体规划之中。通过水动力模型计算,将河道内现有的淤积沙洲予以保留调整,并分批次去除非本地入侵物种,逐步以本地水生植物重塑绿洲;还依据其生态调查结果,结合绿洲设置了各种大小的石头渠道以增加河水流量的变化,创造自然的浅滩环境,增加河道内的栖息地类型,也为沿线涉禽提供觅食平台。

"我们请了香港米埔湿地公园的专家来协助梳理(河道生态建设)。整个过程贯穿着生态理念,比如预留鱼类洄游通道,而不是简单设坝拦水;也考虑到蛇、鸟等动物,每隔一段距离也会预留动物通道、鸟巢等。"①

4　城市更新中的伦理原则和机制分析

4.1　公正原则在城市更新中的体现

工程领域的公正原则是指"工程活动不应该危及个体与特定人群基本的生存与发展的需要;不同的利益集团和个体应该合理地分担工程活动所涉及的成本、风险与效益;对于因工程活动而处于相对不利地位的个人与人群,社会应给予适当的帮助和补偿。"[8]74-75

工程领域涉及多元价值诉求。长期以来,部分地区政府看重土地出让产生的财政收入,而企业则关心如何在有限的空间中建设更多的商业单位。

城市更新中"公正原则"的重要体现,在于并非独重经济与商业价值,而是旨在平衡经济与社会、文化、生态等价值之间的关系。城市更新的成果也反映出政府、企业等各利益攸关方在互动后达成的共识——多元化的价值取向。

在城市更新中社会价值常常同文化价值与生态价值紧密相关。社会价值,主要体现为如何为城市居民营造出适宜其生活的人居环境,这在很大程度上可诉诸于文化价值与生态价值的弘扬。华润建设后海中心区,将深圳的"人才观念"融入公园建设中,并在求贤阁安排院士讲堂以提高大众的科学文化素养,体现了文化价值的弘扬。生态价值则是指保护生态环境,人与自然和谐共处。一般而言,工程建设往往注重污水排放、废物处理、植被损害等直观可见的可能存在的破坏环境的风险,而忽略对一些动物尤其是定期迁徙的候鸟等可能造成的不利影响,华润在人才公园建设中对候鸟栖息地的保护性建设正是对此的重要补充。正如"人居环境科学"(the science of human settlement)被划分为居住系统、支持系统、人类系统、社会系统和自然系统5个大系统,城市规划与发展中也理应重视社会、文化与生态自然等多重价值。[18]

公正原则还体现在城市更新中整体性与长期性的考量。整体性意味着将城市更新的客体置于整个城市甚至更高维度进行规划与运营,而不是只关注自身如何建设。于政府而言,即以片区统筹的概念超越过去分地块开发的模式,从整体性视角对各细分区域赋予其各自功能,并将之串联;并立足于城市的发展,而给予更新区更多的要求,如城市双中心、文化中心等。于企业而言,则关注如何将各地块的功能有机结合,并实现政府预先赋予的功能要求,如深圳湾文化广场项目中商业与文化元素的结合。长期性则意味着城市更新要以长远利益为主,考虑更新区的可持续发展。华润在后海中心区建设中作为代建代运营的主体,为保证长效运营,将运营逻辑置于工程建设之前。因此,在后期深圳湾体育中心场馆运营、人才公园运营中,获得了长远的收益以及城市居民更多的青睐。

"赛事结束后的后续运营是新的开始。很多公共产品、公共设施建设得很好很漂亮,如果因为赛事结束而关闭荒废,就会造成巨大的浪费。

"(深圳湾体育中心)政府让华润负责运营50年。当时我们也很担心没有盈利。

"我们在前期建设的过程中,考虑到了后续运营:第一,后续要运营什么东西?第二,运动空间的需求是什么?第三,这是公共属性而非逐利性质,但是必须要有造血功能,造血功

---

①　引自与华润置地该项目负责人的访谈记录。

能来自什么地方？

"这些问题想清楚之后，(结果)起码不会差。商业、活动赛事、大众健身(羽毛球、游泳馆等)这三块占了我们收入的各 30%。我们第一年就实现了盈亏平衡，第二年之后利润就一直是全国前列。"[①]

4.2 政府主导的利益补偿原则

利益补偿是实现基本分配公正的重要原则。利益补偿，即在不同利益与价值追求的个人与团体间对话的基础上，达成有普遍约束力的分配与补偿原则。[8]75-76 而在分配与补偿之前，便需要厘清各利益相关者间的关系，充分权衡并正确处理其中的利害得失。

在后海中心区的建设中，涉及市民与社会组织的基本诉求主要为"美好生活"与"生态和谐"。如何使后海更加宜居，更好地满足市民生活需要，这同中心区建设的总目标并不背离，因此在充分倾听并合理采纳其建议后，相应问题可迎刃而解。至于"生态和谐"的需求，亦和"美好生活"相去不远。建设方在修正建设方案时，并不会有过大阻力。值得注意的是，后海所在区域为"填海造陆"所成，因而不会存在较复杂的地权关系等，这方面阻力较小；而在其他情境下，则应着重考虑。

政府和企业是此次工程建设中最主要的利益相关者，其利害关系相对复杂。政府不仅是工程建设项目的委托方，更为所在区域发展和人民生活负有极其重要的责任。如前文所言，深圳市政府并非只看重经济价值，而是希望在此打造商业、文化、休闲的"长河"，有效串联起"南山商业文化中心区、深圳湾人才公园以及深圳湾广场"。[19] 而这也并非一般地产企业所能圆满实现。因此，在该宗地的《出让公告》中，深圳市政府便表达出对代建方极高、极严苛的门槛要求：除位列世界百强、总资产过万亿的"硬实力"要求外，代建企业更需要有竣工大型综合文体场馆和承建大型市政类项目的重要经验。[20]

但是，规模庞大的代建业务对于资深的地产企业而言，并不具有足够的吸引力。政府代建是指政府采用多样化的招标方式，选择具有专业性的项目代建管理单位，对项目建设进行全过程的管理，待代建完成后再予以交付。企业一般从中收取固定百分比额度的代建项目管理费，但相对于企业自身的商业项目而言，代建费的利润并不可观，反而需要其前期投入大量资源，因此建设工程的积极性亦难有保证。

至此，深圳市政府便面临着利益补偿前的利害得失问题：后海中心区需要兼顾商业、文化、生态等多方面要求，故而对企业代建能力要求极高；代建业务对企业而言，工程压力较大，且所获实际利润可能相对不足。深圳市政府欲委托高水平企业代建，以实现区域内的价值多元，便势必要对企业的经济利益予以一定的"补偿"与平衡。

利益补偿体现在周边的商业建设中。深圳市政府在《出让公告》中，明确提出了需由代建企业承建并无偿移交，如下穿工程、大型文化设施、公共车位等一系列的复杂要求，但同时也将可供企业自用或销售的商业用地纳入出让范畴。这便意味着，代建企业不仅可以为"政府"而建，亦有为"自己"而建的部分。而这在促进后海中心区整体建设的同时，亦满足了周边商业建设的需求。

利益补偿还体现在后期代运营中。华润置地在开始承担后海中心区建设后，便同政府

---

① 引自与华润置地华南大区某部门总经理的访谈记录。

沟通起代运营的任务。代运营未必意味着一定能完成盈利。但若能将代运营者的需求前置于代建者的规划时,其所建成果往往在运营阶段能得到不错的收益。代运营便可借此成为又一重要的盈利点。比如,在新冠疫情发生之前,深圳湾体育中心年均700万人流量、400余场活动,商铺出租率高达98%,首年即实现盈利,连续6年全国单场馆综合运营排第一。①

4.3　公众参与的利益协调机制

城市的治理本质上是协调社会多元利益的过程,公众的积极参与是实现公平正义的城市更新的保障。[21]利益协调机制是某一价值、利益严重受损前的预先规避。华润在建设后海中心区时,考虑到了对候鸟栖息地的保护性建设。深圳市观鸟协会是兼具专业性与兴趣性的社会组织,华润采纳了其关于候鸟保护的具体建议,从而使得广大民众在人才公园建成后仍能欣赏到万千候鸟在此越冬的盛景。

而反面的案例则是"深圳湾航道疏浚工程环评事件"。2020年3月19日,为满足"海上看深圳"游船旅游项目需要,深圳市某部门(建设方)提出将航道开辟疏浚至人才公园,并公布相应的《环境影响报告书》,据此认定此疏浚工程并未涉及生态红线问题。当日深圳新闻网即发布文章,引用红树林基金会副秘书长李燊等人的观点对此提出质疑。公示期内,仍有诸多专家、公众、社会组织予以质疑,如跨境环保关注协会(CECA)、深圳市观鸟协会等陆续在其公众号以其专业知识反对《环境影响报告书》的内容。3月27日,深圳新闻网对此事件发布网络投票,反对项目落地的网友占比高达87.27%。当日,有关深圳湾航道疏浚工程的公示也提前终止。最终,因《环境影响报告书》涉嫌多处抄袭、造假,深圳市生态环境局在当年6月作出处置决定:环评报告的编制方某海洋研究所被记15分失信记分,并处罚款320万元;建设方与代建方则均被处以高额罚款。[22-24]以此为鉴,在工程付诸实践前,政府、企业、高校等责任方理应将生态环境以及动、植物的保护作为前置性的考虑因素;在正式完工前,应再次反思与检视可能造成的生态风险,并接受公众及专业机构、人士的监督与建议。

5　结论与启示

城市更新的过程即是各利益攸关方沟通博弈、多元价值协商平衡的互动过程。深圳后海片区城市更新的案例表明,城市更新并非以短期牟利为目的,而是关注于后海乃至深圳的长期性、整体性利益,服务于深圳的全体居民。因此,政府、企业、居民、组织都应有权利、有义务参与其中的利益协调与城市共建。尤其是作为建设方和运营方的企业,应当实现"从独重企业利益,到企业发展和城市发展相结合"的意识转变,"从关注单一项目,到关注城市整体功能所需"的视角转变,"从房地产商,到城市综合投资开发运营商"的角色转变,以城市的可持续发展作为社会责任担当,并以此实现企业自身品牌价值的提升。

总之,城市更新应以地区政府为主导,以地产企业为主要建设者与运营者,广大市民、相关社会组织一同历经尝试、反思、探索、调整,最终达成共识,实现经济、社会、文化和环境等多元价值的协调统一。

---

① 引自华润置地提供的资料。

6 思考题

(1) 在以城市更新为代表的地产开发或工程建设中,存在哪些利益攸关方? 这些利益攸关方对城市更新的想象和叙事各有什么不同? 各自在城市更新中是如何发挥作用的?

(2) 在城市更新项目中,动植物等相对弱势的利益攸关方的权利如何得以确保?

(3) 在以城市更新为代表的地产开发或工程建设中,如何平衡利益攸关方的利益与价值诉求?

案例 3.1 使用说明

1 案例摘要

21 世纪以来我国城市化水平不断提高,虽然城市化促进了我国经济与社会的蓬勃发展,却也造成以"重规模轻质量"为典型特征的诸多问题。而城市更新作为一种强调统筹协调与持续改善的建设模式,正是应对此类问题的"破局之道"。然而,在此过程中,难免需要面对利益冲突之困、价值平衡之难,如何在多项选择中获得最优之选是值得关注的问题。

有鉴于此,本案例以华润置地开发"后海中心区"为背景,探讨如何在城市更新中兼顾政府、企业、居民、社会组织等各方利益诉求,超越对纯粹经济价值的考量,追求经济价值、社会价值、文化价值、生态价值的多元平衡。

2 课前准备

课前提前阅读《工程伦理》(第 2 版)一书第 3 章"工程中的价值、利益与公正";了解我国有关城市更新的背景、举措及相关案例;理解并梳理其中的利益冲突点,用以结合课堂所学进行讨论。

3 教学目标

要求通过此案例的讨论和分析,使学生了解工程中的价值导向性与多元性、服务对象的可及性以及公正原则的应用情景。借此培养学生的伦理思维意识,使其在面对各利益攸关方间的伦理冲突时,能够结合相应的伦理原则与规范作出判断、决策与行动。

从工程伦理的角度让学生了解,在城市更新乃至更多情境中,实现各利益攸关方利益与价值平衡的原则——关注各利益攸关方的不同利益与价值诉求,尤其是经济价值与社会、文化、生态价值等的平衡;理解公正原则的重要性,在应对利益冲突时,能妥善运用利益补偿与利益协调的机制。

4 分析的思路与要点

通过阅读案例及相关材料,思考四个方面的问题:

（1）什么是城市更新？它与过去的城市建设模式有何不同？谁是目标人群？谁是利益攸关方？他们各自有哪些利益与价值诉求？

（2）在政府与华润置地的城市更新选择中，涉及哪些价值与利益的博弈？如果你是决策者，会作何种选择？可能在何处面临纠结？

（3）城市更新中，在平衡多方价值时，谁的利益得到实现，谁的利益因此受损？如何协调以及补偿？

（4）城市更新中，人与自然的和谐相处何以体现？谁在其中可以发挥重要作用？有哪些环节值得关注？

知识点：城市更新的背景、意义；工程的目标价值导向性与多元价值属性；工程中的利益冲突分析；伦理原则在实践中的运用等。

5　课堂安排建议

时间安排：课前让学生了解华润城市规划建设的基本情况。

课堂上用 20 min 了解教学案例相关内容，依据给出的问题讨论 25 min。在案例讲学过程中随时关注学生的讨论意向，鼓励学生在案例讲述过程中随时交流、讨论。

组织引导讨论：

（1）讨论城市更新可能出现的利益攸关方，并作具体分析。

（2）讨论城市更新可能出现的利益冲突与不同的价值取向，并作具体分析。

（3）以小组形式讨论华润案例中采用的伦理原则与方法，并结合课前自学内容，探讨华润在城市更新中是否有值得进一步改善或关注的伦理要素，或结合华润案例比较、分享课前自主搜集的案例。

依据学生的讨论结果，老师最后进行总结，梳理案例思路，重申案例要点。

参考文献

[1] ROBERTS P,SYKES H. Urban regeneration：a handbook[M]. London：Sage,2000：17.

[2] 李晓江,张菁,董珂,等.当前我国城市总体规划面临的问题与改革创新方向初探[J].上海城市规划,2013(3)：1-5.

[3] 国家统计局.中国统计年鉴 2020[EB/OL].(2020-09-14)[2021-08-18]. http://www. stats. gov. cn/tjsj/ndsj/2020/indexch. htm.

[4] 王芃.探索城市转型和可持续发展的新路径——《深圳市城市总体规划(2010—2020)》综述[J].城市规划,2011,35(8)：66-71,82.

[5] 邹兵.由"增量扩张"转向"存量优化"——深圳市城市总体规划转型的动因与路径[J].规划师,2013,29(5)：5-10.

[6] 张阿嫱.深圳率先为城市更新立法[N].中国城市报,2021-01-18(6).

[7] 华润集团董事办.深圳市南山区姜建军书记、王强区长到访华润[EB/OL].(2015-11-14)[2018-08-18].https://winfo.crc.com.cn/news/crc_dynamic/201511/t20151114_367685.htm.

[8] 李正风,丛杭青,王前.工程伦理[M].2 版.北京：清华大学出版社,2019.

[9] 芒福德.城市发展史[M].宋俊岭,倪文彦,译.北京：中国建筑工业出版社,2005：586.

[10] 丘吉尔.城市即人民[M].吴家琦,译.武汉:华中科技大学出版社,2016:129.

[11] 黄晓春.中国社会组织成长条件的再思考——一个总体性理论视角[J].社会学研究,2017,32(1):101-124,244.

[12] 王诗宗,宋程成.独立抑或自主:中国社会组织特征问题重思[J].中国社会科学,2013(5):50-66,205.

[13] 戴小平,许良华,汤子雄,等.政府统筹、连片开发——深圳市片区统筹城市更新规划探索与思路创新[J].城市规划,2021,45(9):62-69.

[14] 深圳市规划和自然资源局.建设项目用地批准信息公开表(深圳湾文化广场、深圳创意设计馆和深圳科技生活馆等3项建设项目用地)[EB/OL].(2021-03-01)[2021-08-18].http://pnr.sz.gov.cn/xxgk/gggs/content/post_8575827.html.

[15] 墨犟.中国候鸟迁徙路线[N].中国气象报,2019-09-27(4).

[16] 深圳观鸟会.深圳,请你留住这些远道而来的精灵[EB/OL].(2017-01-05)[2021-08-18].https://mp.weixin.qq.com/s?__biz=MzA5MTI0OTE2Mw==&mid=2651273692&idx=1&sn=14990ba8c963984cf82d22a3cd0df8e6&chksm=8b8cd6b8bcfb5faefbe5ca1a876f003e173efedd6c04b0ac0c3aa1aa0f0b4f062824ab94e495#rd.

[17] 深圳观鸟会.人才公园候鸟栖息地改善建议[EB/OL].(2017-01-25)[2021-08-18].https://mp.weixin.qq.com/s?__biz=MzA5MTI0OTE2Mw==&mid=2651273771&idx=4&sn=16b69afc42bcb9b9331bf34748094c2d&chksm=8b8cd54fbcfb5c59fbcc8471dcca111a743b025939e51657b0fc68029974fa8453e8038dafb4&mpshare=1&scene=1&srcid=0805ce5K5XTcc9E6HN6MNRmx&sharer_sharetime=1628170428801&sharer_shareid=97125b1bed24acecdc2db0112a9848e1#rd.

[18] 吴良镛."人居二"与人居环境科学[J].城市规划,1997(3):4-9.

[19] 深圳市规划和自然资源局.南山区后海中心区T107-0086宗地成功出让[EB/OL].(2019-09-17)[2022-08-14].http://www.sz.gov.cn/szzt2010/wgkzl/glgk/jgxxgk/gtzy/content/post_1356424.html.

[20] 深圳市规划和自然资源局南山管理局.深圳市规划和自然资源局南山管理局国有土地使用权挂牌出让公告:深土交告〔2019〕13号[EB/OL].(2019-08-14)[2022-08-14].https://www.landchina.com/?#/landSupplyDetail?id=9a1dc471-6cea-488c-87b8-62b9fea92a6b&type=%E5%87%BA%E8%AE%A9%E5%85%AC%E5%91%8A&path=0.

[21] 秦红岭.新型城镇化背景下城市更新的伦理审视[J].伦理学研究,2021(3):111-118.

[22] 杨智杰.环评"抄作业",威胁10万水鸟生存,深圳湾新航道引发激烈争议[EB/OL].(2020-04-13)[2021-08-18].http://news.inewsweek.cn/survey/2020-04-13/9112.shtml.

[23] 童克难.迷之深圳湾航道环评事件,背后隐藏了哪些真相?[EB/OL].(2020-03-28)[2021-08-18].https://www.thepaper.cn/newsDetail_forward_6736007.

[24] 吴洁.深圳湾航道疏浚工程环评事件处罚结果公布[N].深圳晚报,2020-06-08(2).

案例3.2　基于双重转译的伦理嵌入：Fairphone 的负责任创新

作者姓名：刘战雄[1,2]，李凯[3]
作者单位：1 南京农业大学农业伦理研究中心，2 南京农业大学科技与社会发展研究所，
　　　　　 3 南京工业大学马克思主义学院
案例来源：作者根据相关资料整理
案例真实性：真实

内容提要：作为一家力推伦理型手机的社会企业，Fairphone 更为关注科技价值与经济价值之外的社会价值、生态价值和伦理价值，以及矿物原料生产工人、制造厂商员工和后代人等群体的利益。通过与用户、媒体、学界和公众等合作，利用价值设计方法，以智能手机为载体，传播公平贸易与可持续发展的理念，充分体现了负责任创新所标识的全责任。但其负责任创新模式也存在共赢可持续性较弱、忽略语境性要素的责任过度等不足。未来仍需继续探索更具现实性的负责任创新实现方案。

关键词：Fairphone；负责任创新；利益相关者；公平贸易；可持续发展

1　引言

假如你是一名手机设计师，你会把手机设计成什么样子？ 或者说，在你看来，什么样的手机才能称得上是一部"好手机"？ 参数爆炸、性能极致、外观惊艳，还是续航超长、价格诱人，或者其他呢？ 一部"好手机"是否同时还应该安全耐用、保护隐私、生态环保、老少皆宜？

现在，手机已成为绝大多数人时刻难离的技术物品，深度改变了社会生活的方方面面，使我们的生存成为一种"移动化生存"。[1]甚至有学者认为，我们已因此成为"手机人"。[2]但在享受智能手机带来的技术红利时，很少有人意识到其中的冲突矿产在刚果民主共和国等地造成的流血和奴役，很少有人意识到手机产业产生的电子垃圾对人类可持续发展的威胁，也很少有人主动关心手机原料生产工人或者手机制造商员工的福祉。荷兰一家社会企业Fairphone 正致力于通过伦理型手机改变这种状况。

2　背景信息

2.1　现实背景

当前，智能手机等电子产品虽然带来了新的技术突破和经济增长点，并极大地方便了人类的生活，但在其设计、制造、使用与回收过程中都不同程度地存在着伦理问题。

首先，冲突矿产(conflict minerals)问题。 智能手机所需要的锡、钽、金、钨等金属一般来自刚果民主共和国或其邻近的乌干达、卢旺达、布隆迪、肯尼亚、苏丹、坦桑尼亚等国家。由于这些矿产可带来巨额资金，当地非法武装力量为"以矿养战"常因此发生流血冲突，采矿过程中更是经常发生强制劳动、虐待妇女、雇佣童工等人道主义灾难，同时也会对矿区生态环境造成严重破坏，因此被称为冲突矿产。

其次,不公平贸易问题。智能手机产业链中的各环节是靠经济贸易紧密结合在一起的,但所得利益在不同群体之间的分配并不公平。在其经济成本之外,智能手机的生产制造还有社会成本,即其社会负外部性。其直接相关的社会成本主要包括作为原料的冲突矿产带来的强迫劳动、使用童工甚至流血冲突等人道主义灾难,制造工人超长工时、超低工资、权益受侵等恶劣的工作环境。现行手机生产模式之所以不公平,就是因为这些社会成本主要由原料生产与装配制造的当地民众以及其他相关人员和后代人等产业链中的弱势群体承担,而非分别获得智能手机经济收益与技术收益的厂商和用户。

最后,生态环境问题。在社会成本之外,智能手机的生产、制造、使用和处置还有生态成本。绿色和平组织的报告《失控的创新:智能手机十年全球影响》就指出,2007 年起的 10 年间,智能手机的生产共计消耗约 9680 亿度电,几乎相当于印度 2014 年一年的用电量。共消耗了超过 15.7 万 t 铝、10.7 万 t 铜、6.7 万 t 塑料、3.8 万 t 钴以及其他矿物材料,过度开采会导致这些材料消耗殆尽。例如,用于生产液晶屏幕的铟,如不改变生产方式,以现有的开采速度预计 14 年内就会枯竭。且用来制造智能手机的大多数材料在产品寿命终结时并未得到有效回收,据统计,2014 年全球仅智能手机等小型 IT 设备就产生了 300 万 t 的电子垃圾,其中只有不到 16% 通过正规渠道回收,剩下的大多进入垃圾填埋场、焚烧炉,或出口到非正规的拆解处理厂,严重威胁环境和当地居民的身体健康。此外,智能手机的复杂设计也为实现安全高效回收带来困难,回收处理过程通常是切碎后再送去熔炉,而熔炉无法有效回收大部分材料。而不可拆卸的电池使消费者的换机频率更高,进一步加剧了这一态势。[3]

此外,智能手机大规模、长时间、高强度的使用还使他人、世界日益以一种“信息化在场”的形式向我们展现自身,由此导致了两个严重问题。一是我们越来越脱离真实的世界,沉溺于虚拟世界中,与现实脱节,《黑镜》《云端情人》等就以影像的方式诠释了这一现象。心理学研究也发现,“手机依赖与疏离感各维度显著正相关($P<0.01$)”。[4] 二是我们的知识学习越来越“悬浮化”,即越来越远离实践,“实践浮影”和“实践窄道”之下[5],习得的知识越来越无法成为力量。

2.2 理论背景

怎样防止技术价值中某类价值的霸权,更好地实现不同技术价值之间的和谐是一个重要的理论课题,也是 Fairphone 兴起的理论背景。

和工程一样,技术的功能也是多元的,有主体价值、发展价值、认识价值、道德价值、审美价值、理性价值、文化价值、自由理性等[6],也可以说是科技价值、经济价值、政治价值、社会价值、文化价值和生态价值,只是分类标准不同而已。不过这种分类只是思维的抽象,这些价值并非截然分开,而是融合在同一个技术当中,所以技术功能兼具多元性与综合性。

这些价值都是我们需要的,或者说都是客观存在的,因此技术设计、制造、销售、使用和处置的种种决策几乎均为“多目标决策”。市场经济下,资本逻辑成为主导逻辑,智能手机的经济价值也就成为主导价值,其他价值大都要服务于经济价值,有时甚至会为了经济价值而牺牲其他价值。比如,前文提到的智能手机产业中存在的冲突矿产、不公平贸易和生态环境问题等基本都是企业为了盈利而忽略了智能手机的社会价值、伦理价值和生态价值。

此外,价值又具有因人而异的本性[7],所以不同利益相关者注重的价值一般也是不同的。比如,企业更为注重智能手机的经济价值,而用户通常则更注重智能手机的科技价值,也即智能手机的技术功能。而任何价值的实现都必须借助一定的资源,所以现实中弱势群体所关注的价值往往会被忽略。比如在很长一段时间内,智能手机厂商对老年人的权益是不太关注的,老人机的研发推广和手机应用的适老化改造等才在一定程度上矫正了这一点。

Fairphone 更为关注其科技价值与经济价值之外的社会价值、伦理价值和生态价值,说到底是关注这些价值背后的人,比如开采相应原材料的工人、装配手机的工人以及后代人等弱势群体。

3　案例概述

3.1　Fairphone 的成立背景

Fairphone 的创立有多重背景。首先,反对冲突矿产的社会潮流提供了创立契机。冲突矿产的生产开发引起了国际社会的普遍关切和担忧,2010 年以此为主题的纪录片《血腥手机》(*Blood in the Mobile*,见图 1)、美国同年制定的涉及冲突矿产的《多德-弗兰克华尔街改革和消费者保护法案》(*Dodd-Frank Wall Street Reform and Consumer Protection Act*)以及美国证券交易委员会 2012 年根据此法案第 1502 条颁布的关于冲突矿产的最终规则(Conflict Minerals,Final rule,Rin 3235-AK84)都使消费者和公众抵触使用冲突矿产的产品,为 Fairphone 的创立提供了机缘。事实上,因为主题一致,这些的确帮助 Fairphone 扩大了媒体曝光率和社会影响力。

图 1　电影 *Blood in the Mobile* 海报(图片来自网络)

其次,持续多年的公平贸易运动孕育了社会土壤。公平贸易(fair trade)的历史可追溯到 20 世纪 40 年代,是一种倡导确保南半球产业链低端劳工和弱势生产者的权益,追求国际贸易的公平性和人类可持续发展的社会运动。最早的公平贸易产品多是来自不发达国家或地区的手工艺品,后来扩展至棉花、咖啡、可可、新鲜水果及蔬菜、植物油、坚果、香料、糖等农产品。荷兰一直是公平贸易的先锋,全球第一家专门出售公平贸易产品的"世界商店"就是 1969 年在荷兰开张的。可以说,公平贸易的观念在荷兰传播和扩散,是 Fairphone 得以生根发芽的社会土壤。

再次,深入人心的可持续发展理念奠定了社会基础。欧洲特别是荷兰等西欧国家一直是可持续发展的倡导者和践行者。由于人口众多,面积狭小,1/3 左右的国土又都在海平面以下,荷兰人尤其注重可持续发展。但随着信息社会的崛起,智能手机等电子产品开始进入寻常百姓家,在带来巨大社会进步的同时,如前文所述,也制造了巨量的电子垃圾等严重损害可持续发展的社会成本。美国艺术家 Jason Mecier 用电子垃圾制作的乔布斯的肖像(如图 2 所示)就反映了这一问题。

图 2　**Jason Mecier 用电子垃圾制作的乔布斯肖像**(图片来自网络)

最后,社会企业和社会创新的兴起为 Fairphone 提供了组织模式参考。创始人 Bas van Abel 等之所以决定将 Fairphone 由一场社会宣传运动(awareness campaign)转型成为一家社会企业,原因之一就是公益组织的形式无法很好地满足其目标,而商业企业的形式又缺乏实现其初衷的动力,所以结合两者优点的社会企业(social enterprise)就成为更佳的选择。与一般公益相比,社会企业的运营资金主要来自自身的经济活动;但与一般企业不同的是,社会企业强调对社会挑战的应对,并不以利润最大化为目标。Fairphone 自己就将其出品的智能手机界定为社会创新而非技术创新。

需要说明的是,可传播公平贸易和可持续发展理念的产品很多,Fairphone 之所以选择智能手机,是因为其已成为发达国家和发展中国家都在使用的产品,是我们这个互联世界的完美象征,但同时也显示了消费者与产品源头失去联系的悖论:用户并不了解自己使用的智能手机是如何制造的,也不知道其制造和使用所产生的社会成本。智能手机比烤面包机复杂得多,它由数千个不同的零件组成,每个零件都有自己的功能和目的,以及伴随的生产流程和价值链。因此,它是一个很好的讲故事的工具,可以揭示这些过程,并开启以不同的价值观重新设计我们的经济的序幕。[8]

3.2　Fairphone 的发展历程

Fairphone 创办于 2010 年 3 月,一开始是荷兰 Waag Society 协会、非政府组织 Action Aid Netherlands 和通信企业 Schrijf-Schrijf 共同发起的一个社会宣传项目,旨在加强公众对电子消费品中使用冲突矿产情况的了解,创始人包括来自 Waag Society 的 Bas van Abel

和来自 Schrijf-Schrijf 的 Peter van der Mark。2013 年,Fairphone 正式成为一家社会企业,并在设计研发、原料采购、装配制造、销售和回收利用等各个阶段都将社会价值纳入考量,通过出品符合公平贸易规则的伦理型手机,扩大 Fairphone 的社会影响,进而从内部改变整个电子产品产业链中的冲突矿产使用情况。成立至今,Fairphone 已陆续发布四款智能手机,仅 2017 年至 2020 年就累计销售近 20 万部。[9] 目前已获得共益企业(B-Corp)认证和 EcoVadis 企业社会责任审计金牌徽章,其所发布的 Fairphone 3 更是获得国际公平贸易认证金牌标章及 IFIXIT① 的满分评价。

4　Fairphone 的负责任创新模式精析

作为新兴理念,负责任创新的本质体现在其所标识的全责任。所谓全责任,是指"面对责任客体,所有利益相关者组成的责任共同体应该在其可达范围内积极共同地履行或承担全部责任"。[10] 或者说,全责任就是为了促进伦理性公共责任的实现,对责任主体、责任客体、责任类型和责任时空等已有责任系统各要素的扩充、整合与系统化。而实现负责任创新的进路之一就是欧盟负责任创新专家委组提出的"三步法":①尽可能地搜集关于行为后果与影响及可能的应对选项的知识;②依据社会需求和道德价值对这些后果及应对选项进行有效评估;③将上述考量作为功能性要求嵌入科研、产品或服务之中。[11]Fairphone 的理念和做法充分体现了负责任创新的本质内涵与实施路径。

4.1　社会价值与生态价值优先

作为一家社会企业,Fairphone 的目标并不在盈利,而是意在通过这样一款伦理型手机,增进公众对冲突矿产和电子垃圾的认识,唤醒公众对产业链工人等弱势群体和可持续发展的关注,进而从内部改变整个电子产业链,使相关组织成为负责任组织,以扩大受惠对象,减少社会成本,最终实现社会公正。

创立之初,Bas van Abel 和 Peter van der Mark 就试图通过社会媒体和其他线上平台发动民众联合设计师、创意人员和技术专家等基于公平贸易原则共同制造一款不含冲突矿产的手机,以减少智能手机带来的不断增加的社会成本与环境成本。后来其目标进一步明确为关怀人和地球(we care for people and planet),这一目标具有很强的社会价值和生态价值导向性。而第三方出具的影响力报告中的 KPI 也不包含利润率等经济指标。因此,与其说 Fairphone 提供的是一款手机,不如说是一种理念或象征。正如其网站宣传语所说:当你购买一款公平手机,你选择的绝不只是一部手机,而是一个改变皆有可能的宣言(When you buy a Fairphone,you buy more than a phone. You buy a declaration that change is possible,and that it's here.)。

理念是行动的先导。甚至可以说,"什么观念成为主导比什么人成为领导更重要,因为观念是行为、生活和制度的最终支配者"。[12]Fairphone 以社会价值为先的理念就体现了对企业责任类型的扩充,由此也必然带来对责任主体和责任客体的拓展,以及对责任时空的延伸。

---

① 美国著名拆解网站 IFIXIT 提供的可维修指数。

4.2 Fairphone 的影响—价值—嵌入"三步法"和双重转译

所谓"三步法"是指：首先，全面了解作为责任对象的 Fairphone 所产生的多维影响；其次，根据公正、关怀、可持续等伦理价值对这些影响进行评估；最后，将这些伦理价值嵌入技术之中。而所谓"双重转译"则是指进行伦理价值嵌入的基本方式，一是将其转译为Fairphone 的具体技术参数、技术结构、技术功能和技术意向等，二是将其转译为设计、制造、销售、使用、回收技术产品的具体性制度要求。

（1）认知影响

为实现其社会目标，负责任创新首先需要一个超越以往的宏阔视角，以便客观全面地了解责任对象。在这方面，Fairphone 一改之前业界和公众对智能手机相关维度的忽视和盲视，发现了智能手机经济成本之外的社会成本（负面影响），也看到了智能手机科技价值与经济价值之外的社会价值和伦理价值（正面影响），这些事实性知识是 Fairphone 伦理性理念得以生成、传播的前提和基础。

同样，Fairphone 不仅仅将智能手机视为移动通信智能终端，更不仅仅是赚取利润的产品，而是一件传播公平贸易和可持续发展理念的故事讲述装置（storytelling device）。因此，Fairphone 不只看到了智能手机带来的科技进步、GDP 增长、社会发展等"显性影响"（hard impacts），还注意到了其会改变我们的价值观、规范、愿望、意义及与世界的关系等"隐性影响"（soft impacts）[13]。或者说注意到了智能手机作为技术人工物的 15 种基本功能中的软功能。Fairphone 对智能手机的功能定位也与强调将抽象的伦理观念嵌入具体的技术人工物之中，从而使其对人的观念和行为起到伦理引导与规约作用的"道德物化"（materializing morality）不谋而合。表 1 示出了技术人工物的功能维度。

表 1　技术人工物功能的多个方面

序号	功能维度	序号	功能维度
1	数学方面（numerical aspect）	9	象征方面（symbolic aspect）
2	空间方面（spatial aspect）	10	社会方面（social aspect）
3	运动学方面（kinematical aspect）	11	经济方面（economic aspect）
4	物理方面（physical aspect）	12	美学方面（aesthetic aspect）
5	生物方面（biotic aspect）	13	法律方面（juridical aspect）
6	精神方面（psychic aspect）	14	伦理方面（ethical aspect）
7	逻辑方面（logical aspect）	15	信任方面（trust aspect）
8	发展方面（developmental aspect）		

资料来源：根据文献[14]内容整理。

值得注意的是，Fairphone 充分意识到技术的内在价值是其外在价值的基础和依据并决定着外在价值[15]，因此特别注意其手机的质量，认为如果质量不达标，再好的理念也难以传播[16]。

（2）价值评估

根据上述智能手机产生的多维影响，运用公平贸易、可持续发展等公共性价值理念，以及负责、开放、透明等伦理性责任原则，而非世界领先水平、市占率、利润率、GDP 贡献率等对其进行评估，并得出如下结论：由于含有冲突矿产且制造了大量的电子垃圾，智能手机及其生产方式损害了共同体内部弱势群体和后代人的正当权益,显然不符合伦理,必须也应该作出改变。

（3）伦理嵌入

为了将公正、关怀、可持续等伦理价值嵌入产品及其生产方式之中,Fairphone 主要通过将这些价值转译、转化为具体的技术创新和制度创新予以实现。

首先是调整功能性参数的产品创新(见表2、表3)。Fairphone 的产品创新是一种典型的"价值设计"(design for values),即以伦理或社会价值为追求,并将其作为参数融入设计之中。[17,18]具体来说,为了满足公平贸易的要求,Fairphone 主动增加了手机中非冲突矿产和回收型塑料的比例。为了达到可持续发展的标准,从 Fairphone 2 开始实行了模块化的设计,并专门提供螺丝刀,方便用户对手机部件进行更换或维修。同时,为了延长手机使用寿命,持续为用户提供系统更新。比如,通过提供相机模块的更新,Fairphone 2 成为世界上第一款用户可对其核心部件进行更新的智能手机。且在其上市 5 年后仍然为 Fairphone 2 提供了 Android 9 的版本更新,遥遥领先于其他手机厂商。此外,为了减少电子垃圾,早在 2013 年第一代智能手机发布时,Fairphone 就不再专门提供充电器和 USB 数据线,此举比苹果早了 7 年。

表 2　Fairphone 机型对比[①]

项　　目	Fairphone 1	Fairphone 2	Fairphone 3	Fairphone 4
外观				
可溯源非冲突矿产	锡、钽	锡、钨、钽、金	锡、钨、金、钴、铜、锂、钕	—
可维修性	IFIXIT 7/10	IFIXIT 10/10	IFIXIT 10/10	FRI[②]9.3/10
可持续性	—	9%回收塑料	50%回收塑料	后盖100%回收塑料,实现电子垃圾中和
可替换内置配件	电池、相机模块等(2017-07-11 因故停止服务)	屏幕、电池、后置相机模块、顶部模块、底部模块	屏幕、相机、后盖、备用耳机线、电池、顶部模块、底部模块、扬声器模块	USB-C 模块、屏幕、相机、后盖、电池、顶部模块、底部模块、扬声器模块
成本明细表	提供	提供	粗略提供	暂未提供
供应商清单	提供	提供	提供	提供

---

①　另有一款 2014 年推出的 Fairphone 1 U,因资料不足暂未纳入表格;Fairphone 3＋与 Fairphone3 大同小异,亦未收入。

②　法国可维修指数(French Repairability Index,FRI)是法国 2021 年 1 月 1 日起实行的一项针对电子产品的标准。

续表

项 目	Fairphone 1	Fairphone 2	Fairphone 3	Fairphone 4
包装清单	Fairphone 1 手机、迷你螺丝刀、手机保护壳、快速指南、保修卡（2 年）	Fairphone 2 手机、迷你螺丝刀、手机保护壳、快速指南、保修卡（2 年）	Fairphone 3 手机、迷你螺丝刀、手机保护壳、快速指南、保修卡（2 年）	Fairphone 4 手机、快速指南、保修卡（5 年）

资料来源：根据 Fairphone 官网相关内容整理。

表 3　Fairphone 社会影响部分表现

项 目	2017 年	2018 年	2019 年	2020 年（目标）
可追踪公平矿产/%	25.37	25.37	32.75	70
仍在使用的 Fairphone/%	53.68(FP2)	58.54(FP2)	55.12(FP+3)	68
Fairphone 回收比/%	0.52	3.12	4.57	14
直接受惠员工/人	5200	5296	7839	9000
Fairphone 销售量/部	25310(FP2)	22712(FP2)	53828(FP2+3)	110000

资料来源：根据 Fairphone 官网相关内容整理。

其次，完善制度架构的运营方式创新。由于技术创新不只是为了满足社会需求而由社会建构或塑造"新技术"的过程，同时也是为开发利用"新技术"而建构"新社会"的过程[19]，所以必须有制度层面的创新来保障产品创新的顺利开展。为了使用户和公众更为了解智能手机的生产，Fairphone 以透明性为目标，公布了其手机中非冲突矿产的路线图，任何人都可以查看。后来，又提供了手机的供应链地图和 Fairphone 2[20]、Fairphone 3[21] 及 Fairphone 3+[22] 的供应商名单，并公布了详细的成本明细，如图 3 所示。

图 3　Fairphone 1 成本明细表（图片来自 Fairphone 官网）

特别是,除了用户之外,Fairphone还关注代工厂商员工的福祉,并通过各种方式对其福利予以保障和提升。

第一,在选择代工厂商时会对其员工待遇进行评估,与Fairphone的理念相一致且符合要求的厂商才会被选中。

第二,Fairphone专门成立了员工福利基金(Worker Welfare Fund),与第一代Fairphone代工厂商重庆国虹科技(其博客中有时也称A'Hong或Changhong)约定每售出一部手机双方分别另投入2.5美元的专项资金用于提高员工福利,且相应资金不得用于厂商的经营性支出或其他运营成本。即使合作关系结束后,Fairphone与重庆国虹科技共同发起的员工福利基金依然保持运行。虽然在与第二代Fairphone代工厂商赫比苏州科技合作时因为与其已有福利待遇产生冲突并面临法律和管理方面的障碍或困难,该基金试运行一段时间后就关闭了,但相关的资金投入并没有取消。与第三代Fairphone代工厂商华冠通讯(江苏)共同承诺3年内联合投资10万美元用以提高员工福利,并且从2019年9月开始,每生产一部手机,Fairphone为华冠通讯(江苏)的员工提供1.85美元的生活工资奖金(living wage bonus)。截至2020年9月,共为485位员工(不只包括Fairphone生产线上的员工)每人提供了1050欧元的基本生活工资津贴,是其最低月工资的4.5倍。[23]而且,Fairphone不只关注代工厂商员工的福利,也关注其供应商员工的福利,如与Fairphone 2手机保护壳的供应商百汇精密塑胶模具(深圳)一起合作促进管理层与员工的交流,并要求其为保护员工的健康与安全,减少相应化学品的使用。

第三,在直接的奖金发放和改善工作条件之外,Fairphone还深度参与企业管理,注重对员工技能和观念的培训,并邀请员工参与企业的经营管理。比如,在与国虹合作的员工福利基金中就有18位员工代表,基金的具体使用先由员工代表提交申请,再由三人组成的基金委员会予以审批,委员会除了来自Fairphone和国虹管理层的成员,还有一位成员来自员工。后来员工代表征求工人们的意见后,建议将资金作为奖金分别在中秋节和国庆节发放,基金委员会通过了这一方案并依照执行。

这种做法的重要性在于,它不仅直接关乎员工本人综合素质与社会地位的提升,也直接关乎中国的产业升级。香港驻粤经贸办前主任梁百忍到东莞黄江镇出差时看到,大排档中挤满了荒废时光的年轻人,却没有一个工厂为工人开展职业培训,工厂只满足于工人在流水线上作业的熟练程度,而不给工人提供职业生涯的进阶之梯,与工人有关的一切看起来都是临时性的。但"在流水线上操作得再熟练,也无法成为合格的产业工人"。[24]所以,如果没有Fairphone式的赋权、赋能,世界工厂的工人只能永远被锁定为"四低一高":低工资、低教育、低技术、低劳动生产率,以及高劳工淘汰率。[25]

第四,Fairphone还会委托第三方对代工厂商的社会绩效进行评估审计,并提出相应的改进建议,由此形成一个闭环。

4.3　Fairphone的利益相关者参与

相关责任者的实质参与是负责任创新最具标识性的维度[26],Fairphone的运营模式也充分体现了这一点。无论是企业理念的确定,还是产品与运营模式的创新,尤其后者,都不可能独立完成,也不只是产业链的直接参与者可以搞定的,而是需要更多的利益相关者加入。Fairphone特别注重对利益相关者的发动,号召大家一起行动来改变当前电子产业链的情况。如图 4 所示为 Fairphone 官网的宣传语：一起来，我们就能改变产品的生产方式。

图 4　Fairphone 官网的宣传语

正如恩格斯所说有产的工业阶级对工人的穷苦应负道义上的责任一样[27]，政府、用户、学界、媒体和公众等也对智能手机产业链中弱势群体的劳苦负有道义上的责任。这是这些责任者被 Fairphone 发动起来的重要原因。

首先是用户参与。由于担心被资本绑架，早在成立之初，Fairphone 就决定通过众筹吸引志同道合的潜在用户加入，以募集其生产经营所需资金。其众筹目标本来是 100 万欧元，但一周就达到了目标。为期一个月的众筹结束时，共有 1827 位支持者购买（虚拟的）Fairphone，总额高达 250 万欧元，远超预期。由于众筹可在早期就让公众参与进来，并可提高其对 Fairphone 等相应物品的认识，增加透明度，因此是实现负责任创新的一种可行方式。[28]

目前 Fairphone 官网有专门的"社区"版块，包括参与、活动、论坛三个栏目，以最大限度地激发用户的参与热情。还特别实施了 Fairphone 大使和 Fairphone 天使两项计划，前者通过分享那些与 Fairphone 理念一致并以自身方式作出实际贡献的用户的故事，来进一步加强公平和可持续理念的传播；而后者则指那些拥有手机维修、更新等相关技能并愿意帮助当地其他用户的热心 Fairphone 用户。

其次是媒体参与。鉴于其企业使命和运行模式，Fairphone 尤其注重与媒体打交道，成立初期之所以能引发公众的广泛关注并为之提供众筹，很大程度上就得益于媒体对 Fairphone 的宣传报道。Fairphone 也有意识地通过媒体向公众传达公平贸易、可持续发展等理念，其官网上有年度报道汇总[29,30]，现在更是增加了专门的版块（见图 5）。

图 5　Fairphone 媒体报道专栏

再次是学界参与。Fairphone 经常邀请学界相关专家参与研究如何将可持续与伦理的非功能性要求嵌入智能手机的资源、产品、设计和循环的决策之中,还积极鼓励荷兰代尔夫特理工大学等高校的学生以 Fairphone 为对象进行相关研究(见表4)。

最后是政府、企业、其他社会组织以及公众的参与。来自荷兰政府机构"国家国际合作和可持续发展委员会"以及荷兰 ASN 银行的资助是 Fairphone 得以成立并持续运营的重要基础,来自荷兰和刚果(金)政府的其他支持对 Fairphone 的成功同样必不可少。由于能力有限,与蜻蜓计划、Sustainalize、道思等其他社会组织进行优势互补的合作,可以比较好地实现 Fairphone 的目标。而公众更多地则是以一种间接的方式参与其中,比如公众对其做法与产品的赞赏、转发、支持等,都有利于为 Fairphone 的发展壮大提供社会土壤。这些利益相关者与 Fairphone 一道,彼此支持,相互激发,共同促成了 Fairphone 以智能手机传播公平和可持续理念的伦理事业。

表 4　荷兰代尔夫特理工大学 Fairphone 相关硕士学位论文示例

年份	题　　目	作　　者
2013	Delivering Value with a Fairer Smart-phone	SALVA M B
2014	Designing the UX Strategy for Future Fairphone	XIAO Y G
2014	From Smartphone to Futurephone：Assessing the Environmental Impacts of Different Circular Economy Scenarios of a Smartphone Using LCA	GÜVENDIK M
2015	Applying Service Design to the Circular Economy：A Case Study on Fairphone	JOCHEMSEN K S R
2015	Customer Acceptance of Refurbished Smartphones	JOCKIN B
2017	Spreading Fairphone's Philosophy Across Consumer Electronics	Van IERSEL B
2020	Barriers and Triggers in the Process of Purchasing a Fairphone	Van den HEUVEL J

资料来源：根据相应文献整理。

4.4　Fairphone 面临的挑战

无论是企业使命的确定,还是产品与运营方式的创新,Fairphone 都彰显了负责任创新的全责任理念,是非常值得赞赏和弘扬的。尤为可贵的是,Fairphone 清醒地意识到了自身的责任有限,明确指出无论是公平贸易还是可持续发展,都绝非一朝一夕可以实现的,其本身也没有关于这些问题的标准答案。[31]但其负责任创新模式仍然面临以下两个挑战。

首先,如何实现不同责任行动者、不同责任类型的可持续共赢是 Fairphone 面临的一大挑战。天下没有免费的午餐,羊毛出在羊身上,为了提升相应环境的负责任水平,Fairphone 的成本必然高于一般的智能手机,所以其目标客户是对社会责任、生态责任和伦理责任比较敏感且收入较高的人群,这也是第三代 Fairphone 只在欧洲经济区(the European Economic Area)和瑞士销售的重要原因。

从技术维度来说,其性价比比较低,也缺乏有效的盈利模式,员工、用户和相关支持者更多地是在"用爱发电"。因此,其发展前景不容乐观。正如赵汀阳先生所说,"伦理规范迎合的是利益。或者说,与通常的伦理学所想象的不同,伦理规范实际上代表的是利益而不是道德价值。"[32]270 而经济利益是最基本的利益。因此,Fairphone 的未来发展必须找到更为可行的盈利模式。这就需要认识到韩少功先生所说的抒情诗与施工图的区别："一般来说,抒情诗多发生在大街和广场上,具有爆发力和观赏性,最适合拍电视片,但诗情冷却之后可能一切如旧。与此不同,施工图没有多少大众美学价值,不能给媒体提供什么猛料,让三流演艺明星和半吊子记者使不上什么劲。它当然意味着勇敢和顽强的战斗,但更意味着点点滴滴和不屈不挠的工作,牵涉到繁多工序、材料以及手艺活,任何一个细节都不容人们马虎——否则某根大梁的倾斜,一批钢材或水泥的伪劣,可能导致整个工程前功尽弃。"[33]进而拥有一种视野更为宏阔、态度更为务实的"大模样伦理学"观念,也即认识到:"伦理问题不是人类行为的全部问题。每一种事情的'重心'都是倾斜的,如果是一种政治的事情,当然就向政治的要求倾斜;如果是战争,就首先要遵守战争的规律;如果是经济,无疑着重考虑的是经济发展的机会和技术操作,等等。……不要把事情想得太简单,要像一个成熟的思考者,在思考伦理学问题的同时,要考虑到政治家会怎么想,企业家和商人会怎么想,艺术家和科学家会怎么想,各个阶层和阶级的人会怎么想,等等,而不能主观地想象所有事情、所有人都应该怎么怎么。"[32]284-285

其次,Fairphone的个别举措存在责任过度倾向。其提高弱势群体福利水平的初衷当然很好,但具体实施过程常常不自觉地带有一种主体性霸权的责任过度倾向,即责任主体以自身的主体性压抑甚至压制他者的主体性,违逆他者的意愿,将其意志或价值观强加给责任客体的现象。[34]比如,在Fairphone看来,任何人都不应工作过长时间,但其调查却发现,72%的员工希望工作尽可能长的时间,100%的员工都是自愿加班。[35]Fairphone可能还没有充分理解中国的国情,不知道就现阶段而言,加班不仅意味着员工个人及其家庭的更高收入,也意味着中国制造的竞争力。而且,过高的社会标准(social standards)或者说劳工标准(labor standards)并不是负责任创新,因为一些垄断性大企业为了保持竞争优势会以其作为壁垒,阻止本国中小企业和发展中国家的企业进入相应市场,这有损创新的负责任进行。[36]究其原因,重要一点在于忽略了负责任创新的语境性。对此,可以借鉴赵汀阳先生在《天下的当代性》中的观点,由"为员工思考"转向"从员工思考",努力实现一种易地而处的换位思考。并时刻警惕,避免滑向恩格斯所批判的那种道德绝对主义①,或黄明理教授所说的"泛道德批判"[37],认为道德是没有问题的,问题只是出在技术身上。道德自始至终都是对的,道德的"善"是绝对的这个前提是人为预设的,由预设的前提演变成真实的条件,最后推出必然的结论,这种逻辑是经不起追问的。"道德本身也有值得怀疑的地方。换句话说,道德本身也有一个发展和修正的问题。"[38]因为,"伦理价值的现实合理性,存在于伦理与文化、经济、社会的内在关联所形成的有机生态之中。"[39]当其他价值因子发生改变后,伦理价值本身也应与时俱进地作出调适。

5 结论与启示

技术的影响远比我们想象的还要复杂、深远,且技术对人类福祉意义重大,因此对其价值定位、设计创新、生产制造、使用处置等均应慎重。

---

① "我们拒绝想把任何道德教条当作永恒的、终极的、从此不变的伦理规律强加给我们的一切无理要求,这种要求的借口是,道德的世界也有凌驾于历史和民族差别之上的不变的原则。相反,我们断定,一切以往的道德论归根到底都是当时的社会经济状况的产物。"——恩格斯.反杜林论[M].北京:人民出版社,2015:99.

技术发展不能只考虑科技价值和经济价值,也应将社会价值、生态价值、伦理价值等嵌入其中,以实现负责任创新。

即使在市场经济时代,技术创新也能够以一种更为负责任的方式进行。

科技伦理应借鉴"大模样伦理学"和"生态合理性"的理念,避免陷入或滑向伦理中心主义。

6 思考题

(1) Fairphone 的负责任创新体现了《工程伦理》(第 2 版)第 3 章中的哪些伦理思想?

(2) Fairphone 未来应如何更好地进行负责任创新?

案例 3.2 使用说明

1 案例摘要

Fairphone 是一家通过伦理型手机来实现公平贸易、社会公平、可持续发展等价值追求的社会企业,它与其他智能手机厂商的不同之处主要在于更为关注科技价值与经济价值之外的社会价值、生态价值和伦理价值,以及原料生产工人、供应商员工和后代人等群体的利益。Fairphone 以智能手机为载体,通过与用户、媒体、学界和公众等合作,利用价值设计方法,传播公平贸易与可持续发展的理念,充分体现了负责任创新所标识的全责任。但同时其负责任创新模式也面临共赢可持续性较弱、忽略语境性要素的责任过度等挑战。未来仍需继续探索更具现实性的负责任创新实现方案。

2 课前准备

(1) 请学生思考智能手机当前存在和引发的社会、生态、伦理等各方面问题。

(2) 发送 Fairphone 官方网站网址和案例材料给学生。

3 教学目标

(1) 了解 Fairphone 进行负责任创新的原因、方式及其局限。

(2) 理解技术和工程的价值的多元性、综合性和导向性,理解利益攸关方的作用及其不同诉求之间的矛盾与协调,理解公正等价值目标或责任原则实现的方式及其面临的困难和挑战。

(3) 学会运用 Fairphone 所体现的负责任创新的理念与方法分析、应对现实的技术与工程问题。

(4) 增强社会责任感和对负责任创新实现的信心,防止对伦理规范实现的过度乐观和伦理中心主义的责任过度。

4　分析的思路与要点

（1）Fairphone 兴起的原因：①反对冲突矿产的社会潮流提供了创立契机；②持续多年的公平贸易运动孕育了社会土壤；③深入人心的可持续发展理念奠定了社会基础；④社会企业和社会创新的兴起为 Fairphone 的组织模式提供了模板。

（2）Fairphone 实现负责任创新的方法：①认知影响，科学、全面地认识智能手机生产、装配、使用和回收过程的各类影响，也即其价值的多元性和综合性；②价值评估，运用公平贸易、可持续发展等公共性价值理念，以及负责、开放、透明等伦理性责任原则对以上影响进行评估，进而充分体现其价值的导向性；③价值嵌入，通过产品创新、运营方式创新和用户、媒体、供应链、政府和学术界等利益相关者参与将公平贸易、可持续发展等公共性价值理念和负责、开放、透明等伦理性责任原则嵌入智能手机之中，以降低其社会成本，减少和弱化其不利影响，扩大和增强其有利影响。

（3）Fairphone 负责任创新存在的局限及其改进：①首先，如何实现不同责任行动者、不同责任类型的可持续共赢是 Fairphone 面临的最大挑战；其次，Fairphone 的具体举措存在责任过度倾向。②Fairphone 等相关负责任创新应借鉴"大模样伦理学"和"生态合理性"的理念，避免异化为伦理中心主义。

5　课堂安排建议

可以由抽象到具象，先讲理论再讲案例；也可以由具象到抽象，先讲案例再讲理论。教无定法，教师随心。

因为手机是大家日常使用最多的设备，建议课程内容充分与现实结合，可通过举例、讨论等进行。

（1）问题式互动法。课堂开始后，可通过自由发言和点名的方式提问：在你看来，什么样的手机是一部好手机？或者，如果通过思想实验让大家来设计一部手机，你会把手机设计成什么样？或者，大家认为，智能手机有哪些消极影响？造成这些消极影响的原因是什么？怎样才能有效消减这些消极影响？

利益相关者部分，可问大家：你认为智能手机的利益相关者有哪些？

（2）角色扮演法。也可请学生通过扮演不同的利益相关者来对具体何为"好手机"或何种价值更重要等进行阐述和讨论。

（3）追问式启发法。对于学生的回答，可以不断追问，比如：各个回答的合理性依据是什么？不同回答之间有无内在联系？若有，是什么？又如：什么是利益？什么是责任？什么是公正？以此启发学生的深度思考。

网上有很多相关视频资源，也可参考使用。

参考文献

[1]　刘战雄，宋广文.智能手机与生活方式变迁及其影响[J].科学技术哲学研究,2018,35(1)：111-116.

［2］　刘德寰,刘向清,崔凯,等.正在发生的未来:手机人的族群与趋势［M］.北京:机械工业出版社,2012.

［3］　《失控的创新:智能手机十年全球影响》报告摘要［EB/OL］.(2017-02-17)［2021-06-29］https://www.greenpeace.org.cn/global-impact-of-10-years-of-smartphones/.

［4］　姜永志,白晓丽.大学生手机互联网依赖对疏离感的影响:社会支持系统的作用［J］.心理发展与教育,2014,(5):543

［5］　韩少功.知识,如何才是力量［J］.文化纵横,2021(2):24-25.

［6］　巨乃岐.技术价值论［M］.北京:国防大学出版社,2012:69-95.

［7］　李德顺.价值论——一种主体性的研究［M］.3版.北京:中国人民大学出版社,2013:57-68.

［8］　WERNINK T,STRAHL C. Fairphone:sustainability from the inside-out and outside-in［C］//D'HEUR M. Sustainable value chain management:delivering sustainability through the core business. Dordrecht:Springer,2015.

［9］　Fairphone's Impact 2020:a challenge to the industry［EB/OL］.(2021-06-29)［2021-09-10］. https://www.fairphone.com/wp-content/uploads/2021/06/Fairphone_Impact-report_2020.pdf.

［10］　刘战雄.论负责任创新的全责任本质［J］.自然辩证法研究,2018,34(10):40.

［11］　Van den HOVEN J,JACOB K,NIELSEN L,et al. Options for strengthening responsible research and innovation［EB/OL］.(2013-02-20)［2021-09-10］. https://ec.europa.eu/research/science-society/document_library/pdf_06/options-for-strengthening_en.pdf.

［12］　赵汀阳.坏世界研究:作为第一哲学的政治哲学［M］.北京:中国人民大学出版社,2009:39.

［13］　SWIERSTRA T. Nanotechnology and technomoral change［J］. Ethics & politics,2013,XV(1):200-219.

［14］　De VRIES M J. Teaching about technology:an introduction to the philosophy of technology for non-philosophers［M］. 2nd ed. Switzerland:Springer,2016:19.

［15］　巨乃岐.技术价值［M］.北京:国防科技出版社,2012:169.

［16］　AKEMU O. Fairphone:organising for sustained social impact (teaching case)［EB/OL］.(2015-05-07)［2021-09-26］. https://www.researchgate.net/profile/Ona_Akemu/publication/302325912_Fairphone_Organising_for_Sustained_Social_Impact_Teaching_Case/links/5b24e20d458515270fd2a9fe/Fairphone-Organising-for-Sustained-Social-Impact-Teaching-Case.pdf.

［17］　Van den HOVEN J,VERMAAS P E,Van de POEL I. Design for values:an introduction［M］//Van den HOVEN J,VERMAAS P E,Van de POEL I. Handbook of ethics,values,and technological design. Dordrecht:Springer,2015:1-7.

［18］　Van den HOVEN J. The design turn in applied ethics［M］//Van den HOVEN J,MILLER S,POGGE T. Designing in ethics. Cambridge:Cambridge University Press,2017:11-31.

［19］　夏保华.技术创新哲学研究［M］.北京:中国社会科学出版社,2004:115-116.

［20］　Fairphone suppliers,smelters and refiners［EB/OL］.(2019-05-15)［2021-09-26］. https://www.fairphone.com/wp-content/uploads/2019/05/016_005_List_Suppliers_and_Smelters_05_19_DEF.pdf.

［21］　Fairphone 3 suppliers,smelters and refiners［EB/OL］.(2019-08-15)［2021-09-26］. https://www.fairphone.com/wp-content/uploads/2020/05/016_005_FP3_List_Suppliers_and_Smelters_Web_190930.pdf.

［22］　Supply chain engagement:from risk to impact (Fairphone 3+suppliers,smelters and refiners)［EB/OL］.(2020-11-15)［2021-09-26］. https://www.fairphone.com/wp-content/uploads/2020/11/Supply-Chain-Engagement-2020-final.pdf.

［23］　Remco. Paying living wage in the electronic supply chain［EB/OL］.(2020-12-18)［2021-09-26］. https://www.fairphone.com/en/2020/12/18/living-wage/.

[24] 徐智慧. 东莞缺工真相[J]. 南风窗,2009(20):77.

[25] 吕乃基. 当今世界,谁在"劳力",谁在"劳心"? [EB/OL]. (2017-09-18)[2021-09-26]. http://blog. sciencenet. cn/home. php?mod=space&uid=210844&do=blog&id=1076520&from=space.

[26] BURGET M, BARDONE E, PEDASTE M. Definitions and conceptual dimensions of responsible research and innovation:a literature review[J]. Science and engineering ethics,2017,23:9.

[27] 恩格斯. 英国工人阶级状况[G]//马克思恩格斯选集:第一卷. 北京:人民出版社,2012:103.

[28] TIMMERMANS J. Crowd funding as a way to stimulate responsible research and innovation[EB/OL]. (2020-09-30)[2021-09-26]. https://www. academia. edu/34499572/Crowd_Funding_as_a_Way_to_Stimulate_Responsible_Research_and_Innovation.

[29] Fairphone in the news:best of 2020[EB/OL]. (2020-12-21)[2021-09-26]. https://www. fairphone. com/en/2020/12/21/best-of-2020/.

[30] Fairphone in the news:best of 2019[EB/OL]. (2019-12-30)[2021-09-26]. https://www. fairphone. com/en/2019/12/30/fairphone-in-the-news-best-of-2019/.

[31] FITZPATRICK C. Conflict minerals and the politics of stuff[M]//CHAPMAN J. The routledge handbook of sustainable product design. Oxon:Routledge,2017:202-203.

[32] 赵汀阳. 论可能生活 [M]. 2 版. 北京:中国人民大学出版社,2010.

[33] 韩少功. 民主:抒情诗与施工图[J]. 天涯,2008(1):5.

[34] 刘战雄,夏保华. 责任过度及其对负责任创新的启示[J]. 自然辩证法研究,2016,32(7):42.

[35] Fairphone Impact Report:Vol. l[R/OL]. (2018-11-30)[2021-09-26]. https://www. fairphone. com/wp-content/uploads/2018/11/Fairphone_Report_DEF_WEB. pdf.

[36] KORMELINK J G. Responsible innovation:ethics and risks of new technologies [M/OL]. 2nd ed. Delft:TU Delft Open, 2019[2022-08-06]. https://textbooks. open. tudelft. nl/textbooks/catalog/view/24/53/164-1.

[37] 黄明理,李婉婧. 论民粹化网络泛道德批判[J]. 南京师大学报(社会科学版),2017(3):23-34.

[38] 高剑平,万辅彬. 技术工具理性与道德价值理性的时空追问[J]. 科学技术与辩证法,2005,22(1):13.

[39] 樊浩. 当代伦理精神的生态合理性[J]. 中国社会科学,2001(1):32.

第4章

工程活动中的环境伦理(教学案例)

案例 4.1　青藏铁路：环境友好工程的典范

作者姓名：雷毅

作者单位：清华大学人文学院科学史系

案例来源：作者根据中央电视台系列报道《青藏铁路》撰写

案例真实性：真实

内容提要：青藏铁路建设工程作为中国新世纪四大工程之一,不仅克服了高寒缺氧、长年冻土等技术难题,也在生态极端脆弱的高原地区开创了自然保护的先例,在中国铁路工程建设史上成为为野生动物大规模修建迁徙通道的典范,它的建设为我们实现环境友好工程提供了范本。

关键词：青藏铁路；环境友好；动物迁徙通道

1　引言

当今世界,工程活动正在快速地改变我们的生活,无论是传统的石油化工生产,还是现代的互联网络,无论是拦河水坝,还是高速列车,无时不在发挥巨大的影响。然而,工程在造福人类的同时,也给生态环境造成了破坏。如何处理好工程与环境的关系,实现工程中人与自然的和谐,就成为摆在各国工程建设者们面前的一道难题。青藏铁路的建设不仅克服了巨大的技术难题,而且为当今工程活动实现人与自然的和谐相处提供了可参照的范本。

2　背景简介

青藏高原多处海拔 3500 m 以上,是世界上海拨最高、规模最大的高原。这里到处戈壁荒漠、雪山冰峰,是著名的长年冻土、高寒缺氧之地。要在这样的地方修建铁路,工程的艰巨可想而知。这不仅是对人类自身极限的挑战,也是对我国科技实力和综合实力的检验。然而,正是我们的建设者们不畏艰难,顽强拼搏,不仅克服了高寒缺氧、环境保护等一系列生态性难题,也攻克了在高原多年冻土区修建铁路的多重技术难题;不仅创造出为世界惊叹的奇迹,也为世界铁路建设开拓了一条全新的创新之路。

青藏铁路的施工要穿过青藏高原上的三江源自然保护区和可可西里自然保护区,长度超过 300 km。这里既是我国的"江河源",也是我国的"生态源"。在可可西里、羌塘等国家级自然保护区中,栖息有藏羚羊、野牦牛、藏野驴等珍稀野生动物。据统计,西藏有哺乳动物

142种、鸟类488种、爬行动物55种、两栖动物45种、鱼类68种、昆虫2300多种,其中包括国家一级保护动物41种,二级保护动物84种。这里高寒低氧,生态环境独特原始而又敏感脆弱,一旦遭到破坏,就很难再恢复。因此这里被世界自然基金会列为"全球生物多样性保护"的最优先地区。[1]

3　案例概述

青藏铁路既是目前世界上海拔最高的高原铁路,也是穿越永久性冻土地区最长的高原铁路,沿线分布着三江源和可可西里国家级自然保护区,以及面积广阔、类型众多的自然湿地。全线通过长江、怒江、雅鲁藏布江等5大水系。

青藏高原的生态环境十分脆弱,生态地位极其重要,一旦遭到破坏则很难恢复。在这种情况下,青藏铁路建设总指挥部在建设之初就确定了"建设服从质量,投资服从环保"的建设方针,并采用"创工程质量、环保质量双优,环保一票否决"的原则,为开创生态铁路的建设提供了保障。为了切实保护好沿途的生态环境,青藏铁路全线用于环保工程的投资占工程总投资的8%,达到20多亿元。如此大比例的环保投资,在中国铁路建设史上还是首次。为了把国家对青藏铁路环境保护工作的总体要求落到实处,铁道部要求对工程施工全过程实行环境保护监理制度,由总指挥部委托第三方对全过程的环境保护进行监督审核。完善的制度和监理的落实到位,使工程取得了显著的效果。

4　案例分析

如何才能维护湛蓝的天空、清澈的湖水,保护好珍稀的野生动物以及它们生存的雪山、草原?这是摆在建设者面前的一道难题。建设者们在工程的前期调研、施工建设和后期的维护中始终把这些问题作为工程的重要部分来考虑。野生动物保护是青藏铁路修建过程中关注度最高的话题。

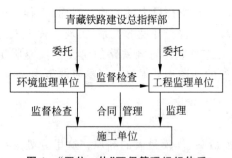

图1　"四位一体"环保管理组织体系

藏羚羊是生活在青藏高原的珍稀物种,每年春夏季节都会大规模由南向北长距离迁徙。为解决藏羚羊迁徙问题,青藏铁路采取以桥代路的方式为藏羚羊迁徙留出通道。在格尔木至拉萨段工程中引入环境监理制度并建立了"四位一体"的管理模式(见图1),即建设单位、施工单位、工程监理单位和环保监理单位并行工作。具体而言,青藏铁路施工期间的环保管理由建设单位统一领导,施工单位进行环保各项措施的具体落实并承担环保工程的质量责任,工程监理单位设专职环保监理工程师负责所管施工标段施工过程中的日常环保监理,环保监理单位对环保工作实施全面监督检查。这种模式在中国铁路工程建设史上还是首次使用。该体系的好处是上下贯穿,以制度、合同和环保责任书相互制约,实践证明,它是能够确保各项环保措施较顺利地落到实处的一种行之有效管理模式。工程不仅为野生动物大规模迁徙修建通道,还在青藏高原进行了植被恢复与再造科学试验并在工程中成功实施。这些举措,有效保护了铁路沿线野生动物迁徙条件、高原高寒植被、湿地生态系统、多年冻土环境、江河源水质和铁路两侧的自然景观,实现了工程建设与自然环境的和谐。[2]

4.1 高原植被保护

青藏铁路穿越青藏高原腹地,全长 1139 km,是纵贯高原南北的宏大工程。沿途经历多种不同类型的生态系统,如高寒草原生态系统、高寒草甸生态系统、草原生态系统、荒漠生态系统等,工程巨大的总土方量导致取土与废弃物势必造成植被的破坏。植被破坏不仅会造成新的水土流失区域,使草场进一步退化,裸露的地表还会形成新的沙尘源,反过来对青藏铁路产生危害。沙尘一旦堵住路基碎石的缝隙,导致缝隙间的空气不能自由流通,阳光所产生的高温就会破坏冻土层的稳定性,进而威胁铁路运营的安全。因此,青藏铁路施工对铁路沿线植被的破坏是最重要和最显著的问题,建设过程中必须高度重视植被保护。

为保护好当地的植被,青藏铁路的建设者们在铁路的设计和施工中采取了严格措施,很好地保护了铁路沿线的自然植被,并将铁路施工对自然植被破坏的负面影响降至最低。具体而言,采取了以下三方面管理措施。

一是科学设计、严格评价、依法管理,将铁路工程对植被的破坏面积降至最低。首先,工程在设计上采用了工程建设与环境保护并重的施工理念。在铁路设计时就充分考虑尽量少占用土地,在经过湿地和冻土带时采用以桥代路的方法,既保护土地和植被又保证了行车的安全。在必须占用土地的地方尽量选择植被覆盖率不高的地段或裸地,同时在路基经过湿地时留出水流通道以保证湿地水流畅通。其次,施工过程中并未采用方便易行且惯用的就近掘取土堆建路基的方法,而是在铁路沿线选择特定的取土场取土,并为运输砂石和其他建筑物资修建专用便道。不仅如此,还聘请有关部门专家按照国家相关法规进行环境影响评价,对环评报告书中涉及的铁路建设对生物多样性的影响以及相应的建议和措施,制定落实到位的解决办法。此外,在铁路施工过程中,环境监理制度也发挥了很好的作用。在施工前各施工单位就保护植被的重要意义和施工需要注意的事项对工作人员进行了广泛的宣传,使保护植被的理念深入人心。在实施过程中赏罚分明,有位司机在运土倒车时不慎压坏一片草皮,监理部门发现后,按规定对其与施工单位分别处以 1000 元和 10 000 元的罚款,并对该司机进行了严厉的批评教育。严格的措施使铁路沿线自然植被得到了很好的保护。

二是进行科技攻关,解决取弃土场原始裸地植被再造难题。为了避免施工对脆弱高寒植被的破坏,建设者们开展了"取弃土场人工原生裸地植被再造"工程。然而,在极其恶劣的生态环境下,这项工程的试验难度极大。为解决该难题,原铁道部第一勘测设计院将"青藏铁路高寒草甸与高寒草原植被恢复与再造"作为科研攻关项目,特别委托中国科学院植物研究所和西北高原生物所主持研究。历时 4 年,课题组克服重重困难,研究终于获得了成功。随后在沱沱河、安多和当雄的三个取弃土场地开展试验,并形成了超 2 万 m² 的高寒草甸与高寒草原先锋植物群落。这一试验的成功为之后青藏线取弃土场植被再造工程的全面实施打下了良好的基础。

三是采用路基边坡植草技术,减少铁路与自然基质景观的反差。取弃土场植被再造试验的成功,使建设者们的信心受到极大鼓舞。在此基础上,他们针对不同地域的植被特征选用最适宜生长的植被覆盖施工地段,从而实现了草场的再造。在施工前,先将该地段的草皮进行分割,然后用铲车将草皮连同土壤一同铲起,再运送到草皮移植区,草皮移植区有专人负责养护,待路基施工成型后再把草皮移植回来,形成路基边坡草皮的原生覆盖。在一些自然条件相对较好的地段,还因地制宜地采用比较适合高原生长的草种,采用喷播和覆膜技术,通过科学种植和移植草皮来恢复地表植被。这种方法后来在青藏铁路建设中被全线推广,开创了高原、高寒地区人工植草试验成功的先例。[3]

青藏铁路是世界铁路建设史上的一个奇迹。它开创了我国在施工条件最艰难的地区铁路建设的成功先例,也开创了在重大工程领域尊重自然、保护植被的成功先例。更为重要的是,它为我国今后的工程建设,尤其是重大工程建设提供了很好的范例。

青海省海西蒙古族藏族自治州州委副书记巴羊欠见证了青藏铁路的两次施工,他深有感触地说:"以前铁路修到哪里,植被就破坏到哪里。此次青藏铁路修建过程中实行了定点取沙,沿线生态环境保持得相当完好!"[4]

4.2 尊重民族宗教信仰和习俗

青藏铁路自开工建设以来,建设者用尽了各种措施,如避绕、禁止出入、设置隔离网等,来有效地避免沿线的宗教场所和宗教景观受到影响。在施工前的勘察设计阶段,建设者就非常注意对沿线的名寺古刹、圣湖、经幡、祭祀台、天葬台等宗教场所进行保护。例如,天葬是藏民族传统的丧葬习俗。在藏北那曲地区安多县有座著名的扎木天葬台,它是当地方圆数十千米内牧民唯一的一座天葬台。为了保护这座天葬台不受施工的影响,建设者们在距离天葬台200 m处专门设立了写有"禁区"的标牌和栏杆,禁止施工人员进入天葬台围观和拍照,并对违规者处以罚款和行政处分。藏民把秃鹫视为"神鹰",施工人员为了不打扰秃鹫的生活,绕道近3 km取土,仅此一项每月需多花费200万元以上。对此,西藏达扎寺第四世活佛达扎·单增格列说:"我得知铁路建设者为了保护天葬台,甚至还进行避绕。这个消息让我感到非常高兴,相信每一个藏族群众听到了也会感到高兴的!"[5]

在藏北草原安多县境内有一著名的高原淡水湖——措那湖,它是当地藏族同胞心目中的"圣湖",每到藏历龙年就会有成千上万的信徒前来朝拜,祈祷风调雨顺、牛羊兴旺、幸福安康。

青藏铁路从"圣湖"边贴身而过,最近的地方距离湖边仅十几米。为了保护"圣湖",建设者们用一条长20多km、装满沙石的白色编织袋堆砌成的矮墙,将工地与"圣湖"隔开,防止垃圾和污水冲入河中。为了"圣湖"的美丽和神圣,施工人员还在湖边种植了5万多 m^2 的草坪。距离措那湖几千米远的地方有一座小山,这里石料材质好,离施工地点也近,中国铁建十九局集团所属的机械化公司部最初就把采石场设在这里,还投资80万元修筑了施工便道。但就在投产前几天突然下起了大雨,雨水顺着山势流入了措那湖。负责在此施工的中铁十九局青藏铁路工程指挥部指挥长卓磊注意到了这个场景,他意识到,一旦在这里开采石料,雨水就会夹带大量泥沙流入湖中,造成湖水的污染。他把自己的意见告诉项目部负责人,建议他们另选采石场。虽然面临经济上的损失,但项目部还是采纳了这个建议。他们保护措那湖的意识非常明确,正如卓磊所说:"措那湖是藏族同胞的'神湖',也是我们管段最严格的施工作业区,我们规定施工人员不准向'神湖'内排放生产和生活污水,更不允许在这里捕鱼和采摘野生植物,对违者将给予严厉的处罚。"[6]

4.3 为野生动物迁徙设置通道

藏羚羊集中分布在西藏、青海、新疆三省(区),活动范围约100万 km^2,其中西藏自治区内藏羚羊分布区域接近 70 万 km²。藏羚羊雌性与雄性通常是分开活动的,只有在交配期两者才会在一起,而一年中的大多时间同性个体间会形成群体活动。

季节性迁徙是藏羚羊生活中的重要一环。每年的冬季,藏羚羊在青藏高原北部的越冬地交配,次年 5—6 月,雌性藏羚羊要长途跋涉到青藏高原南部的乌兰乌拉湖、卓乃湖、可可西里湖、太阳湖等地产仔,经过约一个月的产仔和哺乳期后,雌性藏羚羊会带着幼仔在 7—8 月由原路返回越冬地与雄羊汇合,完成一次迁徙过程。藏羚羊的这种夏季大迁徙是全球最为壮观的 3 种有蹄类动物大迁徙之一。已有研究表明,藏羚羊回到的有可能不是以前它所在的种群,或有少数种群不迁徙。而一些年轻雄性藏羚羊在雌性藏羚羊开始迁徙时会离开群落,同其他年轻或成年雄性藏羚羊聚到一起,直至最终形成一个混合的群体。[7]

距青藏公路 180 km 的卓乃湖是羊群的集中产羔地。来此产羔的藏羚羊的迁徙路线主要来自 3 个方向:东南方青海曲麻莱地区的雌性藏羚羊群,主要在楚玛尔河大桥至五道梁区间跨越青藏铁路和青藏公路西行,在卓乃湖东南湖岸产羔;部分西藏羌塘地区的羊群也来到卓乃湖南岸产羔;西北方阿尔金山地区的羊群经鲸鱼湖、太阳湖到达卓乃湖西面产羔。[7]

为了不阻断野生动物的繁殖迁徙,不影响它们正常的觅食活动,2001 年铁道部和国家环保总局等 5 部委联合主持召开了青藏铁路环保研讨会,90 多位专家明确提出,要"对沿线重点保护的野生动物采用工程和管理措施解决迁徙通道问题"。对于穿越可可西里等自然保护区的铁路线,在工程设计中,尽可能地采取了绕避的方案;同时,根据沿线野生动物的生活习性、迁徙规律,采取以桥代路和设置野生动物通道的方式,保证藏羚羊及其他野生动物的正常通行。在施工环节上,适当调整施工及取土的地点和时间,以保障藏羚羊及其他野生动物的正常生活、迁徙和繁衍。从格尔木到拉萨,按野生动物的分布范围,共规划设置了33 处野生动物通道。按照野生动物生活习性,33 处通道又有桥梁下方、隧道上方及路基缓坡 3 种形式。[1]

为了解铁路和公路沿线藏羚羊种群活动规律,在铁路建设期(2004—2006 年)和运营期(2007—2010 年),铁道部专门设置"青藏铁路运营期野生动物通道监测评估"课题,对藏羚羊的迁徙连续进行了 7 年的系统监测。研究者们发现,随着藏羚羊对通道的熟悉与适应,在通道前聚集的群体在减小,集群、徘徊的时间在缩短,恐惧感在缩小。例如,在 2004 年 6 月10 日到 7 月 10 日对可可西里通道的持续监测中,共记录到 1660 只藏羚羊穿越通道,所有通过个体全部由五北大桥下方预设通道通过,通过时间主要集中在 6 月 21 日至 7 月 2 日。只有少数(50～60 只)徘徊在铁路附近数日而不尝试跨越。7 月下旬到 9 月中旬,共监测到2303 只藏羚羊从可可西里腹地返回,集中返回时间为 8 月 11 日到 8 月 19 日,有 415 只迟至9 月中旬才陆续返回。藏羚羊产仔返回时,大的羊群主要从通道下方通过,也有小群及当年幼仔喜欢从路基上方跨越。[8] 观察结果表明,迁徙中的藏羚羊已经完全适应了青藏铁路动物通道,青藏铁路的建设并未根本改变藏羚羊的生活习性和迁徙路线。

这种做法在我国交通史上还是第一次,并取得较为满意的效果。青藏铁路在中国铁路工程建设史上成为首次为野生动物大规模修建迁徙通道的典范,在青藏铁路二期工程——拉萨至日喀则段建设中也采取了相同的成果与经验,并进一步实现标准化保护和监测。青藏铁路的这些做法已成为行业标准,政府正在向其他行业推广。

从 4.1～4.3 三个小案例可以看出,青藏铁路从最初的规划、设计到施工、运营维护全过程都体现出高度的环境保护和本土文化习俗保护意识,这种意识要求工程不仅考虑人的利益,还要考虑自然环境和原住民的利益,更要把三者的利益放到系统整体中来考虑。正是有了这种人与自然利益双赢的价值观,才能做到即便付出更大的经济代价也要维护自然的利益。更重要的是,他们把这种价值观转变成道德态度,并通过制度和规范约束,将道德义务通过原则性的规定变成施工行动中必须遵循的规则,实现了在工程活动中的每一个环节上都有道德责任和义务,真正做到了大小事均有规可依。这让我们看到了制度和规范约束对工程的重要性,同时将这些规范性的约束深入每个细节,最终决定了工程的成败。

5　结论与启示

青藏铁路在中国铁路建设史上成为首次为野生动物大规模修建迁徙通道的典范。作为工程大国,在目前状况下,我国仍有诸多的工程在建设中忽视生态环境保护,人与自然利益冲突的矛盾仍很突出。在这种意义上,青藏铁路建设中的环境保护理念和措施为我国工程建设提供了极具操作性的范本,也留给了我们更多、更深刻的思考。

6　思考题

(1) 保护环境是工程建设必须要考虑的吗?

(2) 一个工程如何才能做到环境友好?

(3) 你觉得青藏铁路建设花费高昂的代价来保护藏羚羊迁徙通道值得吗?为什么?

(4) 保护好青藏高原的生态环境对青藏铁路自身有什么好处?

案例 4.1 使用说明

1　案例摘要

当今世界,工程活动正在快速地改变我们的生活。然而,工程在造福人类的同时,也给生态环境造成了破坏。如何处理好工程与环境的关系,实现工程中人与自然的和谐,就成为摆在各国工程建设者们面前的一道难题。青藏铁路建设工程作为中国新世纪四大工程之一,不仅克服了高寒缺氧、长年冻土等技术难题,也在生态极端脆弱的高原地区开创了自然保护的先例,为我们实现环境友好工程提供了范本。

2　课前准备

课前了解青藏铁路建设的基本情况,重点把握自然条件和技术难题,如高海拔(3500 m以上)、长年冻土、高寒缺氧和生态脆弱这些世界性难题给青藏铁路建设带来的困难。修建这样一条铁路,不仅是对我国综合实力和科技实力的检验,也是对人类自身极限的挑战。搜集各国在高寒地区或冻土带上修建铁路的案例,用于课堂上与青藏铁路进行对照和比较。

3　教学目标

要求通过此案例的讨论和分析,明确环境意识在工程活动中的重要性;要求掌握工程决策、管理、施工和营运中人与自然关系的伦理原则和规范,以及提高运用这些原则和规范的能力。

从工程决策的角度让学生认识到环境意识的重要性,一个好的工程在最初的决策和设计过程中,既要充分考虑经济效益与生态效益,又要考虑特定地域的文化和生活习俗,并通过合理的技术路线来实现。

从工程建设的角度让学生认识到,上述目标可以通过技术创新、管理模式创新和制度创新来实现。

从工程伦理的角度让学生了解,现代工程建设过程中,应努力实现工程与环境的和谐,在工程建设中遇到冲突时,应该知道如何运用环境伦理原则来化解矛盾。

4　分析的思路与要点

思路:本案例围绕着铁路建设过程中的生态保护展开,主要解决三方面的问题。

(1) 为什么工程要重视生态保护?

(2) 通过怎样的方式解决工程建设与生态保护的矛盾?

(3) 生态保护产生了怎样的效果?

开篇介绍青藏铁路建设的自然条件恶劣,技术难度高,投资巨大。在通常情况下,能够保证工程的顺利完成就实属不易。青藏铁路之所以能成为一条生态铁路,关键在于有生态意识为前提,有"四位一体"的监督管理模式做保障,在施工过程中严格要求按照标准去做,各项措施都以保证设定目标的有效实现为目的。接下来通过三个小案例分别展示了在脆弱的生态环境中如何实现植被的保护,如何重视和尊重当地的人文环境和文化,以及为野生动物提供迁徙通道。重在理解一个好的理念是如何通过制度化的安排,在工程的各个环节被严格地贯彻实施并获得良好效果的。

知识点与能力点:植被与生态(边坡植草与草皮移植);施工条件与文化冲突(措那湖边的施工和取材);化解工程进度与藏羚羊迁徙的矛盾。

5　课堂安排建议

时间安排:课前让学生了解青藏铁路建设的基本情况。结合环境伦理的原则及化解冲突的方法分别对三个小案例展开讨论。

组织引导:

(1) 建议在每个小案例的讨论过程中,重点放在为什么要这样做,不这样做会出现什么情况或造成怎样的后果等。

(2) 讨论为什么要用"四位一体"的管理模式,它的创新体现在哪里。

(3) 让学生明确"为野生动物迁徙设置通道"是化解伦理冲突的合理举措,重点分析它遵循的是什么伦理原则,这些原则在何种情况下运用是合理的,人和动物的利益冲突时应该怎么做。

（4）根据学生的分析，老师给出结论性的评价。

参考文献

[1] 张文尝.青藏铁路建设的科技突破及开通运营的巨大作用[J].经济地理,2007(5)：705-707.

[2] 徐啸海.青藏铁路环保监理实践的探讨[J].中国铁路,2004(1)：62-64.

[3] 李渤生.青藏铁路工程中的植被保护[J].环境保护,2006(7)：31-33.

[4] 姜辰蓉,拉巴,陈伦.让青藏铁路成为生态保护之路[EB/OL].(2006-06-15)[2022-08-12].https://news.sina.com.cn/c/2006-06-15/01459204957s.shtml.

[5] 拉巴次仁,肖林,候德强.青藏铁路建设没有打扰沿线宗教圣地[EB/OL].(2006-06-26)[2022-08-12].https://news.sina.com.cn/c/2006-06-26/153610257263.shtml.

[6] 中国公路网,青藏铁路建设与宗教圣地保护并重.https://www.chinahighway.com/news/2004/73475.php.

[7] 张行勇,张牧茵.吴晓民团队破解藏羚羊迁徙之谜[N].科学时报,2010-11-16.

[8] 杨奇森,等.藏羚迁移行为及跨越青藏铁路野生动物通道监测报告[C]//中国动物学会兽类学分会第六届会员代表大会暨学术讨论会论文摘要集.湖南吉首,2004-10-25.

案例4.2　杭州九峰垃圾焚烧发电项目社会稳定风险治理对策[①]

作者姓名：顾萍[1]，丛杭青[2]

作者单位：1 清华大学人文学院；2 浙江大学哲学学院

案例来源：本案例是对顾萍、丛杭青的论文《工程社会稳定风险的协同治理研究——以九峰垃圾焚烧发电项目为例》(自然辩证法通讯，2020 年第 1 期)的扩充与改编

案例真实性：真实

内容提要：为破解城市垃圾处理难题，杭州市政府经多次考察论证，于 2014 年 4 月启动杭州九峰垃圾焚烧发电项目(以下简称"九峰项目")的规划建设。由于垃圾焚烧发电项目属于"邻避工程"，建设初期群众强烈反对，并引发了群体性事件(以下简称"5·10"事件)，扰乱了社会秩序，影响了社会稳定。为了使项目能够顺利地落地，浙江省委、省政府和杭州市委、市政府做了大量工作来化解群众矛盾和防范重大工程所引发的社会不稳定现象等，并最终成功化解了工程的社会稳定风险。该项目建设的成功经验，也得到了《人民日报》和"CCTV 新闻联播"等国家级媒体的广泛报道，破解了垃圾焚烧发电项目"邻避效应"这一世界性行业难题，形成了引领示范的"杭州答卷"。

关键词：垃圾焚烧；社会稳定风险；社会治理；风险评估；公众参与

1　引言

垃圾焚烧发电项目作为典型的"邻避工程"，在我国各大城市一直都难以推进，其"邻避效应"极为突出，我国很多地方曾发生过由于建设垃圾处理厂而引发的社会群体性事件，对社会稳定造成负面影响。杭州九峰垃圾焚烧发电项目也曾面临同样的邻避困境，那么九峰项目是如何"化干戈为玉帛"，成功化解工程的社会稳定风险，并将"邻避"工程变为"邻利"工程的呢？

2　相关背景介绍

随着城市发展和人口增加，杭州和其他城市一样，近些年面临"垃圾围城"窘境。杭州九峰垃圾焚烧发电项目位于余杭中泰街道大坞里，主体工程为九峰垃圾焚烧发电工程，配套工程为杭徽高速匝道工程、进场道路工程、发电外送工程等。九峰项目设计日处理焚烧生活垃圾 3000 t，红线占地 209.55 亩、总建筑面积约 73 194 m^2。项目由中国光大国际有限公司、杭州市环境集团有限公司、杭州余杭城市建设集团有限公司按照 70∶20∶10 的股权比例出资设立，总投资人民币 18 亿元。项目配置 4 台 750 t/d 机械炉排焚烧炉、2 台 35 MW 汽轮机组、2 台 40 MW 发电机组，配套渗滤液处理站规模 1500 t/d。渗滤液经处理实现"全回用、零排放"。全年处理垃圾量 110 万 t，设计年上网电量 4 亿 kW·h。该项目于 2015 年

---

①　本案例为国家社科基金重大项目"中国工程实践的伦理形态学研究"(15ZDB015)阶段性成果。

1 月顺利通过杭州市人民政府风险评估和杭州市环保局环评批复,2016 年 1 月正式开工建设,2017 年 5 月九峰垃圾焚烧发电厂完成送电,2017 年 9 月 15 日垃圾正式进场,9 月 22 日点火调试。

3 事件经过

3.1 项目引发的社会群体性事件——"5·10"事件

该项目是垃圾处理工程,属于典型的"邻避工程",因此尽管专家反复论证,认为建立垃圾焚烧场是解除杭州"垃圾围城"的最佳途径,但周边群众却争议四起。2014 年 5 月 10 日,在省委、省政府的相关领导视察杭州九峰垃圾焚烧发电项目时,余杭区中泰街道附近一些群众受社会人员的煽动,在项目周边的杭徽高速公路上形成规模性聚集,开展游行示威,围堵道路,阻断交通,甚至围攻执法管理人员,为社会稳定带来巨大隐患。杭州九峰垃圾焚烧发电项目引发的这次群体性事件被称为"5·10"事件。如何化开不信任的"坚冰",打破项目停滞的僵局?

3.2 化解工程社会稳定风险的举措

(1)开展工程的环境影响评估和社会稳定风险评估

杭州九峰垃圾焚烧发电项目开展了全面的环境影响评估,制定科学有效的化解和应对环境风险的策略,并将环评结果及时向全社会公开。2014 年 9 月该项目环评第一次公示,2014 年 11 月环评第二次公示。实施公共参与工程的问卷调查工作,共发出调查问卷 473 份,回收 472 份,其中支持 119 份,有条件支持 346 份,无所谓 7 份,支持率 98.5%。2014 年 12 月 30 日项目召开了正式环评专家评审会,先后开办正式及非正式的专家评审会共计 9 次。2015 年 1 月该项目取得了杭州市市政府办公厅关于工程社会稳定风险评估的意见,并进行了全面的稳评公众问卷调查,共发放调查问卷 421 份,回收 419 份,其中支持 110 份,有条件支持 304 份,无所谓 5 份,支持率 98.8%。

(2)带领群众考察同类工程项目

为了消除群众对垃圾焚烧项目的误解,化解群众对健康和未来发展的过度担忧,自 2014 年 8 月下旬至 10 月底,政府和建设方先后组织杭州九峰约 5000 人次赴光大常州公司、苏州公司、南京公司、江阴公司、济南公司、宁波公司等垃圾焚烧发电项目参观考察。光大国际团队优良的工作作风和扎实的技术功底及良好的企业理念,赢得了属地群众的高度认可,使群众对垃圾焚烧发电项目有了进一步的认识,让群众切身感受和体会现代化的垃圾焚烧发电厂,一定程度上消除了百姓对垃圾焚烧发电的妖魔化印象。

(3)化解工程社会稳定风险的群众路线

政府作出"两不开工"的承诺。政府积极回应公众诉求并制定对策方案,保障沟通的及时性和有效性。政府专门召开了杭州九峰垃圾焚烧发电项目新闻报告会,全面回应公众的意见和建议,并作出"两不开工"的承诺:"项目未履行完法定程序,坚决不会开工;项目没有获得公众的理解和支持,坚决不会开工。"

政府发布项目建设的"36 问 36 答",化解群众疑虑。"36 问 36 答"客观地说明了九峰项目建设的必要性和可行性,科学解释了项目采用的处理工艺、工业流程和排放标准,全面地回答了公众最关心的生态影响问题并公布了地域发展的规划方案,充分化解了群众的疑虑和担忧。

"驻村干部"多对一为群众排忧解难。政府设立了由主要领导牵头负责的九峰项目专职管理部门,并成立了重大民生项目领导小组,关于九峰项目的专题研讨会每个月都会定期召开,专职人员会将不同群体的意见进行汇总,进一步完善工程项目维稳的阶段性工作。同时派出驻村干部,对属地村民进行"一对一"和"多对一"的服务工作,靠近九峰项目的中桥村最高峰时有140多名驻村干部为村民答疑解惑。大多数驻村干部都曾在项目所在地工作过,他们对村里的风土人情、百姓生活很熟悉,易于和百姓建立亲近感和信任感。通过深入沟通,政府了解到公众的担忧主要来自两方面:首先,担心九峰项目对生态环境和人类健康造成负面影响;其次,担忧区域的未来发展问题,他们担心自己的家园因建了垃圾处理厂而被边缘化。由此政府明确了工作的重点和方向。

(4)健全利益补偿机制

一是建立利益补偿专项基金,做好居民安置工作。政府对项目300 m环境防护距离内的住户进行了整体搬迁,并给予合理的经济补偿。

二是投资建设项目周边产业,产业融入助推属地经济高质量发展。政府专项拨出了1000亩土地空间指标用于发展项目周边的产业,重点开发了南湖小镇、未来科技城管委会和中泰街道,旨在打造一个产城融合、自然生态与城市生态融合、都市农业与邻近工业融合、河湖水系与都市功能融合的多功能一体化、复合型慢生活小城,使其成为当地发展、农民创收的效益增长点,并规划了百余项实事工程用来改善当地的生态环境和生产生活设施,投资20多亿元在九峰项目周边建设生态休闲公园。

三是创造就业机会,引导村民创业。政府通过招商引资,引进专业的旅游发展公司为属地打造了多个旅游产品,其中杭州商贸旅游集团、区域旅游集团、中泰街道共计打造13个旅游产品,一期开发4个产品,分别为布鲁克精选(原中桥中学)、天井湾山居、章岭和七介山石矿项目。政府引导村民充分利用当地城郊结合的地域优势以及自己的庭院农房,开发民宿、农家乐等乡村旅游业,让老百姓在家做老板、在家就业。

四是项目出台了一系列经济补贴政策,竭力为属地居民提供政策红利。环境改善基金就是给予属地的重要经济补贴:九峰垃圾焚烧发电厂每输入1 t垃圾,垃圾输出地都需要缴纳一定数额的补贴金,此项资金专门用于九峰项目周边地区的环境改造、配套设施的维护、区域经济发展扶持和提升居民生活品质等方面。

(5)增建惠民工程,完善配套设施

一是为属地修路种树。修路种树既可以完善当地的基础设施,也可以美化当地的生态环境。为了让垃圾进场的"最后一公里"不对当地产生污染,政府专门修建了总长1.5 km的垃圾进场专用道。这条道路是对原有的旧路进行重建,使其更加平坦和宽敞。同时建设了九峰项目专用匝道,缓解了当地的交通压力。还实施了道路两侧景观的绿化工程,为属地居民创造了更加优美宜人的生活环境。

二是在属地建设了给排水工程。政府对下游河道的排水系统进行拓展改造,对属地的给水管网重新维护,并且修固了原有的排水管网,使其可以接纳当地的生产生活废水,从而进一步完善了属地的基础设施建设。

三是实施边坡综合治理工程。为了防止九峰项目周边发生水土流失和山体滑坡,从而给属地群众带来灾难,政府专门实施了边坡综合治理工程,对项目周围的山体加护了牢固的防护网。政府还实施了电力接入系统工程,既保证了九峰项目可以将电力安全高效地输往其他地方,也进一步完善了当地的电力输送系统。与此同时还建立了炉渣综合利用配套设施,将焚烧垃圾所产生的炉渣赠予属地,这些炉渣可以被制成建筑用砌块,从而给当地带来一定的经济收入。

(6)"三结合"式的协同监管

为了避免由于建设运营方的非程序性操作而引发的社会不稳定风险,多元主体通过严格的自律、他律与互律,建构了政府与社会、技术与市场、过程与末端"三结合"式的协同监管模式,如图1所示。

图1 "三结合"式协同监管示意图

一是政府监管与社会监管相结合。政府的相关管理部门对项目现场进行定期和不定期的巡视和检查,并实时监测生产数据。社会监管主要包括公众监督和媒体监督。九峰垃圾焚烧项目聘请了周边的市民作为环保监督员,市民也组建了多个环保志愿者团队,经常进厂督查。从项目建设前期的宣传、公示到建设后的运行情况,媒体都进行了客观及时的报道和监督。

二是技术监管与市场监管相结合。九峰项目在监测过程中充分使用了高科技的技术检测手段、互联网大数据、全方位监控设备和信息云平台,将烟气排放监测结果与环保部门实时联网,向社会公布实时动态数据。市场监测主要是第三方监测,项目组聘请了具有相关检测资格的专业机构和专家技术团队对项目进行专业监管,为项目提供全方位的技术指导。

三是过程监管与末端监管相结合。多元主体对垃圾焚烧发电的垃圾计量、化学品消耗、焚烧温度、灰渣和渗滤液处理等每一个生产环节进行全过程的监督和检测。同时,对垃圾焚烧后的各类气体及固体废弃物等末端污染物处理情况进行监督,以确保其达标排放。

3.3 项目取得显著的综合效益

该项目的生态效益、经济效益和社会效益十分显著。

首先,美化城市环境,节约土地使用。杭州九峰垃圾焚烧发电项目投产建成后设计日处理能力达3000 t,极大地缓解了杭州生活垃圾处理压力,同时垃圾焚烧后产生的残渣体积减小近90%,重量减少近80%,从而大大延长了填埋场的使用寿命,节约了大量宝贵的土地。

其次,焚烧垃圾发电节能减排增效。相比传统的垃圾填埋方式,垃圾焚烧发电能极大地增加生活垃圾利用效率,利用垃圾产生的热能发电供暖,真正做到变废为宝。通过垃圾焚烧,杭州九峰发电垃圾发电项目年发电量可达到 4.8 亿 kW·h,年上网供电量 3.89 亿 kW·h,足以供给 40 万个家庭一年的生活用电,相当于节约标准煤 15 万 t 以上。

4　事件分析

杭州九峰垃圾焚烧发电工程将协同治理理论与化解工程的社会稳定风险的具体问题和社会实践相结合,探索出政府、企业、社会组织、公众协商共治、共同应对工程社会稳定风险的协同治理模式,扭转了垃圾焚烧发电项目在我国各大城市无法推进的僵局,也是垃圾焚烧发电工程在全国范围内全面推行的标志和里程碑。这种实践性、具体性、模式性的探索,是社会协同治理理论与"中国问题、中国实践、中国方案、中国智慧"的完美契合。

4.1　以公众为中心、多元主体互动的协同关系网络

杭州九峰垃圾焚烧发电项目的社会稳定治理过程中,始终坚持将人民的利益放在首位的"群众路线",由此形成了以公众为中心、多元主体相互协同的关系网络,如图 2 所示。这种中心协同网络是与对等平行网络不同的创新关系形态。此关系网络的根本原则是维护群众的切身利益,关注百姓的真实诉求,尊重公众的合法权益,有效解决群众的实际困难,以公众为中心将不同利益群体的力量集结在一起,彼此密切互动和紧密协同,从而可以更加精准地化解群众与政府、企业的矛盾,有助于从本质上消除影响社会稳定的不利因素。

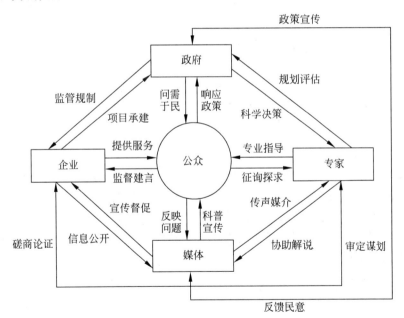

图 2　以公众为中心、多元主体互动的协同关系网络示意图

此协同关系网络的基本原则是以公众利益为中心对多方利益主体之间的关系进行协调。其一,杭州九峰垃圾焚烧发电项目中,政府坚持"问需于民、问政于民、问计于民",从工程的项目选址、规划决策到建设运营都充分尊重公众的权益,深入了解民情民意,拓宽沟通渠道,建立最广泛的公众参与机制和制度体系,及时回应和解决百姓诉求,广泛采纳百姓的

建议。与此同时,公众也积极响应政府的政策号召,合理合法地表达利益诉求,积极配合政府行动,与政府协商共治。其二,承建杭州九峰垃圾焚烧发电项目的企业坚持将生态效益和社会效益放在与经济效益同等重要的地位,采用先进的环保生产设备,从技术层面将此项目可能导致的生态破坏、环境污染和社会影响降到最低,主动接受公众的监督和检验。同时详细制定并组织实施了九峰项目的社会参与调查,公众在参与过程中充分向企业建言献策,使杭州九峰垃圾焚烧发电项目成为集民众智慧于一体的惠民工程。其三,为了让公众对垃圾焚烧发电项目有客观科学的认识和理解,专家团队在项目的整个评估过程中充分行使专业评判、科学规划、权威认证的权利,为工程方案的制定提出合理化、科学化的指导建议,同时向公众答疑解惑并提供专业指导。其四,新闻媒体充分发挥"宣传员"和"监督员"的作用,坚持做好项目的工程科普、信息公开、进度追踪、实时报道等工作,成为公众及时了解工程情况的媒介,同时公众也会将问题通过媒体平台反映出来,有利于政府有针对性地解决问题。

在这个以公众利益为首进行协同治理的过程中,政府、企业、媒体、专家等其他利益主体之间达成了互助共赢的共识,积极互动、密切配合,化解了彼此的分歧并杜绝了不稳定因素的出现。一是政府与企业之间的协同。政府承担了对企业进行监管和规制的责任,企业通过 BOT(建造—运营—移交)的方式参与九峰项目,双方相互配合、合作共赢。二是政府与专家之间的协同。为了做到科学决策,政府需要专家团队的协助,同时专家从专业和科学的视角对项目进行了规划评估。三是企业与媒体的协同。企业建设项目过程中需要借助媒体的平台将工程进展、污染物排放等各种数据信息及时向社会公布,同时媒体对企业的形象进行宣传,也对企业起到了监管和督促的作用。四是媒体与专家的协同。专家的科学论断和评估需要借助媒体来传达,同时媒体在对工程进行报道时也需要专家协助解说和科学分析。五是企业与专家的协同。双方共同就项目选址、发展规划、技术设备、环保方案等进行磋商论证、审订谋划。六是政府与媒体的协同。政府借助媒体进行政策和信息公示,同时媒体会将民情民意反馈给政府,便于政府有效决策。

4.2　协同治理机制

社会协同治理的机制普遍被理解为构成协同治理的主要条件和其运行的工作原理。在不同的实践案例中协同机制的构成要件会有所不同,国内外学者普遍认为协同治理的核心机制包括沟通机制、资源分享机制、共识与信任机制。沟通机制是协同治理的关键,资源分享是协同治理的客观条件,达成共识是协同治理的基础,信任机制是协同治理的保障。九峰项目治理社会稳定风险的过程是对协同机制的一般理论与具体的情境相结合的创新实践,形成了如图 3 所示的协同机制。

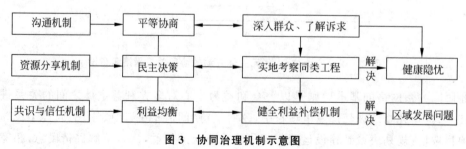

图 3　协同治理机制示意图

（1）沟通机制：平等协商——深入群众、了解诉求

多元主体进行沟通的前提是平等，只有不同利益主体处于平等的地位、拥有平等的权利，才可能进行相互之间的对话和磋商。工程项目能否高效率地推进并高质量地完成，很大程度上取决于多元主体间能否实现平等协商和民主决策。[1]杭州九峰垃圾焚烧发电项目建立了平等协商的沟通机制，主要表现为以下几个方面：首先，在项目实施不同阶段都设置了磋商环节，保障了沟通的全程性和完整性。在项目的环境评估阶段，通过问卷调查和样本调查相结合的方式，就社会公众重点关注的问题向周边的居民、企业、组织征询意见和建议。公众也通过电话专线、信函和电子邮件等渠道对项目的实施表达了自己的态度和诉求。其次，在项目规划、项目选址到项目建设运营的各个阶段，开展了听证会、网络调查、媒体见面会等各种形式的意见咨询会，使工程项目真实有效的信息及时传递给社会公众，充分保障了公众的知情权。再次，政府实施"驻村干部"制和"多对一"服务制，保障了沟通的彻底性和深入性。最后，政府积极回应公众诉求并制定对策方案，做了"两不开工承诺"和"36 问 36答"，保障了沟通的及时性和有效性。

（2）资源分享机制：民主决策——实地考察同类工程项目

通常资源不对等和信息不流通是造成工程社会稳定风险的主要因素之一，往往表现为政府拥有充足的资源和大量的信息，但公众、企业、社会组织等其他利益相关者却无法分享和利用，极易导致利益不均衡而引发不同利益群体之间的矛盾，从而造成社会状态的不稳定。九峰项目的风险治理过程中政府主动让渡部分职能，让公众和社会充分行使权利，同时积极联系和拓展更多的资源和信息，并将它们与多元利益主体共同分享。政府组织了教师代表、人大代表、企业代表和普通群众先后 82 批 4000 多人次赴苏州、常州、南京、广州、济南等地的垃圾焚烧处理厂进行实地考察，并确保九峰垃圾处理厂影响范围内四个核心村的每户人家都有成员亲自参与考察。公众不仅享有了参与权，还充分行使了决策权。第一批次村民代表在赴广州参观某垃圾焚烧发电厂后疑虑颇多，并向政府表达了他们的意见和看法。政府充分尊重公众的意见，再次带领群众去考察了其他地方的垃圾焚烧发电厂和多家不同的承建企业。最终政府和公众共同商议选定了公众最满意的项目承建单位和公众最信赖的技术处理工艺。这一过程中公众不仅亲眼见识和切身了解了垃圾焚烧发电厂的实际运行状况，还对发电厂附近的居民进行了深入访谈，了解了当地居民正常安稳的生活情况、舒适良好的生活环境以及繁荣兴盛的产业发展状况。由此，百姓心中的疑虑才迎刃而解。

（3）共识与信任机制：利益均衡——健全利益补偿机制

多元主体之间矛盾的调和建立在达成共识和相互信任的基础之上。利益均衡是多元主体之间的共识，也是协同治理的前提。在杭州九峰垃圾焚烧发电项目上，各利益主体通过建立健全利益补偿机制，使利益分配更加合理公平，解决了公众对利益补偿的诉求和对区域发展的担忧，建立了公众对政府的信任，同时增强了公众对企业的认可和肯定，形成了互信互通、互动互助的协同关系，有效地消解了由于工程主体之间关系的不协调而引发的社会不稳定现象。在九峰项目中为化解工程的社会稳定风险，政府做好居民安置工作，投资建设项目周边的产业，为属地群众创造就业机会，引导村民创业，还出台了一系列经济补贴政策，竭力为属地居民提供政策红利。

4.3 协同治理理念：多元主体共同的责任担当

（1）政府的责任担当——增建惠民工程，完善配套设施

工程项目的建设往往不局限于工程本身的功能和作用，在建设过程中政府经常为当地修路、搭桥、建图书馆、建公园、帮助村民修葺房屋、通水通电，这些配套设施多数是为了更好地造福于社会而增加的公共设施。九峰项目建设过程中政府为当地增建了许多公共配套工程，更好地服务于公众、社区和社会的长远发展，使九峰项目的社会效益实现最大化，充分体现了政府的担当和对社会的责任意识，推动了项目的顺利开展并维持了社会的稳定。

（2）企业的责任担当——严格自律，透明公开

承建九峰项目的企业最终通过严格自律得到了公众的信任和认可。首先，企业在技术设备和执行标准方面以严格的高要求约束自身。企业自主研发核心设备，多项技术指标达到国际先进水平，同时采用国际先进的控制燃烧设备和尾气处理装置，使垃圾焚烧后的二噁英等有机物能够被彻底分解，最后排到大气中的主要是二氧化碳、氧气、水蒸气和氮气等无害物质。对于垃圾焚烧后的烟气排放，全面执行严于行标的欧盟 2010 标准。其次，企业坚持做到行业信息公开透明、真实准确。企业在官方网站上将九峰项目各项环评指示和烟气在线监测数据向社会公开披露，自觉接受政府、媒体和社会公众的监督。与此同时，坚持节约资源、保护环境、循环发展、绿色发展的原则，九峰项目的渗滤液经处理后可以达到敞开式循环冷却水系统补充水标准，且实现了"全回用、零排放"。最后，企业也致力于加强与社区、居民和社会的合作，企业设立了九峰项目公众开放日，经常组织村企联合的公益文化活动，主动慰问属地家庭困难户，在重大节日邀请属地居民茶话座谈、联谊互动，主动融入社会大众的生产生活中。企业通过主动承担社会责任，并最大限度地服务与造福公众，在社会中建立了良好的民企关系。

（3）公众的责任担当——乘势而上，积极有为

在杭州九峰垃圾焚烧发电项目的社会稳定风险治理过程中，公众的角色定位不再是"邻避效应"的制造者和受害者，而是解决邻避难题的参与者和行动者，他们的主动担当、积极有为发挥了关键作用。首先，公众转变了思维，树立了科学认知，主动担当工程的负外部性。人类的生产生活不可避免地要产生垃圾和废物，而且"垃圾围城"的危险迫在眉睫。目前国内外处理城市生活垃圾最有效的方式就是垃圾焚烧发电。公众普遍认为如果他们一直保持反对意见，杭州九峰垃圾焚烧发电项目就永远无法落地，这无益于自身福祉的提高和长远的发展，也无益于人类生存环境的改善。面对不可回避的环境问题总要有人来承担它的负外部性，他们在经历了最初的抵触、担忧、疑惑后逐步转变了对项目的理性认识，并毅然挑起了为改善人类环境作出贡献的重担。九峰项目的属地居民主动参与政府组织的同类工程考察活动，在多次问卷调查、听证会、答疑解惑中坚持通过合法合规的方式反映自己的意见，并积极配合政府和企业集体商议、共同监管九峰项目，以负责任的态度为项目的科学规划和顺利推进建言献策，积极维护了人类共有的生态环境和社会的公共利益。其次，公众充分抓住发展机遇，化劣势为优势，应势而谋、顺势而为、乘势而上，在项目的社会稳定风险治理中积极有为。属地居民深刻认识到项目实施对他们来说也是很大的发展机遇。因此，在九峰项目建成后，很多在外地工作的村民相继回迁，抓住个人发展的契机，在引进的多个商业项目中

主动寻找就业机会,并充分利用政府的政策扶持进行自主创业。很多村民还为当地发展主动当起了义务招商引资员,将外面的企业项目引入自己的家乡,为家乡的建设和发展贡献自己的智慧,通过实际行动为垃圾焚烧发电项目破解"邻避难题"交出了完美的答卷。

5 结论与启示

杭州九峰垃圾焚烧发电项目作为一项"邻避工程",在引起社会性群体事件的情况下,通过采取有效得当的对策,包括开展工程的环境影响评估和社会稳定风险评估、带领群众考察同类工程项目、秉持化解工程社会稳定风险的群众路线、健全利益补偿机制、增建惠民工程、完善配套设施、"三结合"式的协同监管等,成功化解了工程的社会稳定风险,在全国树立起垃圾焚烧发电项目成功应对社会稳定风险的典范。

九峰项目在治理社会稳定风险过程中,形成了多元主体共同构成的命运共同体,他们共同的社会责任意识和担当精神是推动其长久高效协同的根本动因。因此,协同治理的多元主体间的责任共分、风险同担、公平互利、共治共享、共进共荣是维系彼此间和谐与共、密切合作的关键,是利益相关者命运共同体的根基,也是协同治理得以实现的理论根源和根本依据。因此,杭州九峰垃圾焚烧发电项目将协同治理理论在工程实践中进一步深化和推进,它所形成的具有实用性和创新性的社会协同治理机制和理念,对同类工程的社会稳定风险治理具有切实的指导意义。

6 思考题

(1)怎样理解"社会稳定风险"?

(2)工程项目的社会稳定风险的分类有哪些?

(3)垃圾焚烧发电项目社会稳定风险的主要诱因是什么?

(4)面对"5·10"事件现状,假如你扮演着以下角色:政府方,企业方,村民方,应分别如何应对和化解项目所带来的社会稳定风险?

案例 4.2 使用说明

1 案例摘要

本案例介绍了引发杭州九峰垃圾焚烧发电项目社会群体性事件的经过和原因,并深入探究了九峰项目治理社会稳定风险的对策,包括:开展工程的环境影响评估和社会稳定风险评估、带领群众考察同类工程项目、秉持化解工程社会稳定风险的群众路线、健全利益补偿机制、增建惠民工程、完善配套设施、"三结合"式的协同监管。九峰项目探索出了应对工程社会稳定风险的协同治理模式,包括:以公众为中心、多元主体互动的协同关系网络;平等协商的沟通机制,民主协商的资源分享机制,利益均衡的共识与信任机制;多元主体共同的责任担当协同治理理念。

2 课前准备

提前布置相关背景资料的学习,做好课前准备和组织引导。课前让学生了解近些年引起社会群体性事件的相关工程案例,重点关注中国本土案例化解工程社会稳定风险的举措和方案,总结中国经验和中国智慧。关注工程实践中涉及的环境伦理问题,例如邻避效应和利益相关者的环境义务及伦理责任等。具体可以参考教材《工程伦理》(第 2 版)第 4 章"工程活动中的环境伦理"中 4.2.1 节"现代工程的环境影响"和 4.3.1 节"工程共同体的环境伦理责任",以及第 11 章"环境工程的伦理问题"中 11.1~11.4 节。

3 教学目标

(1) 分析该项目成功化解工程社会稳定风险的经验和理念,总结在类似的工程项目中的中国问题、中国经验、中国智慧与中国话语。

(2) 结合具体工程案例,让学生理解工程社会稳定风险在具体工程实践中的表现,掌握垃圾焚烧发电项目社会稳定风险的主要诱因。

(3) 让学生掌握如何从工程社会治理的视角来分析工程社会稳定风险的治理和化解。

(4) 让学生理解如何结合工程现实困境和具体情形,从技术和非技术两个层面,协调好多元利益主体之间的关系,进而促进工程社会稳定风险的治理。

4 分析的思路与要点

本案例围绕杭州九峰垃圾焚烧发电项目化解工程社会稳定风险展开。首先是关于该项目的背景介绍,从杭州市垃圾处理现状和困局出发,描述了该项目建设的必要性和迫切性,详细介绍了九峰项目的工程概况。其次对该项目所引发的社会群体事件进行阐释,描述了该案例面临的社会稳定风险问题,以增加案例的情节性和趣味性。最后总结了九峰项目化解工程社会稳定风险的对策,包括开展工程的环境影响评估和社会稳定风险评估、带领群众考察同类工程项目、秉持化解工程社会稳定风险的群众路线、健全利益补偿机制、增建惠民工程、完善配套设施、"三结合"式的协同监管。

本案例主要涉及工程伦理课程的知识点有:工程的社会治理,工程社会稳定风险的概念、成因、风险评估、协同治理,企业的伦理责任、环境责任。

"邻避效应"的典型英文表述是 not in my back yard(NIMBY),直译就是"不要(建)在我家后院",意思是"当地居民或单位因为担心建设项目对身体健康、环境质量和资产价值等带来负面影响,而产生'不要建在我家后院'的心理,进而采用强烈和坚决的、有时高度情绪化的集体反对或抗争行为"。

协同治理是工程社会治理的重要方式。协同治理理论指出在不同利益相关者协同治理公共事务过程中所形成的关系网络是社会协同治理的本质特征。有序合理的协同治理关系网络有助于增加不同利益主体之间的黏性和韧性。

工程的社会稳定风险的治理不是一套固定不变的规则体例,而是一个过程。这个过程并不完全依赖于制度和机制,而依赖于不同利益主体良好关系的维系和持续的相互作用。社会稳定风险的协同治理不以支配为基础,而以调和为基础,既包括人与物关系的调和,也包括人与人关系的协调,而社会协同治理是工程共同体之间化解矛盾、调和关系、促进稳定的重要方式。

治理工程社会稳定风险本质上是一种对工程事务的社会性分担与协同,它需要政府、企业、社会组织、公众在平等协商的基础上建立合作关系,寻求多元主体的共同利益,民主决策工程方案,共同监管工程项目,并最大限度地实现公共利益。工程多元主体之间均衡普惠、共进共享的良好关系是社会结构稳定性和有序化的根本保障。

工程社会稳定风险的化解需要多元利益主体有强烈的责任意识和勇于担当的伦理精神,这是促进协同治理长久、持续、高效运行的根本动力和基本保证。不同利益相关者不仅要履行好各自应尽的义务,更要勇于承担超出个体义务范围的公共责任、集体责任和社会责任。在协同治理的过程中利益相关者不仅要共同参与,更要主动承担跨越边界的公共责任。对全人类的安全、健康和福祉负责是工程共同体的不同主体需要自觉承担的责任,这被看作工程伦理学的"首要条款"。[2]工程是一项集体的乃至全社会的活动,那么工程责任也是一项所有参与其中并受影响的群体和组织的集体责任。因此,多元利益主体共同承担公共责任,主动担当工程的负外部性,既体现了对集体的奉献精神,也是化解工程社会稳定风险的关键。

环境责任是工程伦理准则中明确对工程师和工程建设方提出的要求,美国土木工程师学会(ASCE)的伦理章程中指出:"工程活动应该坚持节约世界资源,保护自然与人工环境,且同时兼顾当代人与后代人的利益和需要。遵循可持续发展的理念是工程师履行其职业责任时的重要原则。"[3]工程的环境伦理责任主要指工程共同体要切实考虑自然生态及社会对其生产活动的承受性,以及工程活动是否会对环境造成污染和破坏,是否会对公众正常的生产生活产生负面效应,甚至造成公害。

工程伦理准则也要求企业在"合理的谨慎"范围内从事工程活动,既要做好环境保护,将社会公共利益放在首位,也要探寻提高人类安全、健康和福祉的科学路径。外部的监督是辅助手段,践行这些伦理原则的关键是企业恪守职业操守和道德良知,这也是企业勇于承担社会责任的重要表现。

5　课堂安排建议

5.1　时间安排

课前阅读资料 1 课时,讲授 1 课时,讨论 1 课时,现场调研(可选项)4 课时。

5.2　课堂组织建议

(1) 课前让学生了解近些年引起社会群体性事件的相关工程案例,重点关注中国本土案例化解工程社会稳定风险的举措和方案,总结中国经验和中国智慧。

(2) 教师讲授案例正文中的"引言""相关背景介绍"以及"5·10"事件经过。

(3) 组织学生讨论案例正文中的思考题。

(4) 教师讲授九峰项目化解社会稳定风险的实际举措,即案例正文中的 3.2、3.3 和 4 三个部分。

(5) 课后可安排学生去附近相关项目现场调研,并形成调研报告进行课堂展示和交流。

参考文献

［1］ 朱春艳，朱葆伟.试论工程共同体中的权威与民主［J］.工程研究——跨学科视野中的工程,2008(1)：59-68.

［2］ 丛杭青.工程伦理学的现状与展望［J］.华中科技大学学报,2006(4)：76-81.

［3］ 林声.中国总工程师手册［M］.沈阳：东北大学出版社,2006：80-83.

［4］ 闫亭豫.辽宁生态环境协同治理研究［D］.沈阳：东北大学,2016：33-35.

［5］ Freeman R E. Strategic management：a stakeholder approach［M］.Cambridge：Cambridge University Press,1984：127-129.

［6］ 朱葆伟.工程活动的伦理责任［J］.伦理学研究,2006(11)：36-41.

［7］ 孙要良.深刻认识良好生态环境的重要性［N］.经济日报,2018-07-12(2).

［8］ 肖显静.论工程共同体的环境伦理责任［J］.伦理学研究,2009(6)：65-70.

［9］ 杜富慧.工程伦理学课件分析［EB/OL］.(2016-06-14)［2021-09-30］.http://www.max.book118.com/html/2016/0612/45418519.shtm.

［10］ 李正风,丛杭青,王前.工程伦理［M］.2版.北京：清华大学出版社,2019.

第5章

工程师的职业伦理(教学案例)

案例 5.1 从"挑战者"号航天飞机爆炸事件看工程师的伦理责任

作者姓名:雷毅[1],刘立栋[2,3]

作者单位:1 清华大学人文学院科学史系,2 清华大学深圳国际研究生院,3 华润集团
学习与创新中心

案例来源:作者根据美国国家地理频道纪录片《重返危机现场:"挑战者"号航天飞机
爆炸》撰写

案例真实性:真实

内容提要:现代复杂工程风险的决策与追责不仅是至关重要的技术问题,也是涉及公共利益的重大伦理议题。美国"挑战者"号航天飞机事故是当代工程安全教育与工程伦理教育的典型案例之一。调查结果显示,事故是由航天飞机右侧固体火箭助推器一个密封接缝的 O 形圈在低温发射条件下失效所致,它暴露出美国国家航空航天局(NASA)在发射决策过程中的严重管理缺陷。在事故发生前,火箭助推器承包商莫顿-萨科尔公司的工程师曾上报低温下 O 形圈的技术隐患,尽到了工程师的职业责任,但试图阻止发射未果。在 NASA 的组织文化下,此前发射任务中 O 形圈重复出现的技术偏差被视为是可接受的,这种微小工程风险偏差常规化的结果最终导致了重大航天工程灾难的发生。

关键词:工程风险;工程师责任;"挑战者"号航天飞机事故

1 引言

中国有句成语叫作"千里之堤,溃于蚁穴",表明工程领域中的一个小小的失误可能酿成巨大的灾难。世界航天史上著名的悲剧性事件——"挑战者"号航天飞机爆炸事件就是最好的注释。

美国"挑战者"号航天飞机的失事,是人类探索太空史上的一次悲壮的事故。通过对这个案例的分析,我们可以在伦理学层面得到一些有益的启示。

"挑战者"号航天飞机空难事件是由多方面原因造成的,既有技术方面的原因,也有决策管理方面的原因,但从根本上讲,主要在于领导层决策的失误。

2 事件背景

从 1972 年尼克松连任美国总统之后,航天飞机便成为一种"无所不能"的交通工具,从

商业、科学和军用航天器到外太空的探测器,都用它来承载各种太空发射任务,既经济又高效,运载火箭因此受到了冷落。

对航天飞机的依赖是美国政府实行的国家政策,"挑战者"号航天飞机并非美国肯尼迪航天中心的首架航天飞机。就像它的前辈"阿波罗17"号(也叫"挑战者"号)登月舱一样,"挑战者"号航天飞机也为美国的航天事业作出了巨大贡献。到1982年7月,"挑战者"号航天飞机共成功完成了9次航天飞行任务,共绕轨道飞行987圈,太空停留时间累计69天。1986年1月28日,美国"挑战者"号航天飞机搭载7名宇航员,进行航天飞机的第十次飞行。

尽管航天飞机是一种高效的运载工具,但它的发射对各方面条件要求极高。本次发射任务在一开始就进行得非常不顺利。先是因为哥伦比亚号推迟返回地面,发射被推迟了几天。紧接着在发射的前一晚,佛罗里达州中部又遭遇寒潮,致使发射台下面沉积了厚厚的冰层,因此发射又再次推迟了几个小时。这种不利条件加上NASA急于通过一次成功向世人证明实力,促使发射偏离技术要求而造成悲剧。

3 事件经过

位于美国佛罗里达的卡那维拉尔角是著名的航天飞机发射场。1986年1月28日,1000多名观众聚集在离发射场约6.4 km的看台上观看这次不寻常的发射。人群中包括19位中学生代表,他们主要是来欢送他们的老师——7位航天员之一的麦考利夫的。

这是个晴空万里却又寒冷的一天,"挑战者"号航天飞机耸立在发射架上。上午11时38分,随着点火升空的发射号令响起,巨大的火焰从航天飞机尾部喷射而出,"挑战者"号直飞苍穹。当学生们看到航天飞机载着他们的老师升空的壮观场面时,显得格外激动。

"挑战者"号航天飞机的上升过程非常顺利,在不到1 min的时间里,航速已达677 m/s,飞行高度达到8000 m。然而,在50 s时,有人注意到航天飞机右侧的固体助推器侧面冒出了白烟。当高度达到1万m时,主发动机已全速工作,此时助推器已燃烧了近450 t固体燃料,地面控制中心和航天飞机上的计算机显示各项数据正常。当高度达到16 600 m,即秒针指向72 s时,一道亮光闪现,外挂燃料箱突然爆炸,航天飞机被炸成几截并随即化成一团火球,两枚固体助推火箭也失去控制,形成V字形火焰。在第100 s时,航天中心负责安全的指挥官通过遥控装置将其引爆,碎片拖着火焰和白烟四散飘飞,落入大西洋。价值12亿美元的航天飞机瞬间化为乌有,7名宇航员全部罹难,其中包括两名女宇航员。

"挑战者"号航天飞机的失事引起了全世界的强烈关注。美国政府高度重视这场空难。时任总统里根在2月3日发布行政命令,决定成立调查委员会来调查此事,在120天内向总统和航空航天局局长呈交一份最终报告。调查委员会的13名成员均是从政府各部门、各军兵种及各行政管理部门抽调来的经验丰富而又与这次飞行无关的人,其主要任务是调查"挑战者"号航天飞机爆炸事故及其一切可能产生的原因,并依据调查结果给出需要改进的措施。

4 "挑战者"号失事的原因分析

调查委员会一经任命和成立,便立即开始工作。为了准确地弄清事故根源,委员会分成

4 个小组分别深入进行调查,并召开了一系列与导致事故有关的听证会。调查委员会经过 4 个月,先后调查了 160 余人,召开了 35 次听证会,获取了长达 2800 页的证词,最终在 1986 年 6 月 9 日提交了一份完整、详细的调查报告。报告全面分析了航天飞机失事的各种原因,并以大量的人证和物证,揭露了航空航天局在管理上的弊病,提出了针对性很强的改进意见。

报告显示,航天飞机的爆炸是由位于右侧固体火箭推进器两个部件之间 O 形密封圈失效所致。由于 O 形密封圈通常会在低温下失效,失效的密封圈导致炽热的气体点燃了外部燃料罐中的燃料。虽然在发射前就有工程师提出警告——不要在寒冷的天气发射,遗憾的是,由于此次发射已经推迟了 5 次,工程师的警告并未引起决策层的重视。

经过几周的详细确认,事故原因最终查明:因为严寒降低了两个 O 形橡胶圈的弹性,这些 O 形橡胶圈主要用来密封固体火箭助推器下段之间的接头。为了证实这一解释是正确的,物理学家费曼还特意做了一个实验,他将 O 形圈浸入一杯冰水中,最终证明了 O 形圈弹性丧失。

正常情况下,航天飞机在发射升空时,三个主发动机需要同时推动其升空,但由于 O 形圈的失效导致加压的热气和火焰从紧邻的外加燃料舱的封闭处喷出,造成结构损坏并出现小范围泄漏。随着高度的提升,泄漏范围扩大,59 s 后,一道 2.4 m 的火焰从裂口处冒出,随后裂口扩大到 12 m,最终波及整个舱体。

调查结果显示,在爆炸发生之初,机组人员有部分幸存,但因为他们没有穿抗压服,在机舱压力过大时几秒内就失去知觉,最后由于缺氧而失去了生命。

从表面上看,"挑战者"号失事的直接原因是右部火箭发动机上防止喷气燃料从两个零件连接处泄漏的密封圈遭到了破坏。为什么会出现如此低级的失误?难道密封圈的设计未经过检验?还真是如此!由于所有的橡胶密封圈主要用来承受燃烧热气而非承受冬天发射时的寒冷,因而居然从未在华氏 50 ℉(相当于 10 ℃)以下测验过,而"挑战者"号发射的时间却正好在寒冷的冬天。此外,航天飞机设计准则中明确规定了推进器运作的温度范围在 40~90 ℉,而在实际运行时,航天飞机系统周围温度在 31~99 ℉之间,超出了规定的范围。这样看来,出现事故就是必然的了。

事实上,"挑战者"号航天飞机爆炸事件暴露出美国航天计划运行过程中存在着多方面的问题。从调查报告的结果来看,造成这次空难的直接技术原因是压力密封的失效,这种失效在很大程度上是由设计差错造成的。

虽然火箭助推器装配接头在开始的设计上就有失误,但只要仔细检查,就可以从前几次发射中已经反复暴露的问题中找到解决的办法。然而,航空航天局和相关承包公司的管理部门却并未重视这个问题,而只是用临时的解决方案敷衍一下。使航天飞机带着这种严重隐患多次飞行,最终没能躲过风险而酿成大祸。

在事故调查的整个过程中,调查委员会吃惊地发现,航空航天局在安全、可靠性和质量保障方面几乎没有发挥什么有效作用;在决策过程中,航空航天局也存在着明显的失误,面对一直存在的问题,他们竟然选择忽视工程技术人员反对在极低温条件下发射的建议,在安全飞行与准时飞行、节约成本的决策上竟然选择了后者,宁可选择有缺陷的工具飞行,也不愿接受 27 个月的修改计划。从调查材料中可以看出,在候补制造商的选择上也存在决策失误,竞标环节更倾向于莫顿-萨科尔公司,缺乏公平性的竞标会产生潜在的产品质量问题。

由于航天飞机发射能彰显国力,有强烈的政治含义,航天局的决策会面临巨大的外部压力,从而无法做到科学决策。另外,屡次成功的先例导致骄傲情绪滋长,必然将其推向危险的边缘。例如,"挑战者"号升天之前,要得到一系列有关负责人的签字,而其中一位技术负责人曾拒绝签字,理由是天气状况欠佳,气温过低,按航天飞机发射的技术要求是不允许发射的。可当时的管理人员骑虎难下,因为航天飞机要发射的消息早已公布出去,且各大媒体、电视台都派了人来采访报道,全美有几百万电视观众等待着观看这一激动人心的场面,于是置技术要求不顾,越过那位拒绝签字的技术人员,换了另一人签字,强行发射。结果是,"挑战者"号升天不一会儿就发生了爆炸,机上 7 名乘员全部遇难,其中包括一位小学女教师,她的丈夫和孩子在电视上目睹了这一惨景的发生。

5　伦理分析

大家知道,风险与工程相伴相生,而风险又常常会使公众被动地陷入困境之中,因此,世界各国在工程伦理章程中都将保障公众的安全、健康与福祉作为工程师的首要义务。在工程活动中,工程师最清楚技术环节及其可能的问题,因此有责任保障和维护公众的安全、健康与福祉。

从调查结果来看,这一事故涉及人员众多,从决策者、供应商到工程师,均需担负伦理责任。这里我们重点分析工程师的伦理责任。

从伦理学角度看,既然出现了如此惨烈的事故,负责密封圈设计的工程师肯定是要负责任的,因为保障工程的安全是工程师必然的义务。但是,我们首先需要弄清工程师的责任范围:是由于认知原因,没有能力设计出合格的密封圈,还是工作中的疏忽大意造成缺陷,或是明知存在问题却抱有侥幸心理,等等。若是认知问题,则属不可抗力,不涉及伦理责任,但若是后者,则须承担直接的伦理责任。

我们可以通过调查中涉事工程师的证词分清责任。这两位涉事的工程师罗杰·博伊斯乔利(Roger Boisjoly)和鲍勃·埃比林(Bob Eberlin)都是为航天飞机设计、制造固态燃料火箭助推器的莫顿-萨科尔公司的高级工程师。

在此之前,他们二人就得知佛罗里达的气温将降至摄氏零度以下。他们意识到,这种气象条件对火箭助推器的性能会产生重大影响。于是,就在发射前一天晚上的电视会议上,博伊斯乔利和埃比林据理力争,用了 5 个多小时的时间,力劝美国宇航局的领导们推迟"挑战者"号的发射,然而,萨科尔公司高层还是选择向宇航局作出可以发射的建议,原因是宇航局官员们希望听到这样的建议。

媒体这样描述那天的情形:在发射的当天,博伊斯乔利和埃比林坐到了电视机前。倒数计时开始后,他们的心提到了嗓子眼儿。然而,让他们感到庆幸的是,"挑战者"号平稳地离开了发射台,升入空中!博伊斯乔利转向埃比林:"我们刚刚躲过了一颗子弹!"因为按他们的分析,挑战者会在平台上爆炸,而事实是航天飞机升空了。然而,就在两人都长长地舒了一口气的时候,电视屏幕上突然烟雾弥漫,"挑战者"号出事了![1]

问题是,两人为什么要阻止这次的发射?博伊斯乔利解释了原因:"这些钢圈看上去很结实、很牢固,但点火后,每个部分由于受到巨大压力,都会像气球一样被'吹'起来。这样,就需要在各部分的接合处采用松紧带来防止热气跑出火箭。这项工作由两个 O 形橡胶圈完成,它们可以随着钢圈一起扩张,并能弥合缝隙。如果橡胶圈与钢圈脱离哪怕 0.2 s,助推器的燃料就会发生泄漏。当固态火箭助推器发生泄漏时,它们就会爆炸!"他接着说:"'挑战者'发射那天,天气非常寒冷。气温降低后,这些 O 形圈变得非常坚硬,伸缩更加困难。坚硬的 O 形圈伸缩的速度变慢,密封的效果就会大打折扣。虽然那可能只是零点几秒的时间,但足以把一次本应成功的发射变成一场灾难。"

博伊斯乔利在发射前 6 个月就对 O 形圈提出过质疑,他不是基于理论上的猜想,而是基于亲身经历。一年前,他曾亲自跑到佛罗里达,对上一次发射时使用的火箭进行了检查。结果发现,火箭发动机尾部装配接头的压力密封圈第一层 O 形圈被烤焦了,黄色的润滑油被熏成了黑色,幸运的是第二层 O 形圈阻拦住了气体,才侥幸避免了事故。博伊斯乔利至今仍保存着当时拍摄的 O 形圈照片。

可以看出,博伊斯乔利是位认真负责的工程师,他告知可能存在的风险并力图阻止发射的行为体现了他的风险责任意识和对职业及社会的忠诚。尽管告知风险对他不利,但他仍然遵守美国全国职业工程师协会(NSPE)工程师伦理准则中的诚实责任准则,将情况如实报告。NSPE 伦理准则的 6 条基本守则中有 2 条涉及诚实责任,其中,第三条要求工程师"只以客观和诚实的方式发布公共声明",第五条要求工程师"避免欺骗行为",要求工程师必须是客观的和诚实的,不能欺骗。这两条准则要求工程师不可撒谎,不可有意歪曲、夸大和压制相关信息,同时也要求避免不客观造成的过失。此外,按照 NSPE 工程师伦理准则中"对不符合适当工程标准的计划和/或说明书,工程师不应当完成、签字或盖章。如果客户或雇主坚持这种不职业的行为,他们应当通知适当的当局"的条款,在发射前向当局报告也是工程师职业伦理必要的操作规范。因此,从诚实责任要求和职业伦理规范上来看,博伊斯乔利的行为非常必要且完全正当。

另外,我们还可以从工程伦理中的预防性伦理原则角度来进行道德判断。按照美国工程与技术认证委员会(ABET)工程伦理中的预防性伦理原则,工程师必须清楚地认识自己职业行为的责任,努力把握伦理章程中至关重要的概念和原则,能够前瞻性地思考问题,从而作出合理的伦理决定,以避免可能产生的严重问题;同时,工程师必须能够有效地分析这些后果,并判定在伦理上什么是正当的。从本案例的实际情况来看,博伊斯乔利也是依照了预防性伦理原则,在对可能的后果进行风险评估后,提出反对意见,目的是避免将来可能发生严重的问题。因此,他的行为是值得赞赏的。

悲剧的发生,在很大程度上应归咎于决策者们的错误决策。

当时,萨科尔公司的专家对—5 ℃情况下能否发射火箭是存有疑虑的,谨慎起见,他们还专门向亚拉巴马州马歇尔太空飞行中心的宇航局火箭专家询问意见,但是,最终仍然作出了错误的判断。错误的判断有相当一部分来自对博伊斯乔利的误解,在是否应推迟发射问题上,他们认真听取了博伊斯乔利和他的同事的意见,在讨论的过程中,博伊斯乔利虽然给出了数据,但他们认为都这些数据并不是决定性的,争论过程中,博伊斯乔利情绪有些激动,给他们造成了错觉,认为觉得博伊斯乔利的表达不够理性,言语太情绪化。在进行了 5 个多小时的讨论后,NASA 终于得到了萨科尔公司"可以发射"的结论。尽管 NASA 不断地向萨科尔公司询问能否发射的问题,却没有追问先前不同意发射的萨科尔公司为什么会改变主意,这就注定了悲剧的结果。

这一悲剧的背后是公司利益、决策者风险和责任意识、政治和社会舆论等因素的综合作用,需要运用相关的道德原则来分析判断。

6　结论与启示

"挑战者"号航天飞机爆炸表面看是技术因素造成的,但深入分析就不难发现,根本原因是组织领导决策和组织沟通中的一系列错误造成的,技术的因素并非主因。由于这类技术高度复杂,需多部门协同才能完成,因而建立健全的部门间协调机制是关键,这类机制应有标准程式化的操作程序,不能因外部因素影响协同机制本身,更不能在执行不到位的情况下草率通过。

任何组织决策都是人作出的,尤其是重大公共组织决策过程中,涉及众多的责任人,这很容易导致决策失误时无法明确责任主体,更无法追究责任。从"挑战者"号事故中,我们能够看到加强各决策参与者的责任感,并保持良好高效的沟通多么重要。本案例中出现高层人员对于发射存在安全隐患完全不知情的情况,反映出信息传递的不及时或信息传递过程中的缺失、失真。它从反面表明了良好的沟通机制和鼓励不同意见对于提高群体决策的科学性是多么重要。

在工程师层面,工程师严格地按照行业组织的章程行动,尽到了自己的职业义务和相应的社会责任,并且以冒事业风险的代价去尽自己的社会责任,他的行为体现了工程师对职业和社会的忠诚。通过这一案例,我们可以看到强调工程师职业活动的道德价值(比如诚实可靠)是多么的重要。正因为工程师的职业活动事关公众的安全、健康和福祉,人们才要求和期望工程师坚持真理和避免欺骗的行为。

7　思考题

(1) 你认为工程师应该具有哪些基本的伦理责任和义务?

(2) 作为一名工程师,你觉得有必要向领导报告潜在的技术隐患吗? 不这样做会违反哪些职业伦理规范?

(3) 如果你是一名技术主管,在面对技术隐患和延误工期的困境时,你会怎样做? 为什么?

案例 5.1 使用说明

1　案例摘要

现代复杂工程风险的决策与追责不仅是至关重要的技术问题,也是涉及公共利益的重大伦理议题。美国"挑战者"号航天飞机事故是当代工程安全教育与工程伦理教育的典型案例之一。调查结果显示,事故是由航天飞机右侧固体火箭助推器一个密封接缝的 O 形圈在低温发射条件下失效所致,这暴露出美国国家航空航天局在发射决策过程中的严重管理缺陷。在事故发生前,火箭助推器承包商莫顿-萨科尔公司的工程师曾上报低温下 O 形圈的技术隐患,尽到了工程师的职业责任,但试图阻止发射未果。在 NASA 的组织文化下,此前发射任务中 O 形圈重复出现的技术偏差被视为是可接受的,这种微小工程风险偏差常规化的结果最终导致了重大航天工程灾难的发生。

2　课前准备

可要求学生课前观看美国"挑战者"号航天飞机事故视频,熟悉事故发展及处理过程;做好事故相关材料的收集和整理工作;重点梳理事故不同责任方在工程伦理方面的缺失;把握不同利益相关方的立场观点与工程伦理之间的联系,并搜集类似的典型案例,用于课堂补充展示。

3　教学目标

本案例与《工程伦理》(第 2 版)第 2 章"工程中的风险、安全与责任"和第 5 章"工程师的职业伦理"配合使用。

使学生从工程风险与安全、工程师职业伦理的角度了解"挑战者"号事故发生的直接原因与根本原因,从而理解工程伦理观对工程实践的影响,从不同的利益相关方的视角理解在事件的复杂环境下,正确的工程伦理观对生产安全和公共安全的重大影响。主要可从以下三方面展开分析和讨论:①理解工程风险的可接受性;②认识工程师职业伦理责任的内涵;③掌握评估工程风险的基本伦理原则。

4　分析的思路与要点

按照事故相关责任方,分角色分析其工程伦理问题,并讨论其由于利益相关而出现的相互影响与联系,给出案例分析的逻辑路径,并给出需要重视的关键知识点、能力点等(可用图表说明)。

引导学生理解正确的伦理观在工程实践中的作用,体会处于复杂伦理环境的当事人如何解决伦理困境。

5　课堂安排建议

本案例可放在第 5 章"工程师的职业伦理"中使用,重心在工程师的职业责任和社会责任,以及如何应对潜在的风险。

组织引导:提前布置"挑战者"号事故的调研任务,让学生课前观看文字和视频资料,初步了解事故内容;在课堂上重点讲解后,以分角色扮演或讨论的方式组织课堂,充分利用情景扮演或辩论等方式活跃课堂。课堂时间以 45 min 为宜。

建议课堂计划见表 1。

表 1　课堂计划建议

序号	内　　容	教 学 活 动	时间(或要求)
1	课前准备	发放教学案例和启发思考题	课前完成阅读和初步思考
2	课堂前言,明确主题	教师开场白:介绍案例的独特性,以及这堂案例讨论课的教学目的、要求、安排等	5 min

续表

序号	内　容	教　学　活　动	时间(或要求)
3	课堂教学,小组讨论	小组讨论	15 min
4	课堂教学,班级讨论	以案例使用说明中"分析的思路与要点"部分提出的课堂讨论题为线索,通过提问互动的方式逐步抛出这些问题,引导学生充分讨论,中间穿插风险与责任伦理知识、工程事故责任认定、工程师的伦理责任等知识点	15 min
5	评价和归纳总结	教师对案例讨论进行归纳总结,对整个案例的关键要点进行简明阐述	10 min
6	课后思考	针对本案例,让学生以小组为单位提交事故责任分析报告	课后1周内提交

参考文献

[1]　杨教.我们早知道会发生什么? ——美工程师十五年后道出"挑战者"号爆炸内幕[J].知识窗,2001(6):2.

案例 5.2　悬在"电缆"上的人民生命安全①

作者姓名：李梓菲，丛杭青
作者单位：浙江大学哲学学院
案例来源：作者根据相关资料整理
案例真实性：真实

内容提要：2014 年 8 月至 2016 年年底，陕西省西安市三号线地铁建设项目采用了陕西奥凯电缆有限公司生产的不合格线缆，用于照明、空调等电路，埋下了重大安全隐患，直至被奥凯公司员工通过发帖揭发，涉事的相关部门和人员才受到惩处。此事件暴露出一系列的现象和问题，如工程实践主体漠视职业伦理责任，质量安全意识薄弱，从而给工程带来巨大的潜在安全风险和社会风险；举报奥凯公司行径的员工所体现的诚实的职业品德与制造电缆的工程师的欺诈行为和责任感缺失形成鲜明对比；采购招投标环节存在权钱交易、内外勾结等腐败行为；低价取胜的竞标原则具有弊端；工程监理单位和施工单位等部门监督不到位，把关环节形同虚设等。它启发我们今后要加强工程伦理教育，提高工程师的职业责任感和社会责任感，培养工程师的美好职业品德，完善招投标和设备材料采购制度，健全协同监管机制，抓紧反腐败的廉政建设工作。

关键词：问题电缆；风险与安全；职业责任；监理；制度

1　引言

2017 年 3 月 13 日，陕西奥凯电缆有限公司的一位职员在天涯论坛发布了《西安地铁你们还敢坐吗》一帖。该帖文指出，西安地铁三号线使用的材料有严重的安全隐患，整条线路所用的电缆均为粗制滥造、偷工减料，生产指标也未达到施工建设要求。在奥凯公司作出否认回应后，相关部门立即对其展开调查，并随后通报称，送检随机取样的 5 份电缆样品均不合格。同年 3 月 21 日，奥凯公司法人代表王志伟对其公司生产和使用以次充好不合格物料的行为供认不讳。该事件所凸显的企业制售伪劣产品、官商内外勾结、政府渎职监管不力等问题，也迅速在社会上引起轩然大波。

2　相关背景介绍

陕西奥凯电缆有限公司：陕西奥凯电缆有限公司于 2012 年 11 月注册成立，公司主营生产、销售电缆；电缆材料、电缆附件、电气设备、机电设备制造、加工、销售和装配；出口本企业生产的相关产品；进口本企业生产科研所需的相关产品及技术。在西安地铁"问题电缆"事件发生后，杨凌示范区工商行政管理局查封了生产场所，封存了相关账目。

合理低价中标：在招投标过程中，中标价是经过评标委员会评审认定，能够保证工程顺利实施的具有科学、合理施工技术措施的最低报价。其特点是：施工技术措施科学合理；

---

①　本案例为国家社科基金重大项目"中国工程实践的伦理形态学研究"(15ZDB015)阶段性成果。

通过评标委员会评审,方案科学、合理、可行;合理低价不应低于投标人的成本。

地铁电缆检测项目:通常需要检验电缆的结构和尺寸、导体结构、绝缘厚度、屏蔽结构、护套厚度、外径、外护套。需要进行导体直流电阻试验、局部放电试验、4 h 交流电压试验、热延伸试验、电缆防水试验和单束电缆燃烧试验等。

3 事件经过

3.1 媒体曝光

2017 年 3 月 13 日,自称是西安地铁三号线关键材料供应商的陕西奥凯电缆有限公司的一名员工在网络上爆料,称其公司生产的电缆均为偷工减料,以次充好,将 70 mm² 的电缆用 95 mm² 型号的包装提供给地铁施工方。在地铁三号线电缆安装期间,质监局虽然多次对其进行抽检且结果均为不合格,但奥凯公司的负责人通过向质监局行贿的方式长期修改抽检结果。此外,奥凯公司一直颇受西安地铁公司某位处长和前副总的"保护"和"关照",因此在选用劣质材料生产电缆来降低生产成本的情况下,能够多次以最低价中标各种工程项目。该员工最后恳请各位领导彻查此事,从而保护国家财产和人民生命安全不受损害。[1]

3.2 反戈一击

针对该帖,涉事企业奥凯公司于 2017 年 3 月 15 日发表声明称帖文不实,严重损害了公司声誉,并针对"诬陷"采取了报警措施。奥凯公司称,其公司电缆产品生产许可证、3C 认证等一应俱全,产品质量符合设计标准;在西安地铁建设的招投标过程中,程序、实体均不存在违法情况;为三号线提供的电缆均已通过质量认证,并顺利通过质监局的多次抽检。[2]

3.3 官方回应

2017 年 3 月 16 日,西安互联网信息办公室发布微博,称地铁公司高度关注网络舆论,西安市委、市政府已责成质检、安监、公安部门等组成联合调查组,对其进行复测和检查,并将样品送交国家指定的权威机构检测。

3.4 政府干预

2017 年 3 月 17 日,西安市政府新闻办举行新闻发布会,通报了地铁三号线电缆问题的最新调查结果,表示目前乘坐西安地铁仍然是安全的,调查组已经调取了地铁三号线电缆采购合同等相关材料,并将舆论反映的问题电缆进行取样,送交国家指定的权威机构检测,检测结果出来后将在第一时间向社会公布。西安市委常委、常务副市长吕健称,调查中如发现确有违法违纪和利益输送问题,一律按照法律规定严肃处理。3 月 20 日,西安市政府再次就地铁三号线问题召开新闻发布会,国家电线电缆监督检验中心副主任金群对三号线的抽样电缆检测结果进行了公示,表示 5 份样品均不合格。同时,吕健副市长承诺,在保证地铁安全运行的前提下,将对不合格电缆全部予以更换。

3.5 悔罪致歉

2017 年 3 月 21 日,奥凯公司法人王志伟对公司生产和使用以次充好的不合格电缆的行为供认不讳。他说:"我公司在地铁三号线招标过程中,采用低价竞标的方式获得订单。在生产过程中,为了获得一定的利润,降低了成本,造成了产品不合格。我公司这批电缆型号有 20 多种、规格 40 多种,总造价 4000 多万元,不合格的产品大约有 3000 万元。发生这件事之后,我深深感觉到,我对社会犯下了不可饶恕的罪过,我愿意接受法律的制裁,对这种行为我深深地认罪和悔过。在此我向西安市人民表示深深的歉意。"[3] 见图 1。

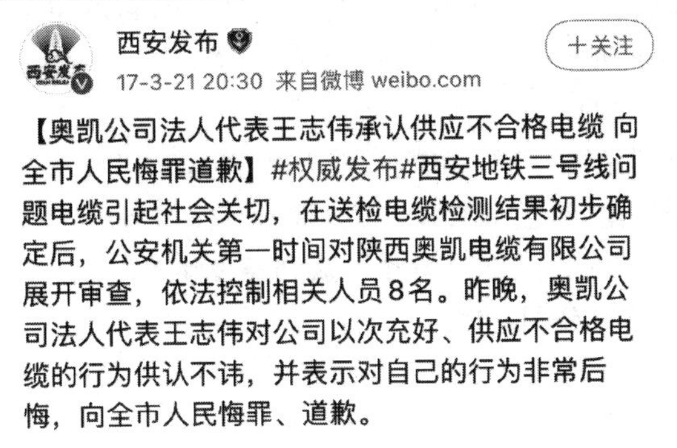

西安发布 🅥　　　　　　　　　　　　　＋关注
17-3-21 20:30 来自微博 weibo.com

【奥凯公司法人代表王志伟承认供应不合格电缆 向全市人民悔罪道歉】#权威发布#西安地铁三号线问题电缆引起社会关切,在送检电缆检测结果初步确定后,公安机关第一时间对陕西奥凯电缆有限公司展开审查,依法控制相关人员8名。昨晚,奥凯公司法人代表王志伟对公司以次充好、供应不合格电缆的行为供认不讳,并表示对自己的行为非常后悔,向全市人民悔罪、道歉。

图 1　奥凯公司供认罪行

3.6　全面排查

2017 年 3 月 24 日,中国铁路总公司进行回应,表示对目前在建铁路工程项目中使用奥凯公司电缆的情况进行了全面排查,已对宝兰、西成、渝黔、兰渝等铁路项目中奥凯公司提供的电缆全部进行了更换。

3.7　严肃整治

2017 年 3 月 26 日,奥凯公司财产被查封。当日下午,陕西省委召开了西安地铁三号线问题电缆专题会议。陕西省委书记娄勤俭强调,要依法严肃彻查地铁三号线电缆问题,坚决打击假冒伪劣产品损害公共利益的行为,严肃处理官商勾结破坏市场秩序的行为,严惩"围标""串标"等违法犯罪活动。2017 年 6 月,国务院决定依法依纪对西安地铁"问题电缆"事件严厉问责。一是责成陕西省人民政府向国务院作出深刻书面检查,国务院通报批评。二是由陕西省依法对涉嫌违法生产的 8 名犯罪嫌疑人执行逮捕,依法依纪问责处理相关地方职能部门 122 名责任人,包括厅级 16 人、处级 58 人。此外,对央企驻陕单位 19 名涉案人员立案侦查。三是由陕西省依法依规撤销涉案违法生产企业的全部认证证书和著名商标认定,吊销营业执照和工业产品生产许可证。四是全面深入排查涉及的工程项目,尽快完成"问题电缆"的拆除更换。在全国开展线缆产品专项整治,排查和消除生产过程中的各类安全隐患,促进产品质量提升。五是大幅提高涉及群众生命安全的质量违法成本。深刻吸取教训,以对人民高度负责的态度,进一步全面加强质量监管。严厉打击制假售假、不正当竞争等行为,坚决把严重违法违规企业依法逐出市场,严肃查处不作为、乱作为和执法不公,坚决惩治腐败问题,对侵害群众利益的违法违纪行为"零容忍"。完善招投标和设备材料采购制度。强化企业主体责任和政府监管责任,严把各环节、各层次关口,切实保障质量安全。[3]

4 案例分析

在西安地铁三号线问题电缆的案例中充斥着多方的利益冲突,这也是工程伦理和工程职业化中一个十分重要的话题。其中的利益和伦理冲突包括多个维度,有奥凯公司、地铁三号线设计和施工方公司与社会公众之间的冲突,员工与其所在公司之间的利益冲突,制造和生产电缆的工程师以及施工方的工程师与社会公众之间的利益冲突等。我们首先简要分析工程中的这些冲突,以更好地探究其中存在的问题。

(1)公司与社会公众之间

作为营利性的组织,奥凯公司制假售假、向监理方行贿以躲避各个环节监管等行为,也许是遵循了公司利润最大化、利益最大化的原则,但其仅仅考虑了自身公司利益却极大地影响了人民的健康、安全和福祉。这是公司和公众利益发生冲突。

(2)公司员工/工程师与公司之间

奥凯公司举报员工勇于承担自身的社会责任和伦理责任,秉持对公众利益负责的态度,向外界举报公司的不法行径,而这种行为会极大地危及公司利益。这是员工和公司之间发生利益冲突。

(3)工程师与社会公众之间

西安地铁施工方和审查方工程师没有严格把控电缆品质,选用了奥凯公司生产制造的粗制滥造和假冒伪劣电缆,造成工程施工存在严重质量缺陷;奥凯方工程师明知这种设计生产重大安全隐患产品、宽松把控选品的行为会对公众造成重大安全风险,却依旧漠视人民生命安全,采用问题电缆,将自身利益置于公众利益之前。这是工程师与社会公众之间发生利益冲突。

主要责任方奥凯公司躲过层层监管,生产制造有重大安全隐患的电缆,直到被员工举报,其丑恶行径才被彻底揭发。这一事件暴露出众多引人深思的问题,也为工程师在面对伦理冲突时如何遵循职业伦理规范、如何做到权责平衡,以及在完善招标制度和相关领域的监管和治理方式等方面提供了前车之鉴。

首先,从工程自身的角度来讲,安全与质量目标是工程活动的首要目标,施工质量是工程的基本要求,是工程的生命线,所有的工程施工规范都要求把安全置于优先考虑的地位。因此工程实践主体必须严把质量关,严格执行国家安全标准。然而奥凯公司的工程师及管理方为了降低生产成本,在制造施工所需的电缆时偷工减料,以次充好,故意只将线缆的两端各 15 m 左右按合同规定的标准生产以备抽检,而中间的主要部分却使用线径偏小的电缆,使其实际横截面积小于标称截面积,从而保证项目利润最大化。如此一来,便会造成电缆的导体电阻超过正常值,发热过大致使电力大量损耗,严重情况下甚至会引起火灾。电缆燃烧时,会产生大量有毒有害气体,夺走在地铁中受困的成千上万名乘客的生命。这种行径严重侵犯了公众的生命健康权,违反了国家相关法律法规和规章制度。奥凯公司在明知公司产品存在质量问题、明知这些问题电缆严重威胁着每天乘坐地铁三号线的广大乘客的生命安全的情况下,却依旧秉持着利益至上的态度在生产环节恶意制造伪劣电缆,并以伪造检验机构印章、伪造检验报告等手段来蒙混过关,这表明生产电缆的公司的工程师和管理方从事了违法违规的设计和制造活动。地铁的施工质量没有得到保障,使得工程具有重大安全隐患和社会风险。

其次,从工程师或工程技术人员自身的角度来讲,他们应当拥有良好的工程伦理素质和职业道德素养,肩负起作为工程师的义务和职业责任,在工程活动中要尽职尽责,不仅对雇主忠诚,更要对公众、对社会、对未来负责。在"问题电缆"事件中,举报问题的员工作为奥凯公司的雇员,虽然在职业道德的基本要求下理应服从于企业,但当他发现公司所进行的生产经营活动具有极大的安全风险,会对环境、社会和公众的人身安全造成危害时,便甘冒职业生涯风险,毅然决然承担起自身的职业责任和社会责任,借助网络发帖的形式来举报公司所从事的违法违规活动,使公众和决策部门及时了解工程的潜在威胁。这种举报行为体现了员工对公众和社会的忠诚,体现了在利益冲突的情境中所作出的更好的价值判断和选择,即选择揭发公司制造假冒伪劣商品、权钱交易、躲避监管等丑恶行径,从而保护了广大民众的生命安全,维护了公众的健康、安全和福祉;体现了诚实、勇敢、公正、尽职尽责、忠诚服务的美好职业品德。这些美好品德也正是我们对于一名优秀的工程师自觉地寻求和坚持真理、避免所有欺骗行为和危害社会行为的期望和要求。虽然举报奥凯采用问题电缆的行为可能会损害自身利益和公司利益,但他依旧选择"将公众的健康、安全和福祉"放在第一位,从而避免了更大灾难的发生,这体现了他对安全的义务和对风险的把控,体现出他意识到了自己对公众和社会的责任。

奥凯公司其他有关技术员工则没有像举报的员工那样树立自身的社会责任意识,而是制假售假,行贿送礼,伪造印章文件,这表明他们没有建立起明确的社会价值取向和对工程综合效益的道德敏感性[4],也表明他们违背了诚实为人这一基本的职业美德。虽然他们非常清楚本公司生产的电缆质量状况,但由于举报公司会造成个人利益受损,因此在面临着选择使用假冒伪劣电缆带来巨大利润和收益,还是对公众和社会的安全负责的伦理抉择时,依旧选择忽视全局利益,不顾地铁是一项公共性和安全性要求极高的重大民生工程,继续进行着推销、竞标和生产活动[4]。

诚实,作为个人修身立己和工程职业的第一美德,从最表层的意义上讲,它意味着我们不应该做欺瞒之事,说虚假之言。它不仅在世俗伦理中被我们视为最重要的德性,在各种行业规范和工程伦理章程中,"诚实"作为工程职业的第一美德也常常被写入。工程师应当为公众提供好的设计和服务,"好的设计,是诚实的。"[5]而奥凯公司的工程师设计并生产出假冒伪劣的不合规电缆,也即"坏的设计品"并予以销售,并在送审监察的过程中伪造印章和合规文件,这便是一种欺瞒公众的欺骗性行为,是不诚实的表现、对公众不负责的表现。这也与举报公司不合法、不诚实行径的员工的行为形成了鲜明的对比。此外,施工方工程师未按合同约定,使用以次充好的不合格电缆的行为显然也涉及欺诈,这是对社会和人民极其不负责的违法违规施工活动。在该案例中,生产制造电缆及使用劣质电缆进行施工的工程师所进行的不诚信的生产活动,既违背了道德原则,又违反了法律规定,因此工程师应当作为主要责任主体承担伦理和法律意义上的双重责任,接受惩罚和处置,对社会和公众的损失和伤害进行恰当且充分的赔偿。在施工期间,西安地铁三号线施工方的相关负责人缺乏对工程活动全方位、整个生命周期的持续审查,因此同样没有尽到自己作为工程师的责任,尤其是没有肩负起对广大社会公众的安全负责的义务。这些不当行为显然是工程实践主体责任意识薄弱,没有承担自己应尽的职业责任和社会责任的体现,也是工程师在面对职业行为中的伦理冲突时,忽视公共利益,选择了将个人利益置于公众利益和社会利益之上的错误道路。

再次,在工程的事前设计、施工过程和最终验收阶段,监理和监管是非常重要的环节。

奥凯公司于2012年成立,2014年才开始正式投入生产,资历较浅。在西安地铁三号线施工电缆安装期间,西安质监局曾先后四次对公司电缆进行抽检,发现均未达标,但奥凯公司法人代表王志伟却利用自己的人脉关系多次向质监局行贿,部分领导干部收受其财物,与奥凯公司勾结,允许其自行抽取和送检样品、篡改抽检结果,从而使其能够继续为三号线供应电缆。在施工过程中,奥凯公司电缆几次质检均被发现有不合格产品,然而西安地铁的相关负责人却并未及时发现,因此缺乏对供应商的持续监督。在最终的验收阶段,验收人员也并未严格根据合同文件验收电缆的质量等方面的规格,对电缆质量的最终审查不到位,验收的过程流于形式,把关环节失灵。政府职能部门也疏于监管,部分干部失职渎职,尸位素餐,以至于层层监管失守,重重安全关卡被突破。正是因为各个环节、各个部门的监管不力,才导致这样一个资历浅薄、劣迹斑斑的公司在竞标中打败了众多实力强劲的对手,包揽了西安地铁三号线的大单,并能够在建造、验收和投入使用这段时间内"安然无恙"。工程质量监理部门本应是保障工程安全、防范工程风险的一道有力防线,然而在本案例中,建设单位、监理单位、质量监督单位的监管人员却不尽职责、玩忽职守,未能切实履行监督职责来保障电缆的质量安全,且对质量监管环节出现的行贿受贿的腐败现象置之不理,各个监理部门没有站在公众的立场上、没有从工程的全局观出发来作出正确的判断和选择,导致了道德弱化,最终带来了极大的工程安全隐患和社会问题。

最后,奥凯公司在竞标的过程中也暴露出许多问题。它能够采用不正当竞争手段最终低价竞标成功有两方面原因。一方面是由于官商勾结,双方存在着利益输送:奥凯公司在西安地铁公司内部拥有强大的"保护伞",在地铁三号线电缆招标期间,"保护伞"曾多次向多个地铁施工中标单位打招呼,利用职务影响来确保奥凯公司能够拿到西安地铁三号线整条线路的电缆供应权。通过勾结权力、利用人脉的方式,该公司就这样拿下了西安和成都中铁城投公司地铁的多项招标项目,并违法违规提供伪劣产品供地铁建设使用,使问题电缆成功躲避多重监管监理的关口,顺利流入重要的市政设施建设工程。另一方面是招标制度存在着缺陷:竞标方看中了奥凯公司低价竞标的优势,想要以更少的成本来进行工程建设,殊不知这种唯价格取胜的中标方式存在着潜在危害,即施工单位为了挽回损失、降低成本,可能会找寻合同清单的漏洞,减少原材料方面的投入,选用低价或劣质产品,从而给工程安全和质量埋下隐患。奥凯公司便是这样,勾结招标单位相关人员,利用评标要求中的低价中标条件,故意压低价格中标,并在后期供货时选用质量低下的电缆材料,以此牟取利润。当然,低价中标法不是不可用,而是需要在有相应的制度性约束和保障机制的条件下采用。西安地铁管理部门采用了低价招标方案,却没有配套相关的制度约束,从而使奥凯公司利用了招标方案中的漏洞。此外,更令人感到可怕的是,奥凯公司曾经多次参与高铁项目招标且中标两项,像高铁这样的大规模基础设施建设,更是关乎着全国各地人民群众的生命安全,因此不可容忍一丝瑕疵和纰漏。难以想象如若高铁工程建设真的采用了问题电缆,会酿成怎样的悲剧!因此,我们必须改进低价取胜的招标原则,让"问题电缆"事件不再出现。

5 结论与启示

综上,西安地铁三号线"问题电缆"事件是一起严重的企业制售伪劣产品从而给工程建设带来巨大的潜在风险的违法案件;是奥凯公司及相关单位、人员内外勾结,在地铁施工建设中购买、使用假冒伪劣产品的违法案件;是奥凯公司制造电缆的工程师和地铁施工方工程师失职渎职,没有承担起其自身的职业伦理责任,没有自觉遵循法律和规范,出于维护个人私利或尸位素餐而进行了随意的、不负责的职业行为的违法案件;也是相关地方政府及其职能部门疏于监理、履职不力,部分领导干部违反廉洁纪律、失职渎职的违法违纪案件。[6]我们需要吸取教训,多措并举,标本兼治,才能最大限度地防止类似问题的发生。

(1) 加强工程伦理教育,使工程师明确自身的职业伦理责任,提高工程师的职业责任感和社会责任感。工程建设不只需要工程师考虑项目相关的经济、技术方面的因素,其最终决策是否合理正当,还要看工程决策者和管理者等是否站在了雇主、公众、社会多方利益立场上综合考量,因此,在工程项目中,决策往往是一个复杂的伦理抉择过程。从工程伦理的特殊性出发,强化工程伦理教育,培养工程实践主体的伦理意识,使其能够肩负自身的职业责任和社会责任,自主地利用伦理原则、底线原则与相关具体情境相结合的方式化解工程实践中利益冲突的伦理困境显得尤其重要。工程从业主体不仅要严格遵守国家法律法规,还要树立正确的价值观和职业观,自觉承担自身的责任和义务,在保证尽量降低工程风险情况下,使工程建设满足广大人民群众、国家和社会的发展需要。

(2) 培养工程师的职业美德,培育其负责任的职业精神。工程师的职业生活常常要求强调某些道德价值的重要性,因此工程师在面对职业行为中形形色色的伦理冲突时,更要注重自身的价值导向和价值判断,作出维护公众健康、安全和福祉的正确选择。同时也要注重培养工程师诚实可靠、尽职尽责、忠实服务等美好品德,使其在工作中能够作出合乎伦理的正确判断和行为。

(3) 完善招投标管理制度,要从"低价中标"准则转变为"综合评估中标法"。在招投标工作中,招标方要尽量选择获得产品质量认证、中国名优产品认证的供应商,而不是选用那些仅仅在价格方面占优势地位的承包方。也即是说,要转变以价格作为决定因素的采购和招投标的标准,实施对价格、品牌、技术、质量多方面因素综合考察评估的方法。即便是采用低价中标法,也要保证有相应的保障机制,如确保采购的物资能够进行横向比较;对招标方案中的指标如数量、规格等的要求明晰确切,不会使人产生歧义;评标人要对供应商的市场情况有深入了解等。

(4) 强化对关键岗位人员的反腐倡廉教育,加大对腐败之风的问责、监督和惩治力度,筑牢"为官之德"。一方面我们要加强对官员的廉政教育,提升其在工程招标、检验和把关材料、监理工程等方面的廉洁意识,从根本上谨防贪腐的苗头;另一方面还要通过政务公开和人民监督等方式强化对权力实施过程的持续监督,并利用切实的规章制度来规范权力部门的行为,加大对失职渎职、官商勾结、权钱交易等行为的惩罚力度,确保官员官德的恪守奉行。

6　思考题

(1) 从工程伦理角度看,你认为导致西安地铁三号线"问题电缆"事件的原因有哪些?

(2) 你认为,在工程师的职业美德中,诚实、公正、勇敢、奉献、尽职尽责,哪一项是最基本的?

(3) 奥凯公司员工采用了外部举报的方式,这种方式在你看来是否是最恰当的方式?还有没有其他更好的方式?

(4) 如何让法律法规和规章制度成为工程师伦理责任的"后防线"?

案例 5.2 使用说明

1 案例摘要

本案例介绍了西安地铁三号线"问题电缆"事件从被奥凯公司员工检举到最后被依法处置的全过程,凸显了工程师与社会公众之间、公司员工或工程技术人员与公司之间、工程监管方与被监管公司之间的多方冲突与矛盾。通过分析奥凯检举员工对社会公众忠诚和负责的行为,让学生了解安全和质量于工程的重要性,以及在工程活动中工程师自身应具备的职业操守、职业伦理责任及美德,尤其是诚实这一基本品德,并理解工程中落实监管监督的重要性。

2 课前准备

(1) 熟练掌握《工程伦理》教材第 5 章"工程师的职业伦理"的内容。

(2) 通过查阅新闻报道了解西安地铁三号线"问题电缆"事件以及媒体对该事件的解读和分析,以得到对此事件的初步了解,从而在上课时能够较快进入案例讨论的具体情境。

3 教学目标

本案例的教学目标的是希望通过对西安地铁三号线"问题电缆"事件的剖析,引发学生对工程中存在的利益冲突的伦理思考,从而有效提高学生的伦理敏感性以及伦理判断能力。具体目标如下:

(1) 让学生了解工程利益冲突中隐含着多方价值冲突;

(2) 让学生了解安全与质量目标是工程活动的首要目标,工程师要为公众的安全、健康与福祉负责;

(3) 让学生充分理解工程师的职业伦理责任,建立工程师的职业责任感和社会责任感,培养诚实公正、勇于举报、尽职尽责、勇敢忠诚等职业美德;

(4) 使学生理解工程中落实监管监督的重要性,并抵制工程实践中钱权交易、腐败贪污等行径,提升作为一名工程师的法律意识和伦理素养。

4 分析的思路与要点

(1) 通过回顾西安地铁三号线"问题电缆"事件,了解该事件发生的始末。

(2) 分析该案例中存在的多方利益冲突和伦理冲突,引发对此案例的具体问题分析。

(3) 从工程活动的首要目标,即工程的安全和质量入手,来分析"问题电缆"的问题出在何处,说明为何会造成危害公众健康和安全的严重后果。

(4) 从工程师的职业伦理责任和工程师的职业美德入手,说明奥凯公司员工如何通过举报来承担自身的义务和对公众的责任,以及与之对应的奥凯其他员工和西安地铁施工方如何失职渎职,没有建立起良好的社会责任感,没有遵循诚实这一最重要的工程师美德而产生的不当行为和违法行为。

(5) 从工程监督和监理的角度入手,分析监理方玩忽职守,未能切实履行监督职责把控工程产品质量,且对行贿受贿的腐败行为置之不理这一现象。

(6) 从工程招投标制度存在的问题和其中可能出现的腐败现象入手进行分析,指出双方存在的利益输送,以及招投标制度存在的缺陷。

(7) 分析从该事件中得到的启示,即工程师应该树立正确的价值观和职业责任感,培养其面对巨大工程风险时勇于揭发的诚实、公正的精神以及对公众和社会负责的态度,并从工程监理和官德层面强调构建良好的制度伦理的重要性。

5 课堂安排建议

课前让学生查阅西安地铁三号线事件及相关案例并事先进行分组,由特定小组于课堂上展示对案例的分析与思考,该组报告完毕后其他各组参与讨论。课堂组织计划如表1所示(时间为2课时,共90 min)。

表1 课堂安排建议

序号	完成事项	教学任务	时间/min
1	课堂案例回顾	教师引导学生回顾西安地铁三号线"问题电缆"事件始末	5
2	分组讨论	结合案例和工程师伦理责任、工程的质量和安全以及工程监理等相关知识,对案例进行讨论,并准备汇报内容	10
3	小组报告	每组6~10 min	60
4	教师引导全班学生集体讨论	知识点的引导、梳理、提炼等	10
5	教师总结	知识点归纳总结	5

参考文献

[1] 被员工举报的西安地铁电缆事故——给大家敲响了警钟[EB/OL]. (2017-03-22)[2021-08-24]. https://www.sohu.com/a/129739909_505792.

[2] 西安地铁"问题电缆"整个事件始末[EB/OL]. (2017-03-22)[2021-08-24]. https://www.sohu.com/a/129707634_603332.

[3] 陕西奥凯电缆事件[EB/OL]. (2020-10-09)[2021-08-24]. https://baike.baidu.com/item/陕西奥凯电缆事件.

[4] 西安地铁"问题电缆"事件的案例分析[EB/OL]. (2018-10-20)[2020-02-01]. https://wenku.baidu.com/view/d052cf29f311f18583d049649b6648d7c0c7085b.html.

[5] 设计十诚——迪特·拉姆斯最伟大的作品[EB/OL]. (2018-10-12)[2021-08-26]. http://www.sohu.com/a/259009956_549050.

[6] 国办：西安地铁"问题电缆"事件暴露"四大问题"[EB/OL]. (2017-06-26)[2021-08-24]. http://www.cankaoxiaoxi.com/china/20170626/2148747.shtml.

[7] 哈里斯,等.工程伦理：概念与案例[M].5 版.丛杭青,等译.杭州：浙江大学出版社,2018.

[8] 栗希荣.西安地铁"问题电缆"事件的警示[J].领导之友,2017(22)：49-51.

[9] 徐建华.一亮"红牌"惊九州——西安地铁"问题电缆"事件对质量安全治理的教训与启示[J].中国质量技术监督,2017(7)：1,8-9.

[10] 李正风,丛杭青,王前.工程伦理[M].2 版.北京：清华大学出版社,2019.

[11] 国务院办公厅.国务院办公厅关于西安地铁"问题电缆"事件调查处理情况及其教训的通报：国办发〔2017〕56 号[A/OL]. (2017-06-26)[2021-08-24]. http://www.gov.cn/zhengce/content/2017-06/26/content_5205561.htm.

[12] 栗希荣.西安地铁"问题电缆"事件的警示[J].领导之友,2017(22)：49-51.

第6章

土木工程的伦理问题(教学案例)

案例6.1　港珠澳大桥工程建设中的白海豚保护[①]

作者姓名：李平[1]，韦东庆[1,2]
作者单位：1 清华大学深圳国际研究生院，2 港珠澳大桥管理局
案例来源：作者根据实地访谈记录、学术期刊论文、书籍、新闻等文献资料整理
案例真实性：真实

内容提要：港珠澳大桥工程建设对中华白海豚的栖息环境及其生存产生重大影响。工程系统的复杂性、施工情景的多变性以及生态环保责任的高标准等特点，决定了港珠澳大桥工程的责任主体是工程共同体。中华白海豚"零伤亡"这一共同责任的落实，离不开工程共同体审慎的前期规划与决策、完善的监督管理体制，以及围绕项目建设周期进行的全方位动态管理。

关键词：白海豚保护；工程共同体；整体伦理；动态监管

1　引言

港珠澳大桥工程建设是我国桥梁工程史上里程碑式的工程。如何缓解这一超大型工程建设与中华白海豚保护之间的伦理冲突，进而在工程实践环节中落实相应的生态保护责任？本案例将在描述与分析港珠澳大桥工程 6 年的前期规划以及近 9 年的建设与运营管理的基础上，着重讨论工程共同体的整体伦理。

2　背景

港珠澳大桥工程作为我国在"一国两制"框架下建设的大型跨海建设工程，由粤港澳三地共建，跨越三地海域。大桥全长 55 km，设计使用寿命 120 年。大桥于 2003 年启动前期工作，2009 年 12 月 15 日正式开工建设，2018 年 10 月开通营运(见图 1)，总投资约 1200 亿元人民币。

港珠澳大桥的开通对于推进粤港澳大湾区建设，支持香港、澳门融入国家发展大局，全面推进内地、香港、澳门互利合作，提升粤港澳大湾区综合竞争力具有重大意义。港珠澳大桥在设计理念、技术装备、科技创新能力以及跨境工程组织管理和决策协调机制等多个领域

---

① 本文系国家社科基金"中美负责任创新跨文化比较研究"(19BZX039)阶段性研究成果。

图1 港珠澳大桥全景（图片来源：港珠澳大桥管理局，黄昆震摄影）

进行了一系列创新，大桥的建成标志着我国隧岛桥设计施工管理水平走在了世界前列。2020年，港珠澳大桥获得国际桥梁工程界公认的最高奖项——杰出结构工程奖。[1]

大桥主体工程采用桥、岛、隧组合，总长29.6 km，包括22.9 km的桥梁段和6.7 km的岛隧工程，岛隧工程包括东、西人工岛以及连接两岛的5664 m长的海底隧道。大桥主体工程穿越广东珠江口中华白海豚国家级自然保护区。该保护区建于1999年，于2003年升级为国家级自然保护区，主要保护对象是国家一级重点保护野生动物中华白海豚及其栖息地环境。保护区水域面积460 km²，划分为140 km²的核心区、192 km²的缓冲区，以及128 km²的实验区。中华白海豚全球总数为6000头左右，中国是全球中华白海豚最重要的栖息地，种群数量4000～5000头，主要分布在长江口以南的河口海域。其中珠江口水域（包括香港、澳门以及江门水域）数量最多，超过2000头。[2]

3 事件概述

2003年8月4日，国务院正式批准粤港澳三地政府开展港珠澳大桥前期工作，并同意三地政府成立"港珠澳大桥前期工作协调小组"，主持该项工程前期工作的开展。2004年3月协调小组下设工作机构——前期办。2004年8月6日，中交公路规划设计院（以下简称"中交规划设计院"）向前期办发出《关于港珠澳大桥线位有关问题的函》，指出规划中的港珠澳大桥根据线位走向方案，将不可避免地进入珠江口中华白海豚自然保护区内施工建设。

大桥主体工程穿越广东珠江口中华白海豚国家级自然保护区核心区约9 km、缓冲区约5.5 km，施工区用海宽度2 km，共涉及海域约29 km²。[3]保护区内设有青州航道桥、深水区非通航孔桥、东西两座人工岛，以及5584 m长的海底隧道。如果大桥穿越国家一级保护动物中华白海豚自然保护区，将不可避免地对白海豚造成影响，还可能与内地施行的《自然保护区条例》等环境保护法律法规产生冲突。港珠澳大桥建设和中华白海豚保护的意义都非常重大，如何平衡两者之间的冲突？

2004年收到中交规划设计院的函件后，三地政府意识到问题的严重性，前期办立即委托中国水产科学研究院南海水产研究所立项进行专题研究。2005年9月环评报告出台。同年10月24日原广东省海洋与渔业局召开专家评审会。协调小组依据环评报告和专家意见，排除了保护区迁移以及调整大桥走线的方案，决定依法向上级主管部门原广东省海洋与渔业局以及国家主管部门申请直接在保护区建设大桥。国家渔政局和国家海洋局分别于

2008 年 11 月和 2009 年 8 月作出核准意见,同意环境影响报告书。国家发改委随后批准了港珠澳大桥的立项。主管部门在批复中就加强项目监管,避免对中华白海豚的栖息环境及其生存产生重大不利影响提出了具体要求。2009 年 10 月 28 日,国务院批准了港珠澳大桥工程可行性研究报告,同年 12 月 15 日,港珠澳大桥正式开工建设。

2016 年 9 月 27 日,大桥主体桥梁工程全线贯通,当日恰好三只粉色白海豚在桥底追逐,在那一刻所有工作人员都非常激动,认为付出的努力都是值得的。2017 年珠江口中华白海豚国家级自然保护区管理局目击白海豚 380 群次,共 2180 头次,珠江口水域栖息的白海豚在数据库新增 234 头,累计已识别海豚 2367 头。[4] 2020 年 9 月 4 日,广东珠江口中华白海豚国家级自然保护区管理局的巡护船艇在大桥中国结塔附近海域北侧观测到多头中华白海豚穿过桥孔向大桥南侧海域游去,为近年来首次目击中华白海豚穿越港珠澳大桥(见图 2)。[5] 在港珠澳大桥管理局、中华白海豚自然保护区管理局以及大桥参建单位和施工人员的共同努力下,港珠澳大桥工程实现了主体工程施工期中华白海豚"零伤亡"以及"世纪工程完成、白海豚不搬家"的承诺。

图 2　2020 年中华白海豚穿越港珠澳大桥

4　应对措施

上述伦理冲突的解决,从港珠澳大桥工程 2009 年 12 月 15 日正式开工建设到 2018 年 10 月开通营运,从保护方案的调整到认真实施,前后历时 9 年。这期间确保中华白海豚"零伤亡"的前期规划与决策,以及相关责任在施工与运营阶段的落实是重中之重。

4.1　审慎做好前期规划与决策

2004 年前期办收到中交规划设计院的函件后,立即就港珠澳大桥线位走向进行专题研究。中交规划设计院的函件提出两个解决方案建议:一是调整线位走向,避开自然保护区;二是申请调整自然保护区区划。[6]181-182

由于大桥穿越中华白海豚自然保护区不可避免,而根据我国《环境保护法》《海洋环境保护法》和《水生动植物自然保护区管理办法》等现行法规,在保护区的核心区或缓冲区内兴建大型工程是违法行为。前期办的初步思路是调整保护区的边界线,但执行起来困难重重。一是涉及周边区域海洋功能区以及诸多城市发展规划的区划调整,实际上难以执行。二是因为海洋环境与陆地环境有巨大的差别,无法生硬地照搬陆地上的方式对海洋保护动物进行迁移。而如果永久性调整保护区的功能布局,将核心区和缓冲区调整为实验区,那就不符合核心区和缓冲区一直是白海豚出现密集区域的客观事实,违反了保护区功能分区的原则,将会对白海豚的保护极其不利。

那么,有无可能申请对中华白海豚保护区的功能区划进行暂时性调整?受前期办委托,中国水产科学研究院南海水产研究所和香港鲸豚研究计划就港珠澳大桥工程对珠江口中华白海豚的影响进行了专题研究。2005年9月环评报告出台。

环评报告显示,大桥施工和运营对中华白海豚造成的不利影响主要有:①占用其栖息地,压缩种群的活动空间,造成底栖生物损失和食物供应减少,削弱中华白海豚的生境质量;②桥体和岛隧改变珠江口水文条件和海底地形,影响海豚分布;③水下爆破会直接导致海豚死亡;④液压打桩、挖方、抛石、挤密砂桩等施工作业产生噪声对海豚造成伤害,尤其是孔桥施工时打桩锤产生的高频噪声会严重影响海豚的听觉,甚至令它们死亡;⑤施工作业产生废物、废气和污水会污染水体和大气,如基槽开挖会使含有重金属等有害物质的底泥泛起,搅拌船浇注混凝土产生的悬浮物会对海豚产生间接影响;⑥海上施工人员和作业船舶的增加会对海豚造成滋扰或撞击伤害,也增大了溢油和物料泄漏的风险。

环评报告也指出珠江口中华白海豚种群的分布有较大的弹性空间,如果采取一定的缓解措施,相信不会造成该种群数量的急剧衰退。如考虑到高频率噪声对白海豚影响较大,而低频噪声的影响较小,可采用钻探式而非撞击式打桩方法,使噪声对白海豚的影响大为降低;施工产生的污染物中只有汞和DDT对白海豚的影响较大,采取密封措施可减低水质污染;鉴于水底爆破尚无有效的缓解措施,应避免使用这一作业方式。报告认为目前还没有其他实例表明大桥会造成海豚种群季节性的南北移动。另外,大桥也会给海豚带来一些有利影响,如桥墩和人工岛会产生人工鱼礁效应,增加海豚的食物来源;大桥营运后,来往粤港澳之间的高速客轮将减少,会降低海豚被撞击的风险等。

环评报告认为对中华白海豚保护区的功能区划进行暂时性调整是可行的,建议将大桥工程涉及自然保护区的核心区和缓冲区临时调整为实验区,允许大桥在采取有效生态保护措施的前提下施工。2005年10月24日,原广东省海洋与渔业局召开专家评审会。专家们认为,港珠澳大桥工程对中华白海豚的保护产生不利影响是不可避免的,但是通过各种对不利影响的减缓措施,可以将不利影响降至最低水平。工程不会对珠江口白海豚物种产生毁灭性的影响。专家建议依法向国家主管部门申请直接在保护区实施大桥的建设。[6]186

此外,原国家环保总局《关于涉及自然保护区的开发建设项目环境管理工作有关问题的通知》指出"经国家批准的交通、水利水电重点建设项目因受自然条件限制,必须穿越自然保护区,特别是自然保护区的核心区、缓冲区内时,应对自然保护区的内部功能区划或者范围、界限进行适当调整"。据此,中华白海豚保护区的内部功能区划可进行适当调整,并做好生态补偿。施工涉及海域在施工期间临时调整为实验区,施工结束后立即恢复。

最终经过各级主管部门的核准,港珠澳大桥工程可行性研究报告得以通过。从2004年年中交规划设计院致函前期办到2009年年底港珠澳大桥正式开建,涉及中华白海豚保护规划的论证和调整历时5年,体现了相关部门和人员保护海洋生物的环境伦理意识、对法规和专家意见的尊重,以及实事求是的态度。

4.2　构建完善的监督管理体制

主管部门在对环评报告的批复中,就加强港珠澳大桥的建设和运营的监督管理提出了具体要求。为落实保护中华白海豚在内的生态环境保护责任,避免白海豚的重大伤亡,港珠澳大桥管理局①作为项目法人,在大桥主体工程建设开始前就联合主管部门、珠江口中华白海豚自然保护区管理局,以及各参建单位、监理单位构建中华白海豚保护的监督管理体制,体现在组织架构、管理体系、制度与基础设施保障三方面。

(1) 建立多层组织架构

大桥管理局一是接受主管部门的监督与管理,并将信息及时上报主管部门。二是发挥跨境合作的优势,定期与香港政府相关部门交流,借鉴香港以及国外白海豚保护经验,并创新性地引进了环保咨询顾问。三是成立了由大桥管理局、中华白海豚自然保护区管理局、参建及监理单位共同参与的三级联防组织。大桥管理局专门设立了安全环保部,负责与环境保护、渔业(生态)资源保护和中华白海豚保护等方面的主管部门沟通协调,这在国内交通基础设施建设领域尚属首次。

(2) 将中华白海豚保护作为重点工作纳入港珠澳大桥项目 HSE 管理体系中

健康、安全和环境(health,safety,environmen,HSE)"三位一体"管理体系,旨在通过事前识别活动可能存在的风险,采取有效的防范和应急措施,以减少人员伤亡、财产损失和环境污染等危害。责任制是其核心,通过目标分解将责任层层落实,体现人人参与、共同防范。港珠澳大桥项目将中华白海豚保护工作统筹考虑纳入 HSE 管理体系中,以有关许可批复和环保"三同时"的要求为依据开展环保相关的资源补偿、措施制定与监督、环境要素监测、事故应急、宣传教育和科研等工作[3]。环保许可审核批复体现在具体施工项目的环境影响评估、海域使用权、疏浚倾倒许可、保护区开工许可和保护区准入许可五个方面。环保"三同时"②重点抓好设计与工程组织、建设期监督以及竣工考核验收三个环节,确保中华白海豚零伤亡。

(3) 提供制度与基础设施保障

一是大桥管理局制定了《港珠澳大桥主体工程中华白海豚保护管理办法》《港珠澳大桥主体工程 HSE 设施完整性保护管理办法》《港珠澳大桥主体工程施工废弃物污染控制管理办法》等规范性文件,以及施工方案审查、施工许可、监测、考核、评估、信息沟通、培训与宣传等项制度。单独编制了中华白海豚保护的应急救援专项预案,包括应急组织的机构和职责、预防和预警的条件、应急体系和应急启动程序等。同时,要求建设单位根据相关法律法规以及主管部门的要求,制定中华白海豚保护的管理制度。

二是大桥管理局与中华白海豚自然保护区有关主管部门签订了生态保护补偿协议书。据不完全统计,自港珠澳大桥主体工程建设以来,直接投入白海豚生态补偿费用约 8000 万元,

---

① 港珠澳大桥的组织架构包括港珠澳大桥专责小组、三地联合工作委员会和项目法人三个层面。专责小组由国家发展改革委牵头,粤港澳三地政府和国家相关部门组成;三地联合工作委员会由粤港澳三地政府共同组建。广东省人民政府为召集人,负责协调相关问题以及监管项目法人;项目法人为港珠澳大桥管理局,由粤港澳三地政府于 2010 年共同成立,其职责为组织实施大桥主体部分的建设、运营、维护和管理等项工作。

② "三同时"原则:中国环境管理中防止环境污染的一项重要原则,要求一切单位在新建、改建和扩建工程时,防治污染和其他公害的设施必须与主体工程同时设计、同时施工、同时投产。

用于施工中相关的监测费用约 4137 万元,环保顾问费用约 900 万元,渔业资源生态损失补偿约 1.88 亿元,有关环保课题研究约 1000 万元,其他约 800 万元,上述共计近 3.4 亿元。[6]201

三是增设中华白海豚救护中心、研究基地和保护区观察站。管理局为保护区的白海豚拍摄了 20 多万张照片,以辨别不同的白海豚,并对每头白海豚进行了编号,设置标识码。[6]201-202

4.3 围绕具体项目的建设周期进行全方位动态管理

在海洋工程建设中,施工过程相比前期核准与竣工验收,是环保的薄弱环节。建设过程的复杂性为工程质量管控带来很大难度,任务分解的遗漏或某个环节责任人的失误、渎职都会带来安全隐患;而繁杂的沟通过程也将造成项目团队在纠纷处理、环保措施等决策上出现不应当的妥协。[7]137 从 2010 年岛隧工程开始施工到 2017 年大桥主体工程全线贯通,是中华白海豚保护监管强度最高的阶段。针对施工阶段周期长、作业面多、人员和船只设备流动性大的特点,围绕具体项目的建设周期进行全面动态管理成为关键措施,即根据具体项目的不同阶段,明确施工对中华白海豚的影响,适时采用调整施工工艺等缓解措施,将白海豚保护的责任落实到项目的每个环节。

（1）设计和立项许可阶段

做好工程对白海豚影响的专题论证,进行白海豚保护方案的顶层设计,开展立项和海域使用许可,如优化设计以减少用海面积、合理调整大桥线位、缩短人工岛长度、增加桥跨的跨径等。深水区非通航孔桥由 70 m 增大到 110 m,浅水区非通航孔桥由 70 m 增大到 85 m,减少了桥墩;海上作业变为陆地工厂化作业,大大缩短了海上作业的时间。中华白海豚保护工作顺利实施后,将相应增加工程造价 36.7 亿元。[8]

（2）招标阶段

在招标文件中明确施工单位资质等准入条件,以满足中华白海豚保护的要求。合同条款设定中华白海豚保护责任,同时对施工前中华白海豚现状及海洋环境和渔业资源等情况开展本底调查,将白海豚保护作为项目环保绩效考核的重要内容,评估结果作为工程款支付的重要指标。

（3）施工准备阶段

各参建单位的施工方案必须满足白海豚保护要求才能获批。优化施工方案,如陆上预制构件以缩短海上作业时间,尽量避开在每年 4—8 月中华白海豚繁殖高峰期进行大规模疏浚等高密度作业。设置施工设备进入保护区的入场条件,施工船只除具备水上水下作业许可证外,还必须符合环保要求,如配备观豚员持证上岗,制定疏浚倾倒、生活污水和垃圾处理细则等。严格控制多船同时作业。此外,针对建设人员多、流动性大、保护中华白海豚意识参差不齐的情况,通过多媒体、参观展馆等多种形式普及中华白海豚保护知识,提高人员的法律和伦理意识。对进场施工人员培训考核,培训内容包括中华白海豚生物特性、白海豚救助知识、观豚方法和无伤害驱赶法等,现场施工人员通过考核后方能持证上岗。

（4）施工现场监测

现场检查参建单位中华白海豚保护措施的落实情况,如作业前确保白海豚不在施工范围,4—8 月白海豚繁殖高峰期增加观豚员的观测时间;限制施工船速;控制施工机械同时作业数量以减少噪声;安装摄录镜或水位探测器,监测和控制施工段的淤泥溢流等。同时,建立施工预警机制,就中华白海豚现状及水质、水下噪声、渔业资源等方面定期开展现场监测,比对本底数据,掌握施工现场环境的动态变化。要求监理及施工单位进场后细化施工应急预案,对数据波动较大的环境事件,及时采取保护中华白海豚的应急管控措施。施工现场多次出现为白海豚让道的事件。如2011年东人工岛砂桩施工现场的观豚员发现几百米处出现了两头白海豚,项目根据"500 m以内停工观察,500 m外施工减速"原则迅速停工,足足等待了4个多小时,直至白海豚离去后才复工。

(5) 推动白海豚保护相关的科研工作

根据中华白海豚对声音敏感的特性,研究了气泡帷幕等声学减缓技术,组织编制了声学驱赶仪操作规程。在国内首次实施了对钢圆筒振沉、挤密砂桩等多种水下施工噪声的跟踪监测,提出水下噪声对中华白海豚的影响阈值,界定了不同噪声条件下中华白海豚保护所需的安全距离。

(6) 完工及运营阶段

按照"三同时"原则进行项目验收,制定中华白海豚生态保护长期跟踪监测方案。项目营运期的风险主要来自航船溢油、化学品泄漏和爆炸等意外事故。为此,运营单位通过对意外事故进行风险预测和评估,有针对性地制定和实施应急保护措施。同时,开展保护区功能恢复和生态补偿专项工作。

5　讨论

(1) 如何认识大型工程项目中工程师个体和工程共同体的伦理责任?

保障社会、资源、生态和环境的可持续发展是土木工程师的社会职责和行动准则。工程师作为工程活动的直接实施者,凭借其特有的专业知识,能最早预测、发现和制止工程中可能存在的风险。这种特殊性赋予了工程师在工程风险防范上不可推卸的伦理责任。

但是,大型土木工程从项目前期可行性分析、投资决策,到规划设计、工程施工再到最终交付使用,一般会经历较长的周期。且随着现代土木工程活动规模不断扩大,参与工程建设的群体越来越多,工程的组织管理也愈加复杂。港珠澳大桥作为包含岛隧、桥梁、交通等多个工程的复杂巨系统,其建设周期、规模和难度都是世界级的。从设计到建造整个过程,工程建设一直面临新的挑战,如复杂多变情景下的施工及管理、环境保护的高标准、施工安全的高要求等。港珠澳大桥建设施工"点多、线长、面广"的特点,使得工程建设中的中华白海豚保护工作成为一个环环相扣的复杂过程。因此,工程所肩负的生态环保责任需要工程共同体成员共同承担。

工程共同体是指集结在特定工程活动下,为实现同一工程目标而组成的有层次、多角色、分工协作、利益多元的复杂工程活动主体的系统,是从事某一工程活动的个人"总体",以及社会上从事工程活动的人们的总体。[9]工程共同体通常由项目投资人、设计者、工程师和工人构成,尽管每个成员担负的环境伦理责任是不一样的,但在工程活动中前三者的作用远大于后者,他们对工程的环境影响应该负有主要责任。[7]98工程事故的发生往往与工程共同体的伦理责任缺失有关,不能把全部责任归咎于某一个人。

(2) 如何认识整体伦理与工程共同体的关系?

工程目标的实现离不开工程共同体内部如设计师、工程师、工人以及投资者、管理者、环保组织等所有成员的相互制约和协作。工程共同体不仅是知识、技能、经济和管理的共同体,更是风险预防和伦理共识的共同体。工程共同体的整体伦理是指工程共同体所有成员在工程实践过程中都能够具有较强的道德敏感性和伦理责任意识,并且通过彼此间的对话与协商能达成伦理共识,促使工程共同体所有成员的道德实践形成一种道德的合力。[10]

凝聚工程共同体的力量之源正在于其整体伦理。港珠澳大桥工程从管理部门、承包单位、施工方、监理方到普通建设者,在工程实践过程中凝练了一个共同使命——将大桥建设成一座能够站在世界桥梁工程巅峰的负责任工程。这一伦理共识不是纸面上的约定,而是内化为每个人心中的道德律以及项目辨别是非荣辱的行为准则,从而保证了环境伦理意识和生态环保责任在港珠澳大桥工程中得到切切实实的体现。

(3) 如何在工程实践中落实工程共同体的共同伦理责任?

符合共同伦理的工程管理,能够更好地防范和解决超大型工程中出现的伦理问题。在具体工程实践活动中,由于超大型工程系统的复杂性,使得任何一个子系统都不能单独实现系统管理目标,必须建立一个稳定的组织管理系统和高效的运行体系。港珠澳大桥项目就构建了多层次的监督管理体制,将中华白海豚保护作为重点工作纳入港珠澳大桥项目 HSE 管理体系中。工程共同体上下统筹,认真执行主管部门的批复及法律法规的强制要求,共同完成中华白海豚的保护、监管和生态补偿等项工作。

此外,工程决策是避免和减少生态破坏的极其重要的环节。情景变动的不确定性与决策主体认知能力的局限性使该问题的决策具有极高的复杂性。工程设计是工程活动的起始阶段,在工程活动中起到举足轻重的作用,它决定着工程可能产生的各种影响。工程实践中的许多伦理问题都是设计中埋下的。[11]为此,需要从工程的可行性研究、决策到设计、施工和运营等各阶段进行全方位动态管理,确保中华白海豚保护作为专项工作贯穿建设项目的全生命周期。

6   结论

重大工程是人类集体智慧的结晶,是由建设者、管理者、决策者、投资者等行动者构成的工程共同体共同伦理实践的结果。工程系统的复杂性表明,保护生态环境,避免工程事故发生,更多体现为工程共同体的共同责任和整体伦理,只关注提升工程师的道德敏感性和伦理意识是不够的。同时,宏观层面的共识性伦理可以通过工程共同体高效的工程管理体制以及建设项目的全方位动态管理予以落实,并成为工程共同体的凝聚力量。

案例 6.1 使用说明

1   案例摘要

港珠澳大桥工程建设可能对中华白海豚的栖息环境及其生存产生重大影响。工程系统的复杂性、施工情景的多变性以及生态环保责任的高标准等特点,决定了港珠澳大桥工程的责任主体是工程共同体。中华白海豚"零伤亡"这一共同责任的落实,离不开工程共同体审慎的前期规划与决策、完善的监督管理体制,以及围绕项目建设周期进行的全方位动态管理。

2　课前准备

阅读教材《工程伦理》(第 2 版)第 6 章"土木工程的伦理问题",了解土木工程的类型与特点、土木工程活动中涉及的伦理问题,以及对土木工程师和建设管理人员的职业伦理要求。同时,结合第 4 章"工程活动中的环境伦理",特别是 4.3.1 节"工程共同体的环境伦理责任",重点了解工程共同体及其伦理责任。

阅读图书《融合与发展:港珠澳大桥法律实践》,了解港珠澳大桥工程管理的实践探索。

观看纪录片《港珠澳大桥》(闫东导演),了解港珠澳大桥建设的基本情况。观看网址:http://kejiao.cctv.com/special/gzadq/。

3　教学目标

(1) 明确生态环境保护意识在重大工程建设中的重要性。

(2) 了解超大型工程的系统复杂性、施工情景的多变性。

(3) 理解大型工程活动的责任主体是工程共同体,将学生从微观、个体主义伦理视角转化到宏观、整体伦理视角。

(4) 熟悉工程共同体的整体伦理和共同责任在工程决策、设计优化、监管体制以及每个具体项目全方位动态管理中的体现。

4　分析的思路与要点

思路:围绕港珠澳大桥工程建设中白海豚保护的伦理冲突,以及贯穿整个工程论证、设计、施工和运营各个阶段的解决措施,展开事件描述和问题分析与讨论。

(1) 港珠澳大桥工程中的白海豚保护涉及哪些利益相关者?谁是重大工程的生态保护责任主体?为什么?

(2) 环境伦理原则是如何体现在港珠澳大桥工程规划方案与建设实践过程中的?

(3) 工程共同体的整体伦理和共同责任是如何落实在工程管理中的?

(4) 可拓展视角:生态和环境保护的价值观是否可以成为推动工程技术创新的一种来源?

重点掌握四个知识要点:工程共同体的特点,整体伦理的作用,共同责任的分配,工程项目的全方位动态管理。

5　课堂安排建议

(1) 课前布置阅读任务和讨论问题,让学生搜集和阅读相关资料,初步了解港珠澳大桥工程建设的背景。

(2) 教师通过讲述港珠澳大桥工程建设中白海豚保护的伦理冲突,引导学生深入理解生态和环境伦理原则。时长约 20 min。

(3) 组织学生先后围绕三个主题展开分组讨论:港珠澳大桥路线调整、工程共同体与整体伦理的关系,以及整体伦理和共同责任在工程管理中的落实。每个专题时长约 20 min,共 60 min。

(4) 教师总结。时长约 10 min。

参考文献

[1] 广东省交通运输厅.厉害! 港珠澳大桥获国际桥梁工程界公认的最高奖项![EB/OL].(2020-08-07) [2022-02-20].http://td.gd.gov.cn/gkmlpt/content/3/3060/post_3060666.html♯1479.

[2] 肖尤盛.港珠澳大桥施工期和营运期的中华白海豚保护[J].中国水产,2020(1):57-59.

[3] 温华,段国钦,黄志雄,等.港珠澳大桥主体工程建设期中华白海豚保护管理实践初探[J].海洋湖沼 通报,2016(3):68-74.

[4] 广东省海洋与渔业厅.2017年广东省海洋环境状况公报[R].2018年6月.

[5] 广东省林业厅.珠江口白海豚保护区首次观测到中华白海豚在港珠澳大桥穿越桥孔而过[EB/OL]. (2020-09-08)[2021-11-24].http://lyj.gd.gov.cn/gkmlpt/content/3/3080/mpost_3080297.html♯2441.

[6] 朱永灵,曾亦军.融合与发展:港珠澳大桥法律实践[M].北京:法律出版社,2019.

[7] 李正风,丛杭青,王前,等.工程伦理[M].2版.北京:清华大学出版社,2019.

[8] 为保护白海豚,港珠澳大桥主体工程调整[J].中国建设信息,2010(15):26.

[9] 李伯聪,等.工程社会学导论:工程共同体研究[M].杭州:浙江大学出版社,2010:22.

[10] 万舒全.共识性伦理:工程共同体整体伦理的实践基础[J].昆明理工大学学报(社会科学版),2021, 3(21):33-39.

[11] 陶艳萍,盛昭瀚.重大工程环境责任的全景式决策——以港珠澳大桥中华白海豚保护为例[J].环境 保护,2020(23):56-61.

案例6.2　蜀道变通途：川藏高速公路建设的"两路"精神

作者姓名：顾萍[1]，丛杭青[2]，李慈慈[3]
作者单位：1 清华大学人文学院，2 浙江大学哲学学院，3 浙江交通职业技术学院
案例来源：作者根据相关资料整理
案例真实性：真实

内容提要：川藏高速公路即四川成都至西藏拉萨的高速公路。川藏高速公路是我国继青藏铁路贯通后，成功修建的第二条通往拉萨的快速通道。川藏高速公路沿线地区海拔快速爬升，地形狭窄陡峻，具有地形条件极其复杂、地质条件极其复杂、气候条件极其恶劣、工程施工极其困难、生态环境极其脆弱"五个极其"的鲜明特点，是迄今四川省乃至中国境内施工难度最大、在建桥隧比最高的高速公路之一。多年来中国公路建设者和科研工作者秉持尽职尽责的职业精神、将公众利益放在首位的职业伦理和集体主义奉献精神，在"人类生命禁区"的"世界屋脊"创造了公路建设史上的"天路"传奇。在这个过程中形成了"一不怕苦、二不怕死，顽强拼搏、甘当路石，军民一家、民族团结"的"两路"精神，这种"两路"精神是中国工程精神的重要瑰宝，也是对当代工程师忠于职守、尽职尽责、无私奉献、公共利益至上的职业精神和职业伦理的生动诠释。

关键词：川藏高速公路；职业伦理；职业精神；"两路"精神

1　引言

早在 1200 多年前，唐代大诗人李白面对巍峨高山、奇险栈道时就发出了"噫吁嚱，危乎高哉！蜀道之难，难于上青天！"的慨叹，而在李白的脚步未及之处还有着更加险峻的川藏线茶马古道，这条从四川雅安到西藏之间千余公里的古道，商旅一年只能往返一次，骑马而行也需要数月的时间。70 多年前，西藏和平解放后，中国人民解放军和四川、青海等省各族人民群众以及工程技术人员组成了 11 万人的筑路大军，在极为艰苦的条件下拼搏奋战，于1954 年建成了总长 4360 km 的川藏和青藏公路，结束了西藏没有现代公路的历史。如今，我国规划并在建 G4217(川藏北线)和 G4218(川藏南线)。中国一代代公路建设者和科研工作者是如何在"人类生命禁区"的"世界屋脊"创造了公路建设史上的奇迹？在这个过程中体现了怎样的职业伦理和职业精神？这是本案例将要深入探讨之处。

2　相关背景介绍

川藏高速公路是川康公路和康藏公路(雅安—拉萨，1951 年修建)的合称。川康公路建设于 20 世纪 30 年代，是成都通往当时的西康省省会雅安的省际公路。西康撤省后两条路并称川藏高速公路。1950 年初，解放军奉命进军西藏，完成祖国大陆统一的历史使命时，毛泽东主席指示进藏部队"一面进军，一面修路"。11 万"筑路大军"以昂扬的革命热情和顽强的战斗意志，历时 4 年多，修建完成了川藏公路和青藏公路。1984 年 12 月 25 日，为纪念川藏、青藏公路成功通车 30 周年，拉萨树立了川藏、青藏公路纪念碑，以铭记参建的中国人民

解放军、工程技术人员和各族人民群众的光辉业绩和巨大牺牲。2000 年成都至雅安段(成雅高速公路)建设完成,现已全线运营。2018 年 12 月雅安至康定段(雅康高速公路)试运营通车,正常从成都绕城高速到达康定市只需 2.5 h。2019 年 12 月 25 日,在川藏高速公路建成通车 65 周年之际,西藏自治区"两路"精神纪念馆(以下简称"纪念馆")揭牌仪式在拉萨举行。新都桥至芒康段(新芒高速公路)处于前期准备阶段,计划于 2023 年之前建成通车。[1]

3 案例概述

川藏高速公路堪称地质灾害的博物馆,沿线高山峡谷、急流险滩、地震滑坡、泥石流、沼泽、雪崩等灾害频发。国内交通专家已将四川藏区高速公路建设面临的建设难度总结为"五个极其"。[2]

一是地形条件极其复杂。项目穿越狭窄河谷和高大山体,地形陡峭,起伏巨大,地貌类型复杂多样,横断山脉的岭谷高差一般在 1000～2000 m,甚至高达 5000 m 以上,多为典型的 V 字形深大峡谷。二是地质条件极其复杂。项目穿越 Y 字形构造体系断裂带,紧邻"5·12"汶川地震震中,地震烈度高,沿线岩体破碎,滑坡、泥石流、崩塌等地质灾害多发。三是气候条件极其恶劣。项目穿越不同气候垂直分布带,高海拔路段的雨、雪、冰、雾、风等恶劣天气影响时间长,最低温度达 −30 ℃。四是工程施工极其困难。项目桥隧工程多,技术难度极高,雅康、汶马高速桥隧比分别达 82% 和 86.5%,同时地区昼夜温差大,施工机械效率低。五是生态环境极其脆弱。项目紧邻风景名胜区、大熊猫栖息地等自然保护区,工程建设过程中带来的弃渣、植被破坏等对环境影响大。在如此艰苦的条件之下,正如交通运输部有关负责人所言:藏区高速公路的建设难度是"30 年国内高速公路建设难度最大"。

作为雅康高速公路全线控制性工程之一的二郎山特长隧道,施工难度则是难上加难。二郎山位于青藏高原第一道屏障——夹金山脉之上,在东西距离不到 100 km 的范围内,海拔从近 500 m 陡升到 3000 m 至超过 5000 m,是我国高海拔地区长度最长的高速公路隧道之一,被誉为"川藏第一隧"(见图 1)。二郎山隧道地质极其复杂,隧道穿越 13 条地震断裂带,施工安全风险非常高,施工组织难度非常大。为解决二郎山超长隧道重大技术难题,建设团队采用四个"首次"创新技术:首次设置双车道大断面洞内交通转换通道,提高隧道防灾救援能力,实现"长隧短运",提高行车安全性。首次采用超预期抗震设计理念,穿越区域

图 1 二郎山特长隧道(图片来自网络)

活动性断裂内隧道断面整体扩大 40 cm，为震后加固预留空间，并保证加固后不降低隧道的服务水平。首次在隧道内设置自流水高位消防水池，完全取消抽水设备，提高消防可靠性并节能。首次使用 LED 视觉动态照明系统，在隧道内营造良好的行车环境，进一步降低行车安全风险。[3]

由于川藏高速公路的复杂性，业内专家将其建设称作"公路界的珠穆朗玛峰"。在修筑康藏公路之前，我国几乎没有任何所经地区的勘察设计资料。为了探寻通往雪域高原的天路，十余个勘察和测量队的队员们克服千难万险，在藏族同胞的帮助和支持下，终年在高原深山里徒步踏勘和测量路线，有的甚至在深山里连续工作数年之久，翻越了 200 多座大山，跋涉超过 2 万 km。刘伯承元帅曾总结道："进军西藏，是我军历史上的第二次长征。"[4]

20 世纪 50 年代初，新中国的 11 万筑路大军劈山治水，用铁锤、钢钎、铁锹和镐头劈开悬崖峭壁，降服险川大河(见图 2)。在 4 年多的时间里，川藏高速公路穿越整个横断山脉的 14 座大山，横跨岷江、大渡河、金沙江、怒江、拉萨河等众多江河，横穿龙门山、青尼洞、澜沧江、通麦等 8 条大断裂带，战胜种种困难，最终于 1954 年 12 月建成了被外界称为"人类开创史之壮举"的川藏高速公路。11 万筑路大军在极端恶劣的工作环境中，以高昂的革命热情和顽强的战斗意志，开通了"难于上青天"的蜀道。

图 2　筑路大军奋战在修路现场(图片来自网络)

在川藏高速公路的守护上，一代代养路人不畏艰难、顽强拼搏、甘当路石，在川藏线雀儿山路段的"雪山铁人"养路工陈德华正是中国千千万万公路养护人的缩影。[5]雀儿山主峰海拔 6168 m，它名不副实，终年不见雀影，百里不见人烟，这里的氧气含量还不到平原地区的一半。"雪山铁人"养路工陈德华和他的四川省甘孜藏族自治州公路管理局原雀儿山五道班的同事们就驻扎在这里。海拔 4500 m 以上就是"生命禁区"，而这位老班长却在这"生命禁区"上驻守了 20 年。

川藏高速公路建设历程正是寻求国家发展、民族团结、各族人民共同富裕的筑路之旅。在川藏高速公路建设的过程中，公路建设者和科研工作者不畏艰难困苦，登顶"珠峰"，形成了"两路"精神，即"一不怕苦，二不怕死"的革命英雄主义精神，"顽强拼搏，甘当路石"的奋斗奉献和忠诚尽责精神，"军民一家，民族团结"的优良传统和互助精神。[6]2014 年 8 月 6 日，中共中央总书记、国家主席、中央军委主席习近平就川藏、青藏公路通车 60 周年作出重要批示，要求进一步弘扬"两路"精神，助推西藏发展。正是因为这种精神，"蜀道"才能最终变通途。

"两路"的通车是筑路部队和汉藏各族民众共同奋斗的成果。两万名藏族民工参加筑路,他们与解放军战士携手修路架桥,结下深厚的友谊。筑路部队模范执行党的民族政策和全心全意为人民服务的宗旨,尊重藏胞风俗和宗教信仰。藏族同胞说:"解放军和我们藏族的心是相通的。"汉藏军民之间建立起了"鱼水深情",加强了民族团结,扩大了我党我军在西藏人民中的影响,为建设西藏、巩固国防创造了条件,形成了"军民团结如一人,试看天下谁能敌"的巨大伟力。

"两路"精神是对工程师的职业精神和职业伦理的中国诠释。"两路"精神是中华优秀传统文化、革命文化和社会主义先进文化在交通运输行业的折射,是中国共产党革命精神、民族精神的重要组成部分。"两路"精神历久弥新,其内涵随时代发展不断丰富,习近平总书记提出的"一不怕苦、二不怕死,顽强拼搏、甘当路石,军民一家、民族团结",始终是"两路"精神最重要的组成部分,更是中国工程师对工程职业精神和职业伦理的生动诠释。

4　案例分析

土木工程在推动人类物质文明发展的同时,也影响着人类道德观念的发展变化。川藏高速公路建设是我国重大的巨型建设项目,属于典型的土木工程。土木工程经济影响明显,其作为固定资产投资的重要组成部分,在带动经济增长、促进就业等方面具有重要作用,其社会影响广泛。川藏高速公路作为国家重大基础社会建设,对于改善人居和生活环境、增进人类福祉具有重要的意义。土木工程建设过程复杂,从前期可行性研究、投资决策,到规划设计、工程施工及最终交付使用,一般会经历相对较长的建设过程,川藏高速公路更是如此。

4.1　尽职尽责的职业精神

川藏高速公路在极其艰苦的条件下建设完成,充分体现了工程师、建设者和所有参与者尽职尽责的职业精神。从职业伦理来看,工程师的"尽职尽责"体现了"工程伦理的核心"。[7]很好地完成自己工作的工程师是道德上善良的工程师,而做好工作是以胜任、可靠、才智、负责以及尊重法律和民主程序等更具体的美德来理解的。[8]在职业伦理章程中,对工程师的责任要求具体表现在公众福利、职业胜任、合作实践及保持人格的完整等方面,例如:体面地、负责任地、合乎道德地以及合法地行事,以提高本职业的荣誉、声誉和作用。[9]国际伦理标准联盟指出尽责(responsibility)是土木工程师重要的职业精神之一。工程师有对其客户尽职尽责的义务,有适当考虑第三方及利益相关者权益的责任。工程师应该正直忠实地完成本职工作,所提出的解决方案应维护公众利益。

川藏高速建设过程中,工程师们充分践行了尽职尽责的工程师职业伦理,发扬了忠诚尽责的职业精神,形成了"顽强拼搏,甘当路石"的奋斗奉献和忠诚尽责精神。川藏高速建设条件极其艰苦,《西藏始末纪要》一书中这样描写西藏的交通状况:"乱石纵横,人马路绝,艰险万状,不可名态。"要想在"世界屋脊"上开山辟路,无疑难于登天。公路勘探队在没有任何地图和经验的条件下,不论遇到多大的技术难题都恪尽职守、攻坚克难、敢为人先,步行万里获取了第一手资料,研发了如前所述的四个"首次"创新技术。在建设和保卫及养护世界上海拔最高、难度最大的两条公路过程中,建设者和守护者始终不懈奋斗、乐于奉献。尽职尽责的职业精神和勇于担当的精神不仅体现在川藏高速公路的早期探索和建设过程中,还体现在"两路"的守护上——一代又一代的公路养护人在海拔 4500 m 以上的"生命禁区"顽强拼搏,奉献着自己的青春。

尽职尽责的职业精神在川藏高速公路建设中就是一种"一不怕苦,二不怕死"的革命英雄主义精神。川藏、青藏公路修筑者在修建世界上最具挑战性的两条进藏公路时,不畏艰难困苦、不怕牺牲、百折不挠、自强不息,充分彰显了"两路"修建者对理想的矢志不渝和对事业的勇往直前。在这种精神的引领下,中国的公路建设者和科研工作人员才能克服川藏高速公路建设过程中面临的"五个极其"的建设难题。几十年来,驻藏武警官兵与西藏各族民众共同为保障"两路"的畅通而努力奋斗着,在"两路"的建设与养护过程中,武警官兵、护路工人、援藏干部、筑路英雄们挥洒热血与汗水,奉献青春与激情,用实际行动诠释和践行了"一不怕苦、二不怕死"的革命英雄主义精神。

4.2　公众利益放首位的职业伦理

土木工程的一个重要特点在于其建设和使用过程中的安全责任重大,安全伦理是土木工程涉及的重要伦理问题之一。

始终维护公众的利益,将公众的安全、健康和福祉放在首位是土木工程师职业伦理的根本原则。土木工程师应将保障人居、社会、资源、生态和环境的安全和可持续发展作为自身的社会职责和行为准则。将公众利益放首位在工程师职业伦理中的另一种表征方式是忠实服务。忠实服务是工程师开展职业活动的一项基本内容和基本方式。诚实、公平、忠实地为公众、雇主和客户服务已然是当代工程职业伦理规范的基本准则。作为一种精神状态,忠实服务是工程师对自身从事的工程实践伦理本性的内在认可;作为一种现实行为,忠实服务表现为工程师对践行"致力于保护公众的健康、安全和福祉"职责的能动创造。

川藏高速公路这样一项巨大的土木工程,作为人类创建和改造人居环境的工程活动,其建设过程复杂且有着广泛的经济、社会和环境影响,与包括生命财产安全和生态环境安全在内的人类安全问题密切相关。由于"五个极其"的建设条件,以雅康、汶马等高速公路为代表的川藏梯度带高速公路在修建过程中面临多灾频发、营运安全、环保节能和重大工程四个方面的重大技术难题与挑战。川藏高速公路秉持公众利益为先的伦理精神,预防灾害,充分考虑公众安全、健康和福祉以及所有利益相关者的生命健康和安全利益,遵守可持续发展的原则,注重工程项目对后代以及社会和生活质量的影响。其中,运营安全是川藏高速公路维护公众生命安全和切身利益最重要的保障,同时也是整个工程重大的技术难题。川藏高速公路开展了梯度带高桥隧比超长纵坡行车安全保障技术、波形护栏撞击智能报警、长大隧道风险智能预防系统、重大交通基础设施安全保障技术典型应用示范等方面的研究,建立智慧交通及云服务综合平台,为营运安全保驾护航。

4.3　集体主义奉献精神

集体主义奉献精神是工程师职业精神的重要体现。强调工程师在自己资质、能力范围内提供专业服务,恪守法律政策,遵循本行业行为标准;在整个职业生涯中持续提升自己的知识、技能和能力,并帮助别人提升能力。在胜任工作的基础上,充分发扬集体主义奉献精神是川藏高速公路的精神所在。土木工程的工程师和工作人员常常暴露在高温、高空、地下、重物、机械、粉尘等危险性较高的作业环境下,危险系数和艰难程度非常大,需要工程师在尽职尽责基础上发扬奉献精神和集体主义精神,才能成就工程的伟大。

集体主义是主张个人从属于社会,个人利益应当服从集团、民族、阶级和国家利益的一种思想理论,是一种精神。它的最高标准是一切言论和行动符合人民群众的集体利益。集体主义精神是一个集体在长期的共同生活和共同的社会实践基础上形成和发展的,为集体大多数成员所认同和接受的思想品格、价值取向和道德规范,是一个集体的心理特征、思想情感的综合反映。集体主义原则的主要内容是坚持国家、集体和个人的利益相结合,促进社会和个人的和谐发展,个人利益应服从国家和集体利益。奉献精神是社会责任感的集中表现。奉献是一种态度,是一种行动,也是一种信念。奉献是一种品质、一种责任与担当。

集体主义奉献精神在川藏高速公路建设中就是一种"军民一家,民族团结"的优良传统和互助精神。[6]面临如此恶劣的生态环境,筑路大军怀着"为了巩固国防、维护国家统一""为了帮助各兄弟民族"的崇高理想,挑战生理极限,一代代人接续书写着"天路"传奇。他们互帮互助,共同克服着高原上养路护路工作中一个又一个难题,继续传承着"军民一家、民族团结"的"两路"精神,续写着新时代藏汉一家亲、军民一家亲、团结互助的社会主义民族关系的新篇章。川藏、青藏公路建设者和守护者在战胜千难万险中,形成了水乳交融、血肉相连的军民深厚情谊和藏汉一家、各民族一家、团结互助的社会主义民族关系。这深刻蕴含着人民军队的优良传统、军队与人民融洽亲和的深厚情感,充分展现了军民团结如一人和民族团结如磐石的力量传承。

5　结论与启示

川藏高速公路的建设面临"五个极其"的世界性难题,从"进军西藏,是我军历史上的第二次长征",到解决二郎山超长隧道重大技术难题的四个"首次"创新技术;从没有一张完整的地形勘测图,到建立智慧交通及云服务综合平台;从 3000 多名英烈捐躯高原,到岩爆等恶劣自然条件下的安全施工……体现出中国人民解放军、工程技术人员、科研工作者、各族民工和广大养路工尽职尽责的职业精神,将公众利益放在首位的职业伦理和集体主义奉献精神。在这个过程中形成的"一不怕苦、二不怕死,顽强拼搏、甘当路石,军民一家、民族团结"的"两路"精神,充分展现了当代工程师尽职尽责的职业精神、公众利益放首位的职业伦理和集体主义奉献精神,是对工程师职业精神和职业伦理的中国实践。

6　思考题

(1) 川藏高速公路建设能够顺利进行的主要原因有哪些?

(2) 谈谈你对"两路"精神的理解。新时代如何弘扬"两路"精神?

(3) 怎样看待尽职尽责的职业精神、将公众利益放在首位的职业伦理和集体主义奉献精神在川藏高速公路建设中的重要作用?

(4) 对照土木工程师职业伦理规范,"两路"精神体现出哪些中国特色和中国精神?

案例 6.2　使用说明

1　案例摘要

川藏高速公路的建设是我国继青藏铁路贯通后修建的通往拉萨的第二条快速通道。川藏高速公路沿线地区海拔快速爬升,地形狭窄陡峻,具有地形条件极其复杂、地质条件极其复杂、气候条件极其恶劣、工程施工极其困难、生态环境极其脆弱"五个极其"的鲜明特点,是目前四川省以及国内在建桥隧比最高、施工难度最大的高速公路之一。多年来,从10多万名筑路大军到老中青三代续写"天路"传奇,在建设和养护川藏高速公路的过程中,形成和发扬了"一不怕苦、二不怕死,顽强拼搏、甘当路石,军民一家、民族团结"的"两路"精神,筑就了民族团结之路,西藏文明进步之路,西藏各族同胞共同富裕之路。

2　课前准备

学生通过观看央视网《川藏高速公路修筑纪实》(3集)纪录片、《大揭秘》等有关川藏高速公路建设的影视资料和四川日报、人民网等网络媒体的新闻报道以及相关文献资料,较为清晰、准确地了解川藏高速公路的建设历程,为课堂学习和深入讨论做好充分的知识准备、情境准备和心理准备。具体可以参考《工程伦理》(第2版)第6章"土木工程的伦理问题"6.2节"土木工程师的职业伦理"和6.3节"建设管理人员的职业伦理"。重点思考在工程建设中所体现出的职业精神、集体主义奉献精神,进而充分领悟"两路"精神。参照《土木工程师职业行为准则》,领悟土木工程师的职业精神和职业道德。

3　教学目标

通过案例分析,让学生对川藏高速公路建设历程有更为清晰的认识和把握,并在此基础上,了解工程师应具备的"一不怕苦、二不怕死,顽强拼搏、甘当路石,军民一家、民族团结"的"两路"精神,进而对我国工程师践行工程职业精神和职业伦理有真切的领悟。

4　分析的思路与要点

本案例着眼于工程师的职业精神和职业伦理,通过梳理川藏高速公路的历程,选取川藏高速公路建设中雅康高速公路全线控制性工程之一的二郎山特长隧道的修筑过程为代表性事件,并展开关于"一不怕苦、二不怕死,顽强拼搏、甘当路石,军民一家、民族团结"的"两路"精神的分析探讨。作为工程文化的灵魂,工程精神影响着从业者对工程的认识、情感、意志和行为。通过工程精神和施工重大技术难题、技术创新等结合分析,有助于学生理解工程精神的激励作用。中国工程师恪尽职守、无私奉献、集体为先的职业精神会起到榜样和引导作用,有助于学生树立正确的价值观,树立正确的职业理想,增强学生的工程使命感和责任感。

5　课堂安排建议

根据具体课时安排,可以分多个课时开展。课前安排学生收集和查阅川藏高速公路建设的相关图片、视频、档案、资料等,深入了解川藏高速公路建设的相关历史背景,重点关注"两路"精神提出的时代背景和现实意义。课堂(45 min)安排:

教师讲授	(15 min)
学生讨论	(10 min)
学生报告和分享	(15 min)
教师总结	(5 min)

参考文献

[1] 成都-拉萨高速公路[EB/OL]. [2016-08-10]. https://baike. baidu. com/item/成都—拉萨高速公路/23276239?fr＝aladdin.

[2] 段鋆,李永林.川藏梯度带高速公路建设重大技术问题研究[J].四川水泥,2019(3):103-104.

[3] 朱婧,段鋆,李万军,等.茶马古道与雅康高速[J].中国公路,2018(22):46-55.

[4] 张勃,唐伯明,万宇.川藏高速公路的历史探究与时代价值[EB/OL]. (2019-05-23)[2021-06-30]. https://www. sohu. com/a/316055191_317644.

[5] 四川省交通运输厅.在"生命禁区"驻守20年,甘孜"雪山铁人"养路工——陈德华[EB/OL]. (2019-07-08)[2021-06-30]. https://www. sohu. com/a/325560130_355523.

[6] 王戎,罗婷,庞跃辉.论"两路"精神的内涵特质[J].重庆交通大学学报(社会科学版),2019(4):9-15.

[7] FLORMAN S C. The eivilized engineer[M]. New York: St Martin's Press,1987:101.

[8] 马丁,辛津格.工程伦理学[M].李世新,译.北京:首都师范大学出版社,2010:71.

[9] [美]全国职业工程师协会(NSPE)工程师伦理准则[EB/OL]. [2016-02-20]. http://www. nspe. org/resources/ethics/code-ethics.

[10] 胡彦殊,李梦媛.汶川至马尔康高速公路全线开工[N].四川日报,2014-11-5(1).

[11] 王鹰,陈炜涛,张昆,等.川藏高速公路地质灾害防御体系及防治对策研究[J].中国地质灾害与防治学报,2005(3):63-66.

[12] 国家发展改革委,交通运输部.国家公路网规划(2013年—2030年):发改基础〔2022〕1033号[A/OL]. (2022-07-13)[2022-09-26]. https://www. waizi. org. cn/law/4491. html.

[13] 张建龙,李文灿,张四全,等.穿越二郎山[J].中国公路,2018(22):56-58.

[14] 陈文琪,王建霞.我把青春融入川藏高速公路建设中[EB/OL]. (2018-08-02)[2021-06-30]. https://www. sohu. com/a/244846531_99960362.

[15] 川藏公路的历史探究与时代价值[EB/OL]. (2019-05-23)[2021-06-30]. https://www. sohu. com/a/316055191_317644.

[16] 用工匠精神修出安全路[EB/OL]. (2017-09-27)[2021-06-30]. http://www. sc. gov. cn/10462/10778/10876/ 2017/9/27/10434771. shtml.

[17] 圆梦:从川藏公路到川藏高速[EB/OL]. (2019-12-30)[2021-06-30]. http://www. sc. gov. cn/10462/ 12771/2019/12/30/a2623f25bd30407da06a3aedefbcdfcf. shtml.

[18] 袁飞云,尚婷,纪亚英."两路"精神在公司文化景观设计中的应用——以雅康高速公路为例[J].重庆交通大学学报(社会科学版),2020(2):13-18.

[19] 农华西,凌海念.中国共产党革命精神百年发展传承及基本经验[J].贵州社会科学,2021(8):11-18.

[20] 恽安平.大学生军训中集体主义教育及其实现途径的思考[J].中国电力教育,2014(14):247-248.

第7章

水利工程的伦理问题(教学案例)

案例7.1 绿孔雀与水电站"对簿公堂"

作者姓名：廖苗[1],岳晓沛[2]
作者单位：1 长沙理工大学马克思主义学院,2 长沙理工大学土木工程学院
案例来源：作者根据相关新闻报道、法律文书、学术论文等各类文献资料编辑撰写
案例真实性：真实

内容提要："云南绿孔雀案"是我国第一例预防性保护濒危野生动植物公益诉讼案件,引发了社会的广泛关注。该案件由自然之友环境研究所起诉中国水电顾问集团新平开发有限公司及中国电建集团昆明勘测设计研究院有限公司,称由这两个单位建设的云南省红河(元江)干流戛洒江一级水电站淹没区系国家一级保护动物、濒危物种绿孔雀的栖息地,一旦蓄水,绿孔雀栖息地将被淹没,可能导致该区域绿孔雀灭绝。2020 年 3 月 20 日,昆明市中级人民法院经审理作出一审判决,被告停止水电站建设,采取改进措施并报生态环境部备案后,由相关行政主管部门视情况依法作出决定。2020 年 12 月 31 日,云南省高级人民法院作出终审判决,驳回双方上诉,维持原判。

关键词：环境伦理；水利工程；环境公益诉讼；预防性保护

1 引言

人类工程活动通过改造自然来满足人类的需求,必然会对自然进行干预,对环境造成影响。尤其是当代大型水利工程,对人文和生态环境均产生深远的影响。这种影响既有积极正面的,也难免有消极负面的。工程活动的环境伦理问题,需要考量的正是工程建设过程中经济发展与生态环境保护的平衡点,努力协调多方利益,实现人与自然的和谐相处和可持续发展。

戛洒江一级水电站在规划、设计、建设的过程中,虽然按照相关要求进行了环评,获得行政主管部门批复,但在施工过程中,民间环保组织发现该项目将对该地区野生动植物及其栖息地生态环境带来极大风险,因而以预防性保护为由提起公益诉讼,施工项目被迫终止。

此案例涉及的关键问题是水利工程对生态环境的影响,工程的设计施工方如何在规划、设计及建设过程中综合考量和应对工程活动的环境伦理问题。

2 相关背景介绍

2.1 绿孔雀、苏铁等野生动植物及其栖息地

绿孔雀是隶属于鸡形目、雉科、孔雀属的大型陆禽,俗称孔雀、诺勇(傣语)、越鸟,为国家一级重点保护鸟类和世界自然保护联盟(International Union for Conservation of Nature, IUCN)濒危物种。绿孔雀是我国野生雉类中体形最大的种类,加之其具有华丽的羽毛、优雅的体态,广受人们喜爱,是传统的观赏鸟类。孔雀的艺术形象通过雕刻、织绣、绘画和文学作品等已为民众家喻户晓,具有广泛的社会认知度和深远的文化内涵。绿孔雀曾广布于我国湖南、湖北、四川、广东、广西、云南、西藏等省区。但到了 21 世纪,其分布区严重缩小,仅限于云南省中部、西部和南部。绿孔雀为热带、亚热带林栖型雉类,多栖息于低山丘陵和河谷地带,栖息生境较为开阔,栖息植被包括热带雨林、季节性雨林、竹林及竹木混交林、常绿阔叶林、针阔混交林及稀疏草地等,其分布地中多有河流存在,干旱季节常见绿孔雀聚集在河边饮水。过去 20 年间,多数绿孔雀分布地生境发生了巨大变化,很多地区的绿孔雀已经消失。[1]据调查,中国现存野生绿孔雀种群数量为 235～280 只,分布在云南省的 13 个县;毁林开荒、修路、水电站建设等导致的栖息地破坏是我国绿孔雀面临的主要威胁之一。[2]

陈氏苏铁是国家一级重点保护植物,2015 年被列入《云南省生物物种红色名录(2017版)》的极危物种。据《云南省生物物种红色名录(2017 版)》所附红色名录生物物种图鉴载明,2010 年在楚雄双柏县爱尼山乡清水河看到一农家栽培的苏铁与已知苏铁种类都不同,经询问得知是从附近山上挖来的,随即研究人员去山上寻找,仅在新开垦的核桃地里发现几株遭到破坏的个体,因缺乏大小孢子叶而无法鉴定。2012 年在红河县、石屏县等地相继发现了类似的苏铁。2013 年和 2014 年,在红河县和双柏县找到了有大小孢子叶球的植株,确定为尚未发表的苏铁并采集了分子材料,研究了该苏铁与已知种类的分子系统关系。2015年陈氏苏铁被发表于《植物分类学报》(Journal of Systematics and Evolution)上。迄今已发现 8 个陈氏苏铁分布点,但个体数量都非常少,全部个体数量少于 500 株,且破坏严重。[3]

绿孔雀和陈氏苏铁等共同生存的栖息地是由多种生物与一片原始季雨林共同构成的一个完整生态系统,涉及河漫滩、河谷植被、自然形成河水、季雨林等环境,其生态、科研、景观等价值均具有不可替代性。[3]

2.2 戛洒江一级水电站

戛洒江一级水电站是红河(元江)干流梯级综合规划十一级开发方案的"龙头"水库,坝址位于云南省玉溪市新平县境内的元江主源戛洒江河段上,下距规划的戛洒水电站20.6 km。工程的开发任务以发电为主,兼顾下游综合用水要求,电站总装机容量 27 万 kW(3 台,每台 9 万 kW)。工程枢纽主要包括挡水建筑物、泄水建筑物和引水发电建筑物等。工程采用堤坝式开发,挡水建筑物采用混凝土面板堆石坝,最大坝高 175.5 m。水库正常蓄水位 675 m,相应库容 14.91 亿 m³,死水位 640 m,调节库容 8.22 亿 m³,具有年调节性能。[4]工程静态总投资 34.1 亿元,动态总投资 38.87 亿元。水库淹没影响和建设征地涉及新平县和双柏县 8 个乡(镇)。2016 年 3 月开工建设,计划于 2017 年 11 月截流蓄水。2017年 8 月暂停施工。按工程进度,戛洒江一级水电站建设项目现已完成"三通一平"工程并修

建了导流洞。[3]

2.3　新平公司和昆明设计院

中国水电顾问集团新平开发有限公司(以下简称"新平公司"),其前身为云南戛洒水电开发有限公司,是戛洒江一级水电站的建设单位。新平公司曾于 2006 年委托昆明设计院进行戛洒江一级水电站(规划阶段的"三江口水电站")勘察设计工作,并于 2008 年委托昆明设计院编制环境影响报告书。[5] 在获得有关部门批复同意之后,于 2016 年 3 月开工建设。2017 年 8 月,新平公司主动停止了戛洒江一级水电站建设项目的施工。[3] 一审判决后,新平公司所属中国水电顾问集团向其上级中国电力建设股份有限公司提请终止戛洒江一级水电站工程建设,获得批复。[3]

中国电建集团昆明勘测设计研究院有限公司(以下简称"昆明设计院"),其前身为中国水电顾问集团昆明勘测设计研究院有限公司。该机构成立于 1957 年,是中国电力建设集团(股份)有限公司的成员企业。公司拥有工程设计综合甲级、工程勘察综合甲级两项综合资质,以及水利水电工程、市政公用工程、电力工程、建筑工程施工总承包壹级资质及 40 余项专项资质;主营业务涵盖水务与水利水电、新能源与电力、生态环境治理、城市与交通基础设施、航空港五大领域及相应的工程信息化与智慧化业务,是以规划设计为核心,集勘测、设计、工程总承包和投资运营于一体的科技型工程公司。① 2006 年,昆明设计院受新平公司前身云南戛洒水电开发有限公司委托进行勘察设计工作,并于同年完成了《戛洒江一级水电站工程规模简要分析报告》,提出作为红河干流龙头水库,戛洒江一级水电站需适当加大工程规模(即抬高水位、增大装机容量),以利于改善整个梯级和工程的动能经济指标的研究结论。2008 年,昆明设计院受新平公司前身委托开展环评工作,并编制戛洒江一级水电站筹建期"三通一平"工程环境影响报告书。该报告书于 2009 年完成并送审,2012 年得到云南省环保厅批复。2013 年,昆明设计院受新平公司和红河广源水电开发有限公司委托,开展云南省红河干流水电开发环境影响回顾性评价工作,编制完成回顾性评价报告报送环保部,得到了环保部的批复。[5] 2014 年,昆明设计院完成了戛洒江一级水电站环境影响报告书,并于同年得到了环保部批复。[4]

2.4　"自然之友""野性中国""山水自然保护中心"等环保组织

自然之友成立于 1993 年,是中国最早的民间环保组织。② 自 2015 年新环保法实施起至 2018 年年底,自然之友共提起公益诉讼 40 起,其中立案 34 起,已结案 17 起。立案的案件中包括生态破坏 7 起,云南绿孔雀栖息地生态破坏案以及罗梭江热带雨林和珍稀鱼类栖息地生态破坏案就在其中。[6]

野性中国是一家传播和推广自然保护理念的公益机构。③ 创始人为著名野生动物摄影师奚志农,他于 2017 年 3 月前往红河河谷找寻绿孔雀踪迹并进行拍摄。奚志农还于案件一审期间作为原告方证人出庭作证。

---

①　参见该公司官网简介。
②　参见该机构官网介绍。
③　参见该机构官网简介。

山水自然保护中心成立于 2007 年,从事物种和生态系统的保护。该机构关注西部山区的雪豹、大熊猫、金丝猴,以及身边的大自然。[①]

2017 年 3—4 月,自然之友、野性中国、山水自然保护中心联名向环保部、水利部、国家发展改革委寄送紧急建议函,建议暂停红河流域水电项目,挽救绿孔雀最后的完整栖息地。[7]本案一审判决下达后,2020 年 3 月 25 日,自然之友、山水自然保护中心、野性中国和阿拉善 SEE 基金会向生态环境部致建议函并发布公开信,请求戛洒江一级水电站永久停工、保护绿孔雀栖息地,该函件同时抄送国家林业与草原局。[8]

2.5 环保部、林业局、地方政府等相关行政审批部门

楚雄彝族自治州人民政府于 2004 年 4 月批准成立双柏恐龙河州级自然保护区,总面积 10 391 hm²。2008 年 1 月,楚雄州双柏县人民政府委托国家林业局昆明勘测设计研究院编制完成了《双柏恐龙河州级自然保护区范围调整报告》,2008 年 5 月,保护区调整得到楚雄州人民政府批复,调整后,保护区的东面、北面海拔控制高程为 680 m,总面积 9581.5362 hm²。保护区位于规划设计的戛洒江一级水电站库尾,距电站坝址最近距离为 34 km,电站施工对保护区基本没有影响,且电站水库淹没不涉及该自然保护区。[5]

2011 年 6 月 11 日,国家发展改革委办公厅复函,同意戛洒江一级水电站开展前期工作。2012 年 2 月 3 日,云南省环境保护厅(现云南省生态环境厅)批复,同意按照该项目环境影响报告书中所述进行项目建设。2014 年 7 月 15 日,国土资源部作出《关于戛洒江一级水电站建设用地预审意见的复函》(国土资预审字〔2014〕113 号),原则同意通过用地预审。2014 年 8 月 19 日,环境保护部(现生态环境部)批复,原则同意新平公司环境影响报告书中所列建设项目的性质、规模、地点和提出的各项环境保护措施。戛洒江一级水电站项目还取得了云南省发展和改革委员会、云南省住房和城乡建设厅及水利部等相关主管部门的批复。[3]

2017 年 5 月,环境保护部环评司组织了由环保公益机构、科研院所、水电集团等单位参加的座谈会,就水电站建设与绿孔雀保护展开交流讨论。[9]2017 年 5 月,云南省环保厅联合中科院昆明植物研究所和昆明动物研究所召开新闻发布会,发布《云南省生物物种红色名录(2017 版)》,将绿孔雀列为"极危"。[10]2017 年 7 月 21 日,生态环境部办公厅向新平公司发函,责成新平公司就该项目建设开展环境影响后评价,采取改进措施,并报生态环境部备案。后评价工作完成前,不得蓄水发电。[3]2017 年 11 月,云南省省级《云南生态保护红线划定方案》得到国家环保部、国家发展改革委的通过,将绿孔雀等 26 种珍稀物种的栖息地划入生态保护红线。[11]2018 年 4 月,云南省林业厅下发了《云南省林业厅关于提交绿孔雀及其栖息地保护实施方案的通知》,旨在对整个云南省的绿孔雀种群、绿孔雀栖息地进行彻底的调查,为未来的保护提供有力的依据。[12]2018 年 6 月,云南省政府发布《云南省生态保护红线》,绿孔雀等 26 种珍稀物种的栖息地被划入生态保护红线,包括戛洒江一级水电站项目绝大部分区域。[13]

2.6 司法部门

2017 年 8 月,楚雄彝族自治州中级人民法院在接到自然之友的起诉材料之后,立案受

---

① 参见该机构官网简介。

理;经审查认为,因该院没有成立环境资源审判庭,报请云南省高级人民法院将本案指定其他中级人民法院管辖。

2017年9月,云南省高级人民法院裁定,云南绿孔雀栖息地保护案由昆明市中级人民法院审理。2017年11月,昆明市中级人民法院立案受理,进入一审程序,通知原告方提交相关证据。2018年3月,昆明市中级人民法院主持原告与被告进行庭前证据交换。2018年8月,昆明市中级人民法院开庭审理。2018年12月,昆明中院主持原被告方对法院调取的证据进行质证。昆明中院发函云南省林业局和草原局调取证据,于2019年4月获得函复;发函生态环境部询问《戛洒江一级水电站环境影响报告书》中未对陈氏苏铁影响进行评价的问题,于2018年11月得到该部办公厅函复。2020年3月20日,昆明中院作出一审判决。

2020年6月,云南省高级人民法院受理双方上诉。2020年8月,云南省高院围绕双方上诉请求及争议焦点进行了公开开庭审理。2020年12月,云南省高院作出二审终审判决。

2.7 相关领域专家

在2014年完成提交的《戛洒江一级水电站环境影响报告书》中,提及来自云南大学、华中农业大学、中国科学院昆明动物研究所的多个专家团队受昆明设计院委托开展生态影响专题研究。其中,承担工程建设对陆生生态环境影响的评价单位为云南大学,该专题评价材料完成时间为2013年11月。2006年8月,云南大学受昆明设计院委托对戛洒江一级水电站评价区进行了野外实地调查,调查重点范围是淹没区、施工区域等,调查内容为对评价区植被、动植物、土地利用、敏感对象等陆生生态要素的全面调查。2013年5月,云南大学对戛洒江一级水电站评价区进行了全面复核调查,调查内容包括评价区全部陆生生态要素,补充了高榕季雨林样方、车桑子样方、膏桐样方等,动植物物种核实和完善。[5]

本案一审庭审过程中,红河学院动物学专家、中国科学院昆明植物研究所专家作为原告方证人出庭作证,此前的2017—2018年,他们都参与过环保组织野性中国和自然之友组织的红河中上游河谷漂流科考,调查该区域生物多样性,进行取证。[3]

2.8 媒体和公众

在案件诉讼过程中,新华社、人民日报、中国青年报、法制日报、环球时报、中国新闻周刊、澎湃新闻、界面新闻、南方周末、春城晚报等多家媒体纷纷报道,引发了社会公众的广泛关注。

2017年起,自然之友发起组织了以"保护绿孔雀"为主题的包括科普教育、艺术创作、音乐会、公益广告投放在内多种形式的公众参与活动。2020年3月20日,在新华社报道《"云南绿孔雀"公益诉讼案一审宣判:立即停止水电站建设》发出后,短短几天时间就有近150万网友关注这一报道,并纷纷留言。[8]

2018年8月,案件一审开庭,在法庭的组织下,人大代表、政协委员、云南省及昆明市生态环境相关部门工作人员、云南省法院系统环资庭法官、高校学生以及媒体记者等近70人旁听了本案庭审。[14]

3 案例概述

早在21世纪初,水利部门经规划审查,在云南红河(元江)干流作了11个梯级水电规划。戛洒江一级水电站是这 11 个梯级电站中的第一级,也是红河干流的龙头水库和控制性工程,电站装机容量 270 MW,正常蓄水位 675 m。随着 11 个梯级水电规划和建设的进程,相应的环境影响评价也同时展开。昆明设计院受新平公司委托,自 2006 年起开始进行戛洒江一级水电站的勘察设计、可行性研究、环境影响评价等方面的工作,逐步获得有关部门批复。2014 年,戛洒江一级水电站环境影响报告书完成,同年获得了国家环保部批复。2016年 3 月,水电站开工建设,计划于 2017 年 11 月截流蓄水。2017 年 3 月 21 日,环保组织"野性中国"在云南省双柏县恐龙河自然保护区附近的野外调查中发现了国家一级保护动物、濒危物种绿孔雀,而其栖息地恰好位于正在建设的戛洒江一级水电站的淹没区内。3 月 30日,"自然之友""山水自然保护中心"和"野性中国"三家环保组织联名向环保部发出紧急建议函,建议立即停止戛洒江电站项目,重新全面评估其建设造成的生态影响,在调查核实基础上撤销工程环评批复,挽救濒危物种绿孔雀最后的完整栖息地。5 月 8 日,在原环境保护部环境影响评价司的邀请下,"自然之友""野性中国""山水自然保护中心"的代表与政府及水电建设单位就绿孔雀栖息地与水电建设问题进行了交流。7 月 12 日,环保民间组织"自然之友"把戛洒江一级水电站建设单位等告上法庭,要求停止水电工程建设,消除对野生绿孔雀栖息地造成破坏的危险。同年 8 月,戛洒江一级水电站暂停施工。11 月,昆明市中级人民法院正式受理本案,经多次庭前证据调取后,于 2018 年 8 月 28 日开庭审理。2020 年 3月 20 日,法院作出一审判决:被告停止水电站建设,采取改进措施并报生态环境部备案后,由相关行政主管部门视具体情况依法作出决定。原被告双方均上诉。2020 年 12 月 31 日,云南省高级人民法院作出终审判决,驳回上诉,维持原判。

4 案例分析

4.1 基于现代工程的环境伦理原则的分析

水利工程建设不仅涉及人类利益,而且会对自然界产生影响,整个河流的环境和生态系统都有可能随着某项水利工程的建设与使用发生重要的变化与调整。因此,水利工程面临突出的生态伦理问题,承担着保护河流生态环境的重大责任。为此,教材《工程伦理》(第 2版)中介绍了关于"水资源公正配置"和"维护河流健康生命"这两方面的若干原则。"水资源的公正配置"有四条主要原则:① 邻近优先;② 尊重历史;③ 利益补偿;④ 重视生态。[15]167-170"维护河流健康生命"有四条基本原则:① 开发与保护并重;② 局部与整体协调;③ 补偿与损害等容;④ 近期与远期统一。[15]176-177

对照这些原则和评价标准,可以看到,本案例中水电站的规划和建设方通过环境评价工作,在一定程度上遵循了这些原则,但是也存在违背上述原则的一些做法。环评报告中已经提到电站水库蓄水会对相应区域的陆生动植物及其生态环境造成不利影响,但并未充分考虑影响的程度和范围。对于绿孔雀,环评报告中认为其作为陆生脊椎动物,当部分栖息地被淹没时,会自动迁徙,因此不会导致种群灭绝。由此,环评报告并未提出对于绿孔雀受影响的应对和补偿措施。这就违背了利益补偿原则、开发与保护并重原则、补偿与损害等容原则。环保组织提起的公益诉讼,认为水电站的建设不仅对绿孔雀的活动轨迹产生影响,而且对绿孔雀赖以生存的大面积原始季雨林、热带雨林片段共同构成的完整生态系统带来重大风险,一旦破坏则不可弥补和修复。这是符合重视生态原则的。建设方提供的环评报告中,明确列出了水电站建设将带来的经济效益、社会效益和环境效益,包括对下游电站的补充效益、对当地经济和就业的带动作用,以及改变地方能源结构的环境效益。由此,这些人类的利益需求就与工程对野生动植物及生态环境的不利影响产生了冲突,这构成了自然整体利益与人类局部利益的冲突,根据局部与整体协调原则和开发与保护并重原则,人类改造河流的水利工程活动应充分协调并保护自然生态的整体利益。对于绿孔雀和苏铁等野生濒危动植物而言,栖息地的破坏影响到它们的生存需要,水电站建设的经济社会效益只是满足人类的基本甚至非基本需要,按照需要性原则,应当把绿孔雀等的生存需要放在优先地位来考量。诉讼发生后,相关行政部门划定生态红线的决策便是遵循了这些基本的原则和评价标准,使得戛洒江一级水电站建设工程终止。

4.2 基于工程师的环境伦理规范的分析

水利从业者的工作性质涉及行政管理、科学研究、总体规划、工程设计、建设施工、运行维护、出版宣传及社会服务等,这使得水利工程师职业角色多元化特征尤为突出。[15]182 由于水利工程涉及多方面的利益冲突、利益平衡以及人类社会与自然环境的协调问题,使得水利工程师在实际工作中面对诸多困境,包括:由于工程规模浩大引发对个人价值的低估;由于工程技术复杂导致内心深度焦灼;由于工程周期漫长引起日常工作懈怠;以及在面对激烈的利益冲突时无所适从的感觉。[15]183 因此,水利工程师应当在实践中不断提升自我,努力成为精通行业技术的专家、恪守职业道德的模范、热爱自然山水的智者,实现多重角色下的伦理统一。[15]183-185

"精通行业技术的专家"这一角色要求水利工程师全面掌握专业技术,与时俱进,不断更新知识体系,提升国际视野,还应具备一些人文素养,学会正确处理人与人以及工程与人、自然、社会的关系。[15]184 本案例中,对于生态可持续性阈值,建设方环评报告中得出的综合结论与环保组织起诉时的认定存在差异,这也构成了案件的一个核心争议。环评报告中认为电站施工和水库蓄水对当地野生动物的生存和繁殖影响不大,不会导致当地物种多样性显著降低,而原告方环保组织则认为该项工程构成了生态重大风险。如何确定生态可持续性的阈值,是一个高度专业且复杂的科学问题,这既体现了本案例的复杂度,也体现了工程师肩负的重大生态责任。因此,水利工程项目中进行环境评估的专家应当更为全面地掌握专业技术,才能正确回应社会关切问题。

"恪守职业道德的模范"这一角色要求水利工程师坚持科学、实事求是、认真负责,能顶住多方压力。这需要良心、智慧和勇气。[15]185 本案例中,施工方工程师、编制环评报告的工程师在修改水库正常蓄水位的过程中,进行了不同蓄水位的淹没损失和经济效益的对比分析。从规划阶段的 640 m 抬高到 675 m,更多是考虑上下游水库的衔接和补偿效应,认为不会导致物种灭绝。环保组织对电站建设和环评方的起诉认为,这样的设计将导致绿孔雀等野生濒危植物的区域性灭绝。可见,建设方案对于环境影响的考虑是不够充分的。这一设计方案的修改有可能受到了经济效益考量的压力。水利工程师应当在利益和压力面前坚持科学与责任,这需要有职业道德作为精神力量来支撑。

"热爱自然山水的智者"这一角色是由于水利工程师与自然山水接触更为密切,更应珍惜自然界一山一水、一草一木,充分重视水利工程对自然环境的不利影响,努力让工程、人与自然和谐相处。[15]185 本案例中,环评方提供的移植 6 株元江苏铁至业主园区、野生动物监测、植被变化调查等措施不够具体、不够充分,反映出对于野生动植物、生态自然环境内在价值的理解不够,并未体现出对自然山水的热爱之情。

4.3 相关技术规范

针对水利水电工程的环境影响评价和保护,我国相关部门制定出台了一系列的技术规范和管理办法,如《环境影响评价技术导则 生态影响》(HJ 19—2022)、《环境影响评价技术导则 水利水电工程》(HJ/T 88—2003)、《水利水电工程环境保护设计规范》(DL/T 5402—2007)、《河流水电规划报告及规划环境影响报告书审查暂行办法》(2011)、《关于进一步加强水电建设环境保护工作的通知》(2012)、《关于进一步加强水利规划环境影响评价工作的通知》(2014)、《关于深化落实水电开发生态环境保护措施的通知》(2014)、《关于强化建设项目环境影响评价事中事后监管的实施意见》(2018)、《环境影响评价公众参与办法》(2018)、《关于严惩弄虚作假提高环评质量的意见》(2020)。

戛洒江一级水电站环评报告中援引了这些技术规范,程序上也都遵循了相应的规章制度。作为工程师,需要进一步考量的则是该环评报告不仅在程序上和形式上符合相关技术规范和制度要求,在内容上也要落实规范所依据的原则和精神。

5 结论与启示

"政府为主导、企业为主体、社会组织和公众共同参与的环境治理新格局"是党的十九大报告提出的环境治理新体系。多元共治的理念已经逐渐深入社会治理的各个方面。司法部门的判决维护了该区域的长久生态价值,充分考虑了工程建设中的伦理问题,符合公共的利益,解决了众多参与者和利益相关方的协调,合理进行利益分配,满足了公众对于绿水青山的迫切环境渴求。

随着社会的发展,工程建设和工程伦理的冲突时有出现,经济发展和环境保护时现冲突,这就对工程师等能够在一开始就接触到该问题的主体提出了更高的要求。工程师往往担负着重要的生态责任,对于这种责任的认知和履行很大程度上影响着工程系统和环境系统互动方式的优劣。因此,作为一名合格的工程师应该在工程活动中辩证思考,在履行自己社会角色的同时,重视且正确履行其应承担的环境责任;意识到自己不单单是一名公司职员,更大意义上还是公共利益的"检察官"和"发言人",切不可漠视工程良心,其身上的伦理责任时刻要求工程师保持对社会、对公众的忠诚。如果工程项目存在类似的问题,应该及时发声,在项目立项之初及时提出问题并正确评估,减少后续的影响和经济损失。

此外,工程界应当建立一种透明和公开的文化,在这种文化中,关于工程的环境以及其他方面风险的客观真实信息能够得到充分的沟通和讨论,政府组织、工程各利益相关方、社会团体可以公平对话,意见建议可以被充分听取,将自律与他律相结合,让工程建设成为一种真正的"公共善"。

历时多年的"云南绿孔雀案",体现了《环境法》第五条"保护优先、预防为主"的原则,同时也折射出环境公益诉讼与生态保护的艰辛之路。这是环境保护,尤其是公众参与、跨界合作上的一个里程碑。相信今后,在项目立项审查、环保制度建设、生态风险评估等方面,中国社会将有更多的进步;随着社会的发展,越来越多的人会意识到环境利益的内在价值。道阻且艰,行则将至,在环境保护上没有人会是一座孤岛,建设美丽中国,每一个人都责无旁贷。

6 思考题

(1) 如何理解绿孔雀及其栖息地在工程建设中面临的生态风险？如何理解这种生态风险与工程建设可能带来的经济效益之间的矛盾？

(2) 参与戛洒江一级水电站规划设计和施工建设的工程师,可能同时肩负着对职业的责任、对雇主的责任、对顾客的责任、对同事的责任、对环境和社会的责任,当这些不同的责任发生分歧甚至是冲突时,应当如何处理？

(3) 在本案例中,司法部门、行政部门、环保组织、专家学者、媒体和公众分别发挥了什么样的作用？

案例 7.1 使用说明

1 案例摘要

位于云南省玉溪市新平县境内的戛洒江河段上正在修建一座戛洒江一级水电站。该项目于 2014 年完成了环境影响评价,获得了环保部批复,2016 年开工建设。2017 年,由于发现该项目水库淹没区内有绿孔雀的踪迹,环保组织向法院起诉建设单位和环评单位,要求停止工程建设,以挽救绿孔雀等濒危物种及其栖息地生态系统。2020 年,此案件经过两审判决,要求被告停止建设,成为我国首例濒危野生动植物保护预防性公益诉讼案件。

2 课前准备

阅读《工程伦理》(第 2 版)第 7 章"水利工程的环境伦理"。

3 教学目标

(1) 通过使用本案例进行教学,使学生理解水利工程伦理的内涵,包括:①知晓水利工程中主要伦理冲突的表现形式；②学会分析水利工程建设中出现的各种伦理冲突；③掌握水利工程伦理决策方法。

(2) 培养学生作为水利工程师的职业归属感,做到多重角色的人格统一:①精通行业技术的专家；②恪守职业道德的模范；③热爱自然山水的智者。

4 分析的思路与要点

通过阅读案例并收集补充材料,分析:

(1) 戛洒江水电站工程项目对环境产生了哪些影响？如何了解这些影响？如何评价这些影响？对于这些影响需要采取何种措施？

(2) 案例中涉及的各个利益相关方是如何了解并评价该工程项目的环境影响的？他们

的认知和评价有什么不同？造成这些不同的原因可能有哪些？

（3）作为该项目的工程师，在项目规划、设计以及环境评价过程中做了什么事情？遵循了哪些规范？

5　课堂安排建议

情景再现：请若干位同学进行角色扮演，进行案件庭审现场的陈述和辩论。

分组讨论：将班级同学分为若干小组，每组 6～8 人，对案例进行讨论。

小组总结：每组举荐一位同学为代表，就该组讨论的要点向全班进行汇报。

拓展练习：

（1）结合《工程伦理》(第 2 版)第 7 章"思考与讨论"部分的第 3 题，查找关于印度乌昌吉坝建设过程的相关资料，讨论工程师、非政府组织和公众分别在大坝工程设计和相关风险沟通过程中可能发挥的作用。

（2）对比 2012 年广西龙江镉污染事件中小水电站发挥的作用[16]，讨论水利工程可能产生的积极环境效益。

（3）假如你是戛洒江一级水电站工程项目中的一名工程师，可以选择一个时间节点回到过去，你想回到什么时候、做些什么事情来改变此项目陷入烂尾的境况？为了做这些事情，你在穿越之前需要具备哪些知识和技能？

参考文献

[1] 孔德军,杨晓君.绿孔雀及其在中国的保护现状[J].生物学通报,2017,52(1)：9-11,64.

[2] 滑荣.中国绿孔雀种群现状调查[J].野生动物学报,2018,39(3)：681-684.

[3] 云南省高级人民法院民事判决书：(2020)云民终 824 号[A/OL].[2021-07-15].https://file.lingxi360.com/form_fill/446b86accf06c9dcccd645f0d39ba390.pdf.

[4] 关于云南省红河(元江)干流戛洒江一级水电站环境影响报告书的批复：环审〔2014〕207 号[A/OL].[2021-07-15].http://www.mee.gov.cn/gkml/sthjbgw/spwj1/201408/t20140827_288324.htm.

[5] 云南省红河(元江)干流戛洒江一级水电站环境影响报告书：国环评证甲字第 3402 号[A/OL].[2021-07-15].http://www.mee.gov.cn/ywgz/hjyxpj/jsxmhjyxpj/xmslqk/201605/W020160522143395240044.swf.

[6] 自然之友 2018 年度报告[R/OL].[2022-10-20].http://www.fon.org.cn/Uploads/file/20200912/5f5ba7fdc9abb.pdf.

[7] 邸皓.这次绿孔雀和苏铁组队暂时守住了家园,下次会怎么样？[EB/OL].(2020-03-26)[2021-07-15].https://mp.weixin.qq.com/s/tpCoWrVTO1d3k8uF2kD30Q.

[8] 自然之友.绿孔雀保卫战：行动不能停歇,只为了那最后的胜利[EB/OL].(2020-03-25)[2021-07-15].https://mp.weixin.qq.com/s/kS1-DZ4mEJSh2bsw-u0w0w.

[9] 云南观察."绿孔雀案"公益诉讼背后的生物多样性保护话题[EB/OL].(2020-03-26)[2021-07-15].https://mp.weixin.qq.com/s/IpUf_txYuHnCAd9tdkGBcA.

[10] 生态环境部.《云南省生物物种红色名录(2017 版)》正式发布[EB/OL].(2017-05-22)[2021-07-15].http://www.mee.gov.cn/home/ztbd/swdyx/2017sdr/2017sdr_xgbd/201705/t20170522_414470.shtml.

[11] 中国生物多样性保护国家委员会.《云南省生态保护红线划定方案》顺利通过国家审核[EB/OL].

[2021-07-15]. https://cncbc. mee. gov. cn/zgxd/snxd/2017/201712/t20171201_427253. html.

[12]　云南省林业厅对政协云南省十二届一次会议第 273 号提案的答复：云林字〔2018〕28 号［A/OL］.
　　　 (2018-06-15)［2021-07-15］. http：//lcj. yn. gov. cn/html/2018/jianyitianbanli_0605/51229. html.

[13]　云南省人民政府关于发布云南省生态保护红线的通知［A/OL］. (2018-06-29)［2021-07-15］. http：//
　　　 www. yn. gov. cn/zwgk/zfgb/2018/2018ndsyq/szfwj_1447/201806/t20180629_145923. html.

[14]　春城晚报. 全国首例! 昆明中院判决：保护云南绿孔雀，立即停建水电站!［EB/OL］. (2020-03-21)
　　　 ［2021-07-15］. https：//mp. weixin. qq. com/s/FzqsetyrnTwqTBfqwuZfWw.

[15]　李正风，丛杭青，王前，等. 工程伦理［M］. 2 版. 北京：清华大学出版社，2019：167-170.

[16]　龙海芳，张颖，包乙春. 助力柳江保卫战——广西柳州供电网区齐心阻击镉污染侧记［J］. 广西电业，
　　　 2012(4)：18-19.

第8章

化学工程的伦理问题(教学案例)

案例8.1 "8·12"天津港爆炸事故的伦理分析

作者姓名:雷毅
作者单位:清华大学人文学院科学史系
案例来源:作者根据相关资料整理
案例真实性:真实

内容提要:2015年8月12日,位于天津市滨海新区天津港的瑞海国际物流有限公司(以下简称"瑞海公司")危险品仓库发生特别重大火灾爆炸事故,造成了严重的人员伤亡和财产损失。瑞海公司违法违规经营危险化学品仓储,以不正当手段获得经营许可,安全生产教育培训严重缺失,未按规定制定应急预案并组织演练,是导致事故发生的直接原因。政府监管部门违法违规审批许可,违法违规审查项目,日常监管严重缺失;第三方服务机构在安评、环评、安全设施验收等环节弄虚作假,违法违规进行安全审查、评价和验收。这是事故发生的间接原因。事故折射出各责任方工程伦理的严重缺失,值得长期警醒和反思。

关键词:工程安全;伦理底线;天津港爆炸事故

1 引言

安全是每一个企业生存与发展的前提。通过提高安全生产水平,实现安全生产是企业追求经济效益过程中的重要环节。安全生产管理能减少和防止事故的发生,保证生产的顺利进行,从而提高企业的经济效益。

我国正处在经济高速发展时期,各个行业都将生产效益作为中心目标来追求,由于安全生产与生产效益之间通常存在着矛盾,在这种情形下,生产的安全问题很容易在促生产的前提下被忽视。当然企业的宗旨是以盈利为目的,但前提是不能忽视安全而单纯去追求经济效益。没有安全保障,企业很难维持正常运转,而一旦发生事故,不仅要停工停产,还需要花费大量的人力、物力和财力去处理事故。因此,在工程实践中,处理好安全生产与经济效益的关系尤其重要。

2 背景

天津港位于天津市海河入海口,是中国北方重要的综合性港口和对外贸易口岸,世界上最高等级航道的人工深水港。天津港主航道水深达21 m,可满足30万t级的油轮和世界上最先进的大型集装箱船进出港。2013年天津港货物吞吐量突破5亿t,集装箱吞吐量突破1300万标准箱,成为中国北方第一个5亿t港口。[1]2014年我国第一条人工开挖的复式航道在天津港正式通航。2015年天津市投资160亿元建设天津港,建成后将对实现天津港"北矿南移"战略和"东高端、南优质、北提升"总体布局及功能定位发挥重要作用,提升对外服务能力。

尽管政府对天津做过城市总体规划,但因滨海新区发展非常快,导致滨海新区和天津港的规划把工业区和住宅区规划在一起,尤其是把办公楼、住宅楼、危化品、仓储货运码头等本应分区隔开的不同功能性区域拧在一起,这种很不科学的规划之所以能通过,主要在于规划时考虑投资、商业利益过多,对安全和社会环境关心不够,最终造成了巨大经济损失和重大人员伤亡的惨剧。

3　事故经过

2015年8月12日,位于天津滨海新区塘沽开发区的天津东疆保税港区瑞海国际物流有限公司所属危险品仓库先后发生两次剧烈爆炸。

2015年8月12日22时50分,天津瑞海物流起火,消防队进入进行灭火作业。23时34分6秒,发生第一次爆炸,31 s后发生第二次爆炸,现场腾起蘑菇云(见图1),2 km内建筑玻璃全部被震碎,救援人员被困。8月13日,爆炸中心现场开始清场,对爆炸现场周边道路实施交通管制,国家级核生化应急救援队参与救援。8月14日,现场明火基本被扑灭。

图1　事故现场(图片来自网络)

离爆炸点2 km范围内分布着多个居民区,居民楼房受到不同程度损坏(见图2),大量人员受伤。此外,还有大量的机动车,包括当时正在附近高速路上行驶的车辆以及周围居民区露天停放的车辆受到破坏。

公共设施方面,爆炸核心附近的轻轨东疆路站因爆炸受到严重破坏而关闭使用,天津地铁9号线暂停使用。距离爆炸现场仅几千米的中国国家超级计算机中心的窗户玻璃以及内部天花板遭到不同程度损坏,所幸"天河1号"本身未受到影响。

在爆炸区域周围有多个集装箱堆场。爆炸的高温不仅使邻近的集装箱烧毁,强大的冲击波也使周围大量的集装箱变形(见图3),由于集装箱的被保险人和保险公司非常分散,难以统计准确的损失。

"8·12"天津港爆炸事故是迄今为止亚洲最大的人为损失之一。爆炸事故造成165人

图 2　附近居民楼遭到破坏（图片来自网络）

图 3　集装箱损毁变形（图片来自网络）

遇难,8 人失踪,798 人受伤,304 幢建筑物、12 428 辆商品汽车、7533 个集装箱受损。[2] 港口区域大面积损毁,建筑物、基础设施、港口设施以及包括海运集装箱和汽车在内的存放货物受损严重,数千辆进口汽车在事故中被烧毁和损坏。

官方发布的数据显示,爆炸区仓库里有危险品七大类,40 种左右,主要是氧化物、易燃物体和剧毒物三大类。爆炸区有包括硝酸铵、硝酸钾在内的氧化物共 1300 t 左右;金属钠、金属镁等易燃物体 500 t 左右;以氰化钠为主的剧毒物 700 t 左右。[3]

通过分析,事发时瑞海公司储存的 111 种危险货物的化学组分,确定至少有 129 种化学物质发生爆炸燃烧或泄漏扩散,其中,氢氧化钠、硝酸钾、硝酸铵、氰化钠、金属镁和硫化钠这 6 种物质占 50% 以上。同时,爆炸还引燃了周边建筑物以及大量汽车、焦炭等普通货物。本次事故残留的化学品与产生的二次污染物逾百种,对局部区域的大气环境、水环境和土壤环境都造成了不同程度的污染。

截至 2015 年 12 月 10 日,事故调查组依据《企业职工伤亡事故经济损失统计标准》等标准和规定,已核定直接经济损失 68.66 亿元人民币。经国务院调查组认定,天津港“8·12”瑞海公司危险品仓库火灾爆炸事故是一起特别重大生产安全责任事故,也是新中国成立以来消防人员伤亡最惨重的事故。

4　事故原因

经事故调查组调查分析,此次事故中最初起火物质为硝化棉,原因是生产的硝化棉酒精未采用热塑封口,只是简单地用包装绳扎口后就装入纸筒内。另外,瑞海公司存在野蛮装卸问题,致使硝化棉在装箱过程中出现包装破损、硝化棉散落的情况。

分析测试表明,湿润剂具有散失性,如果不密封包装,在一定温度下就会挥发,而且温度越高挥发得越快。事故发生当天的最高气温达 36 ℃,集装箱内温度则更高。在以上几种因素偶合作用下,随着硝化棉湿润剂散失,局部出现干燥,高温环境下分解反应加速,产生大量热量。狭小的空间加上散热条件差,导致热量不断积聚,致使硝化棉因温度过高而自燃。硝化棉自燃后放出大量气体,箱内压力增大致使集装箱破损,硝化棉的散落形成大面积燃烧,由此引燃了其他集装箱中的精萘、硫化钠、糠醇、三氯氢硅、一甲基三氯硅烷、甲酸等多种危险化学品,随后,火焰又蔓延到邻近的硝酸铵集装箱。燃烧产生的高温加速了硝酸铵的分解,最终发生了爆炸。

第一次爆炸发生在 23 时 34 分 6 秒。在火焰的蔓延和第一次爆炸冲击波的影响下,距离第一次爆炸点仅 20 m 处存放着的多个装有硝酸铵、硝酸钾、硝酸钙、甲醇钠、金属镁、金属钙、硅钙、硫化钠和氧化剂、易燃固体和腐蚀品的集装箱,在 23 时 34 分 37 秒又发生了第二次更猛烈的爆炸。

据专家分析,在大火持续燃烧和两次剧烈爆炸的作用下,现场危险化学品爆炸的次数可能是多次,但造成现实危害后果的主要是两次大的爆炸。经模拟计算得出,第一次爆炸的能量约为 15 t TNT 当量,第二次爆炸的能量约为 430 t TNT 当量。考虑期间还发生多次规模的爆炸,事故调查组最终确定此次事故中爆炸总能量约为 450 t TNT 当量。[4]

12 日 22 时 52 分,天津市公安局 110 指挥中心与天津市公安消防总队 119 指挥中心接到火灾报警,天津港公安局消防四大队在 5 min 内到达现场。结果指挥员发现,瑞海火势猛烈的集装箱运抵区南侧通道已被集装箱堵塞,消防车根本无法靠近。当向瑞海公司现场工作人员询问具体起火原因时,现场工作人员竟茫然不知。在不得已的情况下,只好用吊车清理被集装箱占用的消防通道,让消防车靠近起火点灭火,但效果并不理想。在这种情况下,为阻止火势蔓延,消防员利用水枪、车载炮冷却保护毗邻集装箱堆。后因火势过于猛烈而危及现场人员生命,消防车和人员不得不撤离,只能在外围用车载炮射水控制火势蔓延。[4]直至 8 月 14 日 16 时 40 分,现场明火才被扑灭。

瑞海公司违法、违规经营和储存危险货物,安全管理极其混乱,未履行安全生产主体责任,致使大量安全隐患长期存在:①严重违反天津市城市总体规划和滨海新区控制性详细规划,未批先建、边建边经营危险货物堆场;②无证违法经营,以不正当手段获得危险货物批复;③违规混存、超量储存、超高堆码危险货物;④未按要求进行重大危险源登记备案;⑤违规开展拆箱、搬运、装卸等作业;⑥安全生产教育培训严重缺失,部分装卸管理人员没有取得港口相关部门颁发的从业资格证书,无证上岗;⑦未按规定制定应急处置预案并组织员工进行演练,未履行与周边企业的安全告知书和安全互保协议,事故现场消防通道堵塞,严重影响消防员开展抢险救援;⑧现场化学品成分复杂,数量种类不清,无法提供堆场实际信息。上述原因直接导致了燃烧发生后的两次剧烈爆炸,造成了严重的人员伤亡和财产损失,给消防救援和应急处置带来巨大困难。[4]

5　伦理分析

化工产品(尤其是危险品)的生产、仓储和物流常常伴随着巨大的风险,一旦发生事故,涉及面广,处置难度大,影响持久,因而需要特别考虑安全问题。从最初的规划到经营中的监管,需要时刻保持高度的风险意识。表面看,这是一起瑞海公司违法、违规经营和储存危险货物导致的事故,但从工程伦理的视角看,事故的发生有深层原因,是违反伦理和法规的多种因素综合作用的结果,它反映出政府职能部门规划、审查、监管的缺失和企业无视风险的唯利是图。

从调查结论来看,在最初的规划、审批和监管环节,政府部门有法不依、执法不严、监管不力、履职不到位,为悲剧的发生埋下了祸根。天津市及滨海新区环保、行政审批等部门、单位,对违反城市规划行为和在安全生产管理方面存在的问题失察失管。例如,交通运输部作为港口危险货物监管主管部门,未依照法定职责对港口危险货物的安全管理进行督促检查;中介及技术服务机构弄虚作假,违法违规进行安全审查、评价和验收等。

从工程伦理的视角,我们可以从职业责任、社会责任和环境责任三个方面进行分析。

从职业责任层面,政府职能部门作为工程共同体的重要部分,工程的规划、审查和监管是它必然的责任和义务,对危险品的监管更是马虎不得。职业伦理要求政府职能部门对化学危险品严格按照标准和规范进行合理规划,严格审查和监管,但他们连职业的基本操作都未执行到位,显然已丧失了基本的职业操守,超过了道德底线而触犯了法律,被追究法律责任成为必然。另外,瑞海公司从一开始就利用制度漏洞,用非法和不道德手段获得了经营许可,违法违规经营危险化学品仓库,为最大限度地牟取经济利益而不顾作业安全,安全生产教育培训严重缺失,违反了危险品行业经营的基本要求而成为事故的直接制造者。

从社会责任层面,瑞海公司、政府职能部门和中介机构均违反了各自社会责任的原则和规范。既然职业伦理要求职能部门将民众的安全、健康和福祉作为工作的首要目标,那么政府职能部门就被赋予了相应的权威和监管权利。然而,政府职能部门在规划、审查和监管过程中未能遵循职业的责任伦理要求,将本该严密防范的高危化品的安全风险直接交给公众来面对,这已经违背了作为监管者的社会责任和道德规范,因此,政府相关职能部门对爆炸案负有不可推卸的责任。而瑞海公司在明确违反国家相关法规的情况下持续经营本身,就已将民众的安全、健康和福祉抛之脑后,这种不负责任的企业触犯的已不仅仅是道德戒律,而是法律。

从环境责任层面,企业和政府在维护公共安全和环境安全方面负有不可推卸的责任。由于事故造成了事故中心及周边区域大气、水体和土壤不同程度的污染,因而两者均负有环境伦理责任。这种责任涉及对生态环境的直接责任和因环境污染而影响到人的间接责任。环境伦理责任主要在于,事故对周边区域大气环境、水环境和土壤环境造成污染,将会直接影响到该区域生活的所有生物的生存。环境伦理要求人类在没有正当理由的条件下,不能损害其他生物生存的权利,否则,人类的行为就是不道德的。这起事故对该区域生活的生物造成损害是必然的,因而也需承担相应的道德责任。

6 启示与思考

人们常说,公共安全无小事,这是历经无数惨痛事故教训的总结。天津港爆炸案就是最好的诠释。如果工程共同体的各方都能严格按照国家对危险品处置的标准和要求去做,出重大事故的概率应该是极低的,因为几乎所有的重大事故都是各种因素叠加后造成的。

天津港爆炸案中,瑞海公司的问题早就暴露。安评报告评估了瑞海公司包括储运装卸及设备设施单元安全检查、总平面布置安全检查、安全管理检查、消防安全分析检查等9大类安全项目,共指出19项内容不符合规定,另有24处安全隐患需整改。问题是,既然安评报告已指出危化品混存的多处隐患,为何瑞海公司仍可运营? 显然与监管和执行不到位有关。所以要真正做到防患于未然,就需要事前常规化的监督执行到位,而不是流于形式。因为安全事故一旦发生,必将使人的生命受到威胁和伤害,也必然给个人、家庭带来巨大的损失。公共安全事关人民群众的切身利益,监管部门应当把生产安全作为生产活动的重中之重,以"安全责任重于泰山"的意识做好监管。

天津港爆炸案的教训表明,安全生产对企业的生产和运营多么重要。追求经济效益是企业的中心任务,但经济效益的产生和维持要靠安全生产来保障。这就是"安全促进生产,生产必须安全"的道理。企业一旦发生安全事故,不仅会影响企业的效益,甚至造成经济损失和伤亡,这又直接造成经济效益上的损失。因此,安全是提高经济效益的前提和基础,没有安全就没有效益。对于企业而言,效益与安全永远是两项根本性任务。企业管理者必须坚持两手抓,要以安全保效益,以效益促安全。

7　思考题

(1) 这次事故中安评机构的安全评价工程师违反了哪几条化学工程师伦理准则?

(2) 如果你是该安全评价机构的负责人,在面临经济利益和市场竞争等多重压力下,遇到类似的情况,你是否会坚守底线,拒绝为这样的公司出具安全评价合格的报告?

(3) 这起事故再次表明化学品事故的后果可能是灾难性的。如果你是一位在瑞海公司工作的工程师,面对这样的公司管理和经营方式,你会做什么?

(4) 企业和政府在维护公共安全和环境安全方面应各自担负怎样的伦理责任?

案例8.1 使用说明

1　案例摘要

2015年8月12日,位于天津市滨海新区天津港的瑞海公司危险品仓库发生特别重大火灾爆炸事故。

事故造成165人遇难,8人失踪,798人受伤住院治疗;304幢建筑物、12 428辆商品汽车、7533个集装箱受损。事发后现场化学品成分复杂,数量种类不清,给消防救援和应急处置带来巨大困难。事故最初起火物质为硝化棉,在企业简易包装和装卸员工野蛮操作下,硝化棉暴露于空气中发生自燃。瑞海公司违规混存、超量储存、超高堆码危险货物,对重大危险源没有按照法规采取安全措施,无法提供堆垛实际信息,直接导致了燃烧发生后的两次剧烈爆炸,造成了严重的人员伤亡和财产损失。瑞海公司违法违规经营危险化学品仓储,以不正当手段获得经营许可,安全生产教育培训严重缺失,未按规定制定应急预案并组织演练,是导致事故发生的直接原因。政府监管部门违法违规审批许可,违法违规审查项目,日常监管严重缺失;第三方服务机构在安评、环评、安全设施验收等环节弄虚作假,违法违规进行安全审查、评价和验收。这是事故发生的间接原因。事故折射出各责任方工程伦理的严重缺失,值得长期反思和警醒。

2　课前准备

课前熟悉事故发展及救援处理过程;做好事故相关材料的收集和整理工作,包括一些官方视频的补充;重点梳理事故不同责任方在工程伦理方面的缺失;把握不同利益相关方的立场观点与工程伦理之间的联系,并搜集类似的典型案例,用于课堂补充展示。

3　教学目标

从工程伦理的角度,让学生了解天津港爆炸事故的直接原因与根本原因,从而理解工程伦理观对工程项目实践的影响,从不同利益相关方的视角理解在事件的复杂环境下,正确的工程伦理观对生产安全和公共安全的重大影响。

从化学安全的角度,让学生了解化学品的危险性及其相应的风险控制;深刻认识法律、政策与道德三者在化学安全管理中的作用。

从公共安全事件处理的角度,了解天津港爆炸事故后处理过程,工程社会主体(包括政府、媒体、企业、公民、专家)的角色定位和相互合作,对其中的工程伦理问题有一定的认知。

要求学生在尽最大努力挖掘事实真相的前提下做到以下几点:

(1) 了解与把握"邻避效应"知识;

(2) 了解工程选址的伦理要求;

(3) 掌握化工工程管理中的基本知识与责任分配;

(4) 了解并掌握与化工行业的环境伦理相关的内容。

4　分析的思路与要点

按照事故相关责任方,分角色分析其工程伦理问题,并讨论其由于利益相关而出现的相互影响与联系,从而引导学生理解正确的伦理观在工程实践中的作用。

理解工程伦理在项目管理、政府监管、第三方服务机构等组成的工程共同体中的作用与影响;引导学生体会处于复杂伦理环境的当事人如何解决伦理困境。

5　课堂安排建议

提前布置天津港爆炸事故的调研任务,让学生课前搜集相关资料,对这一事故有初步了解;在课堂上重点讲解后,以分角色扮演或讨论的方式组织课堂,充分利用情景扮演或辩论等方式活跃课堂。本案例可以作为专门的案例讨论课,也可以在"工程伦理"课程中进行讨论。课堂时间以 90 min 为宜。

建议课堂计划见表1。

表 1　课堂计划

序号	内　容	教　学　活　动	时间(或要求)
1	课前准备	发放教学案例和启发思考题	请学生在课前完成阅读和初步思考
2	课堂前言,明确主题	教师开场白:介绍案例的独特性,以及这堂案例讨论课的教学目的、要求、安排等	5 min
3	课堂教学,小组讨论	小组讨论	15 min
4	课堂教学,班级讨论	以教学使用说明中"分析思路"部分提出的课堂讨论题为线索,通过提问互动的方式逐步抛出这些问题,引导学生充分讨论,中间穿插风险与责任伦理知识,工程管理伦理、工程事故责任认定、化工工程环境伦理等知识点	60 min
5	评价和归纳总结	教师对案例讨论进行归纳总结,对整个案例的关键要点进行简明阐述	10 min
6	课后思考	针对本案例,请学生以小组为单位提交事故对各相关利益方的长短期影响报告	课后 1 周内提交

参考文献

[1] 天津港 2013 年货物吞吐量突破 5 亿吨[N]. 中华工商时报,2014-01-02.

[2] 天津港"8·12"特别重大火灾爆炸事故[EB/OL]. (2020-08-12)[2022-08-06]. https://www. caixin. com/hot/tianjingangbaozhaan. html.

[3] 周润健,张泽伟. 官方首次公布危化品种类和数量:约 40 种 2500 吨[EB/OL]. (2015-08-20)[2022-08-06]. http://www. gov. cn/xinwen/2015-08/20/content_2915939. htm.

[4] 中华人民共和国应急管理部. 天津港"8·12"瑞海公司危险品仓库特别重大火灾爆炸事故调查报告[R/OL]. (2017-01-13)[2021-09-20]. https://www. mem. gov. cn/gk/sgcc/tbzdsgdcbg/2016/201602/P020190415543917598002. pdf.

案例8.2 黑水：杜邦公司污染事件

作者姓名：杨斐，王蒲生

作者单位：清华大学深圳国际研究生院

案例来源：根据美国电影 *Dark Water* 及纪录片 *The Devil We Know* 改写

案例真实性：真实

内容提要：2017 年，美国化工行业巨头杜邦公司（DuPont）提供 6.7 亿美元和解金，以解决"聚四氟乙烯"的化学污染事件。至此，杜邦公司长达半个多世纪的"毒害美国"事件告一段落。杜邦用于生产特富龙的原材料 PFOA 具有毒性，会干扰生殖和新陈代谢，并导致癌症、甲状腺疾病和神经系统疾病。这一严重的污染环境、损害公民生命健康的化学工程事件，引发了环境伦理冲突、安全伦理冲突和生命伦理冲突，暴露了企业为追求利益不惜欺骗公众的恶劣行为，以及企业社会责任匮乏、公共部门履职不当和行业监管缺失等严重问题。对该案例的分析将有利于从事化学工程的各类人员鉴别风险与危害，提高工程伦理素养。

关键词：杜邦；特富龙；环境伦理；安全伦理；生命伦理

1 引言

1999 年夏天，塔夫特[①]（Taft Stettinius & Hollister）公司律师合伙人罗伯·比洛特（Rob Bilott）代表帕克斯堡（Parkersburg）牛场农民威尔伯·坦南特（Wilbur Tennant）对杜邦公司提起联邦诉讼：拥有 600 多英亩[②]土地和约 200 头牛的农民坦南特在过去十几年丧失了 153 头牛，这些牛的牙齿变黑，肝脏、肾脏、心脏和胃等器官出现严重病变，且伴有精神失常。原告怀疑这与杜邦公司的污染物有关。杜邦公司生产的特富龙作为一种防水的表面活性剂（surfactant）广泛用于人们生活起居的各种产品中：防水服、眼镜和网球拍涂料、地毯和家具的防污涂料、消防泡沫、快餐包装纸、微波炉爆米花袋、不粘锅、比萨盒和自行车润滑油等。2000 年伊始，人们开始关注特富龙、C8 和其他长链全氟化学品的安全性，在长达 15 年的时间内，律师们在一场史诗般的法律斗争中终于成功代理了 3500 例人身伤害索赔案例。杜邦公司和美国环境保护局终于对威胁公共健康的化学物质进行整顿。

2 相关背景介绍

特富龙（Teflon），学名聚四氟乙烯（PTEE），是广泛用于不粘涂层的高分子材料，具有抗酸抗碱、抗各种有机溶剂的特点，耐高温且摩擦系数低，是不粘锅和水管内层的理想涂料。1938 年，杜邦公司研究人员罗伊·布朗克（Roy Plunkett）意外发现特富龙并于 1941 年取得专利，在 1944 年注册为 Teflon 商标。作为不粘锅涂层的特富龙（见图 1），在温度达到 260 ℃时开始变质，在 350 ℃开始分解。通常肉在 200～300 ℃之间会被烧焦，将空的不粘锅放在

---

① 比洛特所在的塔夫特公司托马斯·特普（Thomas Terp）环保团队的主要业务是帮助化工产品生产公司遵守新的环境保护法以协助公司适应危险性法则并处置危险废物。

② 1 英亩约为 4050 m²。

火上烧很容易达到特富龙变质的温度。特富龙的生产过程中会使用到全氟辛酸(PFOA)，该物质被证明可以致癌。2016 年,来自不同学科的 200 名化学家签署了《马德里声明》,认为全氟辛烷硫磺(PFAS)及其替代品(包括 PFOA、PFOS 等)属于"内分泌干扰化学物质类"人造化合物,这类化合物用于农药、塑料和汽油生产,会干扰生殖和新陈代谢,并导致癌症、甲状腺疾病和神经系统疾病。

图 1　杜邦公司特富龙不粘锅广告：**Happy Pan**(图片来自网络)

3　事件经过

3.1　环境伦理冲突

1951 年,杜邦公司开始向 3M 公司购买用于制造特富龙的 PFOA(杜邦公司称之为 C8)。3M 公司于 1947 年发明 PFOA,该材料用于防止特富龙等涂层材料的聚合(clumping)。尽管 PFOA 未被政府划归为有毒物质,3M 公司仍向杜邦公司提供了应将其焚化或送至化学废物处理设施的降解建议。杜邦公司的处理说明建议不要将 PFOA 排入地下水或下水道。20 世纪 60 年代初,杜邦公司在工厂附近的俄亥俄河填埋了 200 桶 PFOA 废物。杜邦公司 1975 年的内部资料显示公司将装有 PFOA 的废物桶倾倒在海洋中。随后几十年,杜邦通过帕克斯堡工厂的排污管道将数十万磅[①]的 PFOA 粉末排入俄亥俄河。1984 年,杜邦公司开始意识到其工厂烟囱中排出的灰尘远超出工厂区域范围,而更困扰的是地下水中检测出 PFOA。20 世纪 80 年代末期,杜邦公司对 PFOA 废物损害健康的问题日益关注,并决定在公司自有土地中填埋有毒的污泥。而公司从华盛顿工厂底层员工处购买的 26.71 万 m² 的土地正合此用。一条大管子将工厂中绿色的水和白色的泡沫排

---

①　1 磅≈0.45 kg。

入土地上一条名为 Dry Run 的小溪。1990 年,杜邦公司将 7100 t 含有 PFOA 的污泥泵入华盛顿工厂(Washington Works)露天、无衬(unlined pits)消化池中,致使 PFOA 直接渗透到地下。PFOA 进入到地下水位(water table),而该水源是超过 10 万人的帕克斯堡、维也纳、小霍金和吕贝克社区居民的生命之泉。1991 年,杜邦公司的科学家确定了饮用水中 PFOA 浓度的内部安全阈值为 $1/10^9$。同年,杜邦公司发现某地区地下水中 PFOA 含量为该安全阈值的 3 倍。该信息未向公众公布。后来的测试显示,华盛顿工厂附近的 6 个地区以及数十个私人井中的 PFOA 浓度高于杜邦规定的内部安全标准,在小霍金地区的检测结果更是极限值的 7 倍,有 7 万人在喝有毒的水,有些人已经喝了数十年。

3.2 安全伦理冲突

安全伦理冲突尤其指化学产品建设项目的规划、设计、运营、维护等过程中,对员工、周边社区产生的安全危害,以及对社会公众造成的影响。3M 和杜邦公司已经对 PFOA 进行了长达 40 年的秘密医学研究。1961 年,杜邦公司的研究人员发现 PFOA 会促使大鼠和兔子的肝脏增大,一年后研究人员在对狗的重复研究中验证了这些结果。PFOA 独特的化学结构使其异常难以降解,它可与血液中的血浆蛋白结合并在动物和人身体的各个器官中循环。1970 年,杜邦发现华盛顿工厂的工人血液中含有高浓度的 PFOA。但杜邦公司并没有上报美国环境保护署(United States Environmental Protection Agency,EPA)。1981 年,仍在为杜邦公司及其他化工企业供应 PFOA 的 3M 发现摄入该物质会导致大鼠先天性缺陷。3M 公司告知杜邦公司该研究结果后,杜邦公司检测了其特富龙生产部门的怀孕女工产下的婴儿,7 个婴儿中有两个有眼部缺陷(见图 2)。杜邦公司在已知 PFOA 可能对人体有严重伤害的情况下,并未告知员工,也未对员工安全生产采取额外的预防和保护措施。员工在处理 PFOA 样品时,赤手空拳,不戴防护面罩,在高达 700 ℃ 的温度下对特富龙进行热测试。杜邦公司也并未向公众公开此信息。20 世纪 90 年代,杜邦公司在动物实验中发现 PFOA 会诱发癌性睾丸、胰腺和肝脏肿瘤。一项实验室研究表明 PFOA 暴露可能导致 DNA 受损,另一项研究表明 PFOA 暴露与工人罹患前列腺癌相关。杜邦公司加快了寻找 PFOA 替代物的步伐。1993 年,杜邦公司发现一种毒性更小、在人体内停留时间更短的化合物。经过一番讨论后,杜邦公司拒绝使用新化合物,因为用 PFOA 制成的产品利润高达每年 10 亿美元,如果采用新化合物,需要重新调整生产工艺、设计和推广新化合物制品,原有的巨额利润业务将受到冲击。2001 年,EPA 开始了对 PFOA 的毒性研究。2002 年年初的调查结果显示:PFOA 对人类健康的威胁不仅存在于饮用污水的地区,而且存在于普罗大众之间(如使用聚四氟乙烯锅做饭的任何人)。到 2003 年,成年美国人血液中 PFOA 的

图 2　杜邦公司前雇员 Sue Bailey 的儿子 Bucky 患有先天面部畸形(图片来自网络)

平均浓度为 $4/10^9 \sim 5/10^9$,而比洛特与相关科学家研究的安全阈值为 $0.2/10^9$。杜邦公司的首席毒性学家杰拉尔德·肯尼迪(Gerald Kennedy)承认早在 1977 年就在人体血液中检测到 PFOA,3M 公司和杜邦公司 1976 年就知道 PFOA 有毒。2000 年,3M 公司停止生产 PFOA,但杜邦公司并没有使用毒性更小的替代化合物,而是在北卡莱罗纳州费耶特维尔建立了新工厂,以生产 PFOA 供自用。

3.3　生命伦理冲突

杜邦公司一直在进行着秘密的 PFOA 毒性试验,其中包含未告知工人的违反不伤害伦理原则的人体试验。杜邦公司并未将数十年的 PFOA 毒性试验的结果告知工人、工厂附近的居民、公众或化学行业的监管机构。杜邦公司最早的内部毒理学实验室 Haskell 由乔治·格曼(George Gehrmann)兴建,旨在用于研究染料工人中膀胱癌的问题。毒理学实验室的用途便是杜邦公司自己的科学家研究自己工厂工人的健康问题和其所生产产品之间的关联。1954 年,杜邦公司一名叫 R A Dickinson 的员工指出,他收到了有关 C8 的“可能的毒性”的问询。1961 年,内部研究人员对 Dickinson 的问题做了简单答复:C8 确实有毒,应“格外小心”。1962 年,实验室给出警告:C8 暴露与大鼠睾丸、肾上腺和肾脏肿大有关。1965 年,包括 Haskell 实验室当时的主管 John Zapp 在内的 14 名员工收到内部备忘录,指出即使是低剂量的 C8 也会引起大鼠的肝脏肿大。

1962 年,杜邦公司进行了关于 C8 的人体试验。杜邦公司的科学家让志愿组吸食在 C8 环境中暴露的香烟,并观察到高暴露剂量组的 10 人中有 9 人出现人均 9 h 的类似流感的症状,包括打寒战、腰酸、发烧和咳嗽等。

其他事实表明,杜邦公司存在违反劳动保护法规的行为。肯·沃姆斯利(Ken Wamsley)1962 年加入杜邦公司后,在特富龙生产线工作近 40 年,他是杜邦公司特富龙部门的实验分析师,工作内容是在各种产品中检测 C8 的含量。肯和其他工友并不知道 C8 是有害的,当第一次听说特富龙生产线可能对人体有危害时,他们将怀孕的女性工人遣送回家,但男性工人仍留在生产线上。公司方向男性员工给出“无须担心”的反馈。2002 年肯·沃姆斯利罹患直肠癌并接受手术治疗。杜邦公司的医疗顾问布鲁斯·卡吉尔博士(Bruce Karrh)早已了解到 3M 公司提供的“FM-3422(PFOA)与大鼠口腔畸形的关系研究”中明确提出的 PFOA 会引起大鼠眼部疤痕性畸形的事实,但矢口否认将怀孕妇女遣送回家是因为了解到化学物质会导致婴儿畸形,并声称“对怀孕妇女没有潜在威胁”。另外,杜邦公司对特富龙生产线工人血液中的 PFOA 浓度与普通大众血液中的 PFOA 浓度进行了对比,意想不到的是没有干净的血液,PFOA 存在于所有人的血液内,根本无法找到血液中不含 PFOA 的对照组。这说明 FFOA 已经广泛存在于人体中且长期难以降解。

4　伦理分析

化工产品研发、规划、设计、制造、生产、运输、储存、使用和废弃处理的每个环节都可能因失误而引发重大事故。3M 公司研发了有毒的化学物质 PFOA,并与杜邦等多家公司生产制造该化学物质,杜邦公司将 PFOA 用于生产日常用品,并在明知该物质有毒的情况下对其进行不当的废弃处理。公司不愿意放弃有毒产品为其带来的暴利,在长达半个世纪的时间内极力掩盖产品具有毒性的事实,致使数万人的生命健康受到威胁,并让这种物质永远地存在于 99％的美国人体内。美国环境保护署介入调查，在巨额的法律诉讼、赔偿费用和确凿的医学证据面前，杜邦终于在 2015 年放弃使用 PFOA。至此半个多世纪的毒害美国的化工生产告一段落。但案例中公司追求利益而毒害公众的自利和腐败行为、掩盖扭曲事实真相并欺骗公众、企业责任匮乏，监管调查机构履职不当，法律及行业监管存在漏洞等一系列问题，均对化工行业如何规范生产、保证公民人身财产安全、恰当履行社会责任、促进完善行业监管有借鉴意义。

4.1 追求私利的腐败行为

杜邦公司在使用 PFOA 的半个世纪中，很少与环境主管部门讨论该化学产品，并对大部分的相关内部研究进行保密。1984 年 5 月，杜邦公司高管在讨论 PFOA 的处理问题时提出，可以在将化学物质排放到空气中的通风口处安装过滤器。但高管们很快决定放弃这些措施，因为他们觉得"额外"的费用并不合理。当比洛特律师以充足的证据对杜邦公司提起诉讼后，杜邦公司与政府机构的关系发生了巨大变化。由于比洛特的诉讼将损害公司声誉，杜邦公司还面临巨额的诉讼和赔偿费用，因此公司集中精力应对监管机构审查，以保证其声誉和利润不受损害。杜邦公司和监管机构具有巨大的贿赂和腐败嫌疑。1996 年 10 月，EPA 地区办事处开始调查杜邦公司其中一个垃圾填埋场的诉讼之后，西弗吉尼亚州环境保护局（West Virginia Department of Environmental Protection，DEP）总监 Eli McCoy 发送给杜邦一份文件，"以帮助杜邦分散任何可能的执法行动"。经过几周的谈判，DEP 签署了一项同意书，仅仅向杜邦公司罚款 20 万美元。之后，McCoy 前往杜邦公司雇佣的一家咨询公司工作。2002 年 EPA 发起"优先审查"以证明 PFOA 是否有毒、在环境中持久存在并在人体内积累三个问题，根据《有毒物质控制法》（Toxic Substances Control Act）和《清洁水法》（Clean Water Act）等几部法律对 PFOA 进行监管后，杜邦公司可能面临巨额的赔偿费用。作为回应，杜邦公司组建了一支强大的队伍，其中包括前 EPA 官员迈克尔·麦凯比（Michael McCabe）[①]、林达·费舍尔（Linda Fisher）[②]和威廉·赖利（William Reilly）[③]。杜邦公司的 PFOA 辩护团队从监管部门的内部信息中获利，他们在 EPA 向公众公开之前就知道或者至少看过一次其中的内容，向 EPA 官员付费观看这些内容是一种"习惯"（2007 年麦凯比被罢免时的证词）。

4.2 信息扭曲与欺骗公众

化工企业通常认为安全生产数据、环境排放数据属于敏感数据，不愿意对公众公开，这会引起公众的恐慌和邻避情绪[④]。长此以往，会造成群众对企业生产及环境污染的事实真相难以了解，逐渐失去对化工企业和相关政府部门的信任，让安全生产问题及环境污染问题

---

① Michael McCabe：2001 年前为 EPA 的副署长，2003 年开始作为杜邦公司和 EPA 沟通的顾问，以应对 PFOA 相关法律问题。

② Linda Fisher：杜邦团队的核心律师，在 Michael McCabe 之后继任 EPA 副署长，在 2003 年 6 月卸任 EPA 副职 1 个月后，便加入杜邦公司深度参与为 PFOA 辩护的事项。

③ William Reilly：1989 年至 1993 年任 EPA 署长，杜邦公司董事会成员之一。

④ 邻避情绪是指居民或当地单位因担心建设项目（如垃圾场、核电厂、殡仪馆等）对身体健康、环境质量和资产价值等带来的负面影响而激发起的嫌恶情绪。

成为社会公共问题。在"黑水"案例中,杜邦公司数十年来一直积极努力掩盖其排污行为,以及 PFOA 废物会对环境和人体产生危害的事实,并且试图扭曲这种事实。杜邦公司在购置土地用于建设垃圾填埋场时承诺不用于有毒物质处理,但坦南特随即发现了异样:鱼开始死亡,动物开始生病。1990 年,当杜邦公司将 7100 t PFOA 废物倒入 Dry Run 垃圾填埋场后,该公司科研人员对 Dry Run 小溪中的水做了检测,其中 PFOA 的浓度极高,但杜邦公司并未向坦南特公布这一结果。1999 年在比洛特起诉杜邦公司后,杜邦公司和 EPA 各自选派 3 名兽医对坦南特农场的动物进行了检测,并得出结论说动物的死亡是由于"营养不良、兽医保健不足和缺乏蝇虫控制",将农场动物的非正常死亡归因于坦南特不会饲养。帕克斯堡居民曾收到吕贝克区水域的特别说明,饮用水中检测到"低浓度"的一种名为 PFOA 的不受监管的化学物质,但该物质对健康没有危害,同时杜邦公司声称有毒理学和流行病学数据支撑杜邦公司的暴露指南能够保护居民健康。杜邦公司公共关系部门负责人凯瑟琳·福尔特(Kathleen Forte)在阐述与坦南特的私下调解策略的优势分析内部信件中承认,杜邦早已了解 PFOA 的危害但从未向公众披露。

当被问及谁对是否向公众披露此有害风险负责时,杜邦公司首席科学家罗伯特·里卡德(Robert Rickard)说"风险是相对的"。企业不愿意对公众公开信息的原因一方面是企业自知治理环境污染的成本较高,不愿意投入大量财力、物力和人力以降低和控制风险;另一方面是企业不知道自身危害环境的风险究竟有多高,没有充分的信心辨识、管理和控制风险。杜邦公司对 PFOA 的风险认知是一个过程,但始终难以放弃的是绝对利润,面对公开后可能面临的高额诉讼和赔偿费用,公司选择对这种风险避而不谈,甚至扭曲事实。

4.3　企业责任关怀缺失

杜邦公司是美国化工行业的巨头,是国民经济的风向标。大型企业关系国计民生,但大型公司的危害也不容小觑。企业责任关怀是化工行业自律性的,持续改进环境、健康和安全绩效的管理体系,要求化工企业在产品研发、生产、销售、废物处理的各个环节都有责任关注本企业员工、供应商、附近社区和公众的健康安全,保护公共环境不受损害。2014 年杜邦公司每天的销售额超过 9500 万美元,杜邦公司为所在城市居民提供大量的就业岗位,公司职工享受着杜邦公司提供的一切福利:支付员工的大学学费以帮助他们成为特富龙生产线上的一员、支付部分房子的抵押贷款和丰厚的薪水,甚至还有免费的 PFOA 产品用于洗碗机和洗汽车。但企业在为城市、社区发展和居民工作、生活提供机会和福利的同时,不能以牺牲环境、健康和安全为代价。在华盛顿工厂 PFOA 车间工作的工人经常会因为发烧、恶心、腹泻和呕吐而病倒。2004 年 9 月,杜邦公司同意在受严重污染的 6 个水区建设过滤工厂,并支付 7000 万美元用于证明 PFOA 与任何疾病之间是否存在"可能联系"的医学研究,如果存在某种联系,杜邦公司将永久支付受影响人群的医疗监管(medical-monitoring)①费用。但是,公司内部的医学研究只能证明工厂员工暴露于有毒物质的水平高于饮用污染水源的居民,健康问题只是和高暴露有关,这无疑忽视了 7 万多数十年来饮用污染水的居民的利

---

①　医疗监管是比洛特提出的新的法律策略:如果原告证明自己接触过有毒物质,则被告提供定期医学检查费用,如果原告后来生病,原告可追溯被告的医疗赔偿。

益。于是杜邦公司和律师方成立的医疗监管团队开展了 7 万人的血液检测,每位接受血液检测的西弗吉尼亚居民获得了 400 美元的补助。科学家们共设计了 12 项科学研究,其中一项是利用复杂的环境建模技术确定每个样本层级中的个人摄取了多少 PFOA。如果研究结果未发现 PFOA 和疾病之间的关系,则任何人都不能向杜邦公司提起任何人身伤害的控诉。该研究数量庞大且不受预算约束(全部由杜邦公司提供,共计花费 3300 万美元)。经过 7 年的调查,2011 年科学家团队终于证明:PFOA 与肾癌、睾丸癌、甲状腺疾病、高胆固醇、先兆子痫和溃疡性结肠炎之间存在"可能的联系"。2013 年,杜邦公司停止生产和使用 PFOA,全球其他 5 家生产 PFOA 的公司也逐步停止其生产。

4.4 公共部门履职不当

化工产业的风险危害事件大多为突然爆发,如爆炸和泄漏事故。2005 年中国石油天然气股份有限公司吉林石化分公司双苯厂硝基苯精馏塔爆炸事件造成 8 人死亡、70 人受伤、数万人疏散和松花江大面积污染。2014 年江苏省昆山市昆山中荣金属制品有限公司抛光二车间发生铝粉尘爆炸,30 日内造成 97 人死亡、163 人受伤,直接经济损失 3.51 亿元。2019 年江苏响水天嘉宜化工有限公司特别重大爆炸事故造成 78 人死亡、76 人重伤、640 人住院治疗,直接经济损失 19.86 亿元。在本案例中,污染长达半个世纪,调查取证与行业整顿也长达数十年。对慢性污染的监管机制与应急机制并不全然相同。居住在帕克斯堡的夜校老师约瑟夫·基格(Joseph Kiger)在接到吕贝克地区水域检测说明单后,多次打电话到西弗吉尼亚自然资源部、州环境保护局帕克斯堡办事处、水务部、当地卫生局和杜邦公司反映情况,都遭到无理拒绝(见图 3)。

图 3 华盛顿州帕克斯堡附近的化学工厂(图片来自网络)

4.5 行业监管缺失

2000 年,比洛特向相关监管机构负责人提交了长达 972 页、含 136 个证物的诉讼信,揭示了杜邦公司在 Dry Run 垃圾填埋场和附近其他资产设施中释放的化学物质和污染物质可能对健康或环境造成危害的事实,并要求立即采取行动规范 PFOA 生产及处理,并为工厂附近的居民提供清洁的饮用水。这封诉讼信不仅对杜邦构成威胁,也威胁到了"整个含氟聚合物行业",该行业生产在许多现代设备(如厨房用品、计算机、电缆、植入式医疗设备,以及汽车及飞机轴承和密封装置等零件)中需要使用的高性能塑料。而 PFOA 只是这些公司在没有监督监管情况下生产并售卖到全球各地的 6 万多种合成化学品中的一种。这封诉讼信也澄清了公众的一种误解,即危险化学品都会受到管制。但根据美国 1976 年的《有毒物质控制法》(*Toxic Sub-stances Control Act*),EPA 只有在提供危害证据后才能测试化学品,该规则很大程度上允许化工企业自我调节,这也是 EPA 在过去 40 年中仅限制了成千上万种化学品中的 5 种的原因。

由于 PFOA 并非联邦或州污染物清单中的受管制的有毒物质,因此要证明公共饮水中接触 PFOA 会引起健康问题变得异常困难。比洛特请化学专家评估的水中 PFOA 含量标准为 0.2 μg/L,杜邦公司的内部安全标准为 1 μg/L。但当杜邦公司得知比洛特准备提起新诉讼时,就成立了由自己的科学家和西弗吉尼亚州环境保护局(West Virginia Department of Environmental Protection)的科学家组成的团队,并宣布其新阈值标准为 150 μg/L,并且西弗吉尼亚州认可了该新标准。在两年内,3 名杜邦公司过去的"御用"律师担任西弗吉尼亚环境保护局的领导职务,其中一人控制着整个机构。这也意味着负责制定安全阈值的杜邦公司律师摇身一变成为了负责执行该阈值的政府监管部门。2016 年,杜邦公司剥离其化学业务并与陶氏化学(Dow Chemical)公司合并成名为 Chemours 的新公司,并用氟基化合物①替代了 PFOA,该化合物能够更快地降解。与 PFOA 一样,这些新物质也不受 EPA 的任何管制,且 Chemours 公司的一份声明中表示:"大量数据表明,这些替代化合物可以安全使用。"

在美国,EPA 负责减少公众暴露于有毒化学物质的风险,但也受到行业限制。不同于美国食品与药品监督管理局可以在处方药上市前对药品进行监督检查,EPA 如果不能证明某种化学物质有毒,就不能阻止公司使用。在欧洲,化学药品必须提供安全证明方可上市,但美国化学工厂对于证明其产品安全只有少量法律义务。另一个监管体制上的问题是监管者必须依靠化学公司来提供他们想要监管的化学物质的数据。但由于化学公司不受监管,因此这种数据又难以获得。

5 结论与启示

化学工业、石油天然气工业为日常生活带来巨大福利,从粮食生产到衣物制造,从建筑材料生产到供热供能,已经是现代社会不可或缺的重要国民生产和经济收入组成。而化工生产过程中频频出现的安全事故给公众生活和生态环境造成难以估量的损害,因此有必要在化工生产的各个环节将公众安全、健康和福祉放在首位,以积极预防和减少风险事件发生。

杜邦公司案例向我们揭示,不仅是肉眼可见的事故和污染才是危害生命财产安全的危险因素,一次爆炸、有毒物质泄漏或许在短时间内造成巨大的危害,但日常生产中日积月累的污染同样不容忽视。这需要每位工程人员学习和理解工程伦理的内涵,并在工程建设中将保护生命财产安全、遵守伦理道德作为行动指南。杜邦公司如果在知悉产品有毒的情况下迅速停产或寻找毒性较低的替代物,为工人做好职业防护,考虑工厂周围居民的饮水安

---

① 该物质便是 20 年前杜邦弃用的低风险替代物。

全,恰当处理其有毒物质,积极配合监管部门公开披露有毒物质,或许能够减少对生态环境和生命健康的危害。杜邦公司对私利的追求是典型的利己主义(egoism)心态,面对每年数十亿美元的巨额利润难以割舍,最终损害公共利益。由于害怕披露有毒信息和真实数据造成公众恐慌和法律裁决,杜邦选择隐瞒并扭曲事实,抱有逃避责任的自欺心态,最终仍受到了法律制裁。将利益放在首位还是将公众安全和健康放在首位,这是工程师和管理人员面对的重要考验,只有寻求可持续发展的长远利益,才是不悖于伦理的正确选择。

杜邦公司毒害美国长达半个世纪之久的案例并不是独一无二的。化工企业发展过程中造成的污染在全球范围内都有鲜明的案例,问题不断暴露并不断地完善解决需要每位工程职业者和相关管理人员共同努力,以实现"绿水青山就是金山银山"的可持续发展目标。

6 思考题

(1) 如果你是杜邦公司华盛顿工厂的首席执行官(CEO),当你得知 PFOA 有毒时当如何处理? 如果你是杜邦公司化学实验室的工程师,当你发现 PFOA 有毒时如何抉择?

(2) 如何避免杜邦公司存在的环境伦理、安全伦理和生命伦理冲突?

案例 8.2 使用说明

1 案例摘要

2017 年,美国化工行业巨头杜邦公司(DuPont)提供 6.7 亿美元和解金,以解决"聚四氟乙烯"的化学污染事件。至此,杜邦公司长达半个多世纪的"毒害美国"事件告一段落。杜邦用于生产特富龙的原材料 PFOA 具有毒性,会干扰生殖和新陈代谢,并导致癌症、甲状腺疾病和神经系统疾病。这一严重的污染环境、损害公民生命健康的化学工程事件,引发了环境伦理冲突、安全伦理冲突和生命伦理冲突,暴露了企业为追求利益不惜欺骗公众的恶劣行为,以及企业社会责任匮乏、公共部门履职不当和行业监管缺失等严重问题。对该案例的分析将有利于从事化学工程的各类人员鉴别风险与危害,提高工程伦理素养。

2 课前准备

课前文献阅读。

(1) 阅读《工程伦理》(第 2 版)第 8 章"化学工程的伦理问题",掌握环境伦理、安全伦理和生命伦理基本问题。

(2) 观看电影《黑水》和纪录片 *The Devil We Know* 并查阅相关资料,了解案例的故事背景。其他推荐阅读材料包括:① Nathaniel Rich. The Lawyer Who Became DuPont's Worst Nightmare. New York Times Magazine,2016-01-06;② Robert Bilott. Exposure: Poisoned Water,Corporate Greed,and One Lawyer's Twenty-Year Battle Against DuPont. Atria Books/Simon & Schuster,2019;③ Sharon Lerner. The Teflon Toxin. https://

theintercept. com/series/the-teflon-toxin/。

（3）阅读案例与思考题，形成初步的见解。

分配角色扮演。

（1）学生分组。将全班同学分为5组，分别为：被告杜邦公司（管理人员及律师团队、科研人员）、原告华盛顿工厂附近居民（生产线员工等）、原告律师团队（以比洛特为代表的塔夫特律师团队）、社会公众、环保部门。

（2）角色扮演[①]。（包括但不限于）①被告：杜邦公司（管理人员及律师团队、科研人员），如杜邦公司管理层，隐瞒污染事实的杜邦公司首席毒性学家杰拉尔德·肯尼迪；隐瞒C8有毒的事实的医疗顾问布鲁斯·卡吉尔博士；杜邦公司律师团队，均曾在环保部门供职的前EPA官员迈克尔·麦凯比、林达·费舍尔和威廉·赖利。②原告：华盛顿工厂附近居民（杜邦公司生产线员工），如农民塔南特，杜邦公司华盛顿工厂附近的农场主，怀疑杜邦公司排放的废物严重污染环境，多次上诉状告杜邦公司未果，他及其子先后死于癌症；杜邦公司生产线女工及其先天畸形的儿子；肯·沃姆斯利（Ken Wamsley），在杜邦公司特富龙生产线工作了40年的老员工，因罹患直肠癌去世。③原告公司律师团队（以比洛特为代表的塔夫特律师团队），如比洛特，受帕克斯堡牛场主农民所托，调查杜邦污染案件，他受雇于塔夫特，一家为化工企业提供法律服务的公司。④社会公众，如3M公司，该公司先后数次告知杜邦公司C8有毒，不建议排入地下水；普通美国民众、媒体等。⑤环保部门，如美国环境保护署、地区环境保护署。

（3）情景分析。情景设定为一次模拟法庭，代表污染受害者的原告一方控告被告杜邦公司的污染事实，双方都尽全力维护自己的立场，并重点讨论相关伦理问题。

3　教学目标

本案例是涉及化学工程行业典型伦理问题的真实案例，旨在把工程学、伦理学、教育学、人类学、社会学等学科有机融合起来，形成工程伦理案例分析体系，从多维度挖掘工程内蕴的自然和人类的道德价值。探讨化学工程实践过程中普遍的社会价值观和道德困境。

案例教学的目的是激发学生的道德想象力，帮助学生认识道德问题，促进道德分析能力的提高，增强责任感，帮助学生有效应对道德问题上的模糊和分歧。

4　分析的思路与要点

问题讨论：

（1）作为化工企业领导，如何平衡环境保护和经济效应之间的关系？

（2）作为化工厂实验室科研人员，当得知工厂存在有毒物质可能危害工人身体健康时，如何披露？如何权衡一份"体面"的工作和"不伤害"他人之间的利弊？

（3）作为化工企业研发人员，如何设计、生产和处理环境友好型的产品？如何妥善处理废物？如果发现新产品可能污染环境，你将怎么做？

（4）作为化工厂生产线员工，当出现身体不适，怀疑产品有毒时，应当如何维护自身权

---

① Civil Engineering Ethics Site. https://ethics. tamu. edu/.

益？如何在日常工作中提高职业防护意识？

（5）在环保部门任职的员工到化工企业服务过程中应注意哪些问题？

（6）环保部门如何有效履职？

5　课堂安排建议

（1）课前任务：阅读相关材料，观看电影或纪录片；提前分发案例材料，请同学们确认自己要扮演的角色，明确角色人物的立场，并找到支持自己所选人物角色的行动方案、决策依据和辩护证据，准备课上讨论；鼓励学生查阅更多课外资料，完善角色内容。

（2）在讨论中分为原告阵营（比洛特律师团队、华盛顿工厂居民、杜邦公司生产线员工）、被告阵营（杜邦公司管理者和律师）、陪审团（社会公众），分别表明各方观点并举证。

参考文献

［1］　RICH N. The lawyer who became DuPont's worst nightmare［N］. New York Times Magazine，2016-01-06.

［2］　BILOTT R. Exposure：poisoned water，corporate greed，and one lawyer's twenty-year battle against DuPont［M］. New York：Atria Books/Simon & Schuster，2019.

［3］　LERNER S. The teflon toxin［EB/OL］. ［2022-07-08］. https://theintercept. com/series/the-teflon-toxin/.

［4］　BLAKE M. Welcome to beautiful Parkersburg，West Virginia：home to one of the most brazen，deadly corporate gambits in U. S. history［EB/OL］. ［2022-09-01］. https://highline. huffingtonpost. com/articles/en/welcome-to-beautiful-parkersburg/.

案例8.3 "百草枯"伦理治理

作者姓名:董铠军[1],王蒲生[2]

作者单位:1 兰州大学哲学社会学院,2 清华大学深圳国际研究生院

案例来源:作者根据实地采访第一手资料撰写

案例真实性:真实

内容提要:百草枯是一种我国自主研发、具有专业生产工艺的高效灭生除草剂,对农业生产具有重要的技术经济价值。但连续出现自杀服用事件导致其最终被农业部下达限售禁令。创新,尤其是化学工程创新具有特殊的伦理原则,当在研发、生产、销售和使用的全过程中,面对技术先进性、管理规范性、发展可持续性的多元冲突时,将伦理维度纳入综合决策体系具有极端必要性,也是人类社会综合协调发展的必由之路。

关键词:百草枯;伦理治理;创新

2016 年 7 月 1 日,中华人民共和国农业部、工业和信息化部、国家质检总局联合下发的第 1745 号公告正式生效——百草枯水剂自即日起完全停止国内销售和使用。这使得中国限制使用的农药达到 32 种。[①]

这不是一项普通的禁令,这是对一种在中国土地上使用超过 20 年、使用面积超过 5 亿余亩次的一种大宗除草剂的全面禁止。[②] 无论从使用规模还是覆盖领域上,都是一次惊天"动地"的变革。可以与之相提并论的,还是 20 世纪 70 年代对 DDT(双对氯苯基三氯乙烷)的全球封杀。[③] 问题在于,对它提出全面禁止的原因与农业无关!确切地说,与农业生产的土地利用、环境保护、粮食生产等均无关。

那么是什么原因导致中国农业用品的最高决策机关对此坚决下达禁令呢?

1 背景介绍

百草枯,又名敌草快、克芜踪、巴拉刈 (英文名称 paraquat),其分子式为 $C_{12}H_{14}Cl_2N_2$,结构如图 1 所示。

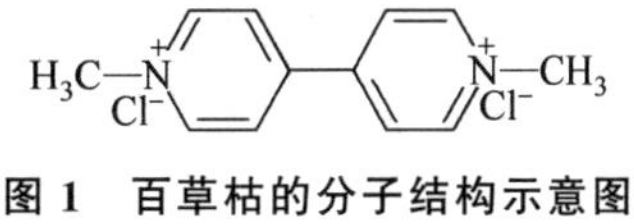

百草枯是一种速效触杀型除草剂。它的主要成分二甲基二氯吡啶,在纯结晶态时为白色或淡黄色,常温下易溶于水,密度约为 $1.2 \ \mathrm{g/cm^3}$。它的有效成分能够对农作物叶绿体层膜形成极强破坏力,快速中止光合作用,叶片

图 1 百草枯的分子结构示意图

触药后在 2~3 h 即受害变色,干枯萎败。其具有显著的灭生效能,既适用于林带作业,也特

---

① 引自中华人民共和国农业部 2017 年 9 月下发的《限制使用农药目录(2017)》。

② 根据国土资源部《全国土地利用总体规划纲要(2006—2020 年)调整方案》确定,2020 年全国耕地保有量为 18.65 亿亩。

③ 中国于 1983 年全面禁止 DDT 的生产与销售。对百草枯,则属于较早禁用。全球目前仍有一半以上国家使用百草枯。

别适用于大田作物的杂草喷除,对一年生和多年生的杂草均有高效。

2　案例描述

2016 年 10 月 31 日,《经济观察报》一篇名为"百草枯病人"的报道,将百草枯拉入了公众的视野。之后 2017—2021 年每年都会在新闻热点中出现"百草枯"三个触目惊心的字眼,因为它已经与"喝农药自杀(或投毒)"紧紧地联系在了一起![1]

虽然已经于 2016 年被下令禁售,但是农民家中(包括个别农资机构)余留的药剂,仍成为潜在的危害。作为除草剂,与草甘膦等相比,百草枯具有成本低、见效快、不受雨天影响、免耕续种等特点,因而受到农民的普遍欢迎。然而百草枯一旦接触人体器官,就迅速被人体含水组织吸收,快速弥漫,并在内脏积累。由于它基本不溶于有机溶剂,所以很难用生化技术使之与组织分离,这也是导致对其几乎没有特效药的原因之一。中毒者的主要症状是肺部逐渐纤维化,成年人仅摄入 3 mL 即不可逆转地窒息而亡。

在早期,由于中毒后一般当作普通农药中毒处理,对百草枯毒理的特殊性揭示不足,致死率一度达 99.9% 以上,被认为"无药可解"。山东大学齐鲁医院自 2000 年以来,收治超过 3000 例百草枯中毒者,经过三个阶段的艰难摸索,以五管齐下的"齐鲁方案"(洗胃＋糖皮质激素＋抗凝治疗＋抗氧化治疗＋环磷酰胺),对即时救治的患者达到了 61.8% 的治愈率,被称作"泰山共识"。

站在患者亲属和医护工作者的角度,百草枯简直是余毒未消、"罪大恶极"。但是站在农药本身应当正确施用这一基本原则上,似乎百草枯并不应该承担"被误用"的重责。此外,它的禁用导致约 30 万人员的生计直接受损转型。那么这一农药产品是如何从立项到生产到最终禁用的?其间从伦理价值判断上,我们可以得到怎样的启示和警戒呢?

3　全生命周期分析与伦理维度诊断

3.1　立项阶段：技术路线的选取与预判评估

百草枯最早诞生于英国。1955 年 ICI 公司(先正达公司前身)发现了联吡啶季铵盐的除草活性,1962 年将其正式投放市场。因该产品没有农药残留,喷涂之后可以直接种植后续作物,深受欢迎。它同样赢得中国农民的喜爱和广泛使用则是在 30 多年之后。

在中国,百草枯的诞生,肇始于位于济南的山东省农药研究所(今为山东省农药科学研究院,以下简称山东所)。从其整个发展历程看,农药的研发与使用是与我国改革开放的步伐几乎同步的。

农药主要分为杀虫剂、杀菌剂和除草剂三个类别。新中国成立初期,农药的基本组成是滴滴涕(DDT)和六六六等杀虫剂,国内农药工业发展的序幕就此拉开。其间,生长调节剂等也陆续研发并投入使用。到 1978 年,滴滴涕和六六六的毒副作用逐渐被认识,并最终在 1983 年禁产禁用。此时杀虫剂占总体农药产量的比例仍在 90% 以上。

20 世纪 50 年代后期,我国已有少量除草剂,但是 1978 年除草剂总产量(原药)只有 22 047 t,占农药总产量的 4.1%,且最大用户主要是生产建设兵团、农垦系统、国有农场等,广大农村仍靠人工除草(人工除草的草料还是农村饲养动物的饲料)。1978 年,改革开放使得农村逐渐实行联产承包责任制,农民积极性大大提高,"地不够种"使得大批农民走向城市和乡镇,成为新一代务工人员——农民工。在这种情况下,人工除草所需的大量劳动力集中使用的传统耕作习惯,被农村劳动力不足所限制。加之农村逐渐富裕起来,尤其是江浙等沿海沿江地区,农村对除草剂的需求一发不可收拾。农药工业化的勃发,是改革开放进一步深化的必然结果。

山东所在确立自己的研究方向时,慎之又慎,将仅有的科研经费集中于刀刃,选择了较为冷门的除草剂领域。当时全国农药科研的北方中心和南方中心涵盖了 21 个科研院所和 6 个农药实验基地,并将杀菌剂作为"九五"期间主攻方向(在后来被批准的 32 个攻关项目中,16 个是杀菌剂)。即使在除草剂领域,山东所也面临"强敌"——国内科研同行的竞争。以上述批复的项目为例,单嘧磺隆、单嘧磺酯、丙酯草醚、异丙酯草醚、双甲胺草磷、甲硫嘧磺隆、绿草膦都被南北中心大院控制,同场竞技胜算几无。山东所最终选择了一条看似无人问津的项目——百草枯(百草枯在国外已经成熟使用几十年,生产专利、产品专利期均已过期)。但是在工艺上,却是瞄准当时世界上最先进的方法,即"液氨法生产百草枯新工艺"。选择理由就是竞争少、难度大,更重要的是潜在应用广。后续的历程证明了山东所之所以能突出重围在国内农药领域一枝独秀,就与这次决策有直接关系。

在立项阶段,相关各方涉及的伦理抉择主要是科研伦理,包括以下几方面。

(1) 真实性原则

中国百草枯研发立项阶段,原国际专利已过期,即使对原技术仿制,也不存在抄袭或剽窃等不端行为。"九五"期间国家开始力行环保理念,对原金属钠法工艺采取限制措施。最高端的氨氰法(也称作液氨法)工艺仅为英国先正达一家公司掌握。对于中国,这是完全从零做起的创制。

(2) 行善原则

中国改革开放面临着农村劳动力大量向城镇迁徙,传统的需要大量劳动力的人工除草做法难以为继,发明并改进易用的除草剂品类必然是农民心中的呼声。国产工艺一旦研发成功,将大大降低农民用药成本。

(3) 功利主义原则

中国当时的除草剂多为进口,价格高昂,且受制于国外。在这种情况下,作为一个农业大国,建立自己独立的农药产销体系意义重大。百草枯研发成功后,价格大幅下降("从人参价到白菜价"——采访录音),从原材料到最终产品均为国内掌握,具有重大的社会经济效益和产业安全价值。

(4) 诚实原则

完全没有那种明明知道它危害环境还为了利益因素而研发的故意,故遵循了诚实原则。应注意的是,在立项时,国际上鲜有百草枯中毒的案例发生。

(5) 公正公平原则

在研发过程中,实际上山东所面临的是略不公平的科研环境。起点难度最大,受到国际制约。

3.2　研发生产阶段:生产工艺的独立突破与新颖改进

创新之路,异常艰难。这也是这一项目竞争少的原因,也因此保证了山东所可以心无旁

骛地研发,而不担心强势的兄弟单位超越。山东所的创制研发难在三个方面:

第一,百草枯传统工艺是金属钠法(钠熔融法)。金属钠法工艺成熟,产品价格便宜,缺点在于中间体有致癌性。山东所必须从高端氨氰法入手,而不能从金属钠法中"干中学"。

第二,液氨是一种低温高压的反应介质,异常危险。而从实验室到小试到中试,到工业级的连续化大生产,要求工艺稳定性非常高。生产过程中废弃物的排放和回收都需要自主探索。山东所还连同合作单位一起实验成功了自动化和智能化控制技术。

第三,百草枯的原材料中有一项是吡啶,其生产工艺当时中国并未掌握。当山东所的研发初步成功时,吡啶价格一夜之间突然上涨近 300%,几乎釜底抽薪、中断实验。幸而南京红太阳及时攻克了吡啶生产难关(2002 年)。山东所再接再厉,与兄弟单位合作,将百草枯的上下游全产业链打通,从而形成一条完整地不受外资控制的农药研发生产销售体系。

必须明确的是,百草枯的生产,严格意义上属于工业,即农药化学工业。由于农药具有高技术和大规模的特征,其研发主要集中于大学、科研院所、大公司研发部,其生产则往往为形成行业寡头的几家到几十家公司控制。同时,农业在各个国家都具有基础性的战略地位,在此情况下,农药的研发、生产、销售和使用通常会受到所在国政府的密切关注和管制。

1996—2004 年,经过长达 8 年的奋战,中国拥有了自己的百草枯,成为英国先正达公司以外全球第二家完整掌握生产工艺的国家。先正达公司英国总部派员专门上门学习(考证),发现山东所的工艺下生产出的百草枯产品杂质更少,纯度更高,多项指标世界第一。正是因为清洁化、连续化、自动化的生产工艺,不但满足了国内使用,还大量出口,成为农药出口中的主打产品。

经过实践的长期检验,百草枯被认为是一种生产过程绿色、使用方便、价格低廉、环境生态安全、食品安全的一个农药集群中的"绝佳产品"。

在研发生产阶段,相关各方涉及的伦理抉择主要是工业伦理,包括以下几方面:

(1) 功利原则

在生产阶段,采用了连续化工艺,大幅降低了时间成本和排放中间产品的浪费。直至如今,单次发生装置中,百草枯一次 10 t 以上的反应能力,仍然是国内农药化工领域内的最高值。

(2) 环保原则

采用液氨作为反应的中间介质,反应开始要设置超高压超低温条件,使用后再次降温加压就可以循环使用。由于不产生有害的中间体,对于环境没有危害。微量排放物能够进行极致的三废处理,"吃干榨净",也几乎没有浪费和污染。

(3) 自主性原则

生产所需的原材料、工艺、基础设施等全部国内自主。在除草剂中,中国是唯一做到极大自主的发展中国家;百草枯也是国内唯一一个规模达到世界第二位,并大量出口国外的农药产品。

3.3 销售使用阶段:产品推广的分布方式与效果控制

从技术哲学角度看,百草枯代表了一种"极化"现象——就是在某一领域达到了最优状态(从该领域的价值指标看)。某种意义上,山东所选择研发该产品,并走了一条较为环保的生产工艺路线,都是具备相当的专业先进性的,这也导致从用于除草的直接使用效果看,似乎达到了一种无可比拟的绝佳状态,中国农药领域的这一"除草王者"开始走上荣耀之路。

表 1　百草枯产品及其生产工艺的特征

序号	产品特点	对 比 项 目	优 势 说 明
1	易溶于水	大部分农药不溶于水,需要变成喷雾,需要乳油等作为有机溶剂。这种无药效的乳油最终大量释放在空气和土壤中	百草枯易溶于水,可以用水调,无额外添加剂污染
2	非传导性	传导性农药会因误喷到农业作物上,导致作物全株枯萎	百草枯如果溅射到作物上一个点,会形成一个孔洞,但不传导,庄稼可以继续生长
		遇土钝化	农药危害不会残留到土壤中,不会伤害作物的根部
		水土保持	也不会伤害草的根部,但草的地上部分枯萎后,作物迅速长高,阳光和水分倾向于作物,草就难以危害庄稼,同时草根未死,有利于水土保持,尤其在丘陵地带
3	见效迅速	一般农药除草剂需要 2～3 天才能见效。遇到阴天和雨天,还需要重复喷涂	一般 2～3 h 见效,雨天喷涂效果一样良好
4	过程清洁	金属钠法,残留物质	氨氰法,使用液氨,可以对气体回收,不产生废弃物
5	无累积性	可能残留在作物自身、空气、水源、土壤中,造成累积后产生二次或多次危害	不会残留在土壤和空气里累积,不会残留在植物里累积,不会对虫、鸟、鱼、人等造成二次危害

2001—2011 年,我国百草枯使用量由 1560 t 增至 9080 t,复合增速达到每年 19%,迅速跃居除草药剂的前列。2011—2015 年,根据《中国百草枯市场专项调研与投资方向研究报告(2011—2015)》,全国产量达到 6 万 t。即使在 2016 年国内禁止销售后,中国出口到国外的份额仍然保持高速攀升,2019 年中国出口百草枯总量达到 19.32 万 t。

在产品销售控制上,原则上在禁令下达前,具备生产许可的 9 家国内企业都具有销售权限。而在从农药生产领域向使用领域转移的过程中,则基本依靠新中国成立以来形成的农资配送系统——这是一种以"批发—零售"为主要特征,依靠国营和民营代理机构进行的散乱的分销渠道,优点是低成本和适应农户乡情;缺点是农户自身的具体信息、具体施用的地块、作物类型、效果用量等完全没有登记和记录——甚至对药物是否使用都无法明确,因为农户有保留剩余药量留置到第二年继续使用的习惯。至于用后药瓶的回收和处置,更加处于无序管理的状态。

在销售使用阶段,相关各方涉及的伦理抉择主要是社会(消费)伦理,包括以下几方面。

(1) 功利原则

百草枯相对于其他除草剂而言更加方便易用。只要喷涂在所要灭杀的草的叶子上,就会达到除草目的,不需要对草的种类进行甄别。而且灭生效果很好,2～3 h 就可显现。农民把方便面的桶碗倒扣在喷嘴上,可以很方便地实现喷药对准。

（2）不伤害原则

百草枯在施作后，不伤害草的根部，遇到土就钝化，所以在难以掌握喷涂量（农药容易过度喷涂）的情况下，百草枯不存在过量使用带来的恶性后果问题。当溅到庄稼叶子表面时，只会出现一两个灼洞，不影响庄稼的生长，不影响产量，也没有农药残留。

（3）环保原则

环保关注的主要是两个方面，一是食品安全，二是环境安全。百草枯没有农药残留，喷涂不影响作物的食用，所以不影响食品安全。对环境的大气、土壤、水源没有危害，不会因为泄漏、多用而形成农药累积产生二次危害。前述提到不伤害植物的根部，还有利于水土保持。

3.4 小结

从全生命周期分析看，百草枯的研发、生产、销售、使用中没有主观故意，也不是因为对技术局限的社会容忍，造成了后续的禁令。主要原因还在于监管的力度不足，在第三阶段——"销售、分配、使用"环节，存在巨大的断裂空间，造成有不当使用动机的人（自杀或投毒）容易获得足够剂量的百草枯产品。

4 伦理治理的三重维度

4.1 企业维度：社会责任的集中觉醒和萌发

百草枯中毒事件引起了国家的重视。百草枯研发和生产机构决定开始联手采取措施。2011 年，山东所会同绿霸、红太阳、先正达、山东科信等 11 家百草枯生产企业，以及齐鲁医院急救专家，成立了中国百草枯生产企业产品管理与社会关怀工作组（简称"百草枯"社会关怀工作组）。到 2012 年年底，工作组已经筹措 2000 多万元用于对各省急救机构进行培训和宣传，印发规范免费发放，以及设立百草枯全天候救助热线（在山东和四川两地设立）等。2017 年 7 月之后，工作组改名为"中国农药安全用药社会关怀工作组"，继续为社会提供援助。社会关怀工作组制定了章程，以非政府组织方式运作，从创立起的 13 家机构逐渐扩大到 30 多家机构。

不止于此，2013—2015 年，山东所开始了第二次技术攻关。首先是外观设计，将颜色设计成墨绿色，包装"丑陋"是为了具有警示性，防止误用；字体等请医学心理学专家设计，不易引起自杀偏激。其次是增加臭味剂，闻起来使人恶心无比。再次是增加催吐剂，作用于大脑中枢神经，在很短的时间内让人体呕吐。最后，研究表明，冲动型自杀的人考虑自杀的时间周期是 13 s。山东所据此将原先容易喝下的水剂制作成颗粒剂，同时使用手撕不破的水溶容器，只能放在水里慢慢溶解，需要耗费大量时间，这样就极大地避免了冲动型自杀的可能。这项技术难点在于百草枯极易溶于水，所以新技术要求生产车间达到 0.01 ppm（1 ppm=10^{-6}）的清洁程度，是目前全世界同类工业化装置中最高也是唯一的。山东所认为：任何技术发明应推动社会进步；若有危害，技术发明人有义务去消除，这是"拷问良知的事情"（来自采访录音）。

以上努力得到了化工部的认可，多项专利使得安全剂型获得生产许可。但是农业部仍然坚持限销令。因此，到目前为止，百草枯只能用于出口，国内不可销售和使用。

表 2　百草枯中毒预防与援助方案：基于伦理的行动

	改 进 措 施	目　　标
研发安全剂型	外观：颜色改为墨绿色 字体改为暗黑色 气味：臭味剂 口味：呕吐剂 包装：耐撕 使用：水剂→颗粒剂	防止误用 阻碍故意饮用 帮助急救辅助
设立社会关怀工作组	印发资料：免费发放 培训急救技术：齐鲁方案 设置救援热线：4名以上专业人员全天候守候 其他救助	增强警惕性 确立正确公众认知 争取宝贵抢救时间 极大程度挽救生命

4.2　社会维度：利益相关体范围的演化与突变

百草枯遇到"禁销令"困境，与利益相关体的范围发生突变有关。

从立项到研发、生产阶段，均将社会整体、生态环境整体的一般利益纳入考虑，甚至可以称得上是与自然生态和谐的最好农药之一。但是在最后销售使用阶段，从社会整体利益考虑时，除了最常见的食品药物残留、环境药物残留等参量外，中毒致死突然成为关联参量。在国外，几乎都是儿童、无行为能力者等误用；在国内，则是因为主动性自杀引起的。自杀者(确切地说是主观故意服毒型使用者)的出现，作为一个突变量的新利益团体，成为颠覆百草枯的决定因素。

就自杀者而言，在发作上分为深思熟虑型和冲动型，采用的方式则又有绝对型和相对型，如图2所示。喝农药自杀与其他服毒相比，一定比例上是某种社会纠纷的示威行为或者冲动下的自戕。因为农药服毒如果得到及时救治，就不存在生命危险，有关的社会冲突得到一定的缓解。当然深思熟虑后喝农药的案例也有，但通常会采用过度安眠药、毒鼠强等绝对型的药物。对于这一类药物，一般都有严格的管制。在严格管制下，若自杀行为者仍然坚持设法自杀，则这些方式的关联方一般免责。

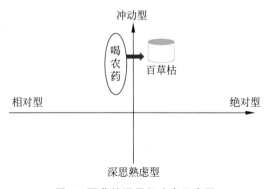

图 2　百草枯误用行为者示意图

百草枯的出现，在于它出现在了一个特殊的区域，就是致死率超高，以至于变成了绝对型的药物。对于冲动型自杀者的家属，甚至自杀者本人(抢救后延迟死亡者)，无法接受这一

"农药"的极端毒性的新跃迁。很多误用者是一时想不开或者"只是吓唬一下亲人",结果却面临"无法救治"的结局,从而出现了自杀者群体、自杀者家属、医院救治单位和自发形成的企事业联合救助等新的利益相关方。

百草枯的易得性、低剂量高毒性、极度致命性,对这些新的利益相关群体产生危害。在生命原则第一的情况下,百草枯作为农业生产辅助物的地位不足以与之抗衡,最终被禁止。

4.3　国家维度:制度实施条例的严密和完善

除中国外,全世界仍有100多个国家继续生产和使用百草枯,包括美国和日本。那么,这些国家的相关部门是否没有尽到社会责任甚至意识到社会责任呢?不是。原因可能是他们的中毒案例比较少。排除中国人口基数大、特殊国情发展阶段的因素,发达国家的相关制度建设值得借鉴。

以美国为例,其农药登记制度和使用制度非常严格。美国的登记制度包括农药登记、农药再登记、农药登记再评审三个环节。农药需取得国家环保局登记许可和当地州政府农业部门两级登记,方可销售使用。农药使用制度方面,美国的施药人员、施药设备、组织方式等均具有鲜明特征。在施药人员管理上,美国要求限制类农药使用者必须经过州立大学培训、州政府考试通过,获得州政府颁发的使用许可证方可操作。有的州还要求取得使用许可证后,再经过两个季节的实际操作才能获得使用执照。执照有效期一般为3年,到期还需经过培训、考试才能继续持有。种植者须在24 h前通过网络系统向县农业检查员提出申请,对地块的位置、面积、作物、防控对象、农药品种等报备,经批准后方可由专业的持证人员实施。同时必须进行详细的使用记录,施药地块要设置警示。大田作物多采用自走式大型喷杆喷雾机,喷幅幅宽可达24~36 m。农业航空作业项目普遍用于播种、施肥、除草、灭虫等,年处理耕地面积占美国年处理耕地面积的40%。违反规定的销售商、生产商、持证施用人等将被处以1000~50 000美元罚款和30日至1年的监禁。

在农药登记方面,2008年我国实施了《农药登记资料》法案,初步作了规定。2017年,国务院颁布新《农药管理条例(2017)》。同年,农业部出台《农药登记管理办法(2017)》《农药生产许可管理办法(2017)》《农药经营许可管理办法(2017)》《农药登记实验管理办法(2017)》《农药标签和说明书管理办法(2017)》《农药名称登记核准和管理规定(2017)》等一系列法律法规,建立了较为完备的农药登记管理体系。

在农药施用方面,对于具体施用监管、农药咨询管理等,我国还存在很大差距。当然,这与我国耕地细碎化分布为主有关,发达国家的经验难以照搬。2013年年末,中国经营土地的农户平均土地经营规模仅有0.65 hm²,且被分为5.1块,呈现出明显的小规模分散经营、土地细碎化的特征。至今,中国仍有96.1%的农户经营耕地规模在2 hm²以下,农户总数达到2.55亿户,农药施用主要采用人工和半机械的分散化方式,缺少精密治理。

4.4　小结

百草枯项目从立项开始到早期投入使用,无论是从农业施用无任何残留,还是生产过程无有害排放等特性来看,都几乎是一件绝佳的产品,从而产生"无责任悖论"。实际上,"合法经营"甚至"事后积极补救"已经满足不了伦理发展的快节奏。企业社会责任的界限,必然要求突破传统,而能够主动性、前瞻性地抵御不确定性条件下的伦理挑战。同时,必须重视消费者以及更广阔社会群体作为工程伦理治理的最终仲裁者和积极推动者的双面影响。

5　思考题

（1）中国实行土地承包50年不变制度与土地使用流转制度，如果今后对土地实际使用者实行严格的农药施用管理制度，百草枯是否可以像美国一样继续使用？

（2）中国农业发展方向和未来农药产品的发展方向如何？社会组织与法律法规治理对其的可能影响和约束如何？

案例8.3 使用说明

1　案例摘要

百草枯是一种我国自主研发、具有专业生产工艺的高效灭生除草剂，对农业生产具有重要的技术经济效益。但连续出现自杀服用事件导致其最终被农业部下达限制令。工程创新尤其是化学工程创新具有特殊的伦理原则，当在研发、生产、销售和使用的创新全过程中，在面对技术先进性、管理规范性、发展可持续性的多元冲突时，将伦理维度纳入综合决策体系具有极端必要性，也是人类社会综合协调发展的必由之路。

2　课前准备

程序性地提醒学生课前需要安排的事项。

（1）对伦理基本原则的认知。对学生以伦理原则的综合分析能力作出预估。

（2）下载有关媒体对"百草枯事件"正式采访的视频，供课上进行展示。

（3）对国外与国内救治百草枯病人的医疗进展进行实时更新（"齐鲁方案"与《细胞》）。

3　教学目标

（1）帮助学生熟悉生物医药工程伦理分析框架。

（2）要求能根据具体事例自觉发现伦理问题，进行伦理决策。

（3）要求对化学工程创新的社会责任能进行伦理判断和审查。

4　分析的思路与要点

给出案例分析的逻辑路径，并给出需要重视的关键知识点、能力点等。重点要阐释清楚3个问题：①为何百草枯没有违反任何生产和销售相关的法律法规（后续法规是在2017年才完善的），却被严令禁止，相关责任和损失由企业和科研单位来承担是否合理？②喝农药自杀，行为结果应由行为责任人（主观故意的自由人）承担，还是产品生产者承担（当产品不存在误导和缺少警示时）？③中国不发达的农业生产水平与快速发展的农业工业品的不协调,在未来如何解决?伦理治理的边界和局限在哪里?

4.1 分析思路

(1)"百草枯事件"是否属于工程伦理研究领域?具体归属领域是什么?

(2)"百草枯事件"聚焦的社会争议是什么?

(3)对"百草枯"相关背景以及整个事件的发展过程进行分析,并争取获得第一手材料。

(4)找到"百草枯"引发社会争议的"该不该禁"的决策节点。

(5)对决策节点,进行国际国内比较分析,找到社会生产方式与具体时间的关联。

(6)运用伦理原则进行分阶段分析。

(7)运用综合伦理决策顺序体系,进行综合伦理判断。

(8)反思本事件带来的启示。

4.2 关键知识点和能力点

(1)掌握初步化学知识(高中化学)、农药施用、农业种植知识基础。

(2)能够理解剧毒农药引发人员伤亡的治疗困境和人文困境。

(3)掌握伦理决策基本原则。

(4)简要认知科研伦理、工程生产与销售伦理、产品应用伦理等工程创新全过程。

(5)能够理解国际、国内不同的农业治理框架,并能检索相关治理法规进行比较。

5 课堂安排建议

对案例教学过程中的时间安排及如何就该案例进行组织引导提出建议。具体安排如下:

(1)课前播放 5 min 百草枯救治视频(提前下载),对应本案例"引言"。

(2)讲述教材 8.1.1~8.1.3 节内容,教导学生重视化学工程伦理。

(3)对本案例进行第一次讨论。讲述教材 8.2.1~8.2.2 节内容,对一般事故根源有所了解。

(4)对应本案例的"背景介绍"和 3.1 节"立项阶段:技术路线的选取与预判评估",讲述教材 8.2.3 节内容。

(5)对本案例进行第二次讨论。对应本案例的 3.2 节"研发生产阶段:生产工艺的独立突破与新颖改进",讲述教材 8.2.4 节内容。

(6)对本案例进行第三次讨论。对应本案例的 3.3 节"销售使用阶段:产品推广的分布方式与效果控制",讲述教材 8.2.5 节内容。

(7)讲述教材 8.3.1~8.3.3 节内容,对企业、国家、社会在伦理治理中的作用职责进行讨论。

(8)发挥同学们的想象力,各小组提出建议对策,结合教材 8.4 节进行案例总结。

(9)鼓励同学们整理讨论结果,提交 100~200 字的案例讨论感想。

参考文献

[1] 王雅洁.百草枯病人[N].经济观察报,2016-10-31(1-2).

第9章

核工程中的伦理问题(教学案例)

案例 9.1 日本福岛核事故应急与善后的伦理分析

作者姓名：黄晓伟
工作单位：天津大学科学技术与社会研究中心
案例来源：作者根据真实事件相关的公开资料(专著、论文、权威媒体报道等)编写
案例真实性：真实

内容提要：2011 年福岛核事故是 1986 年切尔诺贝利核灾难以来发生的最严重核泄漏事故,本案例借鉴公共安全的"三角形框架"对此次事故进行了深入分析。日本政府、日本国会、国际原子能机构发起了三场较大规模的事故调查,涉及事故的归因与追责问题。本案例从工程伦理的视角出发,分析了福岛核事故的伦理原因。
关键词：福岛核事故；工程安全；事故调查；善后处理；环境正义

1 引言

2011 年"3·11"地震引发的海啸导致日本福岛第一核电站发生严重核泄漏。日本东京电力公司(以下简称"东电公司")倾向于将事故原因归咎于超乎预想高度的海啸,而未提及更有预测性的地震,试图逃避责任。日本国会的事故调查则认为,"事故并非自然灾害,明显是人祸",批评日本政府、监管机构已成为核电行业的"监管傀儡"。国际原子能机构的调查综合审议了事故中的人为因素、组织因素和技术因素,特别指出日本社会应当反思"核安全神话"。时至今日,福岛核事故的善后处理工作面临众多"后遗症"。

2 相关背景

东电公司是一家集发电、输电、配电于一体的巨型电力企业,电网覆盖东京都及周边 8 县。公司运营 3 座核电站共 17 台核反应堆机组：位于福岛县的第一核电站(6 台)、第二核电站(4 台)和位于新潟县的柏崎刈羽核电站(7 台)。

2011 年 3 月 11 日,日本东北部近海发生里氏 9.0 级大地震并引发海啸,导致东北部海岸的 5 座核电站都受到不同程度的影响。其中,东电公司的福岛第一核电站受到的影响最为严重,其核泄漏事故等级被确定为国际核事件分级表(INES)中最高的 7 级(特大事故),是 1986 年苏联切尔诺贝利核事故以来发生的最严重核泄漏事故。

地震发生时,在福岛第一核电站 6 台机组(见图 1)中,1～3 号机组正在运行,4～6 号机

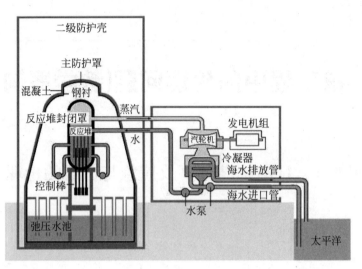

图1　福岛核电站发电机组的日常运行模式（图片来自网络）

组处于计划停堆状态。地震破坏了该厂址的供电线路,海啸则给厂内的运行和安全基础设施造成了重大破坏,而灾害的叠加效应导致了厂外和厂内电力丧失,1～4号机组发生严重核泄漏事故(其中1～3号机组堆芯熔毁),最终导致放射性物质大量泄漏。

地震和海啸发生后,1～3号机组紧急停堆,但核电站的外部电网全部瘫痪,加之备用的柴油发电机由于被海啸摧毁未能正常工作,致使反应堆余热排除系统完全失效。除地震、海啸等客观因素外,日本当局在事故最初对核事故的严重程度认识不足,以及灾前和灾后忽视安全隐患和疏于应急管理,也是导致这次事故后果扩大的重要原因。

3　案例概述

3.1　福岛核事故的"三角形框架"分析

公共安全领域的"三角形框架"(见图2)为我们分析福岛核事故的发生与演变提供了一个明晰的框架。"三角形框架"的三个边分别代表突发事件、承灾载体和应急管理,连接三条边的节点统称为灾害要素。[1]

(1) 灾害要素维度

灾害要素是可能导致突发事件发生的因素,包含物质、能量和信息三种形式。灾害要素只有在超过临界值或达到一定的触发条件时,才可能导致突发事件,转变为致灾体。

① 物质型灾害要素。物质型灾害要素主要是核燃料、核废料(包括乏燃料)。由核燃料组成的核反应堆(福岛第一核电站均为沸水堆)是核电站的心脏,核裂变反应在其中进行,由此产生热量。核废料泛指核燃料采掘、生产、加工和后处理、核设施退役、反应使用过但仍然具有放射性的废气、废液、废物,根据放射性又分为低、中、高三类。其中,乏

图2　公共安全的"三角形框架"

燃料由核反应堆产生,仍有高放射性。

② 能量型灾害要素。核电站最根本的威胁是核燃料的放射性。这主要指核事故导致碘-131、铯-134 和铯-137 等放射性核素向环境的释放,并在饮用水、食品和一些非食用消费品中被发现。部分大气释放被盛行风向东吹散,沉积和弥散在北太平洋,也有相对少部分大气释放沉积在核电站西北方向的陆地。此外,还有福岛第一核电站厂址直接进入海洋的液体释放和排放。[2]

③ 信息型灾害要素。一方面,日本政府承认,在处理福岛核事故时存在信息不畅现象,影响了核事故的处理进程。虽然在事故发生后利用飞行器获取了核电站外部数据,但没有及时获取核电站内部数据,因此影响了信息处理,给核事故情况研判与决策造成困难。另一方面,日本政府对核事故的风险信息沟通不到位,遭遇了公众信任危机。核事故初期,日本当局虽然公布了大量信息,但总体质量不高,数据不完整、不准确,公布不及时,受到日本国内和国际社会的批评。[3]193-195

(2) 突发事件维度

突发事件,即灾害事故本身。从最初源头来看,福岛核事故的原因是地震引发海啸,导致核电站被海水淹没,供电等设施被损毁。从逻辑上分析,是自然危机(原生危机)导致了技术危机(次生危机),人为因素导致突发事件加重(衍生危机)(见图 3)。

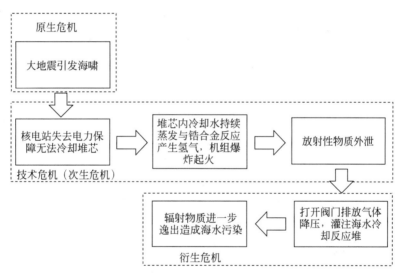

图 3　福岛核事故的危机演变过程[4]79

福岛核事故等级最终被确定为国际核与辐射事件分级表中的最高级,这意味着放射性物质已大量释放,会带来大范围健康和环境影响,要求实施长期的应对措施。与切尔诺贝利核事故相比,日本所有国民遭受的总甲状腺剂量和全身照射剂量约为前者的 1/30 和 1/10。[5]

(3) 承灾载体维度

承灾载体是突发事件作用的对象,一般包括人、物、系统三个方面。

① 人。地震前,事故发生地有东电公司员工约 750 人,其中 97 人是各机组中央控制室的操作员;协作单位的作业人员约 2400 人,均在放射性管理区域内工作。3 月 15 日 2 号机组爆炸后,仅留下仪器检测和修复工作所必需的约 70 人,后来有更多员工返回现场。[3]65-67 此外,核事故迫使约 16 万福岛居民紧急撤离,很多人饱受抑郁症、失业或酗酒的困扰。

② 物。作为核事故承灾载体的"物"主要是受污染的海洋和陆地。一方面,福岛核事故大量的废水排放导致了迄今最为严重的海洋放射性污染事故。2013 年 8 月,日本经济产业省公开承认,福岛核电站长期存在核污水外泄的问题,估计每天流入海洋的核污水至少 300 t。另一方面,由于事故发生地周围的水源、土地和森林都已受到严重污染,因此需要在治理水源的同时将土地表层 5 cm 厚的土壤全部刮走。数年来,日本耗费近 300 亿美元与巨大人力将 9000 km^2 土地刮掉表层土壤,但仍有约 3/4 的被污染地区亟待清理。

③ 系统。所谓"系统"是指人、物及其功能共同组成的社会经济与生态系统。这里主要讨论核事故对生态系统的影响。短期看,核电站周围生态系统受到易于生物累积的放射性同位素的威胁。研究显示,截至 2011 年 7 月,暴露于放射性污染物对野生动物种群的遗传、生理、发育和适应性产生了重大影响,大量鸟类、蝴蝶和蝉类受到了放射性污染物的负面影响。[6]长期看,由于生态系统的自动调节能力有限,受到核污染的生态系统在相当长时间内难以恢复正常。最令放射生态学家担忧的放射性核素是铯-137,其半衰期约为 30 年,将存在数十年。

(4) 应急管理维度

应急管理的本质是管理灾害要素及控制其演化与作用的过程。该事故的整个应急管理过程有短期和长期之分。短期看,虽然多次出现救援机遇,但决策者并没有把握住机遇。首先是错失"调配蓄电池机遇",在最初 8 小时内如果及时调来蓄电池作为补充电源,有可能延缓或化解反应堆冷却危机。其次是错失"灌注海水机遇",虽然海水冷却并不是最优的应急方案,但当时如果及时用海水冷却并恢复电力系统,危机便有可能得到一定程度的控制。最后是错失"外部救援机遇",当时美、法等国家都提出可提供一些技术性援助,但日本政府表示婉拒或回应缓慢。[4]82

长期看,核电站报废作业并非一帆风顺。2011 年 12 月 16 日,日本政府宣布,福岛核电站反应堆已经达到稳定的"冷停堆"状态,标志着核事故已经处于控制之中。2012 年 4 月 19 日,福岛第一核电站 1~4 号机组正式宣布废止。按日本政府和东电公司设定的报废时间表,应在 2031 年取出所有乏燃料棒,在 2041—2051 年间完成报废。然而,日本原子力规制委员会在 2021 年 1 月表示,福岛第一核电站多座受损反应堆建筑辐射极强,加大了从反应堆中取出乏燃料棒的难度,可能导致报废作业进一步推迟。[7]

3.2 针对福岛核事故的调查

(1) 日本政府的事故调查

东电公司福岛第一核电站事故调查与验证委员会于 2011 年 5 月 24 日根据日本内阁的决议组建。同年 12 月 26 日,由东电公司时任副社长山崎雅男领衔的内部调查委员会提交了"中期报告",认为这次海啸规模远超公司和政府当局设定的核电站严重事态预案的前提条件,以致事故发生后束手无策,未能防止堆芯熔毁这一最坏结局,并称公司之前已经尽可能地采取了安全措施。[8]事实上,这是把事故根源归咎于超乎预想高度的海啸这一"天灾",且未提及地震对核电站造成的损害,其结论的有效性受到各界质疑。2012 年 7 月 23 日,由东京大学名誉教授畑村洋太郎领衔的事故调查委员会公布了"最终报告",主要结论为"对海啸的估计,从结果来讲必须说过分乐观,欠缺抵御海啸的准备是本次事故的根本原因"。而事先应对海啸的措施极不完善,东电公司和政府"都负有责任",事故是"双重原因造成的",

并批评了二者的灾害应对能力。[9]

（2）日本国会的事故调查

日本国会福岛核事故独立调查委员会是第一个由日本国会成立的事故调查独立委员会，由日本科学理事会前总裁黑川清领衔，于2012年7月公布了最终调查报告。报告认为，"事故并非自然灾害，明显是人祸"，是一个"日本制造"的灾难。原子能保安院与东电公司过早地得出结论，将所有的事故诱因均归结于意料之外的海啸，而不是更有可预见性的地震，这是在试图逃避责任。事故是由于政府、监管机构和东电公司的一些串通行为以及缺乏明确指导造成的，违背了确保不发生核事故这一国家宗旨。根本原因是指挥体系和监管体系支持具有错误理由的决定和行动，而不是与任何个人的能力相关。[10]

（3）国际原子能机构的调查

联合国所属的国际原子能机构的主要目标是加速和扩大原子能对全世界和平、健康及繁荣的贡献。时任总干事天野之弥在事故发生4个月后到福岛第一核电站进行实地考察，并指示编写一份国际调查报告。2015年8月31日，国际原子能机构理事会发布了《福岛第一核电站事故——总干事的报告》，审议了事故中人为因素、组织因素和技术因素，一同发布的还有国际专家编写的五卷详细技术分析报告，指出事故主要有三方面技术原因：三层纵深防御系统发生共因故障；三个基本安全功能在执行过程中均失效；对超设计基准事故的应对不充分。报告认为，导致事故的更重要因素是日本社会普遍存在的"核安全神话"，以至于广泛认为最高等级的核事故完全不可能发生。因此，日本对严重核事故与重大自然灾害同时发生的可能性准备不充分。该事故暴露了日本监管框架的不足，监管机构的权限归属并非总是清晰明确的；而电厂设计、应急准备和响应安排以及对严重事故管理的规划也存在弱点。[2]

3.3　福岛核事故的"后遗症"

2021年，"3·11"大地震海啸灾区进入为期5年的灾后复兴第二阶段，日本政府将重点支持企业重建、民众自立等能力建设。然而，核事故的善后处理仍然面临众多"后遗症"。

（1）余震活动依然持续

据日本气象厅观测显示，主震发生过去后的10年间，福岛地区的余震活动依然持续，仅有体感的余震就超过1.4万次。[11]2021年2月13日，福岛东部海域发生里氏7.3级地震，震源深度55 km，这是2011年"3·11"大地震的余震，未来10年中这类余震可能再次发生。东电公司则宣布，疑受此次地震影响，福岛第一核电站1号、3号机组安全壳内水位下降了几十厘米，尚未对外界造成影响。[12]

（2）核污水排放难题

如何取出数百吨高放射性的核燃料残渣及处理大量放射性污水，已成为核电站报废处理面临的最大难题。核事故发生后，东电公司持续向1~3号机组安全壳内注水以冷却堆芯并回收污水，目前已储存了超过120万t放射性污水。据日本环境部预估，已有的储水罐将在2022年夏季前后达到容量极限。这些用以冷却核反应堆的残留污水中含有高浓度的放射性物质"氚"，是污水处理设备难以去除的。[13]除了氚之外，科学家发现在处理后的污水中还存在一些放射性同位素，包括碳-14、钴-60和锶-90。虽然这些同位素的含量远低于氚的含量，但它们在不同污水处理罐中的含量可能差异很大，最终可能沉积在海底或被海洋生物吸收。[14]

据报道,日本经济产业省内部委员会就福岛核污水处理进行过多次讨论,提出包括稀释后入海、蒸发后释放、电解后排放、地下掩埋以及注入地层五种方案,经评估后逐步缩小到稀释后入海、蒸发后释放两种方案。2021 年 8 月 24 日,日本政府菅义伟内阁和东电公司基本确定了"近海排放"的最终方案,拟将核污水通过新开凿的海底隧道排放至距离核电站约 1 km 外的近海,并认为这一方案既有利于借助洋流扩散,也可解决排放地的污染问题。[15] 据报道,2022 年 7 月 22 日,日本原子能规制委员会正式批准了东京电力公司有关福岛第一核电站事故后的核污染水排海计划。相关排海设施工程已于 2022 年 8 月 4 日开始施工,争取在 2023 年春天开始向太平洋排放核污水。此前,日本政府还向公关公司支付大量经费,用以传播福岛核事故影响已经消除、福岛核电站安全可靠的公共形象。虽然日本政府一再对外表示排放核污水的浓度已符合国际标准,但依然引发了日本国内相关利益团体及包括中国在内的周边国家的广泛担忧。

(3)受害群众赔偿问题

福岛核电站事故处理的资金负担非常沉重,尤其是受害群众赔偿问题较为复杂。2013 年,日本政府曾测算,核事故善后处理需要资金 11 万亿日元,但后续勘察中发现核反应堆内爆炸损失程度严重,2016 年重新测算的数据增至 21.5 万亿日元。这些费用来源分为三部分:核事故周边污染土储存费用由日本政府承担;核电站处理费用由东电公司承担;对核电站周边受害群众的赔偿金则由东电公司与其他电力公司承担,赔偿期限将超过 30 年。日本政府将通过出售所持东电公司股票筹措资金,不足部分则由政府财政弥补。[16] 目前,不满现有赔偿标准的福岛地区约 1.2 万名受灾群众已向日本政府和东电公司发起 30 多起诉讼案件。截至 2021 年 12 月,已经宣判的 10 多起诉讼提高了东电公司需要负担的赔偿金额,一些判决明确要求日本政府承担相应责任。庭审焦点主要集中在三个方面:一是日本政府和东电公司是否有预测海啸、防止事故的义务;二是日本政府是否应当承担国家赔偿责任;三是东电公司基于政府准则实行的赔偿标准是否合适。2022 年 6 月 17 日,日本最高法院针对四起相关集体诉讼进行了统一判决,驳回 3700 余名"福岛核难民"的诉讼请求,认定日本政府对福岛县及周边居民无须承担国家赔偿责任,东电公司将单独承担对原告方灾民的赔偿责任(14.5 亿日元)。[17] 日本最高法院对政府免责的认定,势必会作为判例影响今后地方法院对类似诉讼的判决。此外,2019 年 9 月,东电公司 3 位前高管以"业务上过失致人死伤罪"被强制起诉,但东京地方法院最终宣判 3 人均无罪。

4 伦理分析

4.1 公众的安全、健康与福祉未被置于首位

从核事故的应急过程看,日本政府和东电公司未能完全致力于保护公众的安全、健康与福祉。在核事故发生后,东电公司负责人的表现尤其让日本公众愤慨。时任总裁清水正孝直到事故发生一天后才出现在公司总部,就事故向公众道歉。事故发生 5 天后,清水正孝又请了一周病假,据称疲劳过度必须休息,因而没能参与政府和公司联合行动小组的救灾事宜。4 月 11 日,清水正孝才来到福岛县向受灾居民道歉,这是他自 3 月 13 日记者会后的首次公开亮相,并表示,"我的责任正是领导公司安然度过,现在不是谈辞职的时候"。直到 5 月 20 日,东电公司才宣布清水正孝辞去总裁职务。清水正孝的一系列表现明显是将个人利

益、企业利益置于公众利益之上。

2011年3月15日,由于感觉到缺少事故信息,时任首相菅直人决定自己造访福岛第一核电站现场。日本国会独立调查委员会认为,这一造访的结果是打乱了原有的指挥系统,给本已可怕的现场状况造成了进一步的混乱。在任何时候,政府最先考虑的都必须是保护公众健康和财产的责任,但由于首相官邸的注意力却集中于核电站问题的进展,这种干涉也导致东电公司事实上放弃了他们对核电站状况所负的责任。此外,社会重建所必需的除污和重建活动看不到尽头。在事故发生后,受害居民继续面对死亡威胁,包括辐射对健康的影响、迁移、家庭解体、打破生活方式、环境的大面积污染等。日本国会事故调查报告认为,政府和监管者未完全致力于保护公众健康和安全,未采取有效行动保护居民健康并恢复居民福利。

4.2　日本核电领域的"监管俘获"效应

从监管体制的弊端上看,日本核电领域的"监管俘获"效应使得行业利益凌驾于公众安全利益之上。"监管俘获"效应描述的是,监管机构被其所监管的行业以各种方式俘获,而为其行业的利益服务,却忽视了公众利益。20世纪70年代石油危机后,日本为了国家能源安全,加快了发展核电的步伐。日本社会的发展主义主流意识使得核电行业的监管职责(原子能保安院)被委托给负责其发展的政府机构(经济产业省),而原子能保安院隶属于经济产业省,致使监管机制难以有效发挥作用。在福岛核事故中,原子能保安院与东电公司共同触犯了"核安全文化"红线——将行业自身经济利益置于公众安全利益之上。作为日本最大的核电运营商,东电公司承认曾数十次篡改福岛核电站的反应堆数据,瞒报相关情况。而核安全监管部门不能恪守"安全至上"的准则,纵容核电企业违规瞒报、偷工减料、抢工冒进,还为所监管行业的利益而封锁一切批评质疑的声音。在福岛核事故之前,监管机构和核电企业均认识到存在海啸导致堆芯熔毁的风险,但抱着"核电站是安全的"侥幸心理,并未针对这一风险制定相应的规章,采取任何防护措施。[18]因此,日本国会的事故调查报告强调,原子能保安院与东电公司过早地得出结论,将所有的事故诱因均归结于意料之外的海啸,而不是更有可预见性的地震,这是在试图逃避责任。

4.3　日本核工程共同体内部的小集团思维

从文化传统的不足分析,日本的"核安全神话"一定程度上源于核工程共同体内部的小集团思维。欧文·贾尼斯(Irving Janis)深入研究了集体决策过程中的小集团思维(groupthink),即集体以牺牲个体的批判性思维为代价来达到一致的决策倾向,它具有以下思维特征:集体不会遭受失败的幻想;倾向于将责任转移给他人的合理化;个体"不要捣乱"的自身审查倾向;对于持异见者施加一种直接压力。[19]工程师工作的组织背景的一个显著特征是,个体倾向于成群结队地工作和协商,因而容易受到小集团思维的影响。国际原子能机构的调查报告认为,导致核事故的主要因素是日本社会普遍存在的"核安全神话",以至于广泛认为最高等级的核事故完全不可能发生。这种假设为核电厂营运者所接受,也没有受到监管机构或政府的质疑。日本国会的事故调查认为,核事故的深层次原因可以追溯到日本文化根深蒂固的传统:反射性的服从,不愿意质疑权威,热衷于"坚持程序",集体主义及孤立性。[20]在日文版调查报告的前言中,将事故文化背景进一步归纳为三点:政治上的一党优位制、企业的年功序列制与终生雇佣制。[21]这种文化传统有可能助长核工程共同体的小集团思维,而未能对严重核事故做充分准备。

4.4 日本政府将核污水排放入海决策的环境正义反思

所谓"环境正义"理念,可以理解为:在环境政策和规约的发展、制定和实施方面,对每个行为主体(国家、组织或个人)来说,都能得到平等的对待和富有意义的参与。[22]关于环境正义的基本原则主要是功利主义(utilitarianism)和人道主义(deontology)。围绕核污水的处理问题,日本政府在 2020 年 2 月召集相关专家成立了咨询委员会,对"稀释后入海"和"蒸发后释放"的可行性进行风险评估,并最终得出"排入海洋为最佳"的决策建议。新组建的菅义伟内阁原本倾向于采纳这一建议,但由于受到国内外舆论的巨大压力而推迟作出决定。事实上,这一决策倾向是基于风险-收益分析的功利性考量,而非可持续发展的人道主义考量。联合国专家认为,目前福岛核电站有充足的空间建造更多储水罐,以增加核污水的储存能力,且该问题的公众咨询原本定于 2020 年东京奥运会结束后展开,而奥运会由于新冠肺炎疫情推迟一年举办,政府无须仓促决定。

从技术层面看,含氚的核污水排放入海并非唯一的处理方案。相对铯-137 等放射性核素,氚的半衰期要短很多(约 12.5 年),对生命体的影响相对较轻。虽然与福岛核事故有所区别,美国三哩岛核事故后的污水处理方案仍可部分作为参照。三哩岛核电站经过大约 10年的核污水净化工作后,只剩下储存期已达 14 年的 9000 t 含氚水。最后,核电站所有者、水务公司等一致决定强行蒸发氚化水是最佳的选择。更严重的是,东电公司有数据作假的"前科",很难再得到公众信任。该公司 2018 年曾表示,绝大多数核污水除氚外,已清洁到日本政府的安全标准以下,但到 2019 年夏又修正说,储存的核污水只有约 1/5 得到有效处理。[23]

5 结论与启示

本案例借鉴公共安全领域的"三角形框架"分析了福岛核事故的发生与演变过程。梳理了核事故中物质、能量、信息形式的灾害要素;突发事件维度上,从逻辑上分析,自然危机导致了技术危机,人为因素导致突发事件加重;承灾载体维度上,重点分析了人、物、系统要素;应急管理维度上,短期看,决策者错失了重要的核应急机遇,长期看,核电站长达 40 年的报废计划仍面临诸多现实挑战。时至今日,福岛核事故的善后处理仍然任重而道远,尤其面临余震活动依然持续、核污水排放难题、受害群众赔偿问题等"后遗症"。

针对福岛核事故,主要有三起较大规模的调查。在日本政府的事故调查中,东电公司牵头的中期报告将事故原因归咎于超乎预想高度的海啸,最终报告认为东电公司和日本政府在应对海啸的准备不足方面都有责任。日本国会的事故调查认为,"事故并非自然灾害,明显是人祸",重点从监管体制层面批评了日本政府、监管机构和东电公司的不负责任行为。国际原子能机构的调查综合审议了事故中人为因素、组织因素和技术因素,特别指出日本社会应当反思普遍存在的"核安全神话"。

从工程伦理视角出发,福岛核事故的伦理原因分析有四点:第一,从核事故的应急过程看,日本政府和东电公司未能完全致力于保护公众的安全、健康与福祉;第二,从监管体制的弊端上看,日本核电领域的"监管俘获"效应使得行业利益凌驾于公众安全利益之上;第三,从文化传统的不足分析,日本的"核安全神话"一定程度上源于核工程共同体内部的小集团思维；第四，从环境正义的原则反思，日本政府将核污水排放入海的决策倾向是功利性考量，而非人道主义考量。

6 思考题

（1）结合有关福岛核事故集体诉讼案件的媒体报道，分析日本政府和东电公司是否有预测海啸、防止事故的义务。

（2）结合核污水排放的不同技术方案，分析日本政府应该怎样作出负责任、可持续的核污水排放决策。

（3）对比三哩岛核事故、切尔诺贝利核事故、福岛核事故案例，我国核电企业在开展核安全文化建设中，如何切实避免走入"核安全神话"的误区？

案例 9.1 使用说明

1 案例摘要

2011 年福岛核事故是 1986 年切尔诺贝利核灾难以来发生的最严重核泄漏事故。本案例借鉴公共安全领域的"三角形框架"分析了福岛核事故的发生与演变。日本政府、日本国会、国际原子能机构发起了三场起较大规模的事故调查，涉及事故的归因与追责问题。最后从工程伦理的视角出发，分析了核事故应急、核监管体制弊端、"核安全神话"根源、核污水排放等伦理原因。

2 课前准备

课前了解日本福岛核事故应急与善后的基本情况，重点参考国际原子能机构的《福岛第一核电站事故——总干事的报告》(中文版)[2]，了解该事故发生的主要技术原因（如纵深防御系统发生共因故障，基本安全功能在执行中均失效，对超设计基准事故的应对不充分）。

查询有关福岛核事故后集体诉讼案件的媒体报道，搜集美国三哩岛核事故、苏联切尔诺贝利核事故等典型案例，以及我国核电工程项目施工建设安全管理制度，用于课堂与福岛核事故的对照和比较。

3 教学目标

要求通过对此案例的讨论和分析，明确安全意识在工程全生命周期中的重要性；要求掌握工程设计、运营、应急和废弃中的安全责任规范，以及提高运用这些原则和规范的能力。

从工程设计的角度让学生认识到工程设计缺陷对工程安全的极端危害性，坚持"底线思维"，规划设计时要考虑到最坏的可能情形，对超设计基准的事故应有准备充分的应急预案。

从工程运营的角度让学生了解到，应警惕各类版本的"核安全神话"，牢固树立起对公众安全负责的核安全理念，建设高效可靠的核安全文化体系。

从工程应急的角度让学生认识到,应建立政府、行业监管机构、企业、个人共同参与、各负其责的工程安全责任机制,重视应急风险沟通对取得公众信任的重要性。

从工程废弃的角度让学生了解,核电工程产生的乏燃料、核污水同样需要安全、负责任地进行处理,应坚持环境正义原则,遵循公众利益优先的道义论伦理,反对单纯基于风险-收益分析的功利主义考量。

4 分析的思路与要点

思路:本案例从工程安全角度切入,围绕着日本福岛核事故应急与善后展开,贯穿着工程设计、运营、应急和废弃各环节的安全责任规范,主要致力于解决以下三方面的问题:

(1) 如何从工程安全的角度分析福岛核事故?

(2) 针对福岛核事故先后发起的三起调查在归因和追责方面有何差异?

(3) 福岛核事故至今留下了哪些"后遗症"?

知识点与能力点:三角形分析框架;"监管俘获"效应;"核安全神话";小集团思维。

5 课堂安排建议

时间安排:

让学生课前查阅"国际核事件分级表"[24],建立对核事故分级的基本认识(三哩岛核事故 5 级、切尔诺贝利核事故 7 级、福岛核事故 7 级)。

课堂 20 min 观看中国专业学位案例中心的《福岛核事故及启示》,教师进行案例讲授 25 min,学生围绕思考题分组讨论 30 min,教师总结 15 min。

组织引导:

(1) 提前布置学习任务,让学生课前搜集相关资料,初步了解福岛核事故及其影响。

(2) 在课堂上重点讲解利益相关方在核工程建设与管理中应该肩负的社会责任,总结中国核安全管理与工程伦理的成功经验与不足。

(3) 结合本章思考题,组织学生进行分组讨论,并学会分析同类伦理案例。

参考文献

[1] 刘奕,翁文国,范维澄.城市安全与应急管理[M].北京:中国城市出版社,2012:37-40.

[2] 国际原子能机构.福岛第一核电站事故——总干事的报告[R/OL].(2018-11-15)[2022-03-11]. https://www.doc88.com/p-7738437181781.html.

[3] 王永红,等.福岛核事故应急[M].北京:国防工业出版社,2015.

[4] 陶东.福岛核事故发生机理研究:基于三角形框架的分析[M].杜志淳.等.中国社会公共安全研究报告:第9辑.北京:中央编译出版社,2016.

[5] 环境保护部核与辐射安全监管二司.日本福岛核事故[M].北京:中国原子能出版社,2014:133.

[6] MOUSSEAU T A,MLLER A P. Genetic and ecological studies of animals in chernobyl and fukushima[J]. Journal of heredity,2014(5):704-709.

[7] 刘秀玲.受损反应堆辐射极强 福岛核电站报废又要延期?[EB/OL].(2021-01-28)[2022-03-11].

http://www.xinhuanet.com/world/2021-01/28/c_1210999058.htm.

[8] 伍浩松,李韡.日本福岛核事故调查委员会发布中间报告[J].国外核新闻,2012(1):17-25.

[9] 伍浩松,李韡,王海丹.福岛事故调查与验证委员会最终报告称"东京电力与政府都有责任"[J].国外核新闻,2012(8):24-31.

[10] 环保部核与辐射安全中心政策法规研究所.日本国会福岛核事故独立调查委员会正式报告[R/OL].(2012-07-01)[2022-03-11].https://doc.mbalib.com/view/03b46b3d4da9cbf2922bfef080d3e60b.html?purge=true.

[11] 日经中文网."3·11"大地震余震次数超过1.4万次[EB/OL].(2021-02-22)[2022-03-11].http://cn.nikkei.com/politicsaeconomy/politicsasociety/43851-2021-02-22-10-26-37.html.

[12] 华义.13日地震造成日本福岛核电站机组安全壳内水位下降[EB/OL].(2021-02-21)[2022-03-11].http://www.xinhuanet.com/world/2021/02/21/c_1127120418.htm.

[13] 李沐航.日本政府计划将福岛核电站的含放射性物质污水排入太平洋[EB/OL].(2020-10-16)[2022-03-11].http://japan.people.com.cn/n1/2020/1016/c35421-31895221.html.

[14] BUESSELER K. 10 years after the nuclear meltdown at Fukushima Daiichi, I'm still worried[EB/OL].(2021-03-11)[2022-03-11].https://knowablemagazine.org/article/food-environment/2021/10-years-after-meltdown-japans-fukushima-daiichi-im-still-worried.

[15] 姜俏梅.日媒:福岛核污染水将从海底隧道排至近海[EB/OL].(2021-08-25)[2022-03-11].http://japan.peopledaily.com.cn/n1/2021/0825/c35421-32206880.html.

[16] 苏海河."3·11"大地震近10年,核电站拆除、核垃圾处理步履维艰——日本走出"余震"路漫漫[EB/OL].(2021-02-22)[2022-03-11].https://www.jingji.com.cn/gjdj/186582.

[17] 苏宁.日最高法院终审判决引福岛核灾民不满[N].法治日报,2022-06-27(5).

[18] 王亦楠.防范重大核事故风险首先要破除"核安全神话"[J].中国经济周刊,2019(16):106-109.

[19] 贾尼斯.小集团思维:决策及其失败的心理学研究[M].张清敏,等译.北京:中央编译出版社,2016.

[20] 环保部核与辐射安全中心政策法规研究所.日本国会福岛核事故独立调查委员会正式报告[R/OL].(2012-07-01)[2022-03-11].https://doc.mbalib.com/view/03b46b3d4da9cbf2922bfef080d3e60b.html?purge=true.

[21] DICKIE M. Fukushima crisis 'made in Japan'[EB/OL].(2012-07-05)[2022-03-11].https://www.ft.com/content/55edd178-c673-11e1-963a-00144feabdc0.

[22] 杜鹏.环境正义:环境伦理的回归[J].自然辩证法研究,2007(6):5.

[23] 彭丹妮.福岛逾100万吨核废水将进入太平洋?专家:这样做符合国际惯例[EB/OL].(2020-10-26)[2022-03-11].http://www.inewsweek.cn/world/2020-10-26/10728.shtml.

[24] 中国辐射防护学会.名词解释:国际核与辐射事件分级[EB/OL].(2020-05-29)[2022-03-11].http://www.csrp.org.cn/newsitem/278498825.

案例 9.2 "华龙一号"：中国核电的安全高效发展①

作者姓名：魏丽娜¹，丛杭青²
作者单位：1 中国计量大学马克思主义学院，2 浙江大学哲学学院
案例来源：作者根据相关资料整理
案例真实性：真实

内容提要：中国核电事业起步于 20 世纪 80 年代中期，在经历了起步发展、适度发展和积极发展阶段后，转入安全高效发展阶段。造福人类、保护生态环境、实现可持续性发展是中国核电发展的基本价值准则。在"理性、协调、并进"的中国特色核安全观的指导下，"十三五"期间，中国核电在全球率先实现了从二代核电技术向三代核电技术的转变，已经完全掌握了自主知识产权的三代核电技术，并创造了中国核电的民族品牌"华龙一号"。"华龙一号"凭借其"177 堆芯""三道实体屏障"和"能动与非能动相结合"等设计安全方面的创新，在安全性、经济性和技术指标上均达到国际先进水平。面向"十四五"，伴随"华龙一号"首批批量化建设项目、高温气冷堆、"国和一号"、快堆、乏燃料后处理等示范工程的投产，以及核能在供热、供汽、制氢、海水淡化等领域应用的不断拓展，我国在先进核能技术工程认证、关键设备研制、核燃料生产与循环保障、核能产业链自主可控等方面都将取得重大突破，核能强国建设有望取得重要进展。[1]

关键词：中国核电；核安全；三代核电技术；"华龙一号"

1 引言

"十三五"期间，中国核电技术得到了长足发展。2021 年 1 月 30 日，"华龙一号"国内首堆——福清核电站 5 号机组投入商业运行，成为全球首个按期投产的三代核电工程。2021 年 5 月 20 日，"华龙一号"海外首堆——巴基斯坦卡拉奇 2 号机组也投入商业运行。这标志着我国在三代核电技术领域已跻身世界前列，成为继美国、法国、俄罗斯等国之后真正掌握自主三代核电技术的国家。[2]"华龙一号"不仅是中国核电科研、设计、制造、建设和运营经验的总结与升华，也是中国核电未来发展的主要方向之一。

2 核电发展相关背景

核能作为安全、高效、清洁、低碳、稳定的基荷电源，在优化能源结构、缓解温室效应、减缓气候变化等方面发挥着重要作用。美国、法国、俄罗斯、日本、韩国等发达国家普遍重视核电领域的技术研发与应用。然而，作为人类工业史上最复杂的工程之一，核电项目在造福人类的同时，也可能给社会带来风险，而且核事故给社会带来的伤害往往是巨大的。世界核电发展的历史上曾出现过三次重大事故，分别是 1979 年 3 月 28 日美国的三哩岛核事故，1986 年 4 月 26 日苏联的切尔诺贝利核泄漏事故，以及 2011 年 3 月 11 日日本福岛第一核电站事

---

① 本案例为国家社会科学基金重大项目"中国工程实践的伦理形态学研究"（15ZDB015）阶段性成果。

故。其中,切尔诺贝利核泄漏事故和日本福岛第一核电站事故被国际核事件分级表(INES)评为第7级事件的特大事故,其影响范围之广,程度之深,使人们一度"谈核色变",核安全问题成为全球关注的热点,世界各国也随之放缓了核电发展的脚步。但与此同时,全球经济发展对能源电力的需求并没有减缓,资源短缺、能源紧张、环境污染、气候异常等全球性难题对人类的生存和发展构成了严峻挑战。清洁化、低碳化已经成为全球能源发展的大趋势,而在保障核安全的前提下,发展核电确实是一种实现绿色、低碳、高效发展的理性选择。因此,美国、法国、俄罗斯、日本等发达国家一方面积极探索科技创新,加快推进先进核能技术研发与应用,最大程度地保障设备安全;另一方面不断寻找能够减少人为操作失误的方式方法,旨在能够安全高效地利用核能。"2012年以来,全球在运核电机组数量、装机容量及发电量持续上升。"[3]

中国核能的和平利用起步于20世纪50年代中期。20世纪六七十年代,中国老一辈核工业人在极端困难的情况下攻坚克难,成功研制出原子弹、氢弹和核潜艇,打破了超级大国对核技术的垄断,建立了新中国比较完整的核工业体系。[1]虽然党和国家早已认识到核电事业对国家发展的重要性,但限于当时国内外的复杂环境,中国核电事业直到20世纪80年代中期才真正起步,先后经历了起步发展、适度发展、积极发展和安全高效发展四个阶段(具体详情参见表1)。至今,中国核电已经走过了30多年的发展历程,逐步实现了从无到有、从有到优的转变。中国核电人一路艰苦创业、开拓创新,从引进国外技术到形成自主知识产权核电技术,逐步实现了核电研发设计、工程建设、装备制造、燃料供应、运行维护等方面能力的大幅提升。通过建设浙江秦山核电站、广东大亚湾核电站、岭澳核电站、浙江三门核电站、广东台山核电站、江苏田湾核电站、福建福清核电站和广西防城港核电站等核电基地,实现了由二代核电技术向三代核电技术的跨越,基本形成了自主化三代核电技术及产业链的比较优势,能够满足国内核电发展和核电"走出去"的需求。

表1　中国核能发展阶段[4]

发展阶段	规划名称	规划有关内容	开工核电项目
起步发展	国民经济和社会发展第六个五年计划(1981—1985年)	建设30万kW核电站 研制30万kW核电站设备	秦山核电厂1号机组
	国民经济和社会发展第七个五年计划(1986—1990年)	有重点、有步骤地建设核电站	大亚湾核电厂1、2号机组
适度发展	国民经济和社会发展十年规划和第八个五年计划(1991—1995年)	实行因地制宜、水火电并举和适当发展核电的方针。五年内重点建设秦山核电二期工程。研制60万kW核电机组大型成套设备。有计划地新建、扩建和改建一批大中型电站(包括水电、火电和核电)	秦山第二核电厂1～4号机组

续表

发展阶段	规划名称	规划有关内容	开工核电项目
适度发展	国民经济和社会发展"九五"计划和 2010 年远景目标(1996—2000 年)	贯彻因地制宜、水火并举、适当发展核电的方针。大力推进核技术的和平利用,重点发展核电,配套建设核燃料循环体系。开展低温核供热技术研究开发工作	岭澳核电厂 1、2 号机组;秦山第三核电厂 1、2 号机组;田湾核电厂 1、2 号机组
	国民经济和社会发展第十个五年计划(2001—2005 年)	适度发展核电。支持发展大型燃气轮机、大型抽水蓄能机组、核电机组等新型高效发电设备	岭澳核电厂 3、4 号机组
积极发展	国民经济和社会发展第十一个五年规划(2006—2010 年)	积极发展核电	红沿河核电厂 1～4 号机组;宁德核电厂 1～4 号机组;福清核电厂 1～4 号机组;阳江核电厂 1～4 号机组;方家山核电厂 1、2 号机组;三门核电厂 1、2 号机组;海阳核电厂 1、2 号机组;台山核电厂 1、2 号机组;昌江核电厂 1、2 号机组;防城港核电厂 1、2 号机组
安全高效发展	国民经济和社会发展第十二个五年规划(2011—2015 年)	在确保安全的基础上高效发展核电。重点在东部沿海和中部部分地区发展核电。强化核与辐射监管能力,确保核与辐射安全	高温气冷堆核电站示范工程;田湾核电厂 3、4 号机组;阳江核电厂 5、6 号机组;红沿河核电厂 5、6 号机组;田湾核电厂 5、6 号机组;福清核电厂 5、6 号机组;防城港核电厂 3、4 号机组
	国民经济和社会发展第十三个五年规划(2016—2020 年)	以沿海核电带为重点,安全建设自主核电示范工程和项目。加速开发新一代核电装备和小型核动力系统、民用核分析与成像技术。开工建设一批沿海新的核电项目,加快建设田湾核电三期工程。积极开展内陆核电项目前期工作。加快论证并推动大型商用后处理厂建设。核电运行装机容量达到 5800 万 kW,在建达到 3000 万 kW 以上。推进核设施安全改进和放射性污染防治,强化核与辐射安全监管体系和能力建设	

《中国核能发展报告 2021》显示,"截至 2020 年 12 月底,中国大陆地区商运核电机组达到 48 台,总装机容量为 4988 万 kW,仅次于美国、法国,位列全球第三。中国在建核电机组 17 台,在建机组装机容量连续多年保持全球第一。"回望近 40 年的发展历史,中国核电确实取得了举世瞩目的成绩,但还存在核电装机容量在中国能源结构中的占比较低(仅为 2.7%)、自主创新能力有待提升、公众沟通交流工作有待完善等问题,而这些问题需要通过进一步提升核能安全性和经济性来解决。2020 年 9 月 22 日,习近平总书记在第七十五届联合国大会一般性辩论上提出:"中国将提高国家自主贡献力度,采取更加有力的政策和措施,二氧化碳排放力争于 2030 年前达到峰值,努力争取 2060 年前实现碳中和。"[5] 为实现"碳达峰"和"碳中和"目标,满足人民美好生活的能源需求,清洁、高效、低碳的电力供应将得到大幅发展。2021 年政府工作报告中提出:"在确保安全的前提下积极有序发展核电。"中国核能行业协会副理事长兼秘书长张廷克指出:"面向'十四五',伴随'华龙一号'首批批量化建设项目、高温气冷堆、'国和一号'、快堆、乏燃料后处理等示范工程的投产,以及核能在供热、供汽、制氢、海水淡化等领域应用的不断拓展,我国在先进核能技术工程认证、关键设备研制、核燃料生产与循环保障、核能产业链自主可控等方面都将取得重大突破,核能强国建设有望取得重要进展。"

3 "华龙一号"的前世今生

核电作为清洁高效能源,不仅对推进我国社会进步、发展低碳经济、满足人民群众生活需要具有极其重要的意义,而且在社会、科技、国防等领域具有重大的战略意义。因此,我国必须牢牢把握自主发展核电的权利,坚持核电发展战略不动摇。

改革开放后,党和国家的工作重心转移到社会主义现代化建设上来。经济发展的需要对核电发展提出了要求。在 20 世纪 80 年代末,中国核电进入了规划发展阶段。秦山一期 30 万 kW 级核电工程、秦山二期 60 万 kW 级核电工程积累了一整套核电自主建设的经验,具备了批量建设的条件和能力,为我国核电建设的标准化、系列化奠定了基础,为自主设计建造百万千瓦级核电厂创造了条件。[6] 从世纪之交到日本福岛核电站事故发生之前,中国绝大多数在运和在建核电机组已经拥有了以 CPR1000 和 CNP1000 为代表的、具有自主知识产权的"第二代＋"核电机型。

进入 21 世纪,全球气候变化问题日益凸显,面临能源短缺和环境保护双重挑战,核能作为一种清洁能源,在全球能源转型中发挥着越来越重要的作用,有效开发和利用核能、加快国际核电合作成为国际社会的一项共同使命。21 世纪初,随着改革开放的深入,中国经济发展与能源电力供给不足的矛盾日益凸显。中国决定启动第三代核电技术的国际招标。

国务院召集核电界、政界、能源界的数百位专家仔细比较和分析后,选定引进美国西屋公司的 AP1000 和法国的 EPR 等世界先进的核电技术。为了实现跨越式发展,与美国西屋公司签订 AP1000 引进协议不久,中国核电人就开始在引进的基础上研发更加先进的 CAP1400 技术。经过浙江三门核电站和山东海阳核电站对 AP1000 技术的应用,国家核电技术公司对 AP1000 技术的研究不断深入,并逐渐完善了 CAP1400 技术。2010 年,CAP1400 的净功率超过了 135 万 kW,成为经济性和安全性比 AP1000 更先进的三代核电技术。通过 CAP1400 技术的研发,我国不仅拥有了三代核电技术的自主知识产权,实现了关键设备的国产化,而且培养了数千名三代先进核电技术的监管和审核人员。在 CAP1400 方案的审核过程中,审核人员边审核边学习世界最先进的设计标准,升级监管方案,优化审核方法,这对我国核电发展和安全管理意义重大。

与此同时,中国核工业集团有限公司(简称"中核")和中国广核集团有限公司(简称"中广核")启动了百万千瓦级压水堆核电厂概念设计。以我国三十余年核电站科研、设计、建造、调试、运行经验和近年来核电发展及研究领域的最新成果为基础,融合借鉴国际先进三代核电技术的设计理念,充分汲取日本福岛核事故经验反馈,中核和中广核各自研发出了具有完整自主知识产权的三代压水堆核电品牌——ACP1000 和 ACRP1000+。为满足国家建设和发展需要以及实施核电"走出去"战略,2013 年 4 月 25 日,中国国家能源局主持召开了自主创新三代核电技术合作协调会。中广核和中核同意在前期两集团各自研发的 ACRP1000+ 和 ACP1000 的基础上,联合开发"华龙一号"(HPR1000)。为了达到国际最高安全水平,中国核电人着重在"华龙一号"的安全设计方面进行技术改进与创新,主要体现在以下三个方面。

首先,"华龙一号"最显著的技术特征是反应堆采用了中国特色的"177 堆芯"。"堆芯"是核电站最核心的动力源,是核燃料发生裂变、释放能量的核心部件,被誉为核电站的"心脏",是所有核电大国的最高技术机密。中国核电人要想实现自主设计就必须超越国际上普遍采用的法国标准"157 堆芯",即由 157 个燃料组件构成的 M310 型压水堆堆芯。不同燃料组件具有不同的浓度和发热量,中国核电人需要通过复杂的运算,不断地探索燃料组件的最优排列位置和数量,才能保证核电站达到最高水平的安全性和经济性。自 1999 年起,我国在基本掌握大亚湾核电站 M310 型压水堆"157 堆芯"设计技术的基础上,在"157 堆芯"外区 4 个象限各增加 5 个燃料组件,形成了 177 个燃料组件构成的堆芯,即"177 堆芯"。与"157 堆芯"相比,"177 堆芯"的优势在于:①在反应堆功率保持不变,且燃料组件活性段高度相同的情况下,采用"177 堆芯"设计可以使堆芯平均功率密度降低约 11.3%,能大幅增加热工安全裕度,从而提高了核电厂的安全性,同时也提升了公众对核电的接受程度;②如果堆芯功率密度保持不变,在确保安全的前提下,"177 堆芯"可以更大程度地提升反应堆输出功率,增加核电厂的发电量,提高经济性,降低发电成本,有效促进节能减排;③"177 堆芯"更大程度地均衡优化了安全性与经济性,结合先进的反应堆安全系统设计,可使其满足最先进安全标准的要求。[7]

其次,"华龙一号"采用了"能动与非能动相结合"的安全系统。福岛核电站事故的主要原因是当电站的外部电网全部瘫痪后,备用的柴油发电机由于海啸摧毁也未能正常工作,致使反应堆余热排出系统完全失效。为了避免悲剧重演,研发团队在"华龙一号"设计安全方面做了多重假设,甚至是各种事故叠加的假设,并制定相应的解决方案。假设情况一:核电机组自发供电和外部电网供电全部切断。解决方案:及时启动柴油发电机组,保证电站安全。假设情况二:核电机组自发供电和外部电网供电全部切断,柴油发电机组也发生故障,不能发电。解决方案:及时启动非能动安全系统,即依靠重力和温差等提供动力,让具有冷却作用的水循环排出反应堆事故后产生的余热,更好地保证安全。

最后,"华龙一号"采用了"三道实体屏障"。假设情况三:所有供电系统都已损坏,非能动系统也失去了作用。解决方案:设置三道实体屏障,确保事故产生的放射性物质不会泄漏到外部,不会对环境和人类造成危害。第一道屏障——反应堆压力容器。一旦反应堆的堆芯遭到损坏,反应堆压力容器必须能把放射性物质包容在其中,不能外溢。因此,"华龙一号"的反应堆压力容器加工精度执行了全球核电装备的最高标准,高约 11 m,净重 316 t。

第二道屏障——内层安全壳。"华龙一号"的内层安全壳的厚度达 1.3 m,主要是防止反应堆发生事故后放射性物质扩散到环境当中。第三道屏障——外层安全壳。"华龙一号"外层安全壳的厚度达 1.8 m,主要用来抵御外部的各种极端自然灾害(如龙卷风、台风等)或非传统的安全威胁(如大飞机的撞击等)。

"华龙一号"采用的是一种复杂的、系统的核电技术,其安全性和经济性是全系统共同作用的效果。除了上述三个主要的安全设计创新点,"华龙一号"还具有睿智的"大脑",即核电站数字化仪控系统——"和睦系统"。它控制核电站 260 多个系统近万个设备的运行和各类工况处理,对核反应堆的配套系统进行多层设防,保证在遇到飞机撞击时,即使一个系统失效,仍然有备用系统可以正常工作,确保核电站的安全。同时,"华龙一号"的设计颠覆了传统的设计方法,在正式的电站建好之前,数字虚拟的电站已经全部建成。通过仿真推演,就可以大幅提升施工人员在现场建造时的设计质量,相当于提前减少失误,节省成本。核电工业与信息化、数字化和智能化的深度融合,最终实现"华龙一号"的全三维、跨领域、集成设计。

2021 年 1 月 30 日,"华龙一号"国内首堆——福清核电站 5 号机组投入商业运行,成为全球首个按期投产的三代核电工程(见图 1)。2021 年 5 月 20 日,"华龙一号"海外首堆——巴基斯坦卡拉奇 2 号机组也投入商业运行(见图 2)。随着"华龙一号"首批批量化建设项目的推进,将更大程度地满足国内核电发展和核电"走出去"的需求,也为第四代核电技术的研发与利用打下了坚实的基础。

图 1　2021 年 1 月 30 日龙敏拍摄的"华龙一号"核电机组——福清核电 5 号机组[8]

图 2　2021 年 5 月 19 日拍摄的巴基斯坦卡拉奇 2 号机组[9]

4　伦理分析

4.1　"安全第一"的基本原则

工程作为一种以人类为受试体的社会试验[10]，在造福人类的同时，也可能给社会带来风险。核电工程作为高科技领域最复杂的工程之一，技术系统中各个零部件之间的"密耦合"①与"复杂交互作用"②不仅更容易导致事故，而且也使事故更难以预测和控制。[11]119 厂内设备故障或人为因素、厂外各种极端自然灾害或突发事件都可能引发核事故。因此，确保核安全是实现核能与核技术利用事业可持续发展的前提和基础，也是确保国家安全的重要组成部分。这就要求核工程以尊重每一个生命个体为最高伦理原则，以实现社会和公众的健康安全、和谐有序的发展为宗旨。一方面，应积极创新核技术，开发更多的物质资源，提高人类福祉；另一方面，应积极防止可能的工程伤害，不进行可能破坏人类健康和生态环境的工程，并充分保障和提高工程的安全性。[12]

从中国筹划自主建设第一座核电站开始，周恩来总理就对核电站建设提出了4条原则："安全、适用、经济、自力更生。"[13]自此，"安全第一"的基本原则始终指导着中国核电工程实践。美国三哩岛核事故和苏联切尔诺贝利核事故的爆发，使得中国核电事业从起步发展阶段就充分认识到核安全的重要性，更加坚定地采取了引进技术、管理与自主研发并行的策略。从大亚湾核电站建设开始，中国积极与核电先进国家合作，在引进先进技术和管理经验的基础上，自主探索技术创新和管理创新，以增强核电站的安全性。2011年，日本福岛核事故爆发后，中国的核安全事业进入安全高效发展的新时期。习近平总书记提出理性、协调、并进的核安全观，强调发展和安全并重，为新时期中国核安全的发展指明了方向。由此可见，在30多年发展历程中，"中国始终把保障核安全作为重要的国家责任，融入核能开发利用全过程，始终以安全为前提发展核事业，按照最严格标准实施监督管理，始终积极适应核事业发展的新要求，不断推动核安全与时俱进、创新发展，保持了良好的安全记录，走出一条中国特色安全之路。"（表2）

表 2　中国核能发展阶段与核安全战略目标[4]

发展阶段	核安全战略
起步发展	按国际核安全标准和监督管理模式建立核安全监管体系，实施独立核安全监督
适度发展	把安全放在核能发展的首位，始终贯彻"安全第一、质量第一"的方针
积极发展	核安全是国家安全的重要组成部分，只有确保核安全，才能保障核能可持续发展
安全高效发展	坚持理性、协调、并进的中国核安全观，坚定不移增强自身核安全能力，继续致力于加强核安全政府监管能力建设，加大核安全技术研发和人力资源投入力度，坚持培育和发展核安全文化

---

① 密耦合：在密耦合的系统中，时间因素至关重要。如果过程以某种方式连接起来，已知的一个过程通常会在很短的时间内影响另一个过程，那么我们就称过程与过程是紧密耦合的。在密耦合的系统中，通常没有时间去排除故障，也不可能把故障限制在系统的某一部分。

② 复杂交互作用：在复杂交互作用的系统中，过程与过程可以复杂地交互作用，使得人们无法预测系统各部分的交互方式。

自核电的起步发展阶段起,我国从未发生过国际核电事件分级(INES)二级及以上的运行事件。据《中国青年报》2021年12月15日报道,我国自主设计、建造、调试、运营的首座核电站——秦山核电,迎来了安全发电30周年的重要历史时刻。30年来,秦山核电累计发电超6900亿kW·h,相当于减排二氧化碳6.53亿t。同时,经国家核安全局、国家能源局等先后批准,秦山核电厂1号机组运行许可证获准延续,有效期延长至2041年12月15日,能够再安全发电20年。秦山核电站的长久安全、稳定运行是中国高水平核安全运行业绩的缩影。在"理性、协调、并进"的中国特色核安全观的指导下,"华龙一号"遵循的核安全理念就是要采取一切合理可行的措施防止事故的发生,并且在发生事故时减轻其后果。对于在设计时考虑到的所有可能事故(包括概率很低的事故,如大飞机的撞击等),要以高可信度保证任何放射性后果尽可能小并且低于规定限值,保证可能导致严重放射性后果的事故发生的概率极低。

4.2 纵深防御的基本原则

纵深防御是实现核安全的一项基本原则。纵深防御原则要贯彻于安全相关的全部活动,包括与组织、人员行为或设计有关的单位,以保证这些活动均置于重叠措施的防御之下,即使有一种故障发生,它将由适当的措施探测、补偿或纠正。纵深防御的目标是:补偿或纠正设备故障或人因失误;维持屏蔽本身的有效性并防止故障的传播;在屏蔽本身的有效性不能完全保持时,保护从业人员、公众和环境不致受到辐射伤害。纵深防御的策略包括:预防事故发生;在事故一旦发生时,限制其后果,并防止它向更严重的方向发展。纵深防御原则要求在设计中设置一系列实体屏障,以包容规定区域的放射性物质。所需要的实体屏蔽的数目,取决于可能的内部及外部危害和故障的可能后果。[14]

"华龙一号"遵循纵深防御的原则,层层剖析和预测核电站运行过程中可能遇到的状况或出现的问题,做"最坏"的预测,尽"最大"的努力。通过"177堆芯""三道实体屏障""能动与非能动相结合的安全系统"等多项设计优化、系统改进工作,做到对风险的逐层防御,从而将核事故的可能性降至最低,将核事故的危害性降至最低。

4.3 公正原则

公正原则要求人们以社会公平与正义的观念来指导自己的行为,平衡各方利益。发展核电应当遵守公正原则,主要包含两方面的含义:首先是公平原则。"公平"就是指任何国家都有发展核电以满足人民基本需要的权利,任何国家的人民都有安全使用核能的权利。[15]其次是正当原则。"正当"意味着所有国家发展核电的计划和进展都应该置于国际原子能机构的监督和制约下。核电发展要严格在国际原子能机构的框架下进行,并遵守相关国际公约,严格坚持核电的和平用途。[14]221

从我国核电发展历程可以看出,我国核电遵循了公平公正的原则:牢牢把握我国自主发展核电的权利。根据我国经济社会发展对清洁高效能源的现实需要,积极稳妥地推进核电建设,让核电发展有利于全体人民。[14]221 在引进、消化、吸收国外先进技术和管理经验的基础上,中国核电人始终不忘自主创新,以完全拥有自主知识产权为目标,打造具有民族特色的中国品牌,以国际最高安全标准保持中国核电的安全、稳定运行。与此同时,中国核电积极地"走出去",帮助更多国家发展核电,满足其他国家人民的生产生活需求,维护其他国家人民和平使用核能的权利。

5　结论与启示

回望近 40 年的发展历史,中国核电确实取得了举世瞩目的成绩,为建设核电强国打下了坚实的人才、技术、设备、管理等方面的基础。然而,中国核电还存在核电装机容量在中国能源结构中的占比较低、自主创新能力有待提升、公众沟通交流工作有待完善等问题,而这些问题需要通过进一步提升核能安全性和经济性来解决。面向未来,中国核电人还需要在先进核能技术研发、关键设备研制、核燃料生产与循环保障、核能产业链自主可控等方面取得重大突破,并不断拓展核能的应用领域,如利用核能供热、供汽、制氢、制冷、淡化海水等。而这一切都要以造福人类、保护生态环境、实现可持续性发展作为基本价值准则,在追求伦理卓越的目标指导下,不断实现技术卓越。

6　思考题

(1) 你认为怎样的核工程可以被称为一项"好"工程?
(2) 结合案例,分析"华龙一号"研发过程中主要遵循了哪些伦理原则。
(3) 结合案例,分析"华龙一号"研发过程中主要遵循了哪些核安全基本原则。
(4) 结合案例的学习,谈谈"华龙一号"的自主创新体现了哪些中国特色思想和精神。

案例 9.2 使用说明

1　案例摘要

中国核电事业起步于 20 世纪 80 年代中期,在经历了起步发展、适度发展和积极发展阶段后,转入安全高效发展阶段。造福人类,保护生态环境,实现可持续性发展是中国核电发展的基本价值准则。在"理性、协调、并进"的中国特色核安全观的指导下,"十三五"期间,中国核电在全球率先实现了从二代核电技术向三代核电技术的转变,已经完全掌握了自主知识产权的三代核电技术,并创造了中国核电的民族品牌"华龙一号"。"华龙一号"凭借其"177 堆芯""三道实体屏障"和"能动与非能动相结合"等设计安全方面的创新,在安全性、经济性和技术指标上均达到国际先进水平。面向"十四五",伴随"华龙一号"首批批量化建设项目、高温气冷堆、"国和一号"、快堆、乏燃料后处理等示范工程的投产,以及核能在供热、供汽、制氢、海水淡化等领域应用的不断拓展,我国在先进核能技术工程认证、关键设备研制、核燃料生产与循环保障、核能产业链自主可控等方面都将取得重大突破,核能强国建设有望取得重要进展。[1]

2　课前准备

2.1　学生分组

小组讨论法既有利于鼓励更多的学生积极参与话题讨论,又有助于教师有更多的时间和精力对学生的讨论给予及时的指导和监督,从而提高案例讨论的效率和准确性。建议本案例讨论采取分组的形式进行。在课前,教师需要根据学生的具体情况进行分组,每组以5~8人为宜。

2.2　预习安排

首先,教师至少在上课前一周将案例分发给学生,要求学生聚焦案例的思考题准备课堂小组汇报内容。

其次,推荐学生登录中国核能行业协会官网,准确了解核能行业动态、核科技动态、核能政策规划和法律法规等相关信息。观看美国三哩岛核事故的纪录片 *Meltdown at Three Mile Island* 和《走遍中国》栏目推出的十集纪录片《核电 40 载风云录》等有关中国核电事业发展历程的影视资料,以及人民网、新华网等网络媒体的新闻报道和有关核电事业发展的文献资料。让学生较为广泛地了解中国核电工程的发展历程,为案例的深入讨论与反思做好知识储备、情境准备和心理准备。

预习的内容主要涉及《工程伦理》(第 2 版)第 9 章的 9.1.1 节"核工程的特点"、9.1.2 节"我国核工业的发展历程"、9.1.3 节"核工程的利弊分析"、9.3.1 节"以人为本原则"、9.3.2 节"可持续发展原则"、9.3.3 节"生态原则"、9.3.4 节"公正原则"、9.5.1 节"核安全伦理"、9.5.2 节"核安全基本原则"、9.5.3 节"核安全文化体系"、9.7.2 节"在核工程实施中的伦理责任"。

3　教学目标

本案例通过分析与讨论"华龙一号"核电技术的研发与应用,以点带面地回顾和总结中国核电三十余年的发展历程,旨在启发学生对核电行业发展过程中的"安全伦理""生态伦理"和"核工程师的伦理责任"等伦理问题的思考,从而提升学生的社会责任意识以及正确认识、分析和解决工程伦理问题的能力。主要教学目标如下。

3.1　价值塑造:案例教学的重点与难点

引导学生准确了解中国核工业和核工程的发展历程以及核能未来发展的前景,挖掘并提炼核电专业知识体系中所蕴含的思想价值和精神内涵,教育引导学生深刻理解并自觉实践核电行业的职业精神和职业规范,增强职业责任感,培养学生艰苦奋斗、精益求精、爱岗敬业、开拓创新的职业品格和行为习惯,激发学生科技报国的家国情怀和使命担当。

3.2　知识传授:案例教学的重点

拓展学生对核工程职业的知识和见识,引导学生深度理解核工程涉及的伦理问题、核工程应遵循的伦理原则、核工程与安全、核工程与生态环境以及核工程师的伦理责任等方面的知识。

3.3　能力培养:案例教学的重点与难点

培养学生正确识别、分析和解决核工程伦理问题的能力,主要包括伦理问题的敏感意识、伦理问题的沟通能力、提出伦理问题解决方案的能力以及履行伦理责任的能力。

4 分析的思路与要点

4.1 案例分析思路图

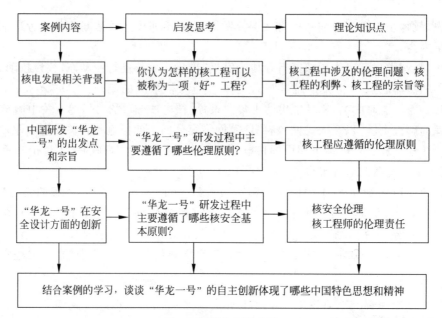

图 3 案例分析思路图

4.2 可拓展的讨论议题

本案例是一个激励性案例，可分析的视角较多。从工程专业领域上讲，本案例主要涉及《工程伦理》（第 2 版）第 9 章的内容，但从工程伦理的视域看，还可以从其他伦理视角和方法对本案例进行分析。

（1）工程风险评估的方法

工程风险评估是以危害发生的概率和量级来对工程风险进行预测。对于新技术，工程师必须能够用某种方法去评估它会给受其影响的那些人或物带来的风险。风险评估的方法之一是故障树分析法。故障树分析法提供了一种分析路线，用以预测结构、机制、系统或过程可能发生的故障。故障树分析法经常被用来预测极小概率或没有直接经验的危险，比如核电厂反应堆核心冷却水系统的损坏（见图 4）。它能够使一名工程师系统地分析不同的事件或故障模式可能产生的不良后果。[11]116-117

另一种对故障模式进行系统检查的方法是事件树分析法。从一个假设事件展开推理，以确定它可能导致的后果以及这些后果发生的概率。图 5 阐述了核电站管道破裂的事件树分析。这个事件树展示了可能的逻辑关系，即一根管道破裂会影响整个核电站安全系统的各种运行方式。[11]116-117

在这里，可以让学生对"故障树分析法"和"事件树分析法"的利弊进行分析，并进一步询问学生们还有没有其他评估工程风险的方法。（头脑风暴）

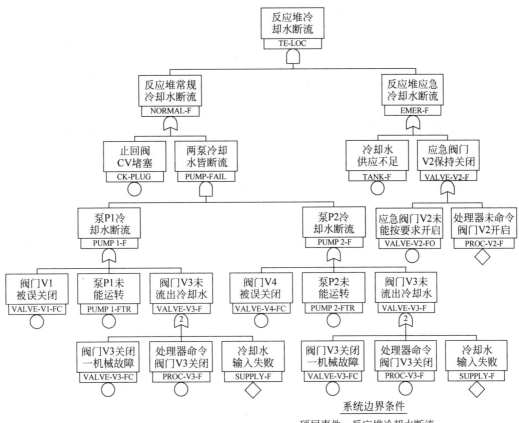

图 4　核反应堆核心冷却水供应失效的故障树分析①

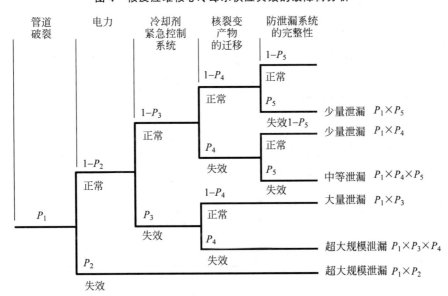

图 5　一个核电站管道破裂的事件树分析[16]

___

① 资料来源：凯文·马洛尼,里克·费勒霍夫,桑迪亚国家实验室。

（2）偏差的正常化

在每一项工程设计中，工程师和管理者都会对设计物的功能进行预测。在现实情况下，这些功能并不一定会全部正常发挥，有时难免会出现异常。然而，工程师或管理者并没有修正导致异常的设计或操作条件，而只是简单地接受异常，甚至扩大了可接受风险的界限。社会学家黛安娜·沃恩（Diane Vaughn）将这种现象称为"偏差的正常化"。[17]这里的"可接受风险"是指，利益获得的概率与利益量级的乘积等于或超过危害发生的概率与危害量级的乘积的风险。[11]106 偏差的正常化有时会限制工程师正确预测风险的能力，从而对风险作出错误的评估，导致灾难发生。如"挑战者号"灾难正是因为工程管理者对O形密封环在低温条件下密封性受损风险的接受，而导致了航天飞机的爆炸事件。[11]106

在这里，可以让学生们列举"偏差的正常化"的事例，并分析产生"偏差的正常化"的原因，以及怎样可以更好地避免"偏差的正常化"现象发生。（头脑风暴）

4.3　关键知识点

（1）核工程涉及的伦理问题；
（2）核工程应遵循的伦理原则；
（3）核工程与安全；
（4）核工程师的伦理责任与培养。

4.4　关键能力点

（1）识别核工程伦理问题的能力；
（2）交流核工程伦理问题的能力；
（3）解决核工程伦理问题的能力。

5　课堂安排建议

本案例可作为相关课程课堂教学案例使用（时间 90 min），案例教学课堂安排见表3。

表 3　案例教学课堂安排

序号	教学安排	教学任务	时间/min
1	案例回顾	案例主要内容及思考题	5
2	小组讨论	对课前讨论结果进行再协调	10
3	小组汇报	各小组派代表发言	40
4	教师点评	教师对各小组汇报结果进行点评，并对思考题进行讲解	20
5	自由发言	学生可以就各小组的发言或教师的点评与讲解进行自由发言（提问或发表观点）	5
6	课堂总结	教师对知识点进行归纳总结	10

参考文献

[1] 张廷克.核能:从研发原子弹到跻身核电大国[J].中国经济周刊,2021(12):65-67.

[2] 重磅!国家原子能机构发布 2021 年核领域十件大事[J].国防科技工业,2022(4):18-22.

[3] 张廷克,李闽榕,潘启龙.中国核能发展报告(2020)[M].北京:社会科学文献出版社,2021:15.

[4] 中华人民共和国国务院新闻办公室.《中国的核安全》白皮书[EB/OL].(2019-09-03)[2022-01-12].http://www.scio.gov.cn/zfbps/32832/Document/1663405/1663405.htm.

[5] 新华社.习近平在第七十五届联合国大会上一般性辩论上的讲话(全文)[EB/OL].(2020-09-22)[2022-01-08].https://baijiahao.baidu.com/s?id=1678546728556033497&wfr=spider&for=pc.

[6] 左跃.改革开放 40 年 从潮起秦山到蛟龙出海[J].中国战略新兴产业,2018(45):48-50.

[7] 李冬生.华龙一号"177 堆芯"特点分析[J].核动力工程,2022,43(3):28-32.

[8] 中国新闻网.全球第一台"华龙一号"核电机组投入商业运行[EB/OL].(2021-01-31)[2022-02-24].https://baijiahao.baidu.com/s?id=1690385290147681582&wfr=spider&for=pc.

[9] 人民网."华龙一号"海外首堆——巴基斯坦卡拉奇核电 2 号机组投入商业运行[EB/OL].(2021-05-22)[2022-02-24].https://baijiahao.baidu.com/s?id=1700421919487210078&wfr=spider&for=pc.

[10] MARTIN M W,SCHINZINGER R. Introduction to engineering ethics[M]. 2nd ed. New York:McGraw-Hill,2010:79-81.

[11] 哈里斯,等.工程伦理:概念与案例[M].丛杭青,等译.杭州:浙江大学出版社,2018:119.

[12] 肖姝.核电工程的伦理思考[D].湘潭:湘潭大学,2012.

[13] 孟红.中国核电:风云激荡的"聚变"之路[J].党史文汇,2019(6):11-19.

[14] 李正风,丛杭青,王前,等.工程伦理[M].2 版.北京:清华大学出版社,2019:226.

[15] 喻雪红.核电发展的伦理原则[J].广西社会科学,2008(10):47-50.

[16] RASMUSSEN N C. The application of probabilistic risk assessment techniques to energy technologies[J]. Annual Review of Energy,1981(1):123-138.

[17] VAUGHN D. The challenger launch decision[M]. Chicago:University of Chicago Press,1996:409-422.

第10章

信息与大数据的伦理问题(教学案例)

案例 10.1　健康码引发的思考

作者姓名：廖苗，李思成
作者单位：长沙理工大学马克思主义学院
案例来源：根据相关新闻报道、法律文书、学术论文等各类文献资料编写
案例真实性：真实

内容提要：随着 2020 年年初新冠疫情的暴发，健康码作为一种基于大数据技术的防疫手段，在全国范围内被广泛应用。健康码的使用为我国疫情防控工作和复工复产提供了重要支撑，与此同时，健康码使用过程中暴露出来的隐私保护、数字鸿沟等问题也引发了人们对信息与大数据技术的社会伦理问题的关注。本案例借助健康码这一新兴技术应用，探讨信息技术在服务社会公共治理中的积极作用，个人信息收集和使用引发的隐私和安全问题，公私合作中的社会协商和治理问题，以及伴随着信息技术广泛应用所带来的数字鸿沟和社会公正问题。

关键词：健康码；大数据；公共治理；隐私保护；数字鸿沟

1　引言

随着人类社会进入 21 世纪，信息技术逐渐渗入社会生活的方方面面，对经济生产、公共治理和个人生活产生了深刻影响。这种影响既有积极的方面，也对一些传统的生活方式、思想意识和伦理道德观念带来不小的冲击和挑战。面对信息技术及其挑战，我们不能简单地选择"接受"或"拒绝"这种二元对立的态度，而是应当及时、深入、全面地考察新技术应用引发的变化、问题和争议，积极主动地调整和制定相应的技术规范和法律法规，引导技术设计和人们的日常行为，构建和谐社会，服务美好生活。

2　相关背景介绍

在新冠肺炎疫情全球大流行的背景下，数据跟踪技术得以大规模使用。这既具有偶然性，也有其必然性。从信息社会的提出到数字经济的发展，个人数据不断被商业机构或政府部门收集和处理，并逐渐成为重要的生产资源。近年来，各种商业规则和法律规范逐渐出台，从侧面反映出各利益相关方正在新的商业利益和个人权利之间寻求平衡。数据生产和流通一方面创造了经济利益；另一方面也创造了社会效益。公共卫生治理是大数据满足社

会需求的突出代表。早期大数据典型应用中,就有过以谷歌搜索趋势来预测流感的例子。健康码在疫情防控中的使用则是最近的例子。

本案例涉及的主要利益相关方如下。

2.1　广大民众

在疫情暴发初期,民众对病毒传染和感染状况了解甚少,猜疑诸多,由此引发了一些恐慌心态,不少地方出现了对患者、外地人的歧视心理和行为。据调查研究发现,民众恪守社交疏离等防疫措施,但也出现了一些过度防疫行为,信息获取对各类行为有较强的预测作用,显示出权威机构媒体的重要性以及创新媒介使用测量的必要性。[1]

2.2　相关企业

对于企业而言,他们掌握的公民个人健康信息不太完善。但是在已有的信息服务中,地理位置信息却掌握得比较充分。不仅移动、联通、电信等通信运营商有大量的地理位置信息,百度地图、滴滴出行、美团外卖,甚至很多芝麻绿豆大小的应用也都有。不够充分的健康信息(如疫区)和过量的位置信息结合起来,有了"健康码"这种以位置作为健康风险替代指标的产品出现,这也反映出流行病学与医学的差别。这种替代产品满足了减少恐慌和避免歧视的社会需求,同时也满足了企业获取并整合更大量的信息的商业需求。

2.3　政府部门

政府治理需要控制疫情、维护社会稳定,并逐渐恢复社会生产。要恢复社会生产则需要人员和物资的流通。健康码为满足上述需求提供了条件。政府采纳了这一由企业率先开发使用的地理信息数据技术产品,并进一步推广、整合,运用其为公共卫生治理服务。然而,商业企业虽然基于跟民众相同的需求来推出产品,但企业与民众的利益并不完全一致。二者之间的分歧突出表现为个人隐私和数据收益之间的矛盾。政府在此有义务也有能力根据民众的另一个需求——隐私保护——来对企业行为进行监管。

自 2015 年以来,我国政府并行地推进两方面的工作:一方面是促进数据要素的经济流通,另一方面是保障个人信息安全的立法。

(1) 促进数据流通建设

2015 年 8 月,国务院印发了《促进大数据发展行动纲要》,重点提到了用大数据技术提升政府治理能力、构建以人为本惠及全民的民生服务体系,同时也要求健全大数据安全保障体系。2016 年 7 月,中共中央办公厅、国务院印发了《国家信息化发展战略纲要》,明确了"人类正在经历信息革命""以信息化驱动现代化,建设网络强国,迫在眉睫、刻不容缓"等基本形势判断。2019 年 10 月,党的十九届四中全会通过了《中共中央关于坚持和完善中国特色社会主义制度 推进国家治理体系和治理能力现代化若干重大问题的决定》,当中提到了"建立健全运用互联网、大数据、人工智能等技术手段进行行政管理的制度规则。推进数字政府建设,加强数据有序共享,依法保护个人信息",还明确了数据作为生产要素之一,"由市场评价贡献、按贡献决定报酬"。2020 年 3 月,中共中央、国务院发布了《关于构建更加完善的要素市场化配置体制机制的意见》,重点提出了"加快培育数据要素市场"。

（2）保证个人信息安全立法

2016 年 11 月 7 日，全国人大常委会审议通过了《中华人民共和国网络安全法》，2017 年 6 月 1 日起正式施行。这是我国首部全面规范网络空间安全管理问题的基础性法律，其中第四章"网络信息安全"专门对网络运营者收集和使用用户个人信息作出了规范。2020 年 10 月，全国人大常委会审议了《中华人民共和国个人信息保护法（草案）》，并公开征求社会公众意见。这是我国首部专门规定个人信息保护的法律。该草案确立了个人信息处理应遵循的原则，强调处理个人信息应当采用合法、正当的方式，具有明确、合理的目的，限于实现处理目的的最小范围，公开处理规则，保证信息准确，采取安全保护措施等，并将上述原则贯穿于个人信息处理的全过程、各环节。[2] 2021 年 8 月 20 日，《中华人民共和国个人信息保护法》正式通过，自 2021 年 11 月 1 日起施行。2021 年 6 月 10 日，《中华人民共和国数据安全法》通过。这是数据领域的基础性法律，也是国家安全领域的一部重要法律，于 2021 年 9 月 1 日起施行。《中华人民共和国数据安全法》明确了相关主体依法依规开展数据活动，建立健全数据安全管理制度，加强风险监测和及时处置数据安全事件等义务和责任，通过严格规范数据处理活动，切实加强数据安全保护，让广大人民群众在数字化发展中获得更多幸福感、安全感。[3]

2.4 社会组织

2020 年 2 月 24 日，上海玛娜数据科技发展基金会、上海大学法学院大数据与人工智能法治研究中心、湖南师范大学人工智能道德决策研究所、中南大学湘雅三医院伦理委员会、中南大学湘雅医院医学人文研究中心、上海交通大学凯原法学院数据法律研究中心、大连理工大学大数据与人工智能伦理法律与社会研究中心、中国人民大学伦理学与道德建设研究中心科技伦理研究所、复旦大学生命医学伦理研究中心、华中科技大学生命伦理学研究中心、浙江数字医疗卫生技术研究院等单位联合发布了《新冠肺炎疫情防控中个人信息保护手册》。该手册遵循"个人数据采集→个人数据存储和传输→个人数据使用→个人数据删除"的个人信息产生流程，分点分析现行法律法规框架，向疫情防控中的一线工作人员提供操作指南，提升一线工作人员信息隐私保护能力和责任意识。[4] 这代表着中国社会对信息安全的明确意识和重视。

2020 年 5 月 28 日，世界卫生组织（World Health Organization，WHO）在其官方网站发布《指导数字近距离追踪技术用于 2019 冠状病毒病（COVID-19）接触者追踪的伦理考虑》。北京智源人工智能研究院人工智能伦理与安全中心专家参与了该文件的制定、组织翻译并发布了其中译本。[5] 数字近距离追踪技术被认为是支持 2019 冠状病毒病的潜在工具。尽管如此，人们仍然对这些技术显现出了伦理与隐私方面的担忧。由世界卫生组织发布的这份文件旨在为政策制定者以及其他利益相关者防控 2019 冠状病毒病合理使用数字近距离追踪技术提供指导。这份指南提出设计、研发和合理使用数字近距离追踪技术的 17 条原则，涉及时间限制、测试和评估、相称性、数据最小化、使用限制、自愿原则、透明度和可解释性、保护隐私的数据存储、安全、留存设限、感染报告、通知、追踪 COVID-19 阳性病例、准确性、问责制、独立监督、民间社会与公众参与等方面。该文件还特别提出对保护用户隐私和知情同意与撤销同意的要求，提出数据的收集、留存和处理应限于为了达成公共卫生目标所需的最小数据量。此外，该文件指出所有措施都应当是临时性的，且范围有限。如果政府和卫生系统扩大了监控和监测的权力,则这些权力应有时间限制,并且只能持续到解决当前的大流行病所需之时。

3　案例概述

2020年年初,新冠肺炎疫情席卷我国大部分地区,该病毒具有传播性多样、潜伏期长、难以治愈等特点,我国各地采取了限制出行、强制隔离等手段控制病毒传播,成效较慢且造成了极大的国民经济损失。在全国共同开展防疫抗疫斗争期间,为有效应对新冠肺炎疫情,2月9日,深圳实施人员通行认证管理措施,居民进出小区需出示通过微信小程序申领的健康码,深圳成为全国首个疫情期间凭"码"出行的城市。2月11日,浙江省用"红黄绿"三色二维码作为数字化健康证明,在公共场所实行健康码出行制度,凭码进出公共场所。2月16日,在国务院办公厅的政策指导下,腾讯、阿里等互联网企业参与建设全国一体化政务服务平台疫情防控健康信息码,助力各地疫情精准防控和有序复工复产。"健康码"作为政府与企业合作模式的一种探索,是数字技术在社会治理、疫情防控方面一次创新实践,为实施高效的人员、道路管控提供了有效的手段,也为恢复民众正常出行、阻断疫情传播途径作出了巨大贡献。[6]

健康码是手机上实时生成的彩色二维码,一般分为绿色、黄色、红色。绿色表示在近期内没有患上新冠肺炎,也没有与被查明患者有密切接触,属于流行病学判定的安全对象,可以自由通行;黄色表示近期曾经到过新冠肺炎流行病的高风险地区,需要限制出行;红色表示是卫生部门判断的新冠肺炎的确诊或疑似患者,需要进行相应的隔离。

健康码的生成界面可以是微信、支付宝,也可以是各地方新开发的手机APP。例如,北京使用的是在微信和支付宝中内嵌的"北京健康宝"小程序;武汉使用的是内嵌在微信和支付宝中的"武汉战役""武汉微邻里"小程序提供的健康码入口;大连通过"市民云"APP接入;南京使用"宁归来"APP接入,江苏政务服务在微信和支付宝的内嵌小程序也提供一个叫"苏康码"的入口;长沙使用的是微信公众号"湖南省居民健康卡"为入口的"湖南省电子健康卡"。

虽然各个省市的用户界面五花八门,但是在后台,几乎都调用三大移动通信运营商(移动、联通、电信)所获取的终端地理位置信息,同时辅以卫生管理部门提供的少量关键数据,以及个人上报的自身健康情况数据。在健康码推行的早期,由于各个省市地区自行开设健康码显示端口,不同地区之间并不相互认可数据。随着恢复生产、人员流动的需求增加,省市之间逐渐签署互认协议,腾讯等大公司也牵头推行跨省市认可的健康码端口,"国家政务服务平台"这个全国性的政务服务系统也通过微信、支付宝内嵌小程序端口支持在全国通行的健康码。

有了健康码系统,民众可以通过出示"绿码"走出自己的社区,进入超市购物,进入公共交通系统,进入办公场所,甚至到其他城市进行工作。

值得一提的是,健康码对于大多数使用者来说并不能真的反映其身体健康状况。健康码是通过手机定位系统对用户的行动轨迹进行追踪,以此判断他/她是否在近期内曾置身于新冠肺炎的风险之中。

3.1 技术路线选择：健康码还是蓝牙

世界各国在应对新冠疫情防控的过程中，都采用了许多接触追踪的新技术。有的使用闭路电视录像记录，有的使用信用卡交易信息，有的使用手机用户的定位数据。除了我国全面推广的健康码应用，国内外还有不少团队开发和使用了基于蓝牙技术的接触追踪系统。

例如，新加坡的 Trace Together 小组、美国麻省理工学院(MIT)的研究人员领导的"私人自动联系跟踪(PACT)"小组，以及欧洲的"去中心化隐私保护邻近跟踪(DP-3T)"大型团队，都采用了蓝牙接触追踪技术。通过这种技术路径，智能手机会定期使用蓝牙的低能耗规范广播随机字符串，作为其他手机的化名，以发送短脉冲数据。手机每 15 min 左右采用一个新字符串来进一步匿名化假名。同时，它会记录从其他手机听到的有关信号强度的信息，以估计它们的接近程度。如果发现某人被感染，则可以将其手机与其他手机的交互列表上载到该应用程序运营商维护的数据库中。数据库不保留任何标识或位置信息。其他手机可以下载该数据库，将其与他们自己的交互历史进行比较，并在用户暴露于感染者的时间足够长而使他们处于感染风险中时向用户发出警报。在新加坡，会有专人跟踪程序将检查数据主动通知联系人。新加坡 Trace Together 应用程序是由该国卫生部和技术机构开发的，尽管具有开创性，但这种方法有一个明显的技术局限性：由于 Apple 操作系统对蓝牙功能施加了隐私保护措施，因此，要使该应用程序有用，iPhone 必须在应用程序打开时始终保持解锁状态，这是一个很大的不便之处，并且电池的电量很容易被耗尽。[7]

苹果公司的 iOS 和谷歌的安卓是全球智能手机终端占有率最高的两大操作系统，2020年 4 月 10 日，两家公司进行了合作，共同推出基于蓝牙技术的接触追踪应用，支持跨操作系统的蓝牙跟踪功能，以追踪新冠患者的密切接触者。[8]然而，如果下载程序的用户数量达不到一定规模，这个系统的有效性就不那么明显了。[9]有数据显示，人群中需要超过 60% 的人下载 APP，才能对疫情的监控产生效果。[10]

从这两种技术路线的比较来看，健康码应用能够更有效地服务于疫情防控和复工复产，而蓝牙接触追踪技术更利于开发保护个人隐私的防疫应用。选择健康码的技术路线，则需要在达到疫情防控这一主要目标的同时，更多地通过规范和监管措施来保障隐私和个人信息安全。

3.2 技术应用扩展：从健康码升级为全能码

由于健康码的广泛使用及其为公共卫生治理带来的巨大效益，各地政府部门和有关商业机构纷纷看到了信息和大数据技术的新应用有可能为公共治理带来的巨大红利。于是，不断有地方出现基于健康码应用的扩展，意欲将广大公众的出行、医疗、消费、信用等多方面的数据收集整合起来，升级为"全能码"。以下是几个典型的例子：

2020 年 2 月 21 日，"杭州健康码"率先实现与电子健康卡、电子社保卡的互联互通，后续还将陆续实现网上签约、网上预约、互联网诊疗、报告查询等"互联网＋医疗健康"应用，实现"一码在手，就医全程通"。据称，"杭州健康码"还将不断拓展和深化生产生活场景和智能应用，应用于城市全人群、生命全周期、健康全过程，实现"一码在手，健康全城通"，助推"健康杭州"建设。[11]2020 年 5 月 22 日，杭州市卫生健康委召开全市卫健系统深化杭州健康码常态化应用工作部署会，提出了健康码"一码知健"和"渐变色健康码"的设计思路：通过集成电子病历、健康体检、生活方式管理的相关数据,在关联健康指标和健康码颜色的基础上,探索建立个人健康指数排行榜,可以通过大数据对楼道、社区、企业等健康群体进行评价。[12]这一将健康码常态化利用的探索当即引起争议。渐变色健康码集成电子病历、生活方式管理可能使得公众隐私被进一步掌控甚至进行公开排序。[13]

2020 年 3 月 1 日,上海市新冠肺炎疫情防控工作领导小组在回答媒体对于上海通行的健康码应用"随申码"的拓展应用问题时,有关部门发言人称:上海对于"随申码"的定位是"一网通办"为上海全体市民、企业提供的工作、生活的服务码。目前阶段,为支撑本市疫情防控工作,重点赋予相关防控、健康等信息,未来将持续通过大数据赋能,不断拓展应用场景,为企业、市民的工作和生活提供更多的便利服务。[14]

2020 年 3 月,海南省大数据管理局积极拓展健康码功能和应用,健康码已经实现了消费、医疗、公共交通等多个场景的应用。[15]

2020 年 5 月 25 日,"苏城码"APP 正式上线启用,该 APP 是由苏州市委政法委、苏州市公安局共同打造的苏州市电子身份码便民移动应用,集健康码、电子证照等应用于一体,整合公安、司法及综治等多部门社会治理服务,在法律法规允许的条件下,逐步实现"一码在手,畅通苏州"。[16]9 月 3 日,"苏城码"APP 2.0 Pro 版正式上线,同步推出"苏城文明码",通过"一人一码"文明积分,刻画每位苏州市民文明程度的"个性画像",文明积分越高的市民,在工作、生活、就业、学习、娱乐等方面享有的优先和便利也就越多。[17]

2020 年 8 月 18 日,浙江省宁波市中级人民法院借鉴健康码的形式,首创五色"诚信诉讼码",通过扫"码"呈现红、黄、绿、蓝、金"五色"对当事人在以往诉讼中的行为进行分类评估、量化评价、精准管理。之后将不断丰富数据类型,探索自动全面抓取搜集滥诉滥访、虚假诉讼、职业放贷、失信记录、关联案件、自动履行、信用修复等信息。[18]

3.3　应用推行难题:老年人如何用健康码

我国共有 2.54 亿老年人,其中仅 6000 余万人是网民。将近 3/4 的老年人不能熟练使用智能手机上网,甚至没有智能手机,他们无法使用通过智能手机调用显示的健康码,在防疫期间,面临不少通行困难问题。有的老人因为不会使用健康码,无法乘坐公交、地铁、长途汽车,甚至有的地方还因此引发了冲突。

为此,全国各地城市陆续推出了健康码适老化方案。

浙江绍兴开发了"健康码畅通行"系统,居民可通过本人身份证代替"健康码",针对一些老人无智能手机、不会申领"健康码"等问题,可由其亲属或社区民警在网上代申请,导入系统后凭证通行。浙江杭州开通了"市民卡＋健康码"系统,率先推出"卡码合一、刷卡读码"模式,在给家里的老人和孩子代办申领健康码之后,他们只需刷一下市民卡,即可显示健康码颜色状态。广东省的"粤康码"可以保存及打印纸质"粤康码",具有普通"健康码"的同等效力。湖南省通过电子健康卡微信公众号提供了"扫描验证他人健康码"功能,数据在扫描端更新,因此打印的"健康码"可以长期有效。[19]广州市启用了刷身份证核验健康码的"健康防疫核验系统",人们只需要像乘坐高铁一样,将身份证放在识别设备上 2 s,电脑屏幕上就可以出现"粤康码"的相关信息。"四川天府健康通"在发布之时就提供了"离线码"的功能。老人、儿童可以下载打印"离线码",在 7 天有效期内便可以随身携带使用。"北京健康宝"发布上线了"老幼健康码助查询"功能。民众还可以登录国家政务服务平台小程序,进入"防疫健康信息码"服务。健康码申领成功后在亮码页点击"老幼健康码助查询",即可进入实名身份验证页面,让别人协助查询健康码。数据显示,健康码适老化相关功能已覆盖全国至少3000万老年群体,这为老年人出行提供了更便捷的服务,也减缓了公共场所疫情防控的压力。[20]

4 伦理分析

4.1 信息技术如何服务公共卫生治理

新冠疫情防控期间,"健康码"的推行是大数据技术在全国范围内的一次大规模运用。我们知道,大数据技术的特点在于使用巨大的可获得的数据来弥补数据表达的精确性问题。在健康码的案例中,虽然健康码不表达用户个人的健康状况本身,而是用其位置数据进行替代,但是在传播性强、涉及范围广的大规模流行病情况中,是特别适用的。因为在普通疾病的治疗中,人们往往更关心单个病人的生理状况和发展趋势;而在流行病的防治中,更需要关注的是疾病在人群中的传播趋势,更需要的是人类群体运动变化的信息。

健康码除了获取信息这一被动侦测功能,还能影响人们的行动。疫情期间,在许多公共场所的进入口——如地铁、公交、超市、社区——都需要检测和出示健康码,才能获得便利的通行。因此,出行的人们不得不随身携带手机。这在一定程度上保证了数据的覆盖面和准确度。与之相比,国外某些地区推行的基于手机蓝牙的接触追踪系统,要受制于手机使用者的装载和携带。如果很多人未装载该系统、不开启蓝牙或者不随身携带手机,这样系统的数据量得不到保证,可靠性将会大大降低。

早在 2020 年 2 月初,政府相关部门就发布了倡议,建议在保护个人信息安全的同时,积极使用大数据技术来抗击疫情。2020 年 2 月 3 日,国家卫生健康委办公厅发布了《关于加强信息化支撑新型冠状病毒感染的肺炎疫情防控工作的通知》。2020 年 2 月 10 日,网信办发布了《关于做好个人信息保护利用大数据支撑联防联控工作的通知》。2020 年 3 月 2 日,四部委联合发布《新冠肺炎疫情社区防控工作信息化建设和应用指引》。2020 年 5 月 1 日,市场监管总局(标准委)发布了《个人健康信息码》系列国家标准。健康码作为一个典型的代表,体现了信息技术能够很好地服务公共卫生治理,具有积极的社会价值。

4.2 个人信息收集和使用的隐私安全问题

健康码的有效应用需要大量收集和储存个人信息,这是大数据技术发展的重要资源,同时也会引发人们对于个人信息相关的隐私安全的关注和担忧。相关法律法规和政策的出台是应对隐私安全问题的制度途径。新技术应用产品的设计者有责任与用户就个人信息收集进行沟通,也有责任通过技术手段来保障数据使用的合理、合法、合规。

2020 年 3 月 16 日,上海玛娜数据科技发展基金会研究人员发布了一份报告,对微信平台的 14 个省市的 16 款健康码小程序在注册时是否有用户协议和隐私政策进行了统计,除上海市"随申码"、广东省"粤省事"和贵州省"贵州健康码"在注册时需用户点击同意各地方政府运营管理机构制定的用户协议和隐私政策外,其余的均无用户协议和隐私政策,而是直接进入信息的填报注册页面。另外,"全国健康码"国家政务服务平台小程序,在注册时需要点击同意用户服务协议和隐私政策。[21]

新冠肺炎疫情发生以来,"行程卡""健康码"等应用程序为科学精准防控疫情和稳妥推进复工复产提供了有力支持。《中华人民共和国个人信息保护法》将应对突发公共卫生事件,或者紧急情况下保护自然人的生命健康,作为处理个人信息的合法情形之一。与此同时,为防控疫情和处置突发公共卫生事件的需要处理个人信息,也必须严格遵守法律规定的处理规则,限于实现处理目的的最小范围,公开信息收集使用规则,履行个人信息保护义务,切实保护个人信息安全。[22]

4.3　数字技术鸿沟引发的社会公正问题

"数字鸿沟"指由于对信息和数字技术的拥有程度和使用能力差异所带来的人群、地区的差别,这种差别可能带来群体分化甚至是贫富两极分化的后果。一些年长者、文化程度较低者、经济落后地区的人们以及残障人士在信息和大数据技术广泛使用的社会条件下,有可能成为信息时代新的弱势群体,难以分享信息技术创新所带来的社会福利和发展机会,甚至反而导致他们的衣食住行等基本生活保障的服务范围和质量受限,由此引发社会平等公正问题。上述老年人使用健康码的难题,正是数字技术鸿沟的具体表现。为此,政府部门作为社会管理方,通过行政规范和政策引导对解决老年人使用健康码等智能技术服务的困难提供了必要的支持。

2020年11月24日,国务院办公厅公布了《关于切实解决老年人运用智能技术困难的实施方案》,明确各地不得将"健康码"作为人员通行的唯一凭证,对老年人等群体可采取凭有效身份证件登记、持纸质证明通行、出示"通信行程卡"作为辅助行程证明等替代措施。[23]

2020年12月20日,国家卫健委、国家医保局、国家中医药管理局联合发布《关于深入推进"互联网+医疗健康""五个一"服务行动的通知》,文中明确:"对于老年人等不使用、不会操作智能手机的群体,可采取识读身份证、出示纸质证明、亲友代办或一人绑定多人防疫健康码等替代措施。"

2020年12月28日,交通运输部、人力资源社会保障部、国家卫生健康委、中国人民银行、国家铁路局、中国民用航空局、中国国家铁路集团有限公司联合发布了《关于切实解决老年人运用智能技术困难便利老年人日常交通出行的通知》,明确要求改进交通运输领域"健康码"查验服务:对于按照当地疫情防控领导机构要求仍需查验"健康码"的情形,简化操作以适合老年人使用,并应建立完善"健康码"亲友代办、工作人员代查等服务,不得将"健康码"作为人员通行的唯一凭证,对老年人等群体可采取凭有效身份证件登记、持纸质证明通行、出示"通信行程卡"作为辅助行程证明等替代措施。具备条件的地区,要在铁路、公路、水运、民航等客运场站和高速公路服务区,为不使用智能手机的老年人等群体设立"无健康码通道",现场安排人员做好服务引导和健康核验。

4.4　公私合作中的社会协商和治理问题

健康码作为一个在特殊环境形式下探索政府与企业合作模式的产品,企业依托其市场占有率和成熟的技术条件,为科学防疫提供产品与技术方面的支撑;由政府出台相关政策推行健康码等新技术,为决策触达更多群体、覆盖更多场景、取得更多成效提供科学可靠的决策依据。[24]这是公共部门与私人部门就应对公共卫生这样的社会性治理难题进行的有效合作,充分体现了新技术在构建社会治理体系方面的作用。

然而,私人商业部门毕竟以盈利为动机。健康码使用的过程中,积累了大量具有潜在商业价值的数据。这些数据权益的划分和归属问题是大数据伦理中的一个新难题。政府部门需要在社会效益、公共利益和商业利益的分歧甚至冲突中发挥协调者的作用,一方面作为公众的代表保障个人利益和公共安全,另一方面也需要有效处理公私合作中的动力和利益分配问题。

2020 年 5 月 25 日,中兴通讯与数据法盟联合发布了《全球疫情防控隐私合规政策指南(企业雇员数据处理)》,选取全球 12 个海外典型国家的与雇佣关系/工作环境相关的监管机构推荐实践,以客观材料形式呈现,为企业雇员数据处理合规提供参考和支撑。[25]这份指南汇集了世界各国的相关政策和法规,为企业的合规性服务,这份指南是行业声音的典型代表。这份指南较为直接地体现了商业利益与个人权利之间的互动:一方面是界定和保护个人权利的规范,另一方面是企业在合规行动中寻求利润空间。企业的利润驱动是常态。有效社会治理的需求也是风险社会中的新常态。为了真正解决数据利益与个人权利之间的矛盾,需要更为长久而普遍的新规则。

5 结论与启示

2019 年年底,突如其来的新冠肺炎疫情给全社会带来的影响是巨大的,它既威胁到人民的生命健康,也干扰了正常的生产生活秩序,同时对社会治理能力提出重大挑战。在应对这一挑战的过程中,信息和大数据技术发挥了重要作用,证明了技术是当代社会不可或缺的一个组成部分。健康码的出现,得益于信息和数据技术的积累和及时创新,反映了政府和企业在应对突发重大风险过程中的协调与互动。一系列新的技术标准、法律规范和社会习俗在这一互动过程中逐步形成。形成过程并非是一帆风顺的,广大民众、社会组织、企业及政府部门都在不断反思、探索、调整。多主体的互动协商、实时的反思调整、技术与政策的相互构建,勾勒了 21 世纪信息与数据技术发展的复杂图景。信息技术的工程从业人员应当直面这幅图景,领会嵌入社会并塑造着社会的技术的能力与限度,在设计、建造、推广过程中,有更多的伦理敏感性和反思意识,肩负起对社会的责任。

6 思考题

(1) 以健康码为代表的大数据和信息技术在新冠肺炎疫情防控中发挥了什么样的作用?政府和企业在这一过程中分别发挥了什么样的作用?

(2) 健康码所采集的信息是否涉及个人隐私?如何理解个人隐私的概念?为什么要保护个人隐私?个人隐私保护与社会治理以及商业创新的关系是什么?

(3) 信息与大数据技术的广泛使用是否增进了社会公平?如何理解由于对信息技术的认知和使用技能差异带来的群体差别?将信息技术用于社会治理时如何应对"数字鸿沟"问题?

案例 10.1 使用说明

1 案例摘要

随着 2020 年年初新冠疫情的暴发,健康码作为一种基于大数据技术的防疫手段,在全国范围内被广泛应用。健康码的使用为我国疫情防控工作和复工复产提供了重要支撑,与此同时,健康码使用过程中暴露出来的隐私保护、数字鸿沟等问题也引发了人们对信息与大数据技术的社会伦理问题的关注。本案例借助健康码这一新兴技术应用,探讨信息技术在服务社会公共治理中的积极作用,个人信息收集和使用引发的隐私和安全问题,公私合作中的社会协商和治理问题,以及伴随着信息技术广泛应用所带来的数字鸿沟和社会公正问题。

2 课前准备

阅读《工程伦理》(第 2 版)一书第 10 章"信息与大数据的伦理问题"。

3 教学目标

(1) 通过使用本案例进行教学,使学生了解信息与大数据技术的特点及其涉及的伦理冲突,包括:①了解信息技术的特点及其推动社会变革的重要作用;②认识信息技术和大数据实践引发的安全、责任和社会风险以及权利和利益分配冲突;③整体把握信息与大数据创新科技人员可能面临的多种新型伦理问题。

(2) 培养学生掌握信息与大数据创新引发的新型伦理问题及需遵循的伦理原则,包括:①掌握大数据应用整个生命周期中所引发的新伦理困境,如数据安全风险、网上网下身份混淆、个人隐私泄露、数据权利模糊、风险社会与治理困境等具体内容、法律进展及实践案例;②理解需要遵循安全、责任、自由、平等、公平、正义、节俭等道德和伦理原则处理所面临的大数据伦理问题。

4 分析的思路与要点

通过阅读案例并收集补充材料,分析:

(1) 新冠肺炎疫情暴发前,信息和大数据技术在日常生活中有哪些体现? 它是如何渗入我们的生活中并影响我们的行为的? 疫情初期,政府和企业的响应行动是否依赖于信息技术的基础条件?

(2) 什么是个人隐私? 在不同年代、不同文化中人们如何理解隐私? 在不同的历史时期中,个人信息与技术条件有何关系? 近年来,信息技术的进展让我们对个人信息、隐私有了什么新的理解?

(3) 什么是"数字鸿沟"? 信息和大数据技术的创新应用为社会的协调发展带来了哪些积极和消极的影响? 在信息技术相关创新设计过程中,是否要考虑这些影响? 如何考虑?

5 课堂安排建议

课堂报告:请若干位同学收集相关材料,制作 PPT 进行课堂报告,呈现案例内容。

分组讨论：将班级同学分为若干小组，每组 6～8 人，对案例进行讨论。

小组总结：每组举荐一位同学为代表，对该组讨论的要点向全班进行汇报。

拓展练习：①查阅"个人信息健康码"系列国家标准，讨论对标准内容及其作用的理解；②查阅国外关于接触追踪技术的介绍，讨论不同国家对于技术方案选取的差异及其理由。

参考文献

[1] 楚亚杰,陆晔,沈菲.新冠疫情下中国公众的知与行——基于"全国公众科学认知与态度"调查的实证研究[J].新闻记者,2020(5)：3-13,96.

[2] 刘俊臣.关于《中华人民共和国个人信息保护法（草案）》的说明[EB/OL].(2021-08-20)[2022-08-20].http://www.npc.gov.cn/npc/c30834/202108/fbc9ba044c2449c9bc6b6317b94694be.shtml.

[3] 新华社.数据安全法：护航数据安全 助力数字经济发展[EB/OL].(2021-06-10)[2022-08-20].http://www.npc.gov.cn/npc/c30834/202106/b7b68bf8aca84f50a5bdef7f01acb6fe.shtml.

[4] 侯文婷.法学院大数据与人工智能法治研究中心参与编制的《新冠肺炎疫情防控中个人信息保护手册》正式发布[EB/OL].(2020-02-25)[2022-03-09].https://news.shu.edu.cn/info/1012/55702.htm.

[5] 智源社区.世界卫生组织发布新冠密切接触者追踪技术应用伦理指南,智源《AI伦理译丛》发布中文版[EB/OL].(2020-06-05)[2022-08-20].https://mp.weixin.qq.com/s/g_P3xlrT3Fu6CRXmncZ3mA.

[6] 人民论坛网.关于健康码的研究及完善对策[EB/OL].(2020-04-01)[2022-03-09].http://preview.xxzx.mca.gov.cn/article/xgzs/202004/20200400026407.shtml.

[7] ZASTROW M. Coronavirus contact-tracing apps：can they slow the spread of COVID-19？[J/OL].Nature,(2020-05-19)[2022-03-09].https://doi.org/10.1038/d41586-020-01514-2.

[8] Apple,Google. Privacy-preserving contact tracing[EB/OL].[2022-03-09].https://covid19.apple.com/contacttracing.

[9] 童兰.苹果谷歌联手追踪新冠密接者,会否打开隐私的"潘多拉"？[EB/OL].(2020-04-13)[2022-03-09].https://www.yicai.com/news/100591558.html.

[10] ALMAGOR J,PICASCIA S. Exploring the effectiveness of a COVID-19 contact tracing app using an agent-based model[J]. Scientific reports,2020,10(1).

[11] 杭州健康码重磅升级[EB/OL].(2020-02-22)[2022-08-20].http://www.hangzhou.gov.cn/art/2020/2/22/art_812262_41967016.html.

[12] 张刘涛.杭州市卫健委回应"渐变色健康码"：仅为设想,暂无上线计划[EB/OL].(2020-05-27)[2022-08-20].https://www.thepaper.cn/newsDetail_forward_7579606.

[13] 姚佳莹.健康码能否升级"全能码"：疫情过后,健康码信息是销毁还是保留[EB/OL].(2020-06-07)[2022-03-09].https://mp.weixin.qq.com/s/hcLaYvfCwNZo9K0HBAgjAA.

[14] "随申码"拓展应用、医院日常诊疗逐步恢复……今天的新闻发布会聚焦这些民生话题！[EB/OL].(2020-03-01)[2022-03-09].http://wsjkw.sh.gov.cn/xwfb/20200301/4666c6f97d984ab2ad1e2e9550a20afb.html.

[15] 海南健康码实现"一码多用"[EB/OL].(2020-04-01)[2022-03-09].http://www.gov.cn/xinwen/2020-04/01/content_5497789.htm.

[16] 苏城码 APP 有哪些功能[EB/OL].(2020-05-26)[2022-03-09].https://www.suzhouhui.com/article/2681.html.

[17] 苏城码 APP 2.0 Pro 版推出"苏城文明码"[EB/OL].(2020-09-05)[2022-03-09].https://www.suzhouhui.com/article/39075.html.

[18] 高敏,钟法.宁波中院：全国法院首个五色"诚信诉讼码"[EB/OL].(2020-08-25)[2022-03-09].

　　 http://www.chinatrial.net.cn/news/28280.html.

［19］　王跃军.请等等那些搞不定"健康码"的老人!生活出行很麻烦,多项措施齐上阵![EB/OL].(2020-08-23)[2022-03-09].http://m.news.cctv.com/2020/08/23/ARTIigvYS6WWOaubE3wnOhjn200823.shtml.

［20］　腾讯.老人没手机也能查健康码!全国各地方法在这里[EB/OL].(2021-02-01)[2022-08-15].https://mp.weixin.qq.com/s/y3DXRv6WAF1s2dgBYsXS-w.

［21］　胡晓萌,文贤庆,孙保学.健康码和隐私政策还有哪些改进空间?[EB/OL].(2020-03-16)[2022-03-15].https://www.jiemian.com/article/4120372.html.

［22］　张炎良.全国人大常委会法工委:"健康码"收集个人信息应公开使用规则[EB/OL].(2021-02-03)[2022-03-15].https://baijiahao.baidu.com/s?id=1690677264495229918&wfr=spider&for=pc.

［23］　新华社.便利老年人,国家明确不得将"健康码"作为通行唯一凭证[EB/OL].(2020-11-24)[2022-03-15].http://www.gov.cn/zhengce/2020-11/24/content_5563875.htm.

［24］　人民论坛网.关于健康码的研究及完善对策[EB/OL].(2020-04-01)[2022-03-15].http://xxzx.mca.gov.cn/article/xgzs/202004/20200400026407.shtml.

［25］　数据法盟.《全球疫情防控隐私合规政策指南》由中兴通讯和数据法盟联合发布[EB/OL].(2020-05-28)[2022-03-15].https://mp.weixin.qq.com/s/uplyZMr_pvynjPrTxqKyqg.

案例 10.2　日本机器人妻子的伦理探讨

作者姓名：汤治成，王蒲生

作者单位：清华大学深圳国际研究生院

案例来源：作者根据相关资料整理

案例真实性：真实

内容提要：当前，以信息与大数据的科技发展引导的科学技术革命促进了人工智能科技的发展。信息、大数据和人工智能的相互联系、协同发展，成为当代现代化科技发展的核心驱动力。科学技术是一把"双刃剑"。一方面，科学技术的生产应用会带来人类生活飞跃式的改变，带给人们更加舒适的精神享受；另一方面，科学技术的飞跃性发展彻底地改变了人类的生活方式和认知观念，带来了人类生活的伦理新挑战。本案例以日本机器人妻子作为例子，对现代的信息、大数据和人工智能在伦理道德方面进行分析与比较。从机器人妻子的人工智能工程技术创新的视角来讨论伦理问题，并对日本机器人妻子的价值标准改变的伦理困境进行探讨。

关键词：日本机器人妻子；信息；大数据；人工智能；伦理

1　引言

21 世纪 20 年代是一个科学技术日新月异的时代，以信息、大数据和人工智能科技为引导的新一轮科学技术正在发出磅礴的力量。科学技术的飞速发展，改变了人类的科学认知和大众认知。在创新技术研发和应用的影响之下，人类的社会生活得到了彻底改变。人们要面对科学技术创新对伦理道德的新一轮挑战。从日本机器人妻子的人工智能对社会产生的影响来看，新一轮的科学技术改变了我们的伦理道德观念和价值标准。面对着人工智能为代表的科技创新的应用，我们对日本机器人妻子的伦理问题进行了全面的分析和道德标准的多元主义探讨。

2　案例概述

近年来，人工智能技术飞速发展，机器人制造成为世界强国科技竞争的重要因素。在机器人制造方面，日本拥有世界顶尖的技术。日本最近研发和生产了机器人妻子，引起了世界各国的震惊和伦理大讨论。以下内容来自日本机器妻子研发和生产的新闻报道。

2.1　日本机器人妻子上市受到疯狂的抢购

2019 年 5 月 15 日，日本研发出一款"美女机器人"。为了打造出最逼真的效果，科学家们采用了最先进的仿真皮肤材料，不仅让它的外形与真人别无二致，而且配备了一套智能化恒温装置，让它的触感也与人类一样柔软温暖，使人绝对感觉不到它只是一个冷冰冰的机器人。这种美女机器人外观非常漂亮，可以按照客户意愿私人定制，而且永远不会衰老。除外形外，它的神态动作也非常逼真。由于体内装了智能芯片，所以人们可以和它无障碍交谈，它可以甜美可爱,可以温柔娇羞,可以爽朗幽默,而且能够自动分析人的情绪,非常善解人意。无需房子、车子、婚礼聘金,它也会一生忠于主人。更令人震撼的是,它的功能非常强大,不仅上得厅堂,而且下得厨房,陪主人交谈、伴主人生活,还能帮主人做家务、煮饭、洗衣。总而言之,它能够满足人们心中关于"完美妻子"的任何定义。[1]

2.2　日本最美的机器人妻子

娶个机器人当妻子——这样的事情的确令人感到新奇。然而,人工智能和机器人产业真的发展到如此"智能"的程度了吗? 人形机器人商业化量产还要多久? 为了探访真相,2019年6月中旬,N＋财经在日本奈良找到了"世界上最美、最像人类"的机器人,并和它进行了一场直接对话。在位于奈良的日本国际电气通信基础技术研究所(以下简称 ATR),N＋财经见到了国内自媒体大肆引用其图片的"机器人妻子"真容,如图 1 所示。实际上,它是由被称为"日本机器人之父"的石黑浩教授及其团队研发的一款智能对话机器人,名为エリカ(ERICA),设定是一名 23 岁的女性。"如果你坐在它面前会紧张,甚至手足无措,那就是它的'存在感'(sonzai-kan)。"石黑浩这样评价 ERICA 的影响力。据介绍,此前,有学生每天深夜为机器人演奏长笛并和它聊天,以这样的方式秘密延续"友谊",以至于后来实验室不得不专门出台规定制止这种行为。

图 1　石黑浩教授和他设计的机器人妻子
(图片来自网络)

"机器人最终会像智能手机一样普及。"石黑浩曾对媒体表示,尽管目前人形机器人还没有明确的用途,但随着人们生活场景的变迁,一旦出现了"刚需",那么或许在几年之内,机器人就能迅速打开市场,并改变世界。[2]

2.3　日本"妻子机器人"爆火,颜值高、功能强

日本的"妻子"系列仿真女机器人,刚上市就被一抢而空。从外表和功能性方面来说,机器人确实有着很多优势,能够陪用户聊天、玩游戏,甚至还能做一些简单的家务活,比如打扫卫生、洗碗等。仿真机器人的外表采用高级硅胶制作而成,因此触摸上去感觉十分真实,而且机器人的内部结构采用仿真设计制作而成,虽然没有血肉,但是却用冷冰冰的零件构造出了机械骨骼、人造器官等,看上去似乎和真人没什么区别(图 2)。不仅如此,机器人的内部还搭载了 AI 智能芯片,所以能够不断地学习,和用户进行对话沟通。当然,机器人的存在也是有双面性的,有人认为机器人使得人们的生活更加丰富多彩,但也有人担心机器人在未来会

图 2　日本科学家设计的机器人妻子
(图片来自网络)

拥有自主意识,甚至会取代人类![3]

3 日本机器人妻子带来的伦理挑战

3.1 日本机器人妻子对婚姻伦理的冲击

随着数据科技和信息科技的迅猛发展,计算机的计算速度会飞跃式地提升。在这种科技基础上,人工智能将在未来得到极大的提高,日本机器人妻子的生物性特征会更加凸显。当机器人技术发展到一定程度时,机器人妻子成为男性的另一半是有可能的。这也会成为一部分男人梦寐以求的事情。在男性群体中,有一部分人性格内向,欠缺人际交往能力。他们与异性的交往存在困难,直接影响其恋爱婚姻状况,他们往往单身,或年龄很大还找不到女朋友。还有一些男性经济条件较差,缺乏异性朋友。机器人妻子的出现,可能会解决他们的困境,为他们带来幸福和快乐,增进他们的群体利益和生活质量,满足他们的精神和肉体需求。这种结果就达到了最大的"善"。因此,很多功利主义者认为机器人妻子有助于增进幸福快乐,这种科技工程是正确的,是符合伦理规范的,应当大力发展,以造福人类。

图 3 日本青年对机器人妻子开怀大笑
(图片来自网络)

在未来世界,科学家结合信息科技、大数据科技和生物科技,会将机器人的人工智能和仿生技术进一步提高。在现阶段,机器人妻子已经逐步接近人类的生物性质,将来随着科技发展,如果机器人妻子可以怀孕的话,那么将会给人类带来极大的伦理挑战和道德判断标准的改变(图 3)。我们生活在信息与大数据科技日新月异的科技发展大浪潮中,面对着仿生机器人科学技术的进一步提高,应当去思考新技术带来的伦理问题,寻找社会价值观的和谐平衡点。

科技发展是有两面性的,一方面带来了生活的舒适和快乐,另一方面也会带来一些对社会不利的负面影响。按照目前这种科技高速发展的趋势,随着信息科技、大数据和人工智能的进一步发展,未来的机器人会拥有人类的自主意识、感性认识和理性思维。很多人都担心未来机器人的智能将超越人类,并和人类对抗,甚至取代人类,抢夺人类的生存空间。看来,这种担心不是多余的。那么,应该如何在提升机器人技术的同时保护人类社会的发展,使人类永远能够驾驭机器人?这将是未来社会发展和社会治理的一个重大问题。

3.2 日本机器人妻子对人类造成伤害的可能性及防范

日本科学家多年来一直在制造越来越美丽温柔的机器人妻子。它的款式和风格多种多样,可以适合西方人和东方人的审美要求。随着日本机器人妻子的制造技术越来越完美,仿真度越来越高,受到越来越多男人的喜爱。如果这种仿真技术水平极高的机器人妻子在世界上普及应用,就会彻底改变人类的家庭结构和社会结构。一方面,机器人妻子会给广大的男性带来新的家庭组合方式;另一方面,它也会强烈地冲击女性组成家庭的权利和机会,挤压女性的生存空间。这种日本的精致工程技术,给全世界带来了对人类社会伦理的强烈冲击和重新认知。

近年来,信息和大数据科技得到革命性的发展,机器人的研发和应用技术在未来必将得到市场普及,正如石黑浩教授所说,"机器人最终会像智能手机一样普及"。因此,我们应当做好应对机器人妻子普及应用的伦理挑战和心理准备。"伴侣机器人触动着人类敏感的神经,对亲子关系、性关系、养老及社会道德关系造成了冲击,为了解决这些冲突,需要调整对伴侣机器人道德责任的认知,确定道德责任的分配,培养科学家的前瞻性道德责任意识。"按照美国科学家塞尔吉·桑托斯(Sergi Santos)的研究,"人类与机器人的婚姻只是时间问题,未来这种情况将十分普遍"。这将冲击人类最持久的家庭关系,人类的婚姻关系将面临巨大的挑战,人类复杂的感情和心理感知将会受到重大的冲击。如果机器人妻子在感情表达、情绪沟通等方面都具有人格特征,甚至具有和人类一样的生理需求,那么,人类会感到很大的危机。信息科技和人工智能科技的高速发展趋势是必然的历史潮流,我们是否可以用多元主义的伦理价值观去审视机器人妻子的高等生物特征,这将是我们未来要面对的重要伦理问题。

科学技术的飞速发展改变了人们的生活方式,带来一系列新的伦理问题。当人们在激烈地讨论日本机器人妻子带来的伦理矛盾的时候,对科技创新的成果也陷入了伦理困惑。我们应当如何面对新技术带来的伦理挑战?这是国家治理和大众心理平衡的一个基本问题。无论采取什么样的多元主义思维,在较短的时间内,都难以达到大众认知的伦理价值标准的一致性。面对日本机器人妻子带来的伦理困境,是否应当采取适当的方法对其生产加以限制?

4 日本机器人妻子的伦理问题分析

面对信息科技、大数据科技和人工智能科技的飞速发展浪潮,我们应当如何应对科学技术带来的伦理挑战?李正风等编著的《工程伦理》中指出:"信息技术为人们的生活、生产提供了新的技术手段、经营业态、思想观念、社会网络。信息技术普及应用存在空间、人群和人口结构上的不平衡,数字鸿沟的深化会进一步扩大区域、代际、贫富发展不平衡,挑战社会公平和正义。"下面我们用伦理的评价标准对日本机器人妻子的生产和应用进行分析。

4.1 功利伦理原则

日本机器人妻子是科技创新产品,这种高科技产品给人们带来了很多用处、快乐和利益,带来了功利性。我们首先从功利伦理原则的角度对其进行探讨。边沁的功利原则认为:"功利是指任何客体的这样一种性质:它倾向于给利益相关者带来实惠、好处、快乐、利益或幸福,或者倾向于防止利益相关者遭受损害、痛苦、祸患或不幸。"功利伦理原则主义者认为:如果行为的结果有助于带来幸福、增加幸福,那么这种行为是正确的;反之,如果行为产生了减少幸福、破坏幸福的结果,那么这种行为是错误的。在科技创新的工程操作中,他们以功利伦理原则作为评价工程的伦理规范的准则。他们认为:机器人妻子对于一部分男人来说,产生了增进幸福的作用。因为在当前社会中,中等收入和低收入的人群占大部分,部分男性在人际交往中存在着一定的障碍,这部分男性的婚恋问题得不到解决。如果机器人妻子可以大量生产,就可以满足这部分男性的结婚诉求,从伦理的功利原则来看,增加了他们的快乐和幸福。

但是,也有一些功利伦理原则主义者提出反对意见。他们从女性主义的立场出发,认为如果机器人妻子得到广泛推广,就会占据女性人群组合家庭的空间,降低女性成为男人配偶的机会,使很多女性变成单身,大大降低女性的幸福快乐,破坏她们应该拥有的利益和享受。另外,目前的日本机器人妻子还不具备生育能力,大规模推广只会进一步导致人口出生减少,影响人口结构和数量,对人类社会的发展造成重大伤害,最终破坏人类社会的利益、幸福和快乐。因此,机器人妻子的创新科技工程是不符合社会发展的伦理规范的,各国政府应当阻止这种不利于人类发展的破坏性行为,停止这种科学技术的研究发展。

4.2 德性伦理原则

日本科学家生产的机器人妻子是为了给人类增加幸福,但是这种幸福却给道德的价值观念造成了冲击。我们可以从德性伦理原则来分析这种高科技造成的后果。

从中西方的伦理思想历史来看,无论是古代中国还是古希腊,在传统的伦理思想中,德性伦理原则占有主要的地位。德性伦理原则把人性的本质问题放在核心的地位,它非常关注人是怎样的人、人的本性如何、人应该做什么等核心问题。它的"德性"是指人通过行为或者行为意愿表现出来的外在气质和状态。在德性伦理原则中存在很多概念。例如,中国儒家思想的"仁爱",古希腊伦理思想的"正义""勇敢""智慧",这些概念都强调个人的精神气质和状态,表现人的品质。亚里士多德认为"德性就是一种使人成为善良,并获得其优秀成果的品质"。日本科学家生产机器人妻子是为了科学技术的进步,为了科学成果能进一步地转化到人们的生活需要中,希望科学成果能帮助有需要的人。因此,他们的生产目的和生产实践活动的本性是善良的,他们的做法符合中国传统儒家的仁爱思想,符合德性伦理原则规范。但是,如果男性群体拥有了机器人妻子,就会侵害正常的人类女性组成家庭的权利,对传统的由人类男性和女性组成的家庭产生巨大的冲击,引起社会价值观念、伦理规范和道德规范观念的混乱。因此,他们的生产实践活动成果不符合德性伦理学原则规范。

4.3 义务伦理原则

康德认为,"伦理原则就是意志的主观基础,客观原则是实践评估的准则。"日本科学家制造机器人妻子的目的是为了增强人的精神享受,使人的生活更加舒适、更加和谐健康,解决部分男性的生理需要和精神需要。对一些不善交际、生活贫困的单身男性来说,这些机器人妻子可以陪伴他们生活,消除他们的寂寞,与他们组成"新家庭",给他们带来幸福和快乐。科学家生产机器人妻子的初衷,不是出于故意伤害女性的目的,也没有剥夺女性权利的行为动机。从科学家生产机器人妻子的主要动机来看,是为了增进人类的幸福和快乐,促进社会科技发展,造福人类。因此这种行为动机是正确、符合理性、符合伦理规范和道德规范的。

虽然有人认为日本科学家制造出机器人妻子损害了女性的利益,使女性组成家庭的概率减小,影响女性的社会生活和家庭生活,但是义务伦理原则主义者认为,是否符合道德规范应当从行为目的和动机出发来评价,不应当以行为结果作为判断标准。因此,日本科学家生产机器人妻子的动机是好的,他们的行为符合伦理规范。

4.4　契约伦理原则

我们在前面已经论述了对日本机器人妻子伦理问题的负面影响。但是有的学者基于契约伦理原则的自然状态、自由、平等的观点出发,认为这种高科技产品符合伦理规范,人们有自由选择自己正当利益的权利。

契约伦理原则运用"自然状态"的假设。契约、政治社会和自然状态是契约伦理原则的三个基本条件。他们把自然状态当作一个原始起点,通过公平公正的讨论协商,达成公正的协议。契约伦理原则所约定的目的就是要协定一种作为社会根本结构的道德规范准则,这种准则就是正义。正义是契约伦理原则的核心观点。罗尔斯提出了正义伦理原则的两个基本点:自由和平等的自由原则,机会均等和照顾少数不利者的差异原则。

因此,对于科技工程的伦理评价,契约伦理原则主义者崇尚个人自由、崇高人与人之间的平等关系。他们认为"工程师有生活和自由追求自己正当利益的基本权利"。日本科学家研究出机器人妻子,把机器人妻子出售给有需要的人,这符合契约伦理原则的自由原则。按照契约伦理原则主义者的观点,每个人都应有均等的机会获得爱。但是在实际生活中,每个人的社会交际能力不同,财富条件也不同,要获得平等的爱是困难的。但是,科学家运用创新科技工程,创造出温柔美丽的机器人妻子,男性中的弱势群体就可以通过购买机器人妻子的方式获得爱。这样,日本科学家的这种研究成果刚好照顾了最少数不利者,这符合契约伦理原则中的差异原则。因此,日本科学家制造出来的机器人妻子是合乎伦理规范的。

5　小结

本案例对日本机器人妻子进行了伦理探讨,机器人妻子只是当前人工智能科学技术发展的一个典型例子。我们生活在科学技术蓬勃发展的时代,要热情地迎接科学技术带来的生产力改变和舒适的社会生活方式,同时也要承受新技术带来的人类社会伦理问题,重新思考和调整伦理道德观念,以适应新技术带来的挑战。然而,要改变人类固有的认知信念和心理定势不是一件容易的事,我们需要有一个伦理信念改变的适应过程。"伴侣机器人是一种拟人化的具有人工智能的伴侣玩偶,是能满足人的伴侣需求的人工智能机器人。尽管目前国外一系列的社会调查显示人们对伴侣机器人的褒贬不一,但也暗示着伴侣机器人在未来可能拥有强大的市场并影响到人们生活的方方面面。但由于其涉及人类最为私密的领域,在人与人之间本就涉及着许多社会伦理问题,人和机器之间面临的问题更加复杂。""2017年,沙特政府赋予智能机器人'索菲亚'公民身份的行为对传统的法律主体理论造成了不小的冲击。索菲亚被认定为公民具有学理和情理上的合理性,但在赋予其一定法律地位的同时,还需要对其作出多角度的规制。"我们认为,面对科技创新的技术浪潮带来的科技应用,应当采取价值标准的改变和多元主义思维,以寻找超越新技术带来的伦理困境的途径。我们应当热情拥抱创新技术,同时,也应当寻找新技术带来的伦理挑战的平衡点。这是同学们面对未来科技世界,必须学习和思考的一个重要问题。

6　思考题

(1) 日本机器人妻子在人工智能工程的技术创新方面有什么新的突破? 在哪些方面改

变了人们的生活？

（2）从伦理学的功利原则出发，谈一下日本机器人妻子的伦理问题。我们应当如何应对这种新技术带来的伦理挑战？

（3）面对日本机器人妻子带来的伦理困惑，我们应当如何采用价值标准的改变和多元主义的思维来超越这种伦理的困境？

案例 10.2 使用说明

1　案例摘要

当前，以信息与大数据的科技发展引导的科学技术革命促进了人工智能科技的发展。信息、大数据和人工智能的相互联系、协同发展，成为当代现代化科技发展的核心驱动力。科学技术是一把"双刃剑"。一方面，科学技术的生产应用会带来人类生活飞跃式的改变并带给人们更加舒适的精神享受；另一方面，科学技术的飞跃性发展彻底改变了人类的生活方式和认知观念，带来了人类生活的伦理新挑战。本案例以日本机器人妻子为例，对现代人工智能科技发展在伦理道德方面带来的挑战进行分析，并对其带来的价值标准改变和多元主义思维进行了探讨。

2　课前准备

阅读《工程伦理》（第 2 版）第 10 章"信息与大数据的伦理问题"。

3　教学目标

（1）通过本案例的学习，让学生了解什么是技术创新，理解当前人工智能技术蓬勃发展的重要性。分析案例中日本机器人妻子的人工智能应用对社会产生的深远影响。从人工智能飞速发展的角度来看待伦理新问题。使学生学会面对科学技术发展的两难问题：一方面是科学技术无限向前发展；另一方面是科学技术挑战当前人类社会的伦理底线。

（2）让学生在案例分析中学会应用伦理学的基本原则。使学生面对创新技术的工程应用发展，学会调整价值标准和应用多元主义思维来超越科技发展带来的伦理困境。

（3）让学生深刻地认识到信息技术为人们的生活、生产提供了新的技术手段、经营业态、思想观念、社会网络的同时，信息技术普及应用存在空间、人群和人口结构上的不平衡，数字鸿沟的深化会进一步扩大区域、代际、贫富发展不平衡，挑战社会公平和正义。

4　分析的思路与要点

阅读案例，收集补充材料，分析以下问题。

（1）日本机器人妻子的出现如何影响我们的生活？是否为男性带来了极大的愉悦？是否挤压了女性的生存空间？

（2）什么是伦理挑战？在不同的民族、不同的文化、不同的年代中，伦理道德的标准是绝对的吗？

（3）伦理判断原则可以改变吗？面对着当前科学技术的飞速发展，我们是否可以调整伦理判断的价值标准？我们可以用多元主义的思维来超越科技创新带来的伦理困境吗？

5　课堂安排

（1）学生需要课前预习，了解伦理学的基本判断原则。理解什么是技术创新，技术创新如何改变我们的生产力和生活。

（2）让学生收集日本机器人妻子的相关材料，制作好 PPT 进行课堂报告，了解机器人妻子的功能和特点。

（3）分组讨论和总结：把全班同学分为若干个小组，每组 5～6 人，对案例中日本机器人妻子的伦理问题进行讨论。

参考文献

[1]　央视网.日本妻子机器人上市一小时就被抢光[EB/OL].(2019-05-15)[2022-03-05].https://baijiahao.baidu.com/s?id=1633562071469426409&wfr=spider&for=pc201.

[2]　陈耀霖.日本最美机器人老婆：定制起价 60 万人民币[EB/OL].(2019-06-17)[2022-03-05].http://tech.china.com.cn/ai/20190617/356845.shtml.

[3]　日本"妻子机器人"爆火，颜值高、功能性强，唯独内部结构引热议[EB/OL].(2020-08-02)[2022-03-05].https://new.qq.com/rain/a/20200802a0f8uu00.

[4]　黄立文.伴侣机器人的道德问题研究[J].湖南科技学院学报,2019,40(6)：2.

[5]　李正风,丛杭青,王前,等.工程伦理[M].2 版.北京：清华大学出版社,2019.

[6]　边沁.道德与立法原理导论[M].时殷弘,译.北京：商务印书馆,2000.

[7]　亚里士多德.尼各马可伦理学[M].廖申白,译.北京：商务印书馆,2003.

[8]　KANT I. Practical philosophy[M]. GREGOR M J,trans. Cambridge：Cambridge University Press, 1996：56.

[9]　辛津格.工程伦理学[M].李世新,译.北京：首都师范大学出版社,2010.

[10]　游辉辉,马永慧.伴侣机器人应用的伦理、社会问题探讨[J].中国医学伦理学,2019,32(8)：9.

[11]　吴芷靖.论智能机器人索菲亚对传统法律主体的冲击[J].丽水学院学报,2021,43(4)：42-47.

第11章

环境工程的伦理问题(教学案例)

案例 11.1　钱塘江河口治理[①]

作者姓名：顾萍[1]，丛杭青[2]，李慈慈[3]
作者单位：1 清华大学人文学院，2 浙江大学哲学学院，3 浙江交通职业技术学院
案例来源：作者根据相关资料整理
案例真实性：真实

内容提要：历史上的钱塘江河口段洪、潮灾害频繁，因社会、经济发展的需要，治理河口、防御灾害成为千百年来历代王朝稳固基业的一大重任。自唐至清末，政府以修筑海塘为重点，以此来防御潮灾，保护两岸民生。代表性的历史事件如五代十国时期吴越国主钱镠主持修建钱塘江捍海石塘。民国时期，水利专家开始提出初步治江规划，但因多年战乱，资金、技术匮乏，治理工程仅仅停留在海塘的修筑维护层面上。新中国成立后，国家高度重视钱塘江河口的治理，与黄河、淮河治理并重，多次组织国内外专家对钱塘江河口进行勘察诊断，制订治江规划。钱塘江治理开发规划在研究过程中不断探索和调整，至 21 世纪初，钱塘江河口治理工程已经基本完成。钱塘江河口治理史凸显出环境工程治理实践中的生产安全与公共安全、社会公正与环境生态保护之间的平衡等一系列社会伦理、生态伦理、工程伦理问题。

关键词：钱塘江河口治理；社会治理；社会伦理；生态伦理；工程伦理

1　引言

钱塘江河口是世界上典型的强潮河口，潮强流急。泥沙易冲易淤，河床冲淤剧烈，主槽摆动频繁，并且存在闻名中外的涌潮。因此，钱塘江河口的治理有其独特性和复杂性。钱塘江河口治理取得了巨大成功，"在我国河口治理中尚无先例，在世界河口治理中也独具特色"。[1]钱塘江河口治理是我国典型的环境工程实践，它是如何应对和化解环境工程面临的公共安全、生产安全、社会公正、环境与生态安全、社会利益的公正分配等问题的？

2　相关背景介绍

钱塘江河口的自然特性给防洪、御潮和排涝带来了极为不利的影响。钱塘江河口段存在洪冲潮淤、冲淤幅度很大，主槽丰水走直、枯水弯曲等河床演变特点。当流域出现连续枯

---

① 本案例为国家社科基金重大项目"中国工程实践的伦理形态学研究"(15ZDB015)阶段性成果。

水年时,主槽极度弯曲,泄洪线路长,同时因泥沙大量淤积,河道过水断面小,对泄洪极为不利。另外,因主槽摆动频繁,每处堤防均可能成为主流的顶冲点,整个堤防均需"全面防御"。因钱塘江河口河床宽浅,当主槽摆到一岸时,另一岸则发育大片滩地,滩面高程可能高于两岸内河水位,严重影响两岸的排涝。

钱塘江河口的自然特性也给河口资源开发利用和保护带来了极为不利的影响。由于主槽摆动,对取排水口、排涝闸和港口航道等岸线资源利用极为不利,常常出现排涝闸闸下因主槽摆动而被淤死,甚至在有些年份出现著名的观潮胜地盐官无涌潮可观的现象。此外,滩涂资源、受盐水入侵影响的淡水资源等开发利用也需要对钱塘江河口进行治理。

钱塘江河口治理具有重要意义,它事关浙江海洋经济发展全局。从区域范围看,钱塘江河口地区包括杭州、宁波、嘉兴、绍兴等地区的 12 个县市(区),面积 1.06 万 km^2。钱塘江河口区域是浙江省经济最发达、最有活力的地区之一。因此钱塘江河口治理对于浙江生态、经济和社会的发展具有重要的意义。

3　钱塘江河口治理概述

近年来,钱塘江污染日益严重,多次发生大面积漂浮物污染钱塘江和大量动物尸体抛弃钱塘江河道内的事件,影响江面整洁和水质安全,威胁杭州市市民饮用水安全。规模较大的突发事件主要有以下几起:2007 年 7 月,受长时间降雨影响,浦阳江河道内大量水葫芦源源不断顺水流入钱塘江,在钱塘江五桥至三桥段江面漂浮和近岸水面聚集,影响范围达数十平方千米,严重影响江面整洁、威胁水质安全。2008 年 6 月,钱塘江流域持续降雨,大量生活垃圾、枯枝败叶等漂浮在钱塘江江面上。2009 年 10 月,钱塘江秋季大潮期间,保洁区下游岸滩上的垃圾和大量芦苇秆被潮水冲顶至五桥至三桥段江面,形成大面积漂浮物聚集现象,影响江面整洁。2005 年,浙江省 573 家重点污染企业的废水排放量占全省排放量的 70%～80%,其中有 254 家企业的污水直接排放到钱塘江。[2]因此,钱塘江治理也是当代水环境治理迫在眉睫的重点。

钱塘江治理古已有之,图 1 所示为钱塘江大潮。钱塘江河口两岸平原面积近1000 万亩,钱塘江河口主槽游荡多变,岸崩、堤毁史不绝书。历史上钱塘江河口发生近千次洪、涝、潮灾,关于钱塘江河口治理的历史也已有千余年。五代十国时期吴越国主钱镠主持修建的捍海塘,是历史上治理杭州湾钱塘江海潮侵袭的代表性事件。据史书记载,修筑钱塘江捍海石塘时,大海波涛汹涌,修筑海塘的工程无法完成,

图 1　钱塘江大潮(图片来自网络)

于是,吴越国主钱镠就命人采山阳的竹子,令工匠打造 3000 支箭,招募 500 名能使用强劲弩机的射手迎着浪头射箭,迫使海潮回转钱塘江。又命人剖开大竹,制作竹笼,长数十丈,放入巨石,又采伐罗山中长数丈的大树,植入水中,与横木配合为塘,陆续修筑的长度为 124 里。2014 年,考古队发掘出吴越时修筑海塘的部分遗址和遗物。以上所述虽然富有传奇色彩,

但也足以说明工程之艰巨以及修建者的坚定决心和意志。捍海塘不仅保护了海岸附近的良田,也保障了杭州城城墙的扩建工程。

历史上的河口治理主要是修筑海塘以御洪潮,但也有从单纯的防御开始,采用局部、有限的进攻性质的防御措施。宋、元朝以来,塘工技术得到改进,钱塘江海塘抗御洪潮能力显著提高。清康熙、雍正年间,曾3次开挖中小门引河,并在尖山、塔山之间造石坝挑溜,欲使江流、海潮由中小门出入,以利于海塘防守。民国时期将江面缩窄,束水归槽,刷深江道。1946年,在国内外专家考察研讨的基础上,归纳成在海宁陈汶港建坝挡潮,在中小门遗址处新开河道,束窄口门以削减潮势及兴建丁、顺坝缩窄江道等设想。[3]

新中国成立后,国家很重视钱塘江的治理开发问题,各级政府成立了专门的管理和研究机构。针对钱塘江河口特性,开展大规模的资料收集,并进行治理开发的系统研究工作。1952年,浙江省水电设计院前总工程师马席庆提出在满足泄洪条件下,尽量缩小江道断面,以减少进潮量,在不影响将来航运的原则下,尽量任其弯曲。20世纪60年代初,以钱宁为首的一批专家从理论上论证了缩窄江道,减少进潮量,增大山、潮水比值的整治原则,这一原则成为以后治理规划的指导思想。70年代中期,在1968—1971年连续4次围垦五大片滩涂基础上,结合堤外高滩稳定性和河相关系分析,又提出进一步缩窄江面的规划方案。80年代,根据过去治江围涂的实践经验,积累了更多的河床演变资料,加深了对河性的认识,运用已建立的一系列潮汐水流、泥沙输移、河床变形、盐水入侵等数学模型,又一次研究和修订了治江规划线。[3]

20世纪90年代,钱塘江河口治理成果初步显现,但因浙江省地处东南沿海,易受台风暴潮袭击,特别是1997年11号强台风冲毁了776 km海塘。1997年10月,浙江省委、省政府决定在浙江东部修筑一条千里海塘,并作出"建千里海塘,保千万生灵"和"全民动员兴水利、万众一心修海塘"的重大决策,计划用3~4年时间将钱塘江海塘改建成高标准海塘,为沿江居民和农田提供安全保障。[4]2014年浙江省规划投资800多亿元治理钱塘江,其中当年投资300多亿元开工735个项目,涉及工业整治、农业农村治理、基础能力建设、河道整治、生态保护修复、饮用水源保护等方面。

经过百年治理,钱塘江河口治理成效突出,已为河口区域经济社会发展,特别是河口区域的海洋经济发展起到了强有力的支撑作用。主要体现在以下几个方面:①防灾御潮作用突出。通过1950—1957年和1997—2003年两次系统加固,先后共投入约30亿元,海塘防洪标准从50年一遇提高到100年一遇,有力防御了100年一遇洪水和70年一遇的风暴潮,为两岸社会经济发展提供了安全、稳定的环境,防灾总效益超过120亿元。②滩涂资源开发效益显著。自20世纪60年代中期实施大规模治江以来,累计完成围涂约1065 km²,实现土地贡献效益约650亿元,建设起杭州经济技术开发区、萧山经济技术开发区、绍兴滨海工业园区等一系列产业园区,提供了300万人的潜在就业机会,围垦区生产总值占到全省的10%左右。③江道整治成效明显。固定了90 km长游荡摆动的河道,河床稳定性提高,为曹娥江大闸及绍兴、萧山近岸码头、排污口和排涝闸建设提供了基础,沿线地区的港口建设和航道开发条件也明显改善,同时,江道缩窄为杭州湾两岸桥梁通道建设提供了便利条件,有效减少了建设规模和投资。④科学治理的理念和技术手段更趋成熟。在河口治理的过程中,科学水平和施工技术大大提高,科技创新成果丰富,培养了大批专业技术人员。[5]

图2所示为钱塘江围垦图。

图 2　钱塘江围垦图(图片来自网络)

4　钱塘江河口治理的伦理分析

4.1　确保生产安全

安全是所有工程规范优先考虑的问题。维护人的生命安全是工程伦理的重要价值指向。人是生产活动的主体,自由度大,无法完全避免行为失误的发生。工程的相关职能部门应该对施工人员负起安全责任,制定和落实安全技术规程、安全规章制度和安全技术措施,给施工人员提供安全的生产环境和生产条件,组织安全培训和安全知识学习,指导劳动保护用品和防护器具的正确使用,保证安全设施的到位和完好,做好应急防范措施等。

钱塘江河口治理坚持科学治理的理念,将工程安全放在首位。钱塘江河口潮汐湍急,其中钱塘潮尤为壮观。钱塘江河口平面呈喇叭形,河床宽浅。上述水动力条件、泥沙条件和边界条件导致钱塘江河口河床冲淤剧烈,河势很不稳定,为典型的强潮游荡性河口,因此治理难度大,对工程安全的要求极高。在钱塘江河口治理过程中,针对河口的特殊形态和自然特征制定了一系列确保工程安全的技术措施和工程方案,全面保护沿线居民的生命健康和财产安全,为公众寻求安全安定的生存环境。

4.2　保障公共安全

如何在环境工程的建设和运营中充分保障人民的生命、健康、财产等切身利益,以及生态环境免受破坏和损失,是环境工程的主要安全问题,也是公民最基本的权利。由于环境工程具有公共性的特征,因此通常会给工程的非直接利益相关者带来安全影响,这也是其公共安全关涉的范畴。环境工程师必须把公众的安全和健康放在首位,同时也要关注对环境本身的保护。环境工程师的首要责任是关注安全问题并保护公众的安全,无论是工程师还是管理者都应将公众的安全、健康和福祉置于首位。

钱塘江河口治理始终以造福沿线人民为主旨,切实维护了公共安全。首先,钱塘江河口通过整治,为沿线人民的居住条件、农耕劳作、生产生活提供了安全保障。钱塘江河口一系列治理项目保障了公众的饮用水安全,完善了基础建设。河口整治对于防灾御潮起到重要作用,有效防御了洪水和风暴潮,为沿岸居民创造了安全、稳定的生活环境。其次,钱塘江河口治理为改善公众福祉作出了重要贡献。钱塘江河口的海塘维修加固及河口缩窄治理取得了明显的治理成效,获得了 189 万亩(至 2010 年)土地,这是治江缩窄的副产品,对人多地少的浙江来说具有特殊价值,所获土地已成为沿线各市高新技术产业园区及高校农业示范区,极具发展前景。同时增加了社会和环境效益,大大减少了洪(台)灾害,即减少了生命伤亡(历史上大灾中是以千、万人计)及瘟疫暴发、人口迁徙而引起的社会不稳定和对文物古迹的破坏。由于提供了充足的土地,为沿江两岸社会经济的发展提供了空间,还提供了 200 万~300 万人的就业机会。[6]治理后的钱塘江再也见不到茫茫荒滩、黄沙一片的景象,现在的钱塘江已把旅游、休闲、文化建设、观潮融为一体。

4.3 促进社会公正

平等享受水、空气、土地等自然资源是每个人应有的权利。如何让不同的个人和群体,以及不同地域、不同文化间的权利、资源、利益、责任、风险等得到平等享受和公平分配,是环境工程促进社会公正的核心问题。平衡好利益既得者和利益受损者,以及工程涉及的企业、政府、公众等利益相关者之间的矛盾和冲突,使得社会资源公平分配和合理利用,也是环境工程的价值目标之一。

钱塘江河口治理的思想核心是以人为本,坚持以人为本的价值取向,注重人民的美好生活,保护人民的合法权利,促进权利、责任、义务、收益的公平分配,保障社会公正的实现。治理钱塘江势必会影响和损害到属地群众的权利和利益,因此钱塘江河口治理致力于为属地群众创造新的社会生存和发展条件,以弥补他们的利益损失,促进社会公正的实现。钱塘江河口在海塘维修加固及河口缩窄的治理过程中成效显著,获得了近 200 万亩土地,这些新获得的土地又被发展成高新技术产业园区、农业示范区,不仅促进了当地经济的发展,还提供了充足的就业机会。

4.4 保障生态安全

环境生态保护至关重要。人类的生存和发展不能威胁自然系统的整体性和可持续性,人类作为能动的改造环境的主体,应该保护自然界的多样性和生态进程,并应可持续发展地利用资源。保护自然环境、生态系统,促进人与自然和谐发展是环境工程师必须担负的生态责任。环境技术是“双刃剑”,它既可以实现改善环境的作用,也可能给环境带来风险,甚至是灾难。因此,科学评估环境工程的潜在风险和危害,并采取及时、有效的方法化解风险,从而将工程对生态、社会和人类的风险降到最低,是环境工程师的重要责任。

钱塘江河口治理秉持“生态保护”的环境伦理主张,将保障生态安全放在首位。钱塘江河口治理的过程就是一部处理人与自然关系、努力实现人与自然和谐共生的历史,其中蕴含着丰富深刻的生态伦理思想。在钱塘江河口治理的过程中,尤其是新中国成立后的 70 余年里,实现了人类与生存环境的和谐统一。这对于坚持可持续发展观,大力弘扬生态文明发展观意义重大。钱塘江河口治理通过加强水环境保护、有序推进湿地滩涂围垦、加大水资源管理力度等举措,充分保障了生态安全。主要体现在以下几个方面。

(1)加强流域水环境治理和生态保护

加强水环境治理,减少入河、入海营养盐是河口生态环境改善的根本要求。要加强流域内污染源的治理,提高截污水平,改善水环境质量。加强运河流域的水环境保护与治理,减少跨流域引水量。加强行政区域交界断面水质的监测管理,推进各地政府环保责任制的落实。建立流域生态保护协调和补偿机制,鼓励中、上游地区深化产业结构调整,大力发展生态休闲旅游产业和高效集约型农业,促进全流域生态环境保护。浙江省近年实施的"山海协作"项目就是很好的平台,既加强了发达地区和欠发达地区的协作互助,又促进了钱塘江上、下游生态补偿的实现。

(2) 科学有序推进湿地滩涂围垦

政府部门要转变经济增长方式,减少对围垦土地资源利用的依赖性,不能把围垦土地资源当作经济发展的"助推器"。要合理开发利用滩涂湿地资源,除治江缩窄工程需要外,尽可能做到淤垦平衡、良性发展。要加大生态经济的发展力度,注重生态服务功能的发挥,通过建设湿地生态公园、生态示范区,促进生态经济和产业的发展。

(3) 加大钱塘江流域水资源管理力度

不断增长的钱塘江水资源开发利用需进一步加强管理,建立更加严格的水资源管理制度。目前河口地区用水形势日趋紧张,浙东和浙北地区用水需求较大,运河流域出于水环境的需求从钱塘江的引水量也呈增长的态势,预计钱塘江水资源尤其是枯水期的水资源短缺将比较严峻。应加强流域水资源的统一管理,在严格执行省定流域水资源配置方案的基础上,进一步建立水资源配置政府考核责任制度,科学实施水资源配置,促进水资源的高效利用。

(4) 统一推进河口生态规划建设

钱塘江河口治理进入新的阶段,河口治理的目标有了新的转变,应注重生态环境的保护和改善,努力实现生态与社会经济统筹协调发展。可以从宏观和微观两个层面推进生态规划建设。宏观上,要突出河口地区生态环境保护和治理,建立统一的工作机构和协调机制,制定统一的实施规划和治理措施,由各地分阶段组织实施。微观上,积极探索河口地区生态治理的新方法和新途径,如在非重点防洪河段可以考虑采用复合生态形式,促进河口生态环境的有效改善和恢复。[7]

4.5　恪守社会责任,发扬职业精神

社会责任是指环境工程对社会应负的责任。一个工程应以一种有利于社会的方式实施和管理。环境保护、社会道德以及公共利益等方面的问题都属于社会责任的范畴,具体包括经济责任、环境保护责任、持续发展责任、法律责任和道德责任等。钱塘江河口治理工程师恪守社会责任,充分发扬负责任创新的职业精神。随着工程师知识结构的变化和素质能力的提升,使得责任"不仅关乎工程师本人,而且关乎其周围环境,甚至整个社会",尤其关乎未来的责任。美国著名技术哲学家卡尔·米切姆(C. Mitcham)定义"责任是知识和力量的函数",意为拥有职业技能和专业权威的工程师可以不卓越,但不能缺少责任心。工程师必须做到负责任创新,让工程和技术真正发挥增进人类福祉的积极效应,这也是工程师应尽的责任。[8]

钱塘江河口治理工作者,即工程师,通过几十年来对钱塘江河口系统地进行研究和多方案比较,实现了钱塘江河口治理的科技创新。自 20 世纪 60 年代以来,采用缩窄方案治理钱塘江河口,形成了海域来沙丰富、宽浅游荡型强潮河口的治理模式、多目标治理成果、强潮河口理论、强潮河口保护和治理开发研究应用技术体系等科技创新成果。[9]同时,培养了一支

专门研究钱塘江河口的人才队伍,并取得了巨大的社会和经济效益,是负责任的、合乎社会发展进步的创新。

5　结论与启示

对钱塘江河口的治理历经千余年,对此的认识就像水利河口专家戴泽蘅在《亲历钱塘江河口治理开发过程的回忆——戴泽蘅、李光炳访谈录》一文中讲到的:"钱塘江河口是一个多灾的河口,数代人都想过要治理它,但由于方方面面的原因没能做成。而我们这代人将这件事情做成,而且没有留下问题,还是很幸运的。"本案例在介绍钱塘江河口治理的背景、过程的基础上,分析了钱塘江河口治理史凸显出的环境工程治理实践中的生产安全与公共安全、社会公正与环境生态保护之间的平衡等一系列社会伦理、生态伦理、工程伦理问题。

6　思考题

(1) 怎样看待钱塘江的治理史?

(2) 钱塘江河口治理过程中是如何做到生产安全与公共安全之间的平衡的?

(3) 兼顾社会公正与环境生态保护是环境工程的重点,请你谈谈钱塘江河口治理在这方面的经验。

(4) 钱塘江河口治理的实践体现出怎样的人、环境、生态的和谐相处?

案例 11.1 使用说明

1　案例摘要

历史上的钱塘江河口段洪、潮灾害频繁,因社会、经济发展的需要,治理河口、防御灾害成为千百年来历代王朝稳固基业的一大重任。自唐至清末,政府以修筑海塘为重点,以此来防御潮灾,保护两岸民生。代表性的历史事件如五代十国时期吴越国主钱镠主持修建钱塘江捍海石塘。民国时期,水利专家开始提出初步治江规划,但因多年战乱,资金、技术匮乏,治理工程仅仅停留在海塘的修筑维护层面上。新中国成立后,国家高度重视钱塘江河口的治理,与黄河、淮河治理并重,多次组织国内外专家对钱塘江河口进行勘察诊断,制订治江规划。钱塘江治理开发规划在研究过程中不断探索和调整,至 21 世纪初,钱塘江河口治理工程已经基本完成。多年的治江研究与实践体现了党和国家以人民为中心的社会治理思想。本案例围绕以人民为中心,从社会伦理、生态伦理、工程伦理三个维度对钱塘江河口治理进行分析。

2　课前准备

学生通过观看 CCTV-1 人文纪录片《钱塘江》等有关钱塘江治理的影视资料和浙江日报等网络媒体的新闻报道以及相关文献资料,较为清晰、准确地了解钱塘江河口治理的历程,为课堂学习和深入讨论做好充分的知识准备、情境准备和心理准备。具体可重点参考教材《工程伦理》(第2版)第11章"环境工程的伦理问题"的11.2节"环境工程中的生产安全与公共安全"和11.3节"环境工程中的社会公正与环境生态安全"。

3 教学目标

通过案例分析,让学生对钱塘江河口治理的历史有更为清晰的认识,并在此基础上,对工程实践中的伦理问题进行辨识、思考,了解工程师应具备的科学精神、应遵循的科学伦理规范和法律规范。

4 分析的思路与要点

本案例通过梳理钱塘江河口治理的发展历程,选取历史上及当代钱塘江河口治理的代表性事件、人物,从社会伦理、生态伦理、工程伦理三个角度进行工程实践的原因分析。案例试图从伦理治理的角度谈社会治理(钱塘江河口治理),有助于学生打开新的学习思路。

5 课堂安排建议

根据具体课时安排,可以分多个课时开展。课前先安排学生阅读相关资料,让学生自主了解钱塘江的相关历史背景。课堂(45 min)安排:

教师讲授   (15 min)
学生讨论   (10 min)
学生报告和分享   (15 min)
教师总结   (5 min)

参考文献

[1] 韩曾萃,戴泽蘅,李光炳,等.钱塘江河口治理开发[M].北京:中国水利水电出版社,2003.
[2] 陈杰.钱塘江污染之痛[N].新京报,2005-06-07.
[3] 潘存鸿,符宁平.钱塘江河口治理回顾[J].水利水电科技进展,1999,19(4):43-46.
[4] 蔡志培.建千里海塘 保千万生灵[J].中国水利,1998(7):16-17.
[5] 禇振坤,柴贤龙.钱塘江河口治理开发研究[J].中国水利,2014(6):40-41,51.
[6] 韩曾萃,潘存鸿,姚汝祥,等.钱塘江河口治理效益评估[J].浙江水利科技,2013(1):41-42.
[7] 汪健,杨艳艳,孟健,等.钱塘江河口生态环境变化及对策[J].水利水电科技进展,2012,32(5):1-5.
[8] 王进.从米切姆"责任"内涵剖析工程师责任的合理限度[J].土木工程与管理学报,2015,32(4):20-26.
[9] 潘存鸿,韩曾萃.钱塘江河口治理与科技创新[J].中国水利,2011(10):19-22.
[10] 戴泽蘅,李光炳.钱塘江河口治理开发的回顾与展望[J].东海海洋,1989(4):10-15.
[11] 戴泽蘅,李光炳.钱塘江河口河床演变及治理.浙江水利科技[J],1982(10):109-116.
[12] 潘存鸿,史英标,尤爱菊.钱塘江河口治理与河口健康[J].中国水利,2010(14):13-15.
[13] 熊绍隆.潮汐河口泥沙物理模型设计方法[J].水动力学研究与进展,1995,10(4):298-404.
[14] 罗文章.新农村道德建设研究[M].北京:当代中国出版社,2008.

[15] MARTIN M W, SCHINZINGER R. Introduction to engineering ethics[M]. 2nd ed. New York: McGraw-Hill, 79-81.

[16] 施晓义. 3 斗 800 亿治理钱塘江[EB/OL]. (2014-03-05)[2022-03-08]. https://zjnews.zjol.com.cn/system/2014/03/05/019891172.shtml.

[17] 李海静, 王淼. 亲历钱塘江河口治理开发过程的回忆——戴泽蘅、李光炳访谈录[J]. 中国科技史杂志, 2015, 6(2): 213-226.

案例 11.2　关于鄱阳湖建闸的争论

作者姓名：陶益
作者单位：清华大学深圳国际研究生院
案例来源：作者根据相关资料整理
案例真实性：真实

内容提要：鄱阳湖是我国第一大淡水湖,也是国际重要湿地。近年来,鄱阳湖出现秋季低枯水位现象,对流域生态、民生等方面造成影响。江西省提出兴建鄱阳湖水利枢纽工程(简称"建闸")以调控枯季鄱阳湖水位。社会各界就鄱阳湖建闸是否造成水生态环境破坏、是否影响水资源公平配置等问题展开激烈争论。当中体现出人类中心主义与非人类中心主义等观点差异,也蕴含着围绕环境工程伦理中不损害、公平等原则的思辨,值得生态环境领域工程师深入思考。

关键词：鄱阳湖；建闸；长江大保护；生态风险；公平原则

1　引言

鄱阳湖不仅是中国面积最大的淡水湖,还是《国际重要湿地名录》中"世界六大湿地"之一,享有"东亚最大的冬季候鸟天堂"的美誉,在全球生态格局中发挥着重要作用。[1]受自然条件改变及人类活动影响,鄱阳湖面临着枯季缺水、生态退化等问题。江西省提出兴建鄱阳湖水利枢纽工程,引发社会各界争议。

2　案例背景

2.1　鄱阳湖的地理特征与生态禀赋

鄱阳湖地处江西省北部,作为我国第一大淡水湖,以高达 16.2 万 km^2 的流域面积占据江西省 97% 的面积。[2]鄱阳湖是长江流域最大的通江湖泊,其一方面是长江最大的径流来源,年均入江径流 1480 亿 m^3,占长江年径流量的 15%；[3]另一方面也是长江洪水和水资源重要的调蓄空间,调蓄长江干流洪水的贡献率可达到 20%。

鄱阳湖是典型的季节性湖泊,水位和水域面积均具有显著的季节性差异,每年 4—9 月为丰水期,水面宽阔呈湖状,10 月至次年 3 月为枯水期,水面急剧收缩转为河状,形成众多与主湖隔离的碟形湖,年际周期内呈现"高水是湖,低水似河"的景象。[4,5]

鄱阳湖是国际重要湿地,是我国第一批列入《关于特别是作为水禽栖息地的国际重要湿地公约》(简称《湿地公约》)名录的湿地。它是东亚—澳大利亚候鸟迁徙路线上重要的停歇地和越冬地,是亚洲最大的越冬候鸟栖息地(见图 1),每年有 30 万～70 万只水鸟在鄱阳湖越冬。据 2000—2013 年越冬季鄱阳湖水鸟同步调查数据,越冬水鸟包括被列入世界自然遗产与保护联盟(IUCN)红色物种(濒危)名录的水鸟 13 种,国家一级重点保护水鸟 5 种,国家二级重点保护水鸟 11 种。[6]其中,越冬白鹤占世界种群总数 98% 以上,东方白鹳占 75% 以上。[7]鄱阳湖也是重要的湿地植物种质资源库,据 2012 年江西省第二次鄱阳湖科学考察数据,鄱阳湖湿地植被总面积 1661 km²,湿地植物 109 科 308 属 551 种。[8]鄱阳湖还是长江流域 100 多种鱼类的天然种质资源库,也是最大的江豚野生种群栖息地,鄱阳湖流域拥有整个长江流域 25% 以上的江豚种群数量。[7]

图 1　鄱阳湖的候鸟群(图片来自央视网)

2.2　近年来鄱阳湖水资源及生态环境新形势

(1)连续出现秋季低枯水位现象

近年来,鄱阳湖各水位站出现秋季低枯水位现象,表现为低水位出现时间提前、枯水时段延长、极端枯水位下降等。[9]依据鄱阳湖水文站水位数据,与 1956—2016 年的平均值相比,2018—2019 年提前 56 天进入枯水期,与 2003—2016 年三峡水库蓄水后的平均值相比则提前了 30 天。[10]气候变化带来的后果可能是该区域降水年内分布极化加剧,可能造成"汛期更汛,枯水期更枯"。[11]

鄱阳湖水文变化受到长江和自身流域来水的双重影响,其中长江对鄱阳湖可能产生顶托、倒灌、拉空三种影响。顶托是指当长江流量较大时,鄱阳湖水位与长江干流持平,导致湖区水流无法自由流出而滞蓄湖中的现象。倒灌是指长江干流水位高于鄱阳湖水位,江水流进鄱阳湖的现象。拉空则是指鄱阳湖水位高于长江干流水位,鄱阳湖水快速流入长江的现象。[12]

有研究指出,鄱阳湖低枯水位问题与长江干流流量、地形、鄱阳湖子流域入湖流量及周边人类活动等有关。随着三峡等大型水利工程蓄水,长江径流水量减少,在汛末和汛后(9—11 月)时尤为显著。与 1990 年前的数据相比,长江上游的宜昌水文站在 2008—2016 年 9—11 月间的水量平均减少了 29.6%。[3]自三峡水库及其上游溪洛渡等水库蓄水后,长江上游水库清水下泄造成中下游泥沙通量锐减,导致中下游干流河床被长时间冲刷进而造成主槽加深,进一步减弱了长江对鄱阳湖的顶托作用,对鄱阳湖产生拉空作用,加快湖水流出。[12-14]鄱阳湖区大量采砂造成入江水道断面高程大幅度降低,也加剧了湖水流出。[3]此外,鄱阳湖流域已建成总库容高达 769.4 亿 m³ 的各类蓄水工程 24.2 万座,以期控制主要入湖径流量,其中水库总库容291.9亿m³,兴利库容155.2亿m³,但有研究认为流域内水库的调节作用尚未充分发挥。[15]

(2) 低枯水位对流域生态、民生等方面造成影响

伴随低枯水位现象,鄱阳湖枯季蓄水量以及水面面积减少,出现枯季缺水问题。这一方面加剧了环湖区域市政及工农业供水压力,曾出现居民停水以及灌溉取水困难;[7,16]另一方面对湿地植被和候鸟产生不利影响,水生植被面积大幅缩减,大量沉水植物死亡,湿地植被逐步退化为狗牙根等为主的中生植物。湖区鱼类资源量与底栖动物种类较20世纪80年代均显著减少。濒危水鸟白鹤以沉水植被苦草冬芽为主要食物,近年调查发现其在湖区周边农田中觅食。以小鱼、底栖动物为食的鹭鹳类水鸟数量显著减少,以草本植物叶芽为食的豆雁、鸿雁数量则显著增长。[17]此外,汛期强降水的冲刷作用导致大量污染物流入湖泊,在枯水期湖泊水量显著下降时污染物浓度则会急剧上升,对水体环境质量造成不良影响。[18]近年来,鄱阳湖水质下降,富营养化加剧,部分水域出现蓝藻聚集现象。[19]

3 事件经过

中国生物多样性保护与绿色发展基金会(简称"绿会")于2021年1月16日组织了一场关于鄱阳湖水利枢纽(建闸)工程的讨论会,旨在针对建闸的科学性、合理性进行探讨,重点讨论如何做到保护生态环境的同时解决鄱阳湖枯水问题、工程是否影响江豚洄游与鹤类迁徙、是否符合长江全流域保护理念等一系列问题。此次讨论会得到社会各界高度关注,中国工程院院士、中国地质科学院研究员卢耀如,中国工程院院士、中国水利水电科学研究院水资源所所长王浩,全国政协委员、"绿会"秘书长周晋峰,江西省鄱阳湖水利枢纽建设办公室(以下简称"鄱建办")处长刘祖斌、工程师段明,以及包括生态环境、地理、水利工程及生物多样性保护等多领域在内的专家们参加了本次会议,通过线上平台参与学习讨论的网友高达13万人,多家主流媒体记者关注与报道。

关于鄱阳湖是否建闸的问题已经争论了数十年。1983年江西省提出"全面控制"鄱阳湖的工程思路,计划建起一座大坝阻挡长江洪水、打通航运要塞,从源头控制血吸虫病。江西省水利规划设计院1995年提议在鄱阳湖兴建一座集防洪、发电、航运、灌溉、供水等功能于一体的水利枢纽。2002年全国两会上江西省代表团提交了《关于要求开展鄱阳湖控制工程项目建议书加快立项进程的建议》,但国家有关部门主张"湖控工程"缓行。2009年,江西省向国务院提交的《鄱阳湖生态经济区规划》中提出将"建闸"代替"建坝"。当年年底,规划得到国务院批复,但要求针对建闸工程开展单独论证。

2016年2月,鄱阳湖水利枢纽工程获国家发展改革委批准进行可行性研究,并于同年11月发布第一次环评信息公示。初步确定该水利枢纽工程选址,建设投资约130亿元。鄱建办称,鄱阳湖工程采用开放式全闸方案,以"建闸不建坝,调枯不控洪,拦水不发电,建管不调度,江湖两利,动态调控"为基本理念,将"控枯"代替"控洪"、"全闸"代替"大坝"、"低水位"代替"高水位"、"分期控制"代替"全年控制"等。"调枯不控洪"是指汛期(3—8月底)将闸门全开,此时的枢纽则"相当于一座桥",实现了鄱阳湖与长江的自然连通;枯水期发挥调控作用,减缓鄱阳湖湖区水位快速下降。

2021年1月江西省自然资源厅发布《关于江西省鄱阳湖水利枢纽工程建设项目用地预审(初审)与选址的批前公示》,指出工程目的是综合解决鄱阳湖枯水期水安全问题。调整内

容具体包括：为满足江豚过闸,设置4孔60 m宽大孔闸,并优化布置方案；为满足鱼类洄游,设置左中右3线4条鱼道；为满足右岸过鱼设施水流条件,设计生态泄水闸,利用表层水泄流满足下行鱼的需要。在水位线方面,按照自然水文节律即多年平均线优化调度方案,最高控制水位由15 m调整为14.2 m,最低水位由10 m调整为9 m,实际运行时按多年平均线适应性调度。该工程尚处于可行性研究阶段。

对于鄱阳湖建闸的意见可分为"挺建派""反建派"和"中立派"。"挺建派"认为,建设水利枢纽工程可合理调控鄱阳湖水位,提高鄱阳湖区的水资源和水环境承载能力,有效解决枯季缺水问题,保障生态环境保护、灌溉、城乡供水以及航运。[7]"反建派"认为,鄱阳湖枯水期缺水原因复杂,可采用合理调节鄱阳湖上游水库群以增加汛后下泄水量、严格控制人工采砂、优化长江流域工程联合调度等对策。[20]目前,鄱阳湖水文节律改变尚未对水鸟、江豚和湿地植被等珍稀动植物产生显著影响,建闸会引起江湖连通性和枯水季水位的显著改变,可能对珍稀动植物生存带来致命威胁,[21]会加剧湖水富营养化。[22]此外,建闸会造成我国违反湿地公约的国际舆情。[23]"中立派"认为,当前更重要的是开展充分调研和预测,无论采用何种方案,都应规避可能存在的风险。[24]

4 伦理困境及分析

关于鄱阳湖建闸的争论,其核心并非建闸所涉及的工程技术存在困难,而是该不该采用建闸方式人为调控江湖关系,建闸是否会危害水生态环境,鄱阳湖建闸是否会对长江流域其他区域产生不利影响,建闸决策过程是否公平公开等工程伦理问题。

4.1 针对是否应该人为调控江湖关系存在伦理争议

"挺建派"认为,鄱阳湖建闸能恢复和调整江湖关系,将坚持"江湖两利"和"人与自然和谐"的原则,汛期闸门全开,枯水期采取阶梯式调整水位等调控手段,将水位控制在相对稳定的状态。"反建派"则认为,建闸将彻底改变鄱阳湖作为通江湖泊的自然属性,人为操纵江湖水情将进一步加剧江湖面貌改变。"挺建派"的观点带有人类中心主义特征,其通过人工调控江湖关系来满足人的利益。人类中心主义将更好地开发利用自然资源作为保护自然资源的目的,主张科学管理并明智利用。人类中心主义仅评估改造自然所带来的利益,而忽视了工程技术滥用可能会引起自然界的反作用。[25]"反建派"的观点带有非人类中心主义特征,强调应首先保障通江湖泊的自然属性。

是否承认自然界及其事物拥有内在价值与相关权利,既是环境伦理学的核心问题,又是工程活动中不能回避的问题。河流伦理强调河流的生命属性、价值属性、权利属性。流动是河流生命的命脉,河流的流量、流态、洪水、湿地、水质共同构成河流生命形态。完整性是河流生存权利的首要要求,其强调河流连续贯通、大跨度时空分布、流动和水量充沛等特征。[26]作为长江流域最重要的通江湖泊,鄱阳湖同样适用上述河流伦理原则,其建闸应在伦理层面上充分论证。

4.2 针对建闸是否破坏水生态环境存在争议

环境伦理学强调不损害原则,即不伤害自然环境中一切拥有内在价值和利益诉求的事物。是否造成水生态环境破坏是鄱阳湖建闸方案的最大争议点。"挺建派"认为,建闸后枯水期将保持一定水位,能缓解沉水植物减少,有利于扩大湿地面积,改善和扩大候鸟栖息生境;依据鄱阳湖湖口铁路大桥每孔 60 m 宽条件下江豚均能够通过的经验,建闸方案设置的 4 孔 60 m 宽闸门理应能让江豚安全通过;设置鱼道将能满足鱼类洄游需求;建闸还将增大水环境容量,改善水质。[27]

"反建派"认为,建闸会对湿地、候鸟和水生生物造成重要影响。[21]鄱阳湖"洪水一片、枯水一线"的周期性水位显著变化以及河湖相交替转换是保持生态系统物种多样性的基础。[28]有学者指出,建闸将进一步破坏长江生境,使长江水生系统更加碎片化,严重破坏流域生境多样性,进而破坏生物多样性。[3]鄱阳湖和长江中的江豚种群存在割裂分离风险,两个种群之间的交流可能会被完全阻隔。九三学社官网发文称,建闸将破坏鄱阳湖流域生物多样性。水位过高或过低均会影响水鸟喜好食物苦草的生长以及水鸟的正常取食。[28]世界自然基金会(WWF)提出建闸方案中设置鱼类、豚类通道的生态风险性过大且充满不确定性,其可行性有待验证;非自然水位波动无法为鸟类多样性提供食物丰富度保障,对诸如完全依赖鄱阳湖生存的白鹤等众多野生动物带来的影响、对湿地生态系统的破坏性影响是不可逆转且不可预计的。鄱阳湖建坝(闸)蓄水后,冬季航道增加的航运船只将对主航道上的江豚带来更大威胁。此外,建闸可能造成局部湖区换水周期延长,导致污染物浓度升高,引起水环境恶化。[29]从已被隔断的长江通江湖泊运行结果来看,普遍出现了生态系统退化、水质污染等问题。模型模拟表明建闸会使枯水期湖水氮磷浓度升高 20% 以上。[22]

4.3　针对建闸是否影响长江水资源公平配置存在争议

环境伦理学强调公平原则,既包括代内公平,也包括代际公平。代内公平既包括国内不同地区不同人群之间的公平,也包括国际层面不同国家之间的公平。[30]"挺建派"认为,建闸具有枯水期为长江下游补水的潜力。"反建派"提出鄱阳湖与长江流域是局部与整体的关系,鄱阳湖受长江流域水情和人为活动的影响,同时又反作用于长江。建闸将会进一步减少长江下游汛后流量,造成枯水位进一步降低,进而造成长江潮区和潮流界上溯距离增大,加剧长江口咸潮上溯,影响上海等下游城市取用长江水源。此外,鄱阳湖和洞庭湖不仅是仅存的两个连江湖泊,也是长江中下游十分重要的径流水源,鄱阳湖建闸或将对洞庭湖产生示范效应,进一步加剧长江生境破坏。建闸还可能影响候鸟越冬,影响我国履行国际湿地公约。

在"绿会"2021 年 1 月组织的关于鄱阳湖水利枢纽(建闸)工程讨论会上,专家们提出如下建议:第一,呼吁有关部门停止鄱阳湖水利枢纽工程实施,主张无坝无闸方案;第二,呼吁江西省水利厅将该工程相关论证过程和数据公开,包括针对旗舰物种以及生态系统影响的详细报告,对不符合鄱阳湖生态及其生物多样性保护原则的水利工程方案予以及时叫停;第三,呼吁国务院上收该工程决策权,将鄱阳湖生态治理放到长江生态治理的整体方案中,针对非法采砂、非法捕捞等生态伤害现状制定治理规划并开展整顿行动,请社会各界参与监督。

长江大保护是国家重大战略。在 2016 年 1 月推动长江经济带发展座谈会上,习近平总书记提出"共抓大保护、不搞大开发"。在 2020 年 6 月全面推动长江经济带发展座谈会上,习近平总书记强调"要从生态系统整体性和流域系统性出发,追根溯源、系统治疗,防止头痛医头、脚痛医脚"。《中华人民共和国长江保护法》自 2021 年 3 月 1 日起施行,将"共抓大保护、不搞大开发"写入法律,明确"国家加强长江流域生态用水保障。保障枯水期生态流量、重要湖泊的水量和水位"。综上所述,应在长江流域整体视角上考虑和解决鄱阳湖枯季缺水的问题。

5 结论

鄱阳湖水利枢纽工程是一项公众关注度高、争议大的水利工程。针对是否承认自然界及其事物拥有内在价值与相关权利、工程是否造成水生态环境破坏、是否影响水资源公平配置等工程伦理问题的思考,是生态环境领域工程师应承担的责任。应在长江大保护国家重大战略指导下深入思考和讨论,才能广泛凝聚共识,把生态环境保护落到实处。

6 思考题

(1)鄱阳湖枯水问题是否可以通过其他方式来解决?

(2)工程规划中提到一些保护候鸟和江豚的方案,有关专家对此提出质疑:鄱阳湖枯水期延长或将给栖息的白鹤等生物提供更多食物,且方案中为江豚预留的通道不仅未通过WWF认证,也没有过成功先例。针对以上质疑,如何看待该工程的可行性?

案例 11.2 使用说明

1 案例摘要

鄱阳湖是我国第一大淡水湖,也是国际重要湿地。近年来,鄱阳湖出现秋季低枯水位现象,对流域生态、民生等方面造成影响。江西省提出兴建鄱阳湖水利枢纽工程以调控枯季鄱阳湖水位。社会各界就鄱阳湖建闸是否造成水生态环境破坏、是否影响水资源公平配置等问题展开激烈争论。当中体现出人类中心主义与非人类中心主义等观点差异,也蕴含着围绕环境工程伦理中不损害、公平等原则的思辨,值得生态环境领域工程师深入思考。

2 课前准备

课前了解鄱阳湖生态现状、鄱阳湖水利枢纽工程建设的基本情况,引入案例讨论所用的图片、视频资料等。重点把握建闸方案争论的重点,明确其中存在的伦理困境。本案例涉及生态环境保护和水利工程,课程安排应结合教材《工程伦理》(第2版)第4章"工程活动中的环境伦理"(4.2节"现代工程中的环境伦理")、第7章"水利工程的伦理问题"(7.2.2节"水资源公正配置的原则"、7.4.3节"维护河流健康生命的原则和途径")的相关内容展开讨论。明确争论双方的主要论点论据。结合4.3节"工程师的环境伦理"和7.6节"水利工程师多重角色的统一",制定用于课堂讨论的思考题。

3 教学目标

要求通过此案例的讨论和分析,明确生态环境意识在工程活动中的重要性;掌握工程决策、管理、施工和运营中人与自然关系的伦理原则和规范,以及提高运用这些原则和规范的能力。从工程伦理的角度让学生了解,现代工程建设过程中,应努力实现工程与生态环境的和谐。通过真实案例分析讨论,引导学生将理论与实际相结合,在工程建设中遇到冲突时,学会应该如何运用环境伦理原则来化解矛盾。

4　分析的思路与要点

本案例的分析思路见表1。

表1　案例分析思路安排表

知　识　点	课堂讨论题
人类中心主义与非人类中心主义	"挺建派"的观点带有人类中心主义特征,其通过人工调控江湖关系来满足人的利益。"反建派"的观点带有非人类中心主义特征,强调应首先保障通江湖泊的自然属性。是否承认自然界及其事物拥有内在价值与相关权利,既是环境伦理学的核心问题,又是工程活动中不能回避的问题
不损害原则	是否造成水生态环境破坏是鄱阳湖建闸方案的最大争议点。建闸之前是否应充分考虑对生态系统的系统性影响?可能会产生哪些影响?如建闸会影响鸟类越冬和鱼类江湖洄游等,是否有合理的解决方案?
公平原则	鄱阳湖建闸是否应充分考虑对长江流域其他地区产生的影响?可能会产生哪些影响?鄱阳湖治理是否应由江西一省决定?此外,鄱阳湖是国际重要湿地名录的湿地之一,如建闸造成了湿地损伤和功能破坏,可能会产生哪些不利的国际影响?

5　课堂安排建议

时间安排:课前让学生通过视频资料了解鄱阳湖建闸争论的基本情况。课堂上用 12 min 介绍鄱阳湖水利枢纽工程从提出到列入拟建设工程的全过程,以及整个过程中争论双方的论点,结合环境工程伦理问题进行分析,依据给出的问题讨论 25 min。

组织引导:

(1) 建议先以"鄱阳湖水利枢纽(建闸)工程"讨论会的新闻事件为引子,最好播放建闸讨论会的视频资料,可让学生快速了解此案例的主题。

(2) 本案例是一个开放式话题,建议设计成辩论式课堂,引导学生深入理解工程伦理问题。在正反方观点表述完成后,请同学分析两方的论据是否有道理。

(3) 结合工程伦理问题分析案例中正反方的观点和同学们的观点,授课教师在最后给出结论性的评价。

参考文献

[1]　周建军,张曼.长江鄱阳湖问题的原因及湖口建闸的影响[J].水资源保护,2019,35(2):1-12.

[2] 黄燕,李言阔,纪伟涛,等.鄱阳湖区鸟类多样性及保护现状分析[J].湿地科学,2016,14(3): 311-327.

[3] 吴常雪,田碧青,高鹏,等.近40年鄱阳湖枯水期水体面积变化特征及驱动因素分析[J].水土保持学报,2021,35(3):177-184.

[4] 杨潇,马吉顺,张欢,等.鄱阳湖不同水文期浮游生物群落结构特征和影响因素及水质评价[J].水生生物学报,2021,45(5):1093-1103.

[5] 刘剑宇,张强,顾西辉,等.鄱阳湖流域洪水变化特征及气候影响研究[J].地理科学,2016,36(8): 1234-1242.

[6] 夏少霞,刘观华,于秀波,等.鄱阳湖越冬水鸟栖息地评价[J].湖泊科学,2015,27(4):719-726.

[7] 佚名.为了"一湖清水"——鄱阳湖水利枢纽工程介绍[J].江西水利科技,2013,39(2):83-91.

[8] 胡振鹏,葛刚,刘成林.鄱阳湖湿地植被退化原因分析及其预警[J].长江流域资源与环境,2015, 24(3):381-386.

[9] 夏少霞,于秀波,刘宇,等.鄱阳湖湿地现状问题与未来趋势[J].长江流域资源与环境,2016,25(7): 1103-1111.

[10] 戴志健,夏玲君,孔萍,等.近20年鄱阳湖水体面积变化遥感监测与分析[J].气象与减灾研究,2021, 44(2):127-132.

[11] 郭华,张奇.近50年来长江与鄱阳湖水文相互作用的变化[J].地理学报,2011,66(5):609-618.

[12] 胡振鹏,傅静.长江与鄱阳湖水文关系及其演变的定量分析[J].水利学报,2018,49(5):570-579.

[13] 唐昌新,熊雄,邹年华,等.长江倒灌对鄱阳湖水动力特征影响的数值模拟[J].湖泊科学,2015, 27(4):700-710.

[14] 郭振天,黄峰,郭利丹,等.鄱阳湖水位时空演变驱动因子研究[J].水力发电学报,2020,39(12): 25-36.

[15] 游中琼,袁迪,李昌文.五河控制性水库对鄱阳湖枯水期水文情势的影响[J].人民长江,2021,52(3): 53-57.

[16] 李振旗,程和琴,李纪人,等.鄱阳湖环湖灌区枯季缺水量分析及对策建议[J].湖泊科学,2021:1-20.

[17] 刘晓波,韩祯,王世岩,等.长江大保护视角下鄱阳湖湿地保护的研究思考[J].中国水利水电科学研究院学报,2021,19(2):201-209.

[18] 唐国华.鄱阳湖湿地演变、保护及管理研究[D].南昌:南昌大学,2017.

[19] 杜冰雪,徐力刚,张杰,等.鄱阳湖富营养化时空变化特征及其与水位的关系[J].环境科学研究, 2019,32(5):795-801.

[20] 人民网.为何赞成鄱阳湖建闸修复生态?王浩院士回应[DB/OL].(2021-01-28)[2022-03-08]. http://www.people.com.cn/n1/2021/0128/c32306-32015685.html.

[21] 王莉萍.鄱阳湖水利工程争鸣[J].珠江水运,2010(9):36-38.

[22] 胡春华,施伟,胡龙飞,等.鄱阳湖水利枢纽工程对湖区氮磷营养盐影响的模拟研究[J].长江流域资源与环境,2012,21(6):749-755.

[23] 姜加虎.鄱阳湖筑坝建闸中的争论[J].人与生物圈,2017(6):57.

[24] 胡四一.对鄱阳湖水利枢纽工程的认识和思考[J].水利水电技术,2009,40(8):2-3.

[25] 彭宜君.三峡工程的伦理论争及其理性反思[J].交通科技,2014(2):166-169.

[26] 李国英.河流伦理[J].黄河文明与可持续发展,2012(2):1-7.

[27] 姚斯洋,林妙丽,陈诚,等.拟建鄱阳湖水利枢纽对湖区水环境容量影响研究[J].水资源保护,2021: 1-15.

[28] 陈炼钢,陈黎明,徐袆凡,等.基于越冬水鸟生境模拟的拟建鄱阳湖水利枢纽生态控制水位探讨[J]. 湖泊科学,2020,32(5):1519-1528.

[29] 张奇,周海翔.鄱阳湖治理中的水文考虑[J].人与生物圈,2017(6):54-56.

[30] 曹海英.公平原则的环境伦理学阐释[J].北京林业大学学报(社会科学版),2002(4):12-18.

第12章

生物医药工程的伦理问题(教学案例)

案例 12.1　人类基因组编辑：贺建奎的基因编辑婴儿事件及其引发的思考

作者姓名：高璐

作者单位：中国科学院自然科学史研究所

案例来源：作者根据相关资料整理

案例真实性：真实

内容提要：斩获 2020 年诺贝尔化学奖的基因编辑技术是一项具有极高应用价值的新兴技术，也给我们带来了诸多伦理难题。2018 年，贺建奎使用基因编辑技术改变了人类胚胎基因，并将基因编辑过的胚胎植入人体内，诞下了两名双胞胎女婴。这一事件引发了人们对于基因编辑技术、人类基因组编辑以及相关的伦理与治理问题的担忧。本案例将围绕基因编辑技术的发展，以人类基因组编辑为重点，探讨新兴生物技术发展过程中展现出的一系列复杂的伦理难题。

关键词：基因编辑；基因编辑婴儿；贺建奎；伦理；风险

1　引言

2018 年 11 月 26 日，人民网报道中国深圳南方科技大学贺建奎副教授应用 CRISPR 基因编辑技术对胚胎进行编辑，全球首例可以对艾滋病毒免疫的双胞胎姐妹露露和娜娜已经诞生。消息报道后引发了巨大的伦理风暴，人民网迅速撤稿，贺建奎在网络上发布多个视频以说明并捍卫其研究。贺建奎于 2018 年 11 月 28 日出席在香港举行的第二届人类基因组编辑国际峰会，并在会上谈到其团队共为 7 对夫妇进行了基因编辑胚胎的实验，整个研究过程有 31 个受精卵进入胚胎阶段，其实验的效果、科学性以及伦理问题受到了大量的质疑。在峰会上，贺建奎说对自己的实验"很骄傲，我是在挽救生命"。[1]贺建奎自幼天资不凡，在中国科技大学物理学本科毕业后，赴美国莱斯大学深造获得生物物理学博士学位，并在斯坦福大学从事博士后研究，后入职南方科技大学。2019 年 12 月 30 日，这位天之骄子因非法实施以生殖为目的的人类胚胎基因编辑和生殖医疗活动，构成非法行医罪，被判处有期徒刑三年。这一判决令大多数了解此事的人感到欣慰，认为中国在不断重视科研伦理与新兴技术的监管与治理，但也有人认为总有一天基因编辑将取得与试管婴儿一样的社会地位，那么贺建奎显然就不应被钉在历史的耻辱柱上。那么，我们究竟应该如何看待基因编辑婴儿事件,以及新兴基因编辑技术带来的伦理与治理难题?

2 基因编辑技术的发展与应用

2.1 基因编辑技术的发展

CRISPR(clustered regularly interspaced palindromic repeats)意为成簇规则间隔回文重复序列,最早发现于嗜盐的古细菌中,人们发现这些细菌的 DNA 片段中存在着由大约 36 个碱基分隔开的 30 个碱基组成的近乎完美的、大致是回文的重复序列的多份拷贝,这与其他微生物中已知的任何序列都不同。[2] 2005 年,研究者通过生物信息学分析发现细菌及古生菌基因组中广泛存在着这种特殊序列,但在真核及病毒中却未发现。2007 年,Philippe Hoevath 等证实 CRISPR/Cas 系统是细菌对抗外来 DNA 及噬菌体病毒的免疫机制,细菌通过 CRISPR 来识别外来的 DNA 片段再用 Cas 将其裂解,保护自身的基因组。受此启发,科学家开始探索利用这种工具对其他物种的基因组进行精准切割和编辑。2012 年,Charrpentier 和 Doudna 在《科学》杂志上发表文章,证明这一基因剪刀是可控的,并简化了这一系统的分子成分,使它便于使用,能够在预定位置剪断任何 DNA 分子。[3] 这两位科学家于 2020 年因为这一发现获得诺贝尔化学奖。张锋,一位 11 岁从石家庄移民到美国的青年,在斯坦福大学博士毕业后,开始探索光遗传学,在 2011 年开始进入 CRISPR 基因编辑领域,并发展出高效的基因编辑系统。2012 年 10 月,他递交了一篇关于哺乳动物基因组编辑的论文,于 2013 年 1 月发表于《科学》杂志上,成为该领域被引用最高的论文之一。[4] 2013 年初,谷歌对"CRISPR"的搜索量开始飙升,世界各地的实验室开始大量地使用这一系统,研究人员开始在许多生物中应用这一基因编辑工具。

与传统的基因编辑工具,如锌指核酸酶(ZFNs)和类转录激活因子核酸酶(TALENs)相比,CRISPR-Cas9 的优点是其能进行高通量筛选,能够在所有的活细胞中进行精确的基因编辑,因其多样性、模块性和高效性正在掀起一场生物技术革命。如果我们将基因组看作一串由数百万字组成的遗传密码,那么 CRISPR 就可以看作用来插入或删除字甚至改变单个字节的有效工具。一位生物学博士说:"以前编辑果蝇基因需要 2~3 个月时间,现在不到一周就能得到相似的结果。"并且,CRISPR 的成本低,用户只需要用免费的软件设计信使 RNA,另外再花上几百元在生物数据库(如 Addgene)中获取基因信息并设计自己的 CRISPR 系统,就可以对目标生物进行基因编辑。但 CRISPR 也存在着几个缺点,如靶向率低、脱靶突变率较高等,这都是技术进步的空间。科学家不断简化基因编辑工具,使得对基因的编程与操作变得越来越高效、廉价,这一巨大的技术突破源于科学家个人对自然现象的好奇,同时也得益于当代生物学与生物大数据的"无假设"的数据扫描。随着这一技术的应用从酵母、线虫、果蝇发展到斑马鱼、小鼠甚至猴子,人们开始对其可能应用于人类的体细胞甚至生殖细胞的编辑的潜力产生预期。

2.2 CRISPR 的应用:从植物、动物到人类

那么,科学家运用这项技术能完成什么工作呢? 这里简单地考察几个案例。

2014 年中国科学院遗传与发育生物学研究所的高彩霞课题组在小麦抗白粉病领域上

取得了重要的进展。[5]普通小麦是世界上重要的粮食作物,为人类提供约20％的能量。白粉病是小麦的主要病害之一,会严重影响小麦的产量和品质。在与小麦亲缘关系较近的大麦中,MLO基因的功能缺失及突变使其对白粉病产生广谱和持久的抗性,但由于生殖隔离,大麦的这种优良性状不能直接为小麦所用。中国科学院遗传与发育生物学研究所高彩霞课题组和微生物研究所邱金龙课题组合作,利用基因组编辑技术(包括CRISPR-Cas9)首次在六倍体小麦中对MLO基因的三个拷贝同时进行了突变,获得了对白粉病具有广谱抗性的小麦材料,并由此开拓基因编辑在植物育种、粮食增产方面的巨大应用前景。2016年《自然》杂志将高彩霞评选为中国科学之星之一,因为其研究为小麦基因功能的研究以及培育小麦新材料或品种的创制提供了一个全新的思路和技术路线。[6]在采访中,高彩霞也曾袒露对新的基因编辑技术有过迟疑,因为其实验室已经应用旧的基因编辑工具实现了82个基因突变,新技术让人感到畏惧,但是无论如何应该作出尝试。更重要的是,中国尚未对基因编辑育种的作物作出相应的政策反应,这为新技术带来的新品种走向市场提供了机遇。[7]2022年1月,中国农业部发布《农业用基因编辑植物安全评价指南》正标志着中国对基因编辑育种的新动向。

2018年,在中国诞生了首例体细胞克隆猴。一年后,中科院神经科学研究所诞生了生物节律紊乱的体细胞克隆猴。[8]生物节律系统在维持机体内在的生理功能、适应环境的变化等方面扮演着重要角色。生物节律紊乱与睡眠障碍、神经退行性疾病、精神类疾病、糖尿病、肿瘤,以及心血管等疾病密切相关。"克隆猴最大的意义之一在于我们可以由此批量制造基因编辑的猴子,这具有极大的科研价值。"中科院神经科学研究所唐骋说。[9]这一研究的目标是未来能在较短的时间内制备遗传背景相同的克隆猴,同时这种实验动物天生带有某种遗传缺陷,可帮助我们完成某种药物的筛选。在没有CRISPR技术的情况下,敲除或编辑某些灵长类动物的治病基因基本上是不可能的,但这一操作也带来了许多问题。首先,克隆高等动物、利用基因编辑的方式生产实验动物,应该符合国际伦理标准及我国相关规定,其根本目的是为研究人类疾病发生机理和开发有效治疗手段服务。其次,如果这项技术不断成熟,是否会带来被滥用的风险,或是更大范围的伦理问题?

基因编辑技术不断成熟,哪些事情是可以做的,应该做的,哪些是不可以做的? Doubna早在2015年就疾呼不要不负责任地使用CRISPR技术编辑人类胚胎,以免造成无法挽回的后果。2016年《美国情报界全球威胁评估报告》中将基因编辑技术列为潜在的大规模杀伤性武器之一,"这种两用研究技术分布广泛、成本较低、发展迅速,任何蓄意或无意的误用,都可能引发国家安全问题或严重的经济问题"。在这一巨大的技术进步面前,究竟哪些是技术应该做的,是好的,是对的,是值得伦理辩护的呢?

3　从黄军就到贺建奎：人类胚胎的基因编辑

3.1　黄军就事件与华盛顿峰会

许多人或许知道,在贺建奎之前,中国就曾经因为人类基因组编辑经历过一次伦理风暴。2015年4月18日,《蛋白质与细胞》杂志发表了我国科学家、中山大学黄军就首次成功修饰人类胚胎基因的论文[10],引起了国际科学界的争议。黄军就在研究中应用CRISPR-Cas9技术编辑了从生育诊所获得的三倍体胚胎(无法继续发育成为婴儿的胚胎),尝试修正

β-地中海贫血症的 HBB 基因突变。在这篇论文中,黄军就研究组只获得了 25% 的修复重组概率,脱靶概率较高,黄军就不仅呼吁大家谨慎编辑人类胚胎,同时在实验结束后销毁了胚胎。最初,黄军就将论文投稿给《自然》与《科学》两刊,都因为伦理问题被拒稿。因此,当这篇文章发表在中国本土的科技期刊《蛋白质与细胞》后,引发了巨大的伦理风波。

2015 年 4 月,在《自然》杂志上就有很多相关的讨论与报道,许多科学家认为尽管这一工作符合相关规定,但是跨越了道德底线,同时会推动人们朝着冒险的方向前进。[11] 2015 年 6 月,《纽约时报》发表文章,指责中国是野蛮的东方,认为中国与西方之间存在着科学伦理鸿沟。[12] 文章称,中国每年花数亿元于科研,建造数十个实验室,训练大量科学家,试图努力成为生物医学领域的领袖。但中国的匆忙发展建立在跨越伦理红线之上,草率地进行类似研究是不负责任的。

然而,在这样的舆论压力下,黄军就的工作却获得了伦理学辩护。如邱仁宗与翟晓梅等人在文章中指出,首先,黄军就的研究有利于改善基因组编辑技术;其次,中国科学家明确指出该研究并非以临床为目标,而是一项基础研究;同时,这项研究应用的是无法存活的三倍体胚胎,并不会对其造成伤害。[13] 正是因为在基因编辑技术的使用中,不断地突破人们以往的技术应用边界,才使得人类胚胎的伦理问题成为焦点。

国际科学界注意到基因编辑技术将不可避免应用到人类基因组,因此在多位科学家的呼吁下,2015 年 12 月在华盛顿特区举办了第一届人类基因编辑国际峰会(International Summit on Human Gene Editing)。这次峰会由美国科学院、英国皇家学会与中国科学院共同组织,学者与科研管理部门期待能够通过国际会议来塑造对这一技术发展的共识,因此峰会的主要任务就是讨论人类基因编辑有关的科学、伦理与治理问题。在三天的会议过后,大会形成了三点共识。①与基因编辑有关的基础研究可以在现行的管理条例下进行,包括在实验室对体细胞、干细胞系和人类胚胎的基因组编辑来进行基础科学研究试验。②对于体细胞基因编辑,报告提出四点原则:利用现有的监管体系来管理人类体细胞基因编辑研究与应用,临床试验与治疗只能在已有治疗手段不足的情况下使用,从风险与收益两个角度来评价安全性与有效性,在应用前需要广泛征求大众意见。③对于生殖细胞的基因编辑,报告提出的原则是:在有令人信服的治疗目标、预防严重疾病或残疾的目标的情况下,同时临床操作须在严格监管体系下才允许开展;任何可遗传生殖基因组编辑都应该在充分的、持续的反复评估和公众参与下进行。[14] 在华盛顿峰会后,黄军就被《自然》杂志选为 2015 年度影响全球科学进展的十大人物之一。

那么,为什么黄军就的工作获得了认可,并推动了科学共同体对新兴技术治理的探索,而贺建奎的工作却反而获刑呢?

3.2 贺建奎做错了什么

贺建奎的草率、鲁莽的行为犯下了许多技术和伦理上的错误,很多研究与报道都指出了这些问题①,读者可通过贺建奎在香港人类基因组编辑峰会上的报告和问答来了解。那么,

---

① 《大西洋月刊》在 2018 年 12 月 3 日发表了由资深科学记者 Ed Young 撰写的 *The CRISPR Baby Scandal Gets Worse by the Day*,细数了贺建奎的 15 个问题,见 https://www.theatlantic.com/science/archive/2018/12/15-worrying-things-about-crispr-babies-scandal/577234/。华中师范大学雷瑞鹏在收录于《人类基因组编辑:科学、伦理学与治理》(中国协和医科大学出版社)的《评方贺建奎事件的评论和建议》一文中对这篇文章进行了翻译与整理。本部分许多事实与观点都源自 Young 的这篇文章。

贺建奎到底错在哪里呢?

第一,贺建奎的工作设计存在问题,并不能解决其目标。艾滋病是一种世界性疾病,但正常情况下,艾滋病能够通过鸡尾酒疗法等得到有效的控制,另外,患有艾滋病的父亲能够通过新型试管技术诞下健康的婴儿。因此,贺建奎的第一个错误是,通过编辑生殖细胞敲除CCR5基因的做法即使在技术上是安全有效的,其目标也并不合理,并未满足医疗需要。贺建奎认为HIV病毒利用CCR5基因作为进入人体的途径,试图使用基因编辑技术使得CCR5失去活性。但尽管露露和娜娜的父亲是HIV阳性,但是两个婴儿都完全可以免于罹病。使用基因编辑技术这种极端、未经检验的方法去控制较低可能的风险,反而让孩子们陷入了更大的风险。因此,这一研究设计本身存在着巨大的漏洞。

第二,基因编辑技术并未较好地实施。根据贺建奎在香港展示的研究数据,许多科学家都认为他的工作不够专业。他只成功编辑了露露CCR5基因的一半,更重要的是,经过编辑的细胞似乎并没有以正确的方式进行编辑。这项试验在孩子体内激发了完全不同的CCR5突变,我们无法知道这些突变是否安全。通常情况下,如果编辑发生了我们无法理解的突变,科学家会将相同的突变引入到小鼠或者其他实验动物体内,以研究其功能。但是贺建奎跳过了所有的基本研究与检查,将经过粗糙的胚胎编辑的胚胎植入人体内,完成了其实验。

第三,实验过程存在着许多违反中国的伦理规定之处。根据南方科技大学官网原载于贺建奎个人主页上面的clinical registry文件显示,"HIV免疫基因CCR5胚胎基因安全性和有效性评估"的研究计划的目的是"以基因编辑技术产生带有CCR5基因突变的位点,并使其成长为可避免罹患艾滋病的健康孩子"。该实验招募了大陆境内已婚夫妇(夫HIV阳性/妻阴性),病人需要处于临床稳定状态。贺建奎的实验室通过艾滋病的公益组织以"随机"发送问卷的方式寻找满足实验条件的志愿者,经过面谈和体检后,签署知情同意书。但是在该知情同意书中我们可以看到,里面充斥着大量技术术语,他默认自己的病人了解这项技术。更严重的是,其伦理审查许可涉及造假,这样一项具有极高不确定性、不符合规定的研究绕开多重审查,成为现实。

第四,违反中国直接涉及生殖系基因编辑的诸多法规。自2001年起,我国已经颁布了如《人类辅助生殖技术管理办法》《人类胚胎干细胞研究伦理指导原则》《医疗技术临床应用管理办法》《涉及人的生物医学研究伦理审查办法》等若干法律文件。贺建奎的试验将一项即使在实验室阶段还存在巨大不确定性的工作,直接跨越法律约束,变成一项临床实践。我国禁止对生殖系基因进行编辑,并在毫无审批的情况下进入临床阶段,贺建奎公然无视现有的规则与法规。

第五,贺建奎的研究是在秘密的情况下进行的。科学界对于人类胚胎研究有一定的共识,其中之一就是,为了更好地维护这一技术的发展,我们应该公开、透明,让公众了解技术的发展。然而,贺建奎在资料中也承认,其工作是在保密的情况下进行的,实际上,有少数科学家在与他的交流中了解到他的工作,比如其在美国的导师Michael Deem等,这些科学家们意见不统一。有人期待贺建奎通过钻伦理与法律空子,在中国完成试验,也有一些学者不支持这项工作。但是,他的工作仍然在某种程度上受到了科学共同体的"保护",并及时曝光,禁止其进行违法的试验。这一方面意味着他的工作一直处于保密之中;另一方面,正如David Baltimore所言,这意味着科学共同体的自我监管的失败。

我们可以看到,贺建奎的试验与之前黄军就的基础研究相比,已经超出了合理、合法的研究的界限。贺建奎明显违背了国际科学共同体的共识,违反了相关的法律法规,并蓄意造假、无视规则。这一方面展示出新兴生物技术的巨大潜力与风险;另一方面,也将技术赖以发展的社会治理体制中的问题显露出来。

在贺建奎事件爆发后的几个月中,这一事件的影响从科学共同体内部扩展到知识界,再影响到一般百姓,成为许多中国人的重要话题。其中,比较值得关注的几点变化是:①科学共同体乐于发声。许多专业协会都发布声明,谴责贺建奎的不负责任的行为,并更加强调科学共同体的自律与伦理责任。②公众对新兴技术的伦理问题表现出极强的关注。黄军就事件后,其影响力停留在科学界内部,然而贺建奎完成了对整个中国社会关于新兴基因技术的启蒙。人们看到了新兴技术的巨大威力与风险,同时也愿意对这些问题发表意见。③科技伦理受到前所未有的重视。在贺建奎事件曝光半年后,中国宣布筹备国家伦理委员会,学者与政府都希望能够更加直面科技发展带来的伦理问题。④对中国学术共同体的负面影响。一些研究者谈到,贺建奎事件之后,国外的机构会怀疑中国学者的研究伦理与急功近利,因此对中国科学发展的整体国际环境带来巨大的压力。

4 案例分析

技术相关的安全与伦理风险并不是突然爆发的,而是一个缓慢的、渐进的过程的后果。该事件暴露出我国在新兴技术治理方面的诸多问题。

（1）科学文化层面

近年来,"弯道超车"成为被用来描述中国科技发展能超越其他国家的常用概念。在基因编辑领域,韩春雨 2016 年发表在 *Nature Biotechnology* 上的文章称自己找到了更有效的基因编辑工具,并一夜之间成为科学巨星,随即因实验无法重复被撤稿。然而,韩春雨所在大学对其的资助还在继续,这或许成为弯道超车的糟糕的注脚。2018 年 1 月,*Cell* 发表了大陆科学家成功培育出克隆猴的研究,这是第一起灵长类动物的克隆[15],前面我们也探讨了中国利用基因编辑技术诞生了生物钟紊乱的克隆猴等研究。这些工作都因为其伦理界限模糊,引发了学者们的讨论与担忧。这种"冒进"一方面是中国科研文化中的伦理意识不强而引起的,从另一个角度来看,也是一种铤而走险的做法。2017 年 *Tumor Biology* 撤回107 篇论文,其作者都来自中国,这些论文在鼓励发表的文化之下,伪造同行评议,造成了极坏的影响。在这样求快、求新的科研文化下,生命伦理与科研伦理被轻视。我们应该时刻注意的是,生物医学研究的目标不是服务科学家个人的研究利益与野心,或是单一国家的利益,更重要的是服务全人类的福祉。

（2）伦理治理层面

"中国正处于一个十字路口",2019 年 5 月,中国学者在 *Nature* 上发表评论文章,发出预警,认为政府必须作出重大改变,以保护他人免受鲁莽的人类实验的潜在影响。[16]新兴技术的伦理问题应该得到越来越多的关注,其蕴含的不确定性、价值敏感性、风险性等因素,都决定了我们不能继续用"干了再说"的思路引导发展,而应该提倡科技伦理研究,推行新兴技术伦理先行。这一方面是技术发展的内在需要,因为只有较好地处理技术发展的社会问题,才能真正有效地推动技术的进步;另一方面,也是科学技术活动的根本目标。不能过于夸大新兴技术带来的巨大利益,而忽略其巨大风险,在这一问题中,伦理与风险研究及相关治理都是重中之重。2020 年 10 月,国家科技伦理委员会成立,以推动覆盖全面、导向正确、规范有序、统筹协调的科技伦理治理体系建设。这无疑是中国科学技术从跟跑到逐渐并跑、领跑的过程中,不得不面对的发展性难题与问题,同时也是中国承担起一个科技大国的伦理与国际责任的重要方面。

(3) 法律层面

尽管我国对生殖系基因编辑颁布了相关规范,但是大多是规范性文件,不属于法律。现有法规的法律层级普遍较低,对于基础研究、临床前研究、临床试验与临床应用也没有作出清晰的区分。已有法律惩戒力度低,与之对应的惩罚难以发挥违法劝阻的作用。此外,法律存在着滞后性。新兴技术本身以及在技术使用中引发的新的伦理与法律问题,和与之相关的法规的出台之间一定存在着一定程度的时间差。2020 年 10 月,我国颁布《中华人民共和国生物安全法》,各类新的生物技术研究与应用指导原则接连发布,我们正在逐步确定伦理与法治先行的理念,通过地方与中央的不断试点,尝试安全、有序地推动生物技术的创新活动。

(4) 监管层面

对生物医学技术的应用进行监管,其目标是在实现科学技术发展、实现经济发展与增进公民健康的同时,有效控制对个体、社会带来的风险,尽力避免伤害发生。我国近年来出现的干细胞、基因治疗、基因编辑婴儿等负面事件,都表明我国的监管过程存在着突出的问题,监管碎片化,监管能力薄弱。由于基因编辑技术被作为国家科技发展战略提升到了新的高度,就更体现出监管悖论。在贺建奎案例中,监管的碎片化体现在其身份的多样性,以及其研究涉及从基础研究到临床试验,再到临床应用的监管,不同的监管责任分布在不同的部门,然而这些部门大多难以全面地了解高新技术带来的复杂问题,导致无人负责的怪相。同时,我国胚胎研究的监管能力较弱,全国有近 1500 家能够开展人类生殖系基因编辑研究的机构,却并未配备相应的监管人员。另外,我国并未建立类似英国的胚胎管理登记制度,使得胚胎的研究、应用异常混乱。同时,监管层级太低,在"放管服"政策之后,第三类医疗技术临床应用准入无须卫生部门提前审批,而是强调事中与事后监管,并将权力下放给省(市)级的卫生主管部门。类似基因编辑这类技术,在没有统一的国家监管方法与法规的情况下,的确为相关研究与应用留下了空子。

5 结论与启示

2020 年 9 月,美国国家科学院、英国皇家学会、中国科学院等多国机构研究人员组成的研究组发布《可遗传的人类基因组编辑》报告,认为这是一条极窄的路。对人类遗传系细胞的编辑会遗传给下一代,这一技术虽然有治疗疾病的潜力,但也可能被滥用于"定制婴儿",科学界普遍认为这是不应轻易跨越的红线。科学界在贺建奎事件两年之后,不断磋商,尝试解决新的技术变革带来的难题。这一报告也为贺建奎事件从科学层面盖棺定论,贺建奎在没有明确争取表明其试验能够促进人类福祉的情况下,作出了超过已有伦理与法律边界的实践,违反了科学界的共识。

同时,新技术的发展应该在充分的社会共识的基础上进行。我们从这一事件中应充分吸取教训,将社会公众对于技术发展的预期融入科学家的研究设计中。从研发体系、监管与治理体系、法律等多个层面改良科研环境与科研文化,加强伦理与风险教育。贺建奎为中国科学界带来的污点,只有通过不断的改革才能洗清。或许,他的不端行为的唯一好处是为中国提供了催化剂,以重建中国的科技伦理治理体系,修法执法,防止未来出现类似的事件。

6　思考题

(1) 是否应该将 CRISPR-Cas9 技术用于人类生殖系基因编辑?

(2) 如何判断一项研究对于社会的收益与风险? 除了收益与风险,在科学研究的过程中,还应该考虑哪些因素?

(3) 父母是否有权力操控未来世代的孩子的基因? 在哪种程度上是可以接受的?

(4) 如何保证一项技术能够被平等地利用? 基因编辑婴儿可能会带来怎样的不平等? 我们应如何应对?

(5) 在新兴生物技术的发展中,应该如何更好地控制风险? 科学家与政府、公众之间应该保持怎样的关系?

(6) 政府在新兴技术的监管中应该起到哪些作用? 如何看待跨国"伦理倾销"?

案例 12.1 使用说明

1　案例摘要

斩获 2020 年诺贝尔化学奖的基因编辑技术是一项具有极高应用价值的新兴生物技术,但也给我们带来了诸多伦理难题。2018 年,贺建奎通过基因编辑技术诞下了两名双胞胎女婴,这一事件引发了人们对于基因编辑技术、人类基因组编辑以及相关的伦理与治理问题的担忧。本案例围绕基因编辑技术的发展,以人类基因组编辑为重点,探讨新兴生物技术发展过程中展现出的一些复杂的伦理难题。我们以这一案例为切入点,尝试去讨论新兴技术发展带来的可能的社会公正与平等问题、基因组编辑技术与知情同意等问题,并探讨如何监管与治理这一类新兴技术。

2　课前准备

阅读《工程伦理》(第 2 版)一书。

3　教学目标

(1) 通过使用本案例进行教学,使学生了解生物技术的变革意义及其可能带来的伦理与生物安全等问题,包括: ①认识生物技术带来的争议、风险与公平等问题; ②认识到新兴技术的监管、法律及治理与其发展的不匹配带来的难题; ③从后果论、义务论的视角分析基因编辑技术带来的伦理难题。

(2) 培养学生掌握一些生命伦理学的基本原则,包括有利原则、尊重原则、公正原则与互助原则;理解技术的发展与伦理、监管、舆论、政策、法律的复杂关系,并分析伦理学在解决新兴技术的问题时的优势与劣势。

4 分析的思路与要点

通过阅读案例并收集补充材料,分析:

(1) 什么情况下可以给病人采取新技术进行治疗?哪些技术是合理并合法的?新技术从基础研究到人体应用,应该经历怎样的过程?哪些关键行动者在这一过程中发挥作用(国家、研究机构、研究人员、公众、病患等)?

(2) 什么是人类尊严?胚胎是否拥有人的权利与尊严?中国还存在着哪些胚胎管理、新兴生物技术治理上的漏洞与问题?为什么贺建奎事件会引发全球大范围的争议?贺建奎会是布鲁诺吗?你如何看待他的所作所为?

(3) 什么是 play god?人类对胚胎的操作是否属于 play god?你认为在什么情况下可以允许人类对人类胚胎进行编辑,并诞下婴儿?哪些人可以拥有这样的权利?基因编辑婴儿与普通人是否存在着权利上的差异?

5 课堂安排建议

课堂报告:请若干位同学收集相关材料,制作 PPT 进行课堂报告,呈现案例内容。

分组讨论:将全班同学分为若干小组,每组 6～8 人,对案例进行讨论。

小组总结:每组举荐一位同学为代表,就该组讨论的要点向全班进行汇报。

拓展练习:①查阅《中华人民共和国生物安全法》与《中华人民共和国民法典》中与基因编辑有关的条款,讨论新的法规是否能够解决贺建奎难题。②查阅国外如何监管基因编辑技术的资料,不同国家的做法有着怎样的差异?

参考文献

[1] 贺建奎的香港一小时:道歉、悖论与争议[N/OL]. 新京报,(2018-11-28)[2022-03-04]. https://baijiahao. baidu. com/s?id=1618370651634223999&wfr=spider&for=pc.

[2] LANDER E. The heroes of CRISPR[J]. Cell,2016,164(1-2):18-28.

[3] JINEK M,CHYLINSKI K,FONFARA I,et al. 2012. A programmable dual-RNA guided DNA endonuclease in adaptive bacterial immunity[J]. Science,2012,337(6096):816-821.

[4] CONG L,RAN F A,COX D,et al. Mutiplex genome engineering using CRISPR/Cas systems[J]. Science,2013,339:819-823.

[5] WANG Y,CHENG X,SHAN Q,et al. Simultaneous editing of three homoeoalleles in hexaploid bread wheat confers heritable resistance to powdery mildew[J]. Nat Biotechnol,2014(32):947-951.

[6] 中国科学院遗传与发育生物学研究所.《自然》选出十位中国科学之星. 高彩霞研究员入选[EB/OL]. (2016-06-21)[2022-03-21]. http://www. genetics. ac. cn/xwzx/zhxw/201606/t20160621_4625052. html.

[7] 科学之星高彩霞细说小麦改良基因编辑护航粮产革命[EB/OL]. (2019-03-29)[2022-03-21]. https://www. gjfs. com. cn/jinrong/201903/03296486. html.

[8] LIU Z,CAI Y J,LIAO Z D,et al. Cloning of a gene-edited macaque monkey by somatic cell nuclear transfer[J/OL]. National science review,2019,6(1):101-108[2022-03-21]. https://doi. org/10.

1093/nsr/nwz003.

[9] 郭颖. 全球首批带疾病基因克隆猴诞生[N]. 青年报,2019-01-25(A06).

[10] LIANG P,et al. CRISPR/Cas9-mediated gene editing in human tripronuclear zygotes[J]. Protein and Cell,2015,6(5):363-372.

[11] CYRANOSKI D,REARDON S. Chinese scientists genetically modify human embryos[J/OL]. Nature,2015-04-22. https://www. nature. com/news/chinese-scientists-genetically-modify-human-embryos-1. 17378♯/related-links.

[12] TALOW D K. A scientific ethical divide between China and West[N]. The New York Times,2015-06-29.

[13] 翟晓梅,邱仁宗. 对人体研究与生殖系基因修饰的基本立场[N]. 健康报,2015-08-14.

[14] National Academies of Sciences,Engineering, and Medicine. International summit on human gene editing:a global discussion[R]. Washington,DC:The National Academies Press,2015.

[15] LIU Z,CAI Y,et al. Cloning of macaque monkeys by somatic cell nuclear transfer[J]. Cell,2018, 172:881-887.

[16] LEI R P,QIU R Z,et al. Reboot ethics governance in China[J]. Nature,2019,569:184-186.

案例 12.2　敢问路在何方——S 医院器官捐献劝募实践中的伦理争议[①]

作者姓名：周帆[1]，王蒲生[2]

作者单位：1 清华大学社会科学学院，2 清华大学深圳国际研究生院

案例来源：本案例取材于作者田野研究中的真实案例(在研究开展前已通过 S 医院的伦理审查程序，获得了医院相关部门的知情同意)

案例真实性：真实

内容提要：20 世纪 80 年代以来，随着器官移植在全球范围内的广泛临床应用，公民逝世后器官捐献成为世界各国普遍承认的器官获取手段。中国的器官捐献事业起步较晚，且受到传统身体观和身体伦理的影响，公众的捐献意愿普遍偏低。为解决国内的器官短缺问题，在政府的推动下，医院 OPO(器官获取组织)纷纷建立起一套以补偿为核心的劝募激励机制。本研究通过当前中国器官捐献日常实践中的一个具体案例，探讨捐献补偿所引发的关于器官捐献商品化的伦理争议。此外，还从知情同意角度讨论了"有偿捐献"中的代理同意和代理受偿问题，为这一实践模式的伦理学研究开辟了新的探索空间。

关键词：器官捐献；劝募实践；知情同意；补偿；激励

1　引言

2019 年夏天，笔者在国内某一线城市的 S 医院开展器官捐献的民族志研究。在研究中，笔者观察和记录了多个捐献协调员(coordinator)与潜在捐献者家属沟通和谈判的场景。此处将选取其中一个普通案例来呈现中国当前器官捐献实践的日常图景：B 某是一位因脑瘤手术失败而出现脑水肿的女士，在治疗一段时间之后医生判断其已进入脑死亡状态，便联络协调员介入该案例。在协调中，协调员考虑到 B 某家庭经济困难，主动提出除免除 B 某医疗费、丧葬费之外再给予家属一笔"人道主义救助金"作为补偿，这些补偿措施最终成为达成捐献的关键性因素。

半个多世纪以来，随着器官移植技术的飞速发展和广泛应用，器官捐献事业在世界范围内方兴未艾。然而，受到传统身体观的影响，中国公众对器官捐献的接受度非常有限。在此情形下，地方政府、医院和红十字会在劝募实践中发展出一套"有偿捐献"的劝募策略，以人道救助金、移植优先权等形式给予捐献家庭补偿，以此激励捐献者家属作出器官捐献的决策。笔者研究发现，资金激励已经成为当前许多医院的捐献协调员在日常劝募中的一种行之有效的手段，类似的捐献案例并不鲜见。然而，这一实践模式存在着巨大的伦理争议，本研究将借上述案例透视当前中国器官捐献微观实践中存在的问题，并就该模式所涉及的伦理议题展开分析与讨论。

[①]　本案例为 2018 年教育部人文社科一般项目(18YJA840011)的阶段性成果。

2　相关背景介绍

人体器官移植技术是 20 世纪生命科学领域的重大成果,已经成功挽救了无数生命,成为当前延长个体生命的重要手段。与这项技术相伴随,世界各国馨力推动公民逝世后捐献器官或组织,20 世纪 80 年代以来,器官捐献逐渐成为世界多数国家器官移植手术中供体器官的主要来源。然而,与其他国家相比,我国器官捐献工作严重滞后,公众的捐献率整体偏低,捐献意愿普遍较弱。2007 年 5 月,国务院颁布实施《人体器官移植条例》,我国人体器官移植捐赠工作自此进入有法可依时期,但这一条例仅确立了器官移植的相应准则,未就具体的捐献和分配工作作出明确规定。2012 年之前,我国的器官供需比为 1∶150①,远低于世界平均水平(1∶20),且 90％以上的遗体器官来源于死囚捐献。[1]正因如此,国际移植界发布了针对中国移植界的"三不"政策,即不承认临床移植成果、不允许在国际权威杂志发表临床器官移植文章、不同意中国移植专家加入世界移植组织。

为摆脱这一尴尬情境,构建系统、人道的器官移植捐赠体系,中国红十字会在原卫生部的委托下于 2010 年 3 月在全国 19 个省份陆续建立心脏死亡捐献试点,并于 2013 年 2 月全面启动人体器官捐献工作。同年 9 月,《人体捐献器官获取与分配管理规定(试行)》颁布实施,规范了公民逝世后器官捐献的三类标准和程序,建立了器官获取组织(Organ Procurement Organizations,OPO)和人体器官捐献专业协调员和社工协调员队伍,并确立了以"中国人体器官移植分配与共享计算机系统"(China Organ Transplant Response System,COTRS)为基础的器官分配体系。此后,我国器官移植捐赠工作逐渐步入正轨。2015 年 1 月 1 日起,我国全面禁止使用死囚器官作为移植供源,亲属间活体器官捐献和公民逝世后器官捐献成为器官移植的唯二渠道,而后者更是占到了供源的 60％以上。自此,我国的器官捐献事业正式与国际接轨。在器官捐献工作不断取得进展的同时,我国的器官捐献率持续上升。2016 年,我国的器官供需比虽然迅速提升至 1∶30,但与欧美国家 1∶5 左右的器官供需比相比仍有较大差距。[2]更重要的是,面对国内如此巨大的移植需求,公众的器官捐献意愿却提升缓慢。如图 1 所示,2019 年中国公民逝世后器官捐献率约为 4.16 例/百万人,仅为排在世界首位的西班牙捐献率的 8.39％。由此可见,在器官短缺问题日益成为一个世界性难题的今天,我国所面临的困境尤甚。

为激励公众捐献器官,在原卫生部副部长黄洁夫的倡议下,各地政府陆续出台"人道救助"政策,允许 OPO、省级人体器官捐献办公室、各级红十字会、民政部门和慈善基金会等机构结合本地经济情况对捐献者家庭进行人道救助。据《中国公民逝世后器官捐献流程和规范(2019 版)》规定,人道救助一般包括"遗体殡葬费用、医疗费用自付部分、捐献过程亲属差旅和误工费用、贫困家庭人道救助等"。捐献者直系亲属或其委托人需向上述机构提交申请和相关证明才能获取救助。这一举措大大促进了公众捐献意愿的提升,在此基础上,不同医院的 OPO 发展出一套以"补偿"为核心的激励机制,并应用于器官劝募的日常实践之中。本研究所呈现的案例正是在这一背景下形成的捐献实践。

本案例涉及的利益主体如下:

①　即进入候选名单的 150 万病人中,仅有 1 万人有机会进行器官移植。

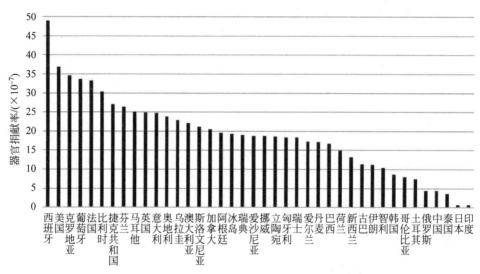

图1 2019 年世界部分国家公民逝世后器官捐献率(PMP)情况①

(1) 医院

作为中国器官捐献与移植事业的直接运作者,医院承担着器官的维护、获取、转运与移植工作。其中,医院下设的 OPO 负责获取器官,而移植科室负责移植器官。根据国际惯例和国家相关规定,在这一过程中产生的所有成本(即器官维护、获取与转运所产生的费用)都将由移植受者承担,医院在其中发挥着中介组织的作用,搭建起从捐献到移植的桥梁,并从移植手术和术后治疗的技术输出中获益。鉴于器官保存的时效性特征,负责全国分配的COTRS 系统设置了"就近分配"原则,明确在其他条件均满足的情况下,将器官优先分配给获取它并且具有该类器官移植资质的医院。这一原则给予了医院充足的动力来获取器官。因此,无论从公共利益还是自身利益出发,医院 OPO 都必须竭尽全力推动器官捐献的达成。

(2) 潜在捐献者家属

作为普通公民,潜在捐献者家属有权利要求或拒绝器官捐献。我国现行法规《人体器官移植条例》规定:"公民生前表示不同意捐献其人体器官的,任何组织或者个人不得捐献、摘取该公民的人体器官;公民生前未表示不同意捐献其人体器官的,该公民死亡后,其配偶、成年子女、父母可以以书面形式共同表示同意捐献该公民人体器官的意愿。"在器官捐献实践中,只要潜在捐献者生前没有明确表示不同意捐献,捐献决策的权利就掌握在家属手中,医院必须获得潜在捐献者三代以内所有成年直系亲属或其委托代理人所签署的《知情同意书》才能合法获取器官。换言之,家属代表潜在捐献者决定捐献能否达成,家属的利益也渗透在捐献协调之中。

(3) 潜在捐献者

作为器官的可能供应者,潜在捐献者是这一利他主义实践真正的行动者。然而,受器官捐献的传播水平以及公众的认知和接纳程度所限,很少有潜在捐献者生前明确表示过捐献意愿或登记成为捐献志愿者,因而他们的捐献意愿无从得知。在日常实践中,家属的意愿往

① 根据器官捐献和移植国际登记处(International Registry in Organ Donation and Transplantation,IRODaT)最新发布数据:https://www.irodat.org/? p=database。(检索日期:2022-02-20)

往取代了潜在捐献者本人的意愿而主导着捐献活动的走向,后者的利益被忽视。事实上,即使潜在捐献者生前表达过捐献意愿,捐献活动也将因为家属的反对而终止,从潜在捐献者的角度来看,这一法律程序并没有给予他们的自主性以充分的尊重。可以说,由于公民逝世后捐献的程序特殊性(即先死亡再捐献),潜在捐献者的主体性在捐献活动中部分或完全地丧失了,他们的利益隐没在其家属与医院 OPO 的互动之中。

(4)相关部门

当地红十字会和民政部门作为最常参与器官捐献实践的两方,在既定程序中扮演着不可或缺的角色。其中,红十字会负责见证器官的获取和主持缅怀活动,同时有资格筹集和发放人道救助金;而殡仪馆、殡管所和民政局则负责捐献者的丧葬事宜,部分地区的民政局还会为捐献者家庭提供一定的物质或精神激励。

3 案例描述

2019 年 8 月中旬,S 医院 OPO 的 A 协调员接到本院脑外 ICU 主任的电话,电话中讲到 ICU 中现有一位潜在捐献者 B 某,一周前经历了一场失败的脑瘤手术[①],目前从临床上判断已进入脑死亡状态,询问协调员是否需要现在介入。A 协调员当即表示希望介入。经进一步了解,这位潜在捐献者是一位 36 岁的女性,和丈夫一样都是当地的外来务工人员,一个多月前因脑肿瘤进入这家医院的脑外科住院治疗,手术意外失败后病情急剧恶化,不久之后便呈现出脑死亡的状态,目前只有丈夫和其堂弟守在身旁。这家人因为经济困难,一直在通过"水滴筹"筹款治病,如今已接近山穷水尽。

第二天中午 11 点,A 协调员在 OPO 办公室旁的会议室约见了潜在捐献者的丈夫 C 某和他的堂弟,而笔者作为 OPO 的"编外研究人员"坐在一旁记录。以下是笔者截取的一些对话片段:

C:(哭,诉说经济困难)……让我们怎么支撑?火化也需要一笔费用。

A:我这两天也去看了,确实是一种脑死亡状态,对光反射都没有了。如果你们同意的话,就让脑外那边联系神经内外科的专家过来作脑死亡鉴定。

C:好的……我问了他(医务处主任),他说没有爱心(捐助),只能帮忙看看医保。

A:日子还是要过下去的嘛。从客观上讲,手术过程中可能发生各种意外……还有一条路是水滴筹,但也是杯水车薪……

C:(哭)我知道。有没有人道援助?

A:医院不会凭空提供人道主义援助的,老弟。现在有一种方法是器官捐献,国家目前也在推这个事请,可以报销捐献者的医疗费,再提供一笔人道救助金,丧葬费也是国家承担。

C:我知道,但是她家(女方家属)不同意,我也不同意,别说了。

A:这事由你们家人决定,我只是先跟您讲清楚。上次我们医院有个 24 岁的小伙子捐献器官上了新闻,我给您看看……是这样,就像刚刚说的,一家人的生活都是要过下去的,你还要养孩子。如果做了捐献,对孩子也是一个交代——妈妈身体的一部分还留在这个世间,你们也有一个念想,多了几个亲人……这是一种助人的行为,国家是大力鼓励的,她的名字会刻在……

---

① 肿瘤级别在 WHO 标准以内,属于边缘供体(即有瑕疵但满足最低标准的供体),可以捐献器官。

C：她妈妈不同意，我也觉得对不起我老婆……

A：您现在(医药费)欠款多少？

C：16.7万元左右，还有部分(医药费)没查。

A：(计算费用)免除这部分医疗费用外，还有你们家属的食宿费，丧葬费会直接打给公司(殡葬机构)，再以红十字会名义为你们提供一笔人道救助金……

(一段长时间的沉默，A递烟给两个家属)

C：我不想做这个罪人，卖了她的器官拿钱……

A：这怎么是罪人呢？我们没有任何权利买卖器官！今天卖了，明天就会被公安局抓起来。这是国家对你们的大爱行为的表彰，不管什么原因捐献，最后结果都是一样的。你老婆救了很多人，国家应该给你们安慰。

C：我老婆人很好的，在家里做什么事都会考虑别人的感受……

(长达20分钟的交流)

C：捐的话要捐几个(器官)？

A：……如果愿意捐献，希望所有健康的器官都能捐出来……

C：(愣了一下，似乎很难接受)

A：不是每个人都有资格捐的，只有评估合格的人才可以捐献，这是为捐献者和接受者双方负责……而且你能留住的也不是你太太的肉体，而是她乐善好施的精神。你太太生前有没有表达过捐献的意愿？

C：没有，她都没想过……

A：都是这样的，我们中国人都是这样。你太太才36岁，还年轻，肯定不会去考虑离开之后的事情。我想她活着一定会同意的，这是在救人。我相信人们的这种老观念肯定会一点点转变……

C：我觉得还是应该跟她家里人讲一下，我不能做这个罪人……

A：当然，也要她父母签字的嘛……

第二天，B某的丈夫和堂弟再次来到这间会议室与A协调员谈判，他们也转达了女方家属的意见。B某的母亲仍然不同意捐献，而其他家属则表示同意，于是A决定下午亲自给B某的母亲打电话。由于这次通话笔者并未在场，谈话的内容不得而知。同日，神经内、外科的两位医生共同签署了脑死亡判定书，确认B某已经脑死亡。与此同时，B某的姨妈受其母亲委托来到医院，与B某的丈夫一同签署了包括《捐献确认登记表》《危急重症病人终止无效治疗志愿书》和《人体捐献器官获取手术知情同意书》在内的相关法律文件。翌日，B某在当地红十字会协调员的见证下在S医院完成了器官获取手术，捐出了肝脏、双肾和眼角膜。5个来自不同医院的等待者从中受益，他们的恢复情况将在一个月后由A协调员以匿名方式告知捐献者家属，这也是接受者能够给予捐献者的最大的安慰。

4　伦理分析

这一案例仅仅是当前中国千千万万个器官捐献实践案例中的一个，但它或多或少折射出了器官捐献在推广过程中所遭遇的一些伦理窘境——在公众捐献意愿普遍偏低的情况下，"有偿"或"部分有偿"成为一线工作人员劝募的有效策略，并且在实践中也的确能够动员到一部分深陷贫困泥沼的潜在捐献者家庭。这一实践模式带来的首先是人们对于器官捐献商品化的担忧。

在西方,器官捐献常常被比作"生命的礼物"(the gift of life)(图 2),其自愿性和无偿性将捐献活动限制在"礼物赠予"的框架之内,这也是医学人道主义的体现。然而,器官捐献的有偿化却导致了技术主义与医学人道主义的背离,部分地印证了"机器"和"人体商店"的隐喻。传统的医学人道主义及其医学伦理思想基本上是一个以美德论为主体,兼有义务论和生命神圣论的伦理学体系。20 世纪下半叶以来,生命伦理学从应用角度关切医学伦理问题,将医学人道主义发

图 2　器官捐献的宣传意象
　　——"生命的礼物"
（图片来自网络）

展到一个新的高度。[3,4]在技术与道德之间,医学人道主义致力于打破技术主义对于身体的机械化的认知,从人道主义角度出发弥合医学视野下人与自然、主观与客观之间的巨大裂痕。[5]就器官捐献而言,充分尊重潜在捐献者及其家属的意愿、采取人道的方式获取器官以及对捐献者的缅怀等均是医学人道主义的体现。然而,即便在医学人道主义的主流意识形态框架下,仍存在着一些与之相悖的"移植悖论"(transplant paradoxes)。例如,不少学者用"礼品经济""人体商店"乃至"身体的 eBay"来回应"生命的礼物"这一象征性的比喻。尽管主流意识形态坚决拒绝承认身体的商品化,但器官资源的稀缺、器官买卖的猖獗和人们潜意识中对于器官捐献行为的"回馈"的期待共同造就了一种技术主义和资本主义导向的利他主义行为。[6,7]无论出于何种目的,回馈或补偿行为都不可避免地将捐献与交换行为挂钩,从而导致器官捐献的商品化。在此案例中,B 某的丈夫受经济因素的影响接受了 OPO 协调员提出的捐献补偿方案,并帮助劝说 B 某其他直系亲属同意捐献,最终完成了器官获取,为 5 个移植等待者带来了生的希望。这一行动虽然从结果论的角度达成了利他主义的结果,救助了他人,但却在程序正义方面打下了一个大大的问号。在 B 某和 B 某的家属均无明显的捐献意愿的情况下,以补偿来激励家属同意捐献本身就是一种将器官商品化的行为——B 某的身体沦为一具盛装且可供摘取器官的器皿,她作为人的主体性被忽视,而她的利他主义行为则指向了一家人未来(至少是短期内)的生计,"交换性"成为这场利他主义行动的显著特征。

除此之外,本案例还希望就"有偿捐献"的代理同意和代理受偿问题进行讨论。有偿捐献有其深厚的社会文化基础。受传统的一元论和整体主义身体观的影响,许多中国人将身体视为一个"灵化"的整体,不接受身体和灵魂的二分,[8]这使得现代医学所秉持的机械论身体观在本体论层面受到拒斥;而以孝为核心的儒家伦理又再次强调了身体在伦理层面的不可拆分性,因而保持身体的完整性成为许多中国人身体实践所必须遵守的信条。传统身体观和身体伦理对器官捐献的本土化产生了巨大的阻碍,而日益严峻的器官短缺形势和迅速增长的等待者数量又迫使国家不得不大力推广器官捐献。正是在这样的双重压力下,补偿成为一种有效的激励机制。这一激励机制为器官捐献的代理同意和代理受偿行为可能引发的伦理争议创造了空间。

知情同意(informed consent)是现代医学活动的基本原则,指的是个体在有充分的知识基础和理解相关信息的基础之上,自愿同意参与研究或采取某种诊断、治疗或预防方案。[9]这同时也涉及自主性(autonomy)原则,理性主义者将其视为"自由意志"的体现。在医学伦理学中,它主张患者作为一个理性人,在医疗活动中拥有独立自主的选择权和决定权。[10]对

于器官捐献来说,潜在捐献者享有知情同意和自主选择的权利,而当潜在捐献者本人失去理性思考或自主决策的能力时,其家属可代行这一权利。在中国,由于器官捐献志愿登记起步较晚,多数潜在捐献者生前并未通过这一途径表达过器官捐献意愿,而现行法律为了最大限度地保护捐献者及其家属的权益,要求参与器官获取的相关组织必须在获得家属共同的同意后才能获取器官。因此,在实践中家属代行了潜在捐献者的知情同意和自主选择权利,且家属的意见往往具有"一票否决权",这实际上是一种代理同意行为。也就是说,实际捐献中的利他行为可能仅仅存在"代理决策者",且利他决策很可能是在不完全理性甚至是非理性状态下作出的,价值选择的偶然性和情境依赖性大大凸显。就本案例而言,B 某生前并未明确表示过对于器官捐献的态度或意愿,B 某的丈夫和母亲代她从协调员那里获取器官捐献的相关信息以建立对话的知识基础,进而代她决定是否捐献以及捐献哪些器官。整个协调过程中,OPO 协调员所满足的仅仅是 B 某家属的知情同意和自主选择权利,而对于 B 某来说,她的这项权利随着脑死亡状态的最终确认而完全丧失。

在有偿捐献实践中,代理同意还带来了代理受偿问题。鉴于潜在捐献者的死亡状态,家属不得不代其讨论补偿问题,并最终成为补偿的真正受益者。这便导致了另一个"移植悖论",即潜在捐献者作为可能的器官供应方,却无法表达自己的利益以及对"回馈"的期待,更无法亲自从移植补偿中受益;相反,潜在捐献者家属作为代理人,尽管并未提供自己的器官,但却是这场利他主义行动最重要的参与者和决策者,并很有可能从中获益。在这种情况下,潜在捐献者和家属并不如人们一贯所认为的那样是一个利益共同体,而是两个甚至多个利益主体,且彼此之间的利益在很多时候并不完全一致。以本案例为例,B 某的主体性丧失于死亡事实的确认,其个人利益的主张有赖于家属的申明和阐释;B 某的丈夫对捐献补偿的期待来源于医疗费、丧葬费等费用的免除以及可以暂时用来安置老人和孩子的人道主义救助金,他从自身所扮演的家庭角色出发表达了 B 某家庭的整体利益诉求,而至于这一诉求是否也满足了 B 某的期待则不得而知。当然,死亡捐献的特殊性必然会带来同意和受偿的主体的变更,为 B 某家属提供补偿也是目前我国器官捐献激励体系所能做到的最大也是最为切实的努力。

5　结论与启示

我们给出了一个田野研究中的真实案例,意在展现中国当前器官捐献劝募实践的日常图景,具有一定的典型性和代表性。在该案例中,潜在捐献者及其家属对于器官捐献均未表现出明确的肯定态度,补偿成为达成此次捐献的最大助力。通过分析可以发现,器官捐献的商品化在其有偿化的过程中已稍现端倪,其作为一种以礼物赠予为主要形式的利他主义行为在潜在捐献者家属与 OPO 协调员关于补偿的谈判中已部分地转变为一种商品市场中的交换行为。这种"有偿捐献"的实践模式是基于中国本土文化对于器官捐献的拒斥而产生的,它还导致了代理同意和代理受偿的伦理问题。在器官捐献实践中,知情同意和自主选择的主体往往不是器官的供应者,而是其代理人;相应地,由于潜在捐献者已死亡,补偿所考虑的主要是家属的利益,一旦捐献达成,家属就自然地成为补偿的最终受益人。

器官捐献作为现代医学的产物,在引入和本土化的过程中势必对原有的文化结构和制度体系产生一定程度的冲击,因而也很有可能遭遇种种阻碍。"有偿捐献"的劝募实践模式可以被视为一种短期的、过渡性的推广策略,当然也会引发诸多伦理争议。单纯地指责和批判并无益于这项事业的发展和完善,而正视现实中的困境与不协,创造多元化的、符合医学人道主义精神的激励机制来逐渐替代单一的物质补偿手段,可能是未来我们需要探索的方向。

6 思考题

(1) 如何理解器官捐献的自愿、无偿原则的正当性? 适度的补偿措施是否会违背当代医学人道主义精神?

(2) 如何看待中国当前器官捐献实践中知情同意主体的变更? 对于保护潜在捐献者的知情同意和自主选择权利你有什么好的建议吗?

(3) 如何看待中国当前器官捐献实践中潜在捐献者家属的代理受偿问题? 你认为应该如何改进或完善这些补偿措施或激励机制?

案例 12.2 使用说明

1 案例摘要

20 世纪 80 年代以来,随着器官移植在全球范围内的广泛临床应用,公民逝世后器官捐献成为世界各国普遍承认的器官获取手段。中国的器官捐献事业起步较晚,且受到传统身体观和身体伦理的影响,公众的捐献意愿普遍偏低。为解决国内的器官短缺问题,在政府的推动下,医院 OPO 纷纷建立起一套以补偿为核心的劝募激励机制。本研究通过当前中国器官捐献日常实践中的一个具体案例,探讨捐献补偿所引发的关于器官捐献商品化的伦理争议。此外,还从知情同意角度讨论了"有偿捐献"中的代理同意和代理受偿问题,为这一实践模式的伦理学研究开辟了新的探索空间。

2 课前准备

阅读《工程伦理》(第 2 版)第 12 章"生物医药工程的伦理问题",重点阅读 12.3 节"器官移植中的伦理问题"。

3 教学目标

(1) 通过本案例的教学和讨论,帮助学生理解器官捐献与移植事业的特点及其涉及的伦理冲突,包括:①了解器官捐献的特点,以及在移植技术迅速发展的今天所面临的器官短缺困境;②认识中国当前器官捐献实践中的主要问题,以及在劝募实践中发展出的新的激励机制;③把握以补偿为核心的激励机制可能引发的诸多伦理争议。

(2) 培养学生掌握生物医药工程需遵循的基本伦理原则,引导学生思考在理论原则与现实实践相背离的情况下如何改进和完善现有的器官捐献激励机制。包括:①掌握生物医药工程的基本伦理准则,如自主性原则、不伤害原则、行善原则等;②理解这些原则在实践中所发生的异变,如代理同意和代理受偿,进而为现有制度的完善和实践模式的改进提供更宽阔的理论视角和优化建议。

4 分析的思路与要点

通过阅读案例并收集补充材料,分析:

(1) 为什么器官捐献需要无偿? 有偿捐献可能产生哪些伦理问题?

(2) 如何理解中国器官捐献日常实践中的代理同意和代理受偿现象? 这些现象可能导致的伦理争议有哪些?

(3) 在现有伦理规范和制度框架的基础上,如何改进或完善中国器官捐献的激励机制?

5 课堂安排建议

课堂报告:请若干位同学收集相关材料,制作 PPT 进行课堂报告,呈现案例内容。

分组讨论:将全班同学分为若干小组,每组 6～8 人,对案例进行讨论。

小组总结:每组举荐一位同学为代表,就该组讨论的要点向全班进行汇报。

拓展练习:①查阅最新版本的《中国公民逝世后器官捐献流程和规范》,讨论对人道救助的内容及其作用的理解;②查阅关于器官捐献激励机制的外文文献,讨论不同国家对于器官捐献激励制度设计的差异及其原因。

参考文献

[1] 高媛.中国与德国器官移植现状比较[J].器官移植,2016,7(2):159-162.

[2] 黄伟,叶啟发,曾承.中国器官移植伦理学问题现状及研究进展[J].武汉大学学报(医学版),2017,38(6):939-942.

[3] 李振良,孟建伟.技术与美德之间:西方医学人道主义思想渊源[J].医学与哲学,2013,34(10A):1-4.

[4] 李振良,李肖峰,席建军.医学人道主义视阈下生命伦理学的思考[J].医学与哲学,2014,35(9A):21-25.

[5] 杜治政.医学伦理学面临的选择:人道主义与功利主义[J].自然辩证法研究,1993,9(3):17-19.

[6] SHARP L A. Strange harvest:organ transplants,denatured bodies,and the transformed self[M]. Los Angeles:University of California Press,2006.

[7] HEALY K. Last best gifts:altruism and the market for human blood and organs[M]. Chicago:The University of Chicago Press,2006.

[8] 张再林."我有一个身体"与"我是身体"——中西身体观之比较[J].哲学研究,2015(6):120-126.

[9] World Health Organization. Global glossary of terms and definitions on donation and transplantation [R]. Geneva:WHO,2009.

[10] BEAUCHAMP T L,CHILDRESS J F. Principles of biomedical ethics [M]. New York:Oxford University Press,1979.

案例 12.3　新冠肺炎疫苗研发中的伦理争议

作者姓名：史书豪[1]，王蒲生[2]
作者单位：1 清华大学社会科学学院，2 清华大学深圳国际研究生院
案例来源：作者根据相关资料整理
案例真实性：真实

内容提要：疫苗是人类应对传染病的重要手段，在全球应对新型冠状病毒引发的肺炎中疫苗更发挥着举足轻重的作用。通常情况下，一款疫苗从研发到上市要耗时 8～15 年，经历临床前研究、临床试验和注册审批，其中又尤以临床试验耗时最长，情况最为复杂。面对新冠肺炎不可阻挡的全球蔓延态势，一方面，世界各国亟须疫苗问世以应对经济危机和健康风险；另一方面，疫苗研发中对疫苗的安全性和有效性又有着极高要求，这迫使疫苗研发必须经过复杂和严格的审批流程。本案例介绍了新冠疫苗研发以来的伦理争议，包括临床试验前跳过动物试验、人体挑战试验替代临床Ⅲ期、疫苗紧急使用授权中的安慰剂使用问题，试图说明：在追求新冠疫苗尽早获批上市的同时，也不应该忽视疫苗研发过程中临床试验的基本伦理要求。

关键词：新冠疫苗；临床试验；生命伦理

1　前言

疫苗是人类历史上对抗传染病最有力的武器之一。1979 年，肆虐人类历史上千年的天花因牛痘等疫苗的接种而被消灭，这是人类历史上第一次消灭一种疾病。2000 年，世界卫生组织宣布全球已基本消灭脊髓灰质炎，疫苗也在其中发挥了不可替代的作用。2020 年，一场由新型冠状病毒引发的肺炎肆虐全球。面对新型冠状病毒不可阻挡的蔓延之势，疫苗被许多专家视为最有效的应对武器，包括中国在内的全球科学家自疫情出现的第一刻起就开始争分夺秒地研制疫苗。

2020 年 1 月 12 日，中国向世卫组织提交了新型冠状病毒基因组序列信息，为全球试剂检测和疫苗研发奠定了坚实基础。3 月，中美几乎同时宣布有疫苗进入临床试验。8 月，俄罗斯总统普京亲自宣布"卫星 V"疫苗注册上市，这是世界上第一款正式注册并上市的新冠疫苗。12 月，欧美多国正式开启疫苗接种工作，中国首款灭活疫苗也于 12 月底获批附条件上市，并于 2021 年起开始在人群中大量接种。截至 2021 年 2 月，全球有 66 款新冠疫苗进入临床试验，其中 16 款进入临床Ⅲ期，多款疫苗有效率达 90％以上。[1]

通常情况下，新疫苗从研发到上市要经历一个漫长的过程，一般耗时 8～15 年。以埃博拉病毒疫苗研发为例，2014 年西非暴发严重的埃博拉疫情，历经 5 年时间欧盟委员会才于 2019 年 11 月有条件批准埃博拉疫苗上市使用。[2] 虽然此次新冠疫情的特殊情况大大加速了各国的疫苗研发进程，但基本的疫苗研发和评价步骤不可避免。截至 2021 年 2 月，多国新冠疫苗已实现附条件上市。一方面，这体现了科技的进步以及科学家对疫苗研发事业分秒必争的态度；但另一方面，严峻的疫情形势也迫使科学家在疫苗研发过程中选择性地简化或省略了某些重要环节，其间涉及的现实问题和伦理风险值得深究。

　　本案例拟对新冠肺炎疫苗研发中存在的伦理问题进行探讨。首先对疫苗研发的基本流程进行梳理;其次对国内外新冠疫苗研发中存在的主要伦理争议展开描述和分析;最后,对上述争议进行了总结,并呈现了作者所持有的伦理观点。

2　疫苗研发的基本流程

　　一款疫苗的诞生,通常需要经历实验室中的"临床前研究"、人群中进行的"临床研究Ⅰ~Ⅲ期"以及监管部门的审批上市三大环节(图 1)。

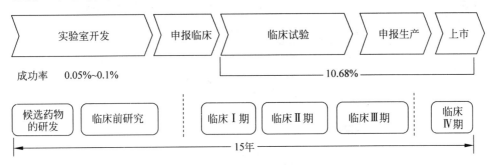

图 1　临床试验的基本流程

　　临床前研究。临床前研究是决定疫苗能否开展后续人体试验的关键,主要包括对疫苗生产工艺设计、有效性、稳定性和安全性等方面的考察。以灭活疫苗研究路径为例,其研制主要包括毒株筛选、免疫抗原制备、抗原接种动物、动物攻毒保护及安全性实验、临床试验和产品生产注册等步骤。临床前研究中的生产工艺设计与评估至关重要,它直接影响到产品的质量与安全性。[3]动物试验主要通过构建细胞和动物模型进行相关实验,动物模型通常为鼠、兔子和灵长类动物(通常为恒河猴)等。在临床前试验验证疫苗安全性和有效性的基础上,疫苗才可申请临床试验。

　　临床试验。临床试验分为四期:Ⅰ期临床重点观察疫苗安全性,试验通常在小样本(100 人以下)健康人群中进行,通常 3 个月无毒副作用就可进入Ⅱ期;Ⅱ期临床旨在评价疫苗在目标人群中能否获得预期效果的免疫原性(有效性),并继续评估疫苗安全性,Ⅱ期临床的样本量通常为几百人,这一步通常需要 3~6 个月;Ⅲ期临床旨在全面评价疫苗的保护效果和安全性,评估利益和风险,样本量较大(一般几千至上万人),耗时较长,是新疫苗能否获批的关键;Ⅳ期临床发生在疫苗获批上市后,对疫苗实际应用人群的安全性和有效性进行较长时期和较大规模的综合评价。[4]疫苗临床试验一般耗时 3~8 年,有的甚至长达 10 年以上。特殊情况下,临床试验会有加速可能,但在几个月内疫苗问世是难以想象的。

　　审批上市。企业完成疫苗临床试验后,需按照监管部门要求提交申报生产相关资料,经生物制品药学、药理毒理学、临床及生物统计等相关领域专家审评,认为疫苗安全、有效、质量可控,并经临床数据核查后,疫苗方可进入生产环节。

3　新冠疫苗研发中存在的伦理风险

3.1　临床试验前跳过动物试验

　　美国 Moderna 公司研发的新冠疫苗因跳过动物试验而引发巨大争议(图 2)。这种操作方式既不同寻常,也不符合医学伦理。2020 年 3 月 12 日,《科学美国人》报道了 Moderna 首席医学官 Tal Zaks 对此的看法。Zaks 支持临床试验前跳过动物试验,他认为:"首先在动物身上试验以验证疫苗效果的做法并非临床试验前的必经之路。"[5]"传统疫苗的时间周期为 15～20 年。但这对于新冠是不能接受的。"国际艾滋病疫苗计划总裁兼首席执行官 Mark Feinberg 表示,"当你听到关于疫苗最多需要一年或一年半的预测时……除非我们采取新的方法,否则无法达成这一目标。"Feinberg 知道评估一款研发中的疫苗可以多大程度上阻止动物感染病毒的重要意义,但鉴于当前的紧急情况,在动物试验完成前开始人体安全性测试是有意义的。"我个人认为这不仅适当,而且是我们唯一的选择",Feinberg 表示。

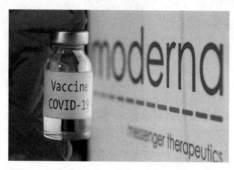

图 2　美国制药企业 Moderna 公司研制的新冠疫苗(图片来自网络)

然而,不少生物医学伦理学家对此提出了质疑,并不确定这种未经证实的疫苗投入临床试验的最终收益会超过风险。麦吉尔大学生物医学伦理中心主任乔纳森·金梅尔曼认为:"疾病暴发和国家紧急情况往往会造成压力,迫使人们暂停权利、标准和/或正常的道德行为准则。""回想起来,我们这样做的决定往往显得不明智。"[6]美国休斯敦贝勒医学院教授彼得·霍特兹认为,"根据此前经验,针对冠状病毒的疫苗此前在动物试验时就曾出现免疫失败的情况。任何疫苗在大规模应用前,必须要经过至少一年时间的安全性观察。"[7]

事实上,临床前动物试验是验证疫苗安全性和有效性的重要措施。将未经动物模型评估的疫苗投入临床试验存在流程和伦理上的风险,并且可能导致疫苗接种的风险超过最终受益。历史上著名的德国吕贝克卡介苗事件,就是因为德国卫生官员没有对引进后本地生产的卡介苗进行动物试验而直接用于新生儿,导致两个月内总计 76 名婴儿死亡,131 名发病。究其原因,是因为一位工作人员污染了培养中的菌种。既往 SARS-CoV 疫苗的研究也曾发现,疫苗免疫后的雪貂再次感染 SARS-CoV 后,肝脏会出现破坏性的炎症反应。[8]候选疫苗在动物体内进行测试可以排除 ADE① 的可能性,然后再进行人体试验相对安全。[9]

严峻的疫情蔓延态势和政治原因也是导致上述操作的关键因素。美国总统特朗普曾多次向卫生与公共服务部施压,希望集合政府部门、医药公司和军队三方力量,将疫苗研发时间缩短到 8 个月。特朗普还多次鼓励研究人员不要拘泥于疫苗研发的程序,以期为疫苗研发增速。[10]

---

①　ADE 全称为 antibody-dependent enhancement,意为抗体依赖性增强:病毒在感染细胞时,由于某些原因,体内已有的相关抗体会增强病毒的感染能力,导致个体再次接触相关病毒时病情加重。

3.2　人体挑战试验替代临床Ⅲ期

(1) 何为新冠病毒疫苗的人体挑战试验

2020年3月20日,美国学者Nir Eyal等发文表示,以控制的人体挑战试验(human challenge trails,HCT)代替传统临床Ⅲ期试验,进而加快疫苗研发进程。[11]文章提出,通过将大约100名健康年轻人暴露于新冠病毒(SARS-CoV-2)之下,以观察那些接种了疫苗的人是否能够避免感染。参与研究的志愿者可自主授权自己承担的风险。如果参与者为健康的年轻人,那么其"净风险"是可以接受的,因为他们在自然感染后患严重疾病的风险相对较低。临床试验过程中,他们会受到密切监测,尽早发现感染迹象并在感染后获得最佳护理。

人体挑战试验其实并不新鲜,其历史最早可追溯到18世纪。当时,疫苗研究先驱爱德华·詹纳为一名8岁的男孩儿詹姆斯·菲普斯接种了活的牛痘病毒,并由此发明了天花(牛痘)疫苗这一人类历史上的第一支疫苗。人类历史上,人体挑战试验在推动流感、伤寒、霍乱和疟疾等多种疾病治疗中也发挥了至关重要的作用。不过,由于历史上一些严重违反医学伦理的事件,如1932年发生在美国的塔斯基吉梅毒实验、侵华日军在哈尔滨建立的731部队等,也给人体挑战试验埋下巨大阴影。[12]尽管如此,Nir Eyal认为,"虽然COVID-19疫苗人体挑战试验有风险,但不会太高,而且其群体利益是巨大的。"[13]

在当前疫苗研发体系下,临床Ⅲ期是评估疫苗注册成败的关键。传统的临床Ⅲ期试验,观察到的是接种疫苗组和安慰剂组在日常活动中随时间推移而暴露于病毒风险下的差异。临床Ⅲ期通常涉及人数较多且时间漫长,许多受试者在试验期间会采取预防措施避免接触病毒,这也是导致疫苗研发耗时漫长且花费巨大的关键所在。与传统临床Ⅲ期不同,人体挑战试验中受试者实际上是以受控方式暴露于病毒之下,因此有可能在压缩的时间范围内产生实验结果数据。

(2) 赞成方观点

早在疫情暴发之初,不少美国学者就呼吁开展人体挑战试验以加速疫苗研发。[11]2020年4月下旬,美国众议院35名成员致信卫生与公共服务部(HHS)和食品药品监督管理局(FDA),强调该试验可以大大加快有效疫苗的研发进度。

不少科学家呼吁在合乎伦理且充分保障志愿者权利的情况下对健康志愿者进行新冠病毒人体挑战试验,其中包括15名诺贝尔奖得主。[14]在2020年7月写给美国国立卫生研究院(NIH)院长弗朗西斯·柯林斯(Francis Collins)的公开信中他们表示,新冠病毒的"人体攻毒挑战"试验将会让疫苗研发大幅加速。联名信指出:"新冠大流行必须在多个学科都进行紧急响应,很难想象在没有疫苗的状态下,全球的经济和社会应该如何复苏。人体挑战试验将对疫苗研发作出巨大的贡献。"

中国医学科学院医学生物学研究所遗传学重点学科主任褚嘉祐认为,在新冠病毒对全球造成巨大公共卫生威胁且没有特效疗法的情况下,人体挑战试验在伦理上是可以接受的,它能在第一时间确定疫苗的保护政策,尽早决定哪些候选疫苗应当量产,尽早淘汰效果欠佳或有不良反应等问题的候选疫苗,避免成千上万志愿者参加毫无必要的Ⅲ期临床试验,"挑战试验"是应急条件下研究风险最小化的选择。[15]

作为国际上最大的政府间卫生组织,世界卫生组织(WHO)针对新冠病毒疫苗的人体挑战试验表示了道义上的支持,并提出一些伦理上可接受的关键标准。2020 年 5 月 6 日,世卫组织公布了《新冠肺炎人类挑战性研究的伦理可接受性关键准则》,从科学依据、咨询协调、选择标准及伦理审查 4 个方面,提出了 8 项准则。其中包括挑战试验的科学依据、对潜在益处的风险评估、充分告知实验对象风险以及要求试验应该受到一个独立委员会的伦理审查等。[16] 6 月 15 日,世卫组织又发布了一份更详尽的新冠人体挑战试验分析报告,列出了在可行的状况下,具体的试验实施指引。

除学术界和政府组织外,2020 年 4 月成立的非营利倡议组织"1 Day Sooner"支持通过人体挑战试验缩短疫苗研发周期,如图 3 所示,并以保障试验志愿者权利为其组织宗旨。"1 Day Sooner"组织公开表示:"只要能够保证挑战试验能够安全有效地推动疫苗的研发,就应该排除伦理方面的监管障碍,获得支持。"[14] 截至 2020 年 9 月,"1 Day Sooner"组织在全球已征集 3.7 万名愿意参加"人体挑战试验"的志愿者。作为志愿者,22 岁的牛津大学研究生麦帕门(Seán McPartlin)认为,"即使感染后的后遗症比我们想象中严重,我仍然认为,包括我在内的志愿者们会去参加试验,因为它将可能拯救人们的生命。"[17] 另一名 22 岁的伦敦志愿者马瑞科(Danica Marcos)在经历过好友及亲人因新冠离世、目睹人们因疫情失业而流离失所后,非常希望能为结束疫情提供帮助。马瑞科表示,"每天都如此,病例一直在增加,更多的人死去。如果试验能让我们更快地结束这个伤痛时期,那么我希望成为其中一员。"

图 3 "1 Day Sooner"组织宣传人体挑战试验

总体而言,人体挑战试验的支持者主要从新冠病毒给世界带来的巨大灾难出发,希望通过人体挑战试验加速现有的疫苗研发进程。如果疫苗可以早一天出现,那么更多的人就可能免于病毒的灾难,全球经济和社会也会免于更大震荡。为此,尽管人体挑战试验存在可能的健康和伦理风险,但为更多人考虑,亦有其存在价值。

(3)反对方观点

然而,不少学者也表达了对新冠病毒疫苗人体试验的担忧。2020 年 10 月 29 日《美国国家科学院院刊》(PNAS)刊发的一篇由约翰斯·霍布金斯大学 Jeffrey P. Kahn、Leslie Meltzer Henry 等教授撰写的评论文章称,任何针对新冠病毒的人体挑战试验都是不道德的,并且不被科学界接受。[18] 文章认为,试验或加快疫苗开发的这一核心主张与事实并不相符。风险与效果之间的相关性很弱,甚至其收益可能小到让人无法接受。试验还可能进一步破坏社会公众的信任,加剧人们对现有疫苗的不信任感。

美国国家科学院院士、哈佛大学公共卫生学院教授巴里·布鲁姆(Barry Bloom)与哈佛大学公共卫生学院传染病流行病学副教授威廉·哈纳奇(William Hanage)认为,人类已经在战胜新冠疫情的道路上迈出了一大步,而且每天都在获得关于新冠病毒的更多知识。"医学告诫我们不要做的事,就是不要做有害的事。"[19]在哈纳奇和布鲁姆等人看来,志愿者在新冠病毒的人体挑战试验中所承受的风险远远大于该试验的收益。

马里兰大学医学院疫苗研究员迈伦·莱文(Myron Levine)已经进行了40多年的挑战性试验。他认为,由于在许多地方都发生了高水平的新感染,常规试验将在与挑战试验相同的时间上揭示疫苗价值。他说:"新冠病毒候选疫苗的传统临床试验不会像一些人担心的那么慢,我认为进展得非常快。我无法想象这将是符合道德的,并且会真正加快我们要做的事情。"[20]

北京大学医学伦理与法律系王岳教授认为,人体挑战试验存在伦理和法律上的问题。他说:"从伦理角度,试验性医疗行为的实施需符合收益大于风险原则。目前看来,新冠肺炎最大的问题在于它对人类到底有多大伤害,严格来讲是不明确的。在这一前提下,人为制造感染无疑对受试者是不利的,这违反了不伤害原则。从法律角度,临床试验开展的前提条件是在法律上将风险完全告知受试者。但是,由于风险的客观未知性,受试者难以完全了解试验风险。因此,如果有可替代方案,就不应该增加受试者风险。"[21]

新冠病毒作为一种新型病毒,目前科学界尚无法完全掌握其对人类的危害,感染后重症和并发症的比率也未完全掌握。通常情况下,针对病毒疫苗的人体挑战试验要求对于疾病有可行的治疗方案,或者疾病已知是可以自愈的。相比此前开展的人体挑战试验,新冠病毒人体挑战试验的最大不同在于眼下没有治疗该疾病的特效药,我们也不清楚新冠病毒对人体造成的长期和短期影响。因此,挑战试验意味着将受试者主动置于未知风险之中,这种做法是违背基本伦理准则的。借用北京协和医学院人文学院张新庆教授的观点做一个总结:"在任何情况下,为了大家的利益牺牲少数人,在临床试验中都是不符合道德的。"[22]

3.3　争议下前行的人体挑战试验

新冠病毒的人体挑战试验饱受争议。美国最早掀起关于人体挑战试验的争论,不少政治家、科学家和公众认为人体挑战试验可以加速疫苗的研发进展。不过,以美国国家过敏与传染病研究院院长福奇为代表的反对者坚决质疑人体挑战试验的伦理可靠性。随着首个疫苗有效性的消息传出,本已做好最后准备的新冠病毒人体挑战试验于2020年11月宣布搁浅。

比利时、荷兰、加拿大等国也都出现过赞成人体挑战试验的声音,但英国是唯一通过伦理审查的国家。2021年2月17日,英国政府声明该国临床试验伦理机构已经批准了新冠病毒人体挑战试验。这项试验由伦敦帝国理工学院、英国政府疫苗任务小组、医疗公司hVIVO等多方共同合作推行,志愿者须进行健康风险检测后才能获准参加试验,并将接受17天的隔离,专家和医护人员将对他们密切监控,随后进行超过12个月的随访。这项研究意味着,90名18～30岁的成年志愿者将在安全可控的环境中接触新冠病毒,以帮助科研人员了解人体对病毒的反应、病毒的传播方式,以及引发感染所需病毒的最少数量。为此,英国政府还提供了3360万英镑(约合人民币3亿元)的资金支持,其中试验志愿者会获得约4500英镑(约合人民币4万元)的补偿金。

2021 年 4 月 19 日，英国再次启动人体挑战试验。这次启动的研究与 2 月获批的试验不同之处在于：本次试验不是试图让志愿者首次感染新冠病毒，而是寻求让先前感染过新冠病毒的志愿者再次染疫，以便更深入地了解人体免疫功能。对于英国的做法，"风疹疫苗之父"普洛特金认为，英国正以一种更深入调查的方式来进行这项研究，他们比美国更有"进取心"。普洛特金甚至希望，等英国的这项试验获得成功后，美国会改变想法，重新考虑进行这项试验。

3.4 疫苗紧急使用授权中的安慰剂争议

安慰剂使用一直是临床试验中最具争议的问题。临床试验对安慰剂的使用应符合自愿参与、知情同意、病人利益优先、补偿等原则。试验过程中，当疫苗试验取得一些积极成果后，临床试验应尽早终止安慰剂对照，改为开放型的扩大样本治疗试验[22]。遵循随机、双盲、对照原则的临床试验(randomized controlled trial, RCT)使用安慰剂可得到更科学的结论，但在传染病大流行期间，由于使用安慰剂会使对照组受试者的生命安全受到严重威胁，因此对安慰剂的使用也存在较大争议。[23]一旦疫苗获得紧急批准，开发商便面临着向接受安慰剂的试验参与者提供免疫接种的压力。而如果有太多受试者加入疫苗组，那么疫苗研发就缺乏足够数据来支撑疫苗的长期结果，包括对疫苗安全性、疫苗保护持续时间等方面的考量。[24]

美国 FDA 于 2020 年 10 月发布的新冠疫苗紧急使用授权(EUA)指南中提出，新冠疫苗 EUA 发布后，申办人应在可行的范围内继续收集安慰剂对照数据以提交正式生物制品许可申请(BLA)。2020 年 11 月，辉瑞、Moderna 公司公布的早期数据已分别显示其疫苗临床试验的有效性。同年 12 月，FDA 召开关于辉瑞生物科技疫苗紧急使用授权的咨询委员会会议。会上，辉瑞等制药公司希望 FDA 提出替代方法以收集在缺少安慰剂对照时的必要数据，因为出于道德和实际原因的考虑，志愿者应该尽早接受疫苗。但是，FDA 及其顾问则极力要求志愿者尽可能长时间地服用安慰剂，以收集更多有关疫苗的安全性和有效性数据。[25]会议上，斯坦福大学医学院临床和转化研究院副院长 Steven Goodman 认为，使安慰剂组志愿者在普通公众前接种疫苗是没有道德理由的。对此，许多试验志愿者认为，如果他们接受安慰剂，就应该给他们提供疫苗。如何权衡临床试验中的科学要求和伦理诉求，成为摆在全人类面前的一道难题。

4 结论与启示

公平、公正、有益、不伤害是医学伦理学的基本原则，也是疫苗研发过程中临床试验的基本原则。自"二战"后人类总结沉重历史教训制定了人体试验基本原则的《纽伦堡法典》，到 1964 年和 1982 年发表的《赫尔辛基宣言》和《人体生物医学研究国际道德指南》，临床研究越发规范，受试者的尊严、权利、安全和健康得到越来越多的保护。[26]临床试验伦理审查的主要职责就是评估临床试验的风险和收益。疫苗研发的根本争议在于：如何能够在最短时间内研发出应对新冠疫情的疫苗，同时最大程度上保证疫苗研发符合其伦理审查规范。

新冠疫苗研发以来的伦理争议包括：①跳过动物试验意味着筛选出的疫苗未经动物模型评估便投入人体试验，这种做法会对临床受试者的生命安全带来极大的隐患。②通过人体挑战试验替代临床Ⅲ期，意味着受试者将主动暴露于病毒风险之下，在不能完全保证受试者安全的前提下主动感染病毒。人体挑战试验既不满足临床试验的不伤害原则,也无法保证收益大于风险。同时,在新冠病毒肆虐的当下,完全没有必要采取风险未知的挑战试验替代受试者很容易获得的临床Ⅲ期试验,且挑战试验缺乏对儿童和老年人的支持。③疫苗紧急使用授权中的安慰剂争议,其本质是临床研究中究竟应该科学优先,还是受试者安全优先的问题。总体来看,无论是临床前跳过动物试验,还是人体挑战替代临床Ⅲ期,抑或是疫苗紧急使用授权,其根本伦理问题在于上述措施是否违背了临床试验的受试者无伤、收益大于风险和知情同意等基本生命伦理原则。

新冠肺炎的突然暴发确实让全世界都措手不及。政治、经济、利益、社会稳定和个人健康等因素直接或间接介入疫苗研发进程,严峻的形势也迫使部分科学家采取非常规方式开展临床试验,临床前跳过动物试验、人体挑战试验替代临床Ⅲ期和疫苗紧急使用授权中的安慰剂使用等生命伦理争议应运而生。2020年12月31日,中国国药集团研发的新冠病毒灭活疫苗获批附条件上市,疫苗保护率达79.34%,不良反应率低于我国同期其他各类疫苗报告的平均水平[27]。自2020年1月起,该疫苗的研发先后经历了试验室抗原纯化、动物试验安全性评估、临床Ⅰ~Ⅲ期安全性评估和注册审批,该做的试验一个不少,该走的程序一个不缺。事实证明,新冠疫苗临床试验面临的最大困难不是技术问题,而是面对全人类公共健康的伦理争议。面对疫情的肆虐,无论疫苗研发者还是相关参与者,都应明确"生命至上"的基本伦理原则,始终将生命安全放在疫苗研制首位,在不突破临床试验伦理标准的前提下加速疫苗研发,是所有疫苗研发相关人员应该遵循的伦理底线。

5　思考题

(1) 为什么疫苗研发通常耗时较长?

(2) 疫苗研发应当遵循的基本生命伦理原则有哪些?

(3) 面对新冠疫情的严峻形势,为加速疫苗研发而采取的临床前跳过动物试验、人体挑战试验和疫苗紧急授权使用中安慰剂使用的伦理风险有哪些?

(4) 如何在不违背基本伦理准则的前提下加速疫苗的临床研究?

案例12.3　使用说明

1　案例摘要

2020年年初,一场由新型冠状病毒所引发的肺炎肆虐全球,新冠疫苗不可避免地成为人们应对危机的重要手段。通常情况下,一款疫苗的上市要耗时8~15年,经历临床前研究、临床试验和审批流程,其中又尤以临床试验耗时最长,情况最为复杂。面对新冠肺炎不可阻挡的全球蔓延态势,一方面,世界各国亟须疫苗问世以应对经济危机和健康风险;另一方面,疫苗研发过程中对疫苗安全性和有效性的要求,又迫使疫苗研发必须经过复杂和严格的审批流程。本案例介绍了新冠疫苗研发以来的伦理争议,包括临床试验前跳过动物试验、人体挑战试验替代临床Ⅲ期、疫苗紧急使用授权中的安慰剂使用问题,试图说明:在追求新冠疫苗尽早获批上市的同时,也不应该忽视疫苗研发过程中临床试验的基本伦理要求。

2　课前准备

阅读《工程伦理》(第 2 版)第 12 章"生物医药工程的伦理问题",重点关注 12.4.2 节"药物临床试验伦理问题"和 12.4.3 节"疫苗临床试验的伦理要求",对疫苗研发中所涉及的关键科学问题、技术问题以及临床试验所涉及的伦理问题有所了解。搜集历史上疫苗研发的经典案例,用于课堂与新冠疫苗的研发对比。

3　教学目标

要求通过此案例的讨论和分析,明确生命伦理意识在临床研究中的重要性;掌握临床试验的伦理原则和规则,并应用这些原则和规则解决实际问题。

认识到疫苗研发欲速则不达的客观规律。一味地追求疫苗研发速度,必然带来极大的生命伦理风险。

从生命伦理的角度让学生了解,现代疫苗研发中,应努力实现科学探索与生命伦理之间的和谐。当科学探索和伦理道德发生矛盾时,应该知道如何运用生命伦理原则来化解矛盾。

4　分析的思路与要点

思路:本案例围绕疫苗研发过程中的伦理标准和现实世界对疫苗的迫切需求展开,主要解决三方面问题:

(1) 为什么疫苗研发通常需要较长时间?

(2) 疫苗研发过程中所涉及的临床试验的基本伦理要求是什么?如何处理现实需求与伦理准则之间的关系?

(3) 紧急情况下加速疫苗研发可能存在的生命安全隐患是什么?

首先,介绍疫苗研发的一般流程、重点环节和主要特点。通常情况下,疫苗研发周期漫长且花费巨大。其次,对此次新冠疫苗临床研究中实际出现的伦理问题展开描述和分析。结合案例,探讨为何在疫苗研发中研发的速度和安全性难以兼得。追求疫苗尽快上市,就一定存在安全和伦理的风险;确保疫苗的安全性和有效性,就难以在短时间内完成疫苗研发。最后,讨论面对突如其来的危机和社会各界对于疫苗的迫切需求,应该如何把握科学研究与生命伦理之间的关系。

知识点与能力点:新冠疫苗;疫苗研发;临床试验;生命伦理;动物试验;人体挑战试验;疫苗紧急使用。

5　课堂安排

(1) 时间安排

课前阅读有关"疫苗研发"的相关资料及案例资料 3 h,讲授 1 h,讨论 2 h。

(2) 组织引导

首先,提前布置关于"疫苗研发"相关背景资料的学习,让学生初步了解疫苗研发的基本流程,以及为什么疫苗研发需要较长周期,研发过程中困难重重。其次,在课堂上通过讲述具体案例,分析新冠疫苗研发中遇到的实际问题和伦理争议,理解疫苗研发中速度和安全性难以兼得的现实情况。最后,启发同学们思考疫苗研发中可能涉及的政治和利益问题,对上述问题可能对疫苗研发产生的影响展开讨论。

参考文献

[1]　WHO. Draft landscape and tracker of COVID-19 candidate vaccines[EB/OL]. (2021-02-12)[2022-03-16]. https://www. who. int/publications/m/item/draft-landscape-of-covid-19-candidate-vaccines.

[2]　ADMIN. First FDA-approved vaccine for the prevention of Ebola virus disease[EB/OL]. (2019-11-23)[2020-05-21]. https://manoxblog. com/2019/12/23/first-fda-approvedvaccine-for-the-prevention-of-ebola-virus-disease/.

[3]　KON T C,ONU A,BERBECILA L,et al. Influenza vaccine manufacturing:effect of inactivation, splitting and site of manufacturing. Comparison of influenza vaccine production processes[J]. PLoS One,2016,11(3):e0150700. DOI:10.1371/journal. pone.0150700.

[4]　李海艳,黄小琴,褚嘉祐. 预防性疫苗临床试验中知情同意的伦理思考[J]. 医学与哲学,2019,40(22): 33-36.

[5]　BOODMAN E. Researchers rush to test coronavirus vaccine in people without knowing how well it works in animals[EB/OL]. (2020-03-11)[2020-05-21]. https://www. statnews. com/2020/03/11/researchers-rush-to-start-moderna-coronavirus-vaccine-trial-without-usual-animal-testing/.

[6]　前瞻网. 走捷径？美国企业跳过疫苗研发关键实验环节负责人称动物试验没必要[EB/OL]. (2020-05-18)[2022-03-16]. https://www.163. com/dy/article/FCU8ILIK051480KF. html.

[7]　央视财经. 不可思议！为"赶进度",美国药企研发疫苗竟跳过关键环节！直接进行人体临床试验！[EB/OL]. (2020-05-18)[2022-03-16]. https://www. sohu. com/a/395869911_162758? spm=smmt. mt-news. fd-d.15.1589758242587t4IOVJ2.

[8]　尹遵栋. 开展疫苗临床研究优化疫苗免疫策略[J]. 中华预防医学杂志,2020,54(9):915-917.

[9]　中国医疗. 全球新型冠状病毒肺炎确诊超50万人,疫苗研发是否"提速"？[EB/OL] (2020-03-30)[2020-05-21]. http:// med. china. com. cn/content/pid/167362/tid/1021.

[10]　时间国际在线. 人命不值钱？因美国总统一句话,疫苗研发竟跳过动物直接用人实验[EB/OL]. (2020-05-18)[2022-03-16]. https://baijiahao. baidu. com/s? id=1667032544286165133&wfr=spider&for=pc.

[11]　EYAL N,LIPSITCH M,SMITH P G. Human challenge studies to accelerate coronavirus vaccine licensure[J]. The Journal of infectious diseases,2020,221(11):1752-1756.

[12]　COVID-19人体挑战试验,不是日本731部队[EB/OL]. (2021-02-14)[2022-03-16]. https://www. cn-healthcare. com/articlewm/20210224/content-1192616. html.

[13]　CALLAWAY E. Should scientists infect healthy people with the coronavirus to test vaccines? [J]. Nature:International weekly journal of science,2020,580(7801):17.

[14]　为加速疫苗研发,百余名科学家呼吁人体攻毒挑战引巨大争议[EB/OL]. (2020-07-17)[2022-03-16]. https://www. sohu. com/a/408183404_114986? _f=index_pagefocus_2.

[15]　新浪财经. 专家：新冠疫苗"人体挑战"试验不宜遍地开花[EB/OL]. (2020-10-28)[2022-03-16]. https://baijiahao. baidu. com/s?id=1681807341609626066&wfr=spider&for=pc.

[16]　病毒学界. WHO发布新冠疫苗人体挑战试验指导方针列出8大考虑条件[EB/OL]. (2020-05-12)[2022-03-16]. https://m. sohu. com/a/394569409_749000.

[17] 他们自愿感染新冠病毒,全球首个"人体挑战"试验宣布启动[EB/OL]. (2020-10-28)[2022-03-16]. https://www.jianshu.com/p/7085cb0d4551.

[18] MASTROIANNI A C,KAHN J,HENRY L M,et al. Opinion:for now,it's unethical to use human challenge studies for SARS-CoV-2 vaccine development[J]. Proceedings of the national academy of sciences,2020,117(46):28538-28542.

[19] "人体挑战试验"是人类为终结大流行必须付出的代价?[EB/OL]. (2021-02-24)[2022-03-16]. https://baijiahao.baidu.com/s?id=1692525308043382400&wfr=spider&for=pc.

[20] COHEN J. Speed coronavirus vaccine testing by deliberately infecting volunteers? Not so fast,some scientists warn[EB/OL]. (2020-03-31)[2020-05-21]. https://www.sciencemag.org/news/2020/03/speed-coronavirusvaccine-testing-deliberately-infecting-volunteers-not-sofast-some.

[21] DeepTech 深科技. 百名志愿者以身试毒? 为加速新冠疫苗研发,美国学者提出最激进方案[EB/OL]. (2020-04-02)[2022-03-16]. https://www.sohu.com/a/385085000_354973.

[22] 刘理礼,刘建平. 临床试验中使用安慰剂的伦理学问题[J]. 中国医学伦理学,2000(1):14-21.

[23] EDWARDS K M,KOCHHAR S. Ethics of conducting clinical research in an outbreak setting[J]. Annual review of virology,2020,7(3):1-20.

[24] 冯卫东. 新冠疫苗紧急使用授权进退两难或将影响疫苗安全性和长效性研究[EB/OL]. (2020-11-26)[2022-03-16]. https://www.163.com/dy/article/FSBSCF85051480V3.html.

[25] HERPER M. Pfizer and BioNTech speed up timeline for offering Covid-19 vaccine to placebo volunteers[EB/OL]. (2021-01-04)[2022-03-16]. http://parents.tiandaoedu.com/hwyq/us/868665.html.

[26] 黄洁夫. 临床科研中的伦理学问题[J]. 中国医学伦理学,2006,19(1):1-3.

[27] 医学中文网. 我国新冠疫苗接种不良反应率公布![EB/OL]. (2021-05-31)[2022-07-05]. https://www.cn-healthcare.com/articlewm/20210531/content-1226497.html.

第13章

全球化视野中的工程伦理(教学案例)

案例 13.1　亚吉铁路的工程伦理责任与立场

作者姓名：秦勤[1]，郭重凤[2]，冉奥博[3]

作者单位：1 清华大学中国-非洲领导力发展中心，2 中国土木工程集团公司，3 清华大学城市治理与可持续发展研究院

案例来源：作者根据实地访谈资料及相关文献撰写

案例真实性：真实

内容提要：亚吉铁路是由埃塞俄比亚至吉布提的标准轨距铁路，由中国土木工程集团有限公司和中国中铁二局集团有限公司联合承建、运营。它是非洲第一条电气化铁路，是新时代的"坦赞铁路"，是中非合作的历史性丰碑。亚吉铁路案例能够体现出工程伦理中多种责任与规范使用立场。案例从职业、社会、环境、文化、健康五方面分析工程师的多重伦理责任，并从征地拆迁与人力资源管理两个具体情境出发，讨论伦理规范的关联主义立场，展现了工程伦理的非洲区域特色与国际化水平不断提高的时代特色。

关键词：工程伦理责任；伦理关联主义；亚吉铁路；埃塞俄比亚；吉布提

1　引言

2020 年 9 月 17 日，由埃塞俄比亚-吉布提标准轨合资公司和中土-中国中铁亚吉铁路运营联营体联合举办的以"亚吉铁路——繁荣之路"为主题的亚吉铁路发展战略发布会，在埃塞俄比亚(以下简称"埃塞")亚的斯亚贝巴郊外的拉布车站举行。发布会上，埃塞交通部长达格玛维特·莫格斯(Dagmawit Moges)表示，"这条铁路是埃塞和吉布提两国的巨额资产，我欣喜地看到来自中国的管理团队成功运营，并将业绩推向新高。"中国时任驻埃塞大使谈践表示，亚吉铁路(见图 1)不仅是一条运输线，更是一条经济走廊，是一条繁荣之路，为埃塞打通了出海铁路通道，有效带动了沿线工业化和城镇化发展，在疫情期间更是彰显了巨大价值。[1]

成功的工程建设需要有工程伦理规范支撑，亚吉铁路也不例外。那么，亚吉铁路中工程师的多重责任具体有哪些？工程共同体的伦理责任结构是什么？跨文化工程伦理冲突时采取了什么立场？

图 1　亚吉铁路(图片来自中土埃塞俄比亚工程有限公司)

2　案例背景

埃塞俄比亚是联合国认定的最不发达国家之一,工业基础薄弱,经济发展主要依赖国际贸易。一直以来,埃塞的国际贸易和经济发展深受距离和时空带来的交易限制。国际货运只有少数空运,其余都依赖吉布提港口进出口,再运到埃塞首都亚的斯亚贝巴。吉布提也是世界最不发达国家之一,国内自然资源贫乏,工农业基础薄弱;但吉布提的战略地位极为重要,扼守印度洋与红海的来往要道。

埃塞发展一直受制于落后的交通基础设施,亚吉铁路是埃塞经济发展的支撑性项目。从吉布提到亚的斯亚贝巴的直线距离大约 563 km,法国人用了 23 年时间在 1917 年建成老式窄轨铁路,大部分路段年久失修,仅剩从埃塞的德雷达瓦市到埃塞与吉布提交界处的达瓦利的偏僻小镇,长约 200 km。由于维护不足,每周只开一列车,装载量只有 100 多 t。90% 的货物依靠公路运输,单程一般需要一周多的时间,物流效率严重制约了经济的发展。2010年 9 月,埃塞政府在国家五年发展计划(2010/2011 年—2014/2015 年)中,将亚吉铁路列入"五年增长转型计划"最大的工程项目之一。

亚吉铁路全线长约 752 km,由中土埃塞俄比亚工程有限公司(以下简称"中土埃塞")和中铁二局共同承建,并分三段分别签约实施。中铁二局承建第一段:亚的斯亚贝巴-米埃索(329 km);中土埃塞承建第二段:米埃索-达瓦段(333 km)和第三段:吉布提段(78 km 正线加 12 km 港口支线)。中土集团与中国中铁联营体签署亚吉铁路运营维护项目合同,共同运营亚吉铁路。早在 2001 年,中土集团便应埃塞交通部邀请,派出技术代表团赴埃塞实地考察,提出了埃塞全国铁路规划建议书。2012 年,亚吉铁路正式开工,并于 2016年年底开始试运行,2018 年 1 月 1 日正式投入商业运营。

中土集团前身是中国铁道部援外办公室,1979 年成立,是中国最早进入国际市场的四家外经企业之一,2003 年整体并入中国铁道建筑总公司。中土埃塞是中土集团全资子公司,注册成立于 2012 年 6 月,总部设在亚的斯亚贝巴,具有埃塞一级总包商资质,负责埃塞、吉布提、南苏丹、索马里及厄立特里亚五国市场的经营开发和管理。中土埃塞已形成"以铁路为特色,工业园、公路、机场、港口、电力、供水等多领域协调发展"的"1+N"承包工程业务格局,初步形成了"以承包工程为主业,综合运营、投资、地产开发等业务多元并进"的"1＋N"多元化产业格局。

亚吉铁路项目总投资约 40 亿美元,为中国铁路"走出去"提供了"全产业链"建设的中国方案。在价值追求中,中国工程企业和工程师们不限于经济目标,而更关注对环境、社会、公众的可持续发展,展现出技术维度之外的责任伦理。不可忽视的是,埃塞民族宗教众多(有80 多个民族,90 种民族语言),教育文化水平落后,尚未完全接受工业化洗礼,这些现实因素和伦理难题为工作落实增加了难度,更强调了工程的实践智慧。为此,中方管理者与业主、员工建立了紧密的多元利益工程体,直面问题、团结协作、化解矛盾,均衡各方利益保障,实现了高效运转,赢得了良好的声誉。

3 亚吉铁路中工程师的多重责任

3.1 工程师的职业伦理责任

跨国工程中的职业伦理责任主要体现在工程师的母国与工程建设的东道国之间的伦理选择,集中体现在工程标准、货物采购等方面。

埃塞本土并没有现成的铁路建设标准,需要工程项目新建建设标准。工程师考虑到母国相关利益,在亚吉铁路设计中采用"中国标准"。这可以促使埃塞,乃至非洲其他国家也采用"中国标准"建设铁路,促进非洲铁路网的互联互通,并极大地推动中国铁路的标准国际化,有助于"中国制造"向"中国创造"的历史性转变。同时,工程师结合东道国的客观情况,根据自然环境、项目的基础条件、运量需求、社会经济发展水平及资金能力,在设计方案修改11 稿后,最终形成了符合母国和东道国伦理的科学专属方案。线路里程 756 km,客运时速120 km/h、货运时速 80 km/h,初期运能设计为 600 万 t/a,远期通过复线改造可将运量提升至 1300 万 t/a。亚吉铁路采用中国二级电气化铁路标准,全线铺设电气化双轨线,配备电气化运营设备。而同在非洲的肯尼亚蒙内铁路虽也采用中国标准,客运时速 120 km/h、货运时速 80 km/h,但铁路铺设的是内燃单线,使用的是内燃机系统,采用中国国铁一级标准进行施工设计,并预留电气化条件。

然而,在项目实施时,业主虽然认同和采用中国标准,但最初选取了一家瑞典工程咨询公司作为监理方。国际工程实践中,存在因标准体系、工程习惯差异而产生的反复和碰撞,这家瑞典公司在执行监理过程中,当中国标准高于欧美标准时则采用中国标准,当中国标准低于欧美标准时则要求采用欧美标准,导致项目设计运营内部不协调和成本提升。为推动项目顺利实施,实现标准执行的一致性,确保工程建设质量、安全、进度和投资目标的顺利实现,合理合法地扩大母国相关利益,在中方坚持和近一年的协调下,业主最终更换了监理单位,选择中国国际工程咨询公司、铁道第三勘查设计院组成的联合体作为业主代表,保证了中国标准在东道国的扎实落地和项目的顺利完成。

在保证职业操守的前提下,实现铁路运量和运能的协调发展也是职业伦理的体现。亚吉铁路工程师通过开展物流仓储、工业园、土地开发等投资项目,建设沿线经济带,培育市场,充实运量,受到各方好评。铁路还开通了蔬菜冷链运输和启动建设油品运输专线,调整货运结构,推进货运增量行动。从 2020 年 11 月起,亚吉铁路已经实现"每天开行 4 对货运列车"的目标,预计年度收入将达到 1 亿美元,运营成本约 7000 万美元。这意味着从 2021

年开始亚吉铁路将可实现运营收入和运营成本的现金流盈亏平衡,首次实现盈利。到 2023年,力争实现每天开行 6 对货运列车,实现年收入 7000 万美元[2],保证母国和东道国的投资收益,实现可持续发展。

3.2 工程师的社会伦理责任

工程师的社会伦理责任直接体现在工程项目所发挥的社会正外部性。就业是最大的民生,亚吉铁路直接带来了一大批工作岗位。中土埃塞公司在项目建设及运营过程中,以雇佣当地人为主,最大限度地带动当地就业,提升项目周边民众的劳动技能和收入水平,促进当地工业化和城镇化发展。亚吉铁路建设过程中,基层员工、施工管理工程师、安全质量控制工程师等岗位都尽可能雇佣当地员工,要求所有项目参建单位从当地招聘力工、瓦工、水电工等一线工人。亚吉铁路项目建设期间累计雇佣当地员工 2.8 万人以上,在吉布提雇佣当地员工 5000 人以上。除力工、钢筋工、模板工、司机等普通劳务工人外,还雇佣了大量当地高级雇员,项目公关部长、人力资源主管、法律顾问、工程师、财务、行政等高级雇员在当地员工中的占比约达 10%。亚吉铁路运营期间,为当地提供长期就业岗位 2836 个。

中土集团依托亚吉铁路建立亚吉模式,推动工业化与现代经济体系建设。亚吉模式可以概括为"建营一条铁路,带动一条经济带",即利用铁路建设促进经济带形成。其中,重点是利用工业园区进行产业集群发展,目前埃塞俄比亚 15 个工业园中的 10 个分布在铁路沿线或周边。亚吉铁路的建设和运营带动沿线工业园开发,同时工业园又为铁路带来更多货运量,形成铁路与产业联动发展、相互促进的有利格局,有效地促进了国际产能合作。其中最具代表性的工业园是阿瓦萨工业园(见图 2),被誉为"埃塞工业化发展的里程碑"。2015年 7 月,中土埃塞公司签约阿瓦萨工业园区项目一期工程,园区占地 130 hm²,内有标准化厂房 52 座,主要从事轻纺工业。

图 2　阿瓦萨工业园某工厂内部(图片来自中土埃塞公司)

亚吉铁路还从整体上促进了埃塞、吉布提两国的现代化转变。亚吉铁路根据吉埃两国之间的比较优势,进行有针对性的互联互通,既解决埃塞没有出海口的困境,又带来了吉布提港口货运量的提升,为两国的物流运输业、贸易金融业等多元化产业带来发展的可能,并实现吉埃一体化甚至整个东非地区的一体化的便利。但从细节来讲,亚吉铁路虽然激活了经济活力,但是也暴露或者放大了东道国法律法规的不完善,市场化、法治化营商环境的缺失,以及基础设施配套严重不足。由于亚吉铁路涉及多式联运,各种与运输手段的衔接不畅有着直接或间接关系的问题需要解决,吉埃两国的司法、执法、边防、海关、税务和边检等部门有待成为更好的服务主体,问题的逐一解决会促使更多的中国企业扎根吉埃,促进公路、机场、港口的高效互通,增加社会投资总量。

3.3　工程师的环境伦理责任

企业和工程师需要树立生态环境的伦理观,减少环境污染;合理开发和利用资源,强化生态保护。铁路建设施工期长,建设规模大,主体工程路基、临时房屋、施工场地、运输便道都需要占用大片土地,机械和施工都会对地表植物、土壤造成损害。如果遇到山岭、荒漠、冻土或自然保护区,选线不当或局部施工也会造成区域生态环境失调。除此之外,铁路运输也会对环境造成危害,如机车排放物对大气的污染。因此,工程师要格外注意铁路建设中的环境伦理问题。

作为非洲第一条电气化铁路,亚吉铁路很好地处理了铁路建设与环境保护之间的关系。推动铁路运输节能环保转向的重要举措就是"以电代油"。[3]与公路相比,亚吉铁路的用地仅为公路的1/2左右。亚吉铁路运输的能耗仅为公路运输的1/4~1/6,能减少大量的二氧化硫和氮氧化物排放。项目设计时,尽可能减少工程占地,重视沿线水环境保护和水土保持。采购相关设备时,充分考虑废气排放量符合国际标准,使用过程中定期检测,不合格设备及时维修或报废。工程建设时,过程严格按照要求取土、弃土,及时复垦、绿化;加强污水处理,结合当地实际情况采用化粪池处理后用于农田灌溉。

埃塞具有独特的生态系统,特别是野生动物资源丰富。在设计施工中,将绿色环保理念融入建设全过程,尽可能降低施工对环境的不利影响。比如,为减少工程对国家公园或保护区生态环境的影响,亚吉铁路在路线选址上避绕6个保护区,为动物建立"立交桥"1座。中土埃塞承建的亚吉铁路区段430 km总计约750余座涵洞,针对铁路沿线牛羊等家畜和骆驼等野生动物的通行情况,部分涵洞专门扩大了尺寸,成为专设的野生动物通道,确保野生动物可以安全通过,同时也保护了铁路的行车安全。

3.4　工程师的文化伦理责任

社会环境和文化背景影响着人们的生活价值观、文明程度和工作努力程度等方面,在欠发达地区,人们的文化和生活对企业和工程师跨国工程活动一般会产生不确定性影响。亚吉铁路的运营初期,国家和居民对铁路的认知甚少,沿线部落保持游牧习俗。周围人民原始的风俗观念、人文认知以及民族之间的历史因素,在与铁路运输的精细化管理和半军事化作风为特征的技术转移中,必然会出现各种不适应,甚至伦理方面的冲突。人畜及车辆自由穿越铁轨,当地员工时间观念薄弱,偷盗破坏行为难以根治,法律约束手段缺失,都对铁路的建设和运营产生了侵害。

亚吉铁路的工程师们面对冲突,首先尊重沿线住民的主人翁地位,主动了解其历史、宗教、文化等基本情况,通过加大宣传,将"爱路护路"的铁路安全理念延伸到周边部落,同时提前设计与之相适应的职业教育体系和人才队伍体系,还与东道国政府相结合,推动立法保护工程师权益。铁路发展是一个国家经济实力、社会发展与文明程度的体现,只有让人民真正享受到工业化的便利,经济得到发展,地区间的交往得到加强,形成更加和谐友善的社会,才是降低伦理冲突、实现跨越式发展的长久之计。

除日常跨文化交流外,中土集团还积极参与建立了教育项目,作为长期文化建设的一部分。2019 年,中国政府、吉布提政府、天津铁道职业技术学院、天津市第一商业学校和中土集团五方联合推动非洲首个鲁班工坊——吉布提"鲁班工坊"建成(见图 3)。在中国政府的资金支持下,中土集团承担了鲁班工坊的建设工作,在亚吉铁路那噶德车站建立了"鲁班工坊校外实训基地",为学生提供实习、就业机会。2018 年,中土集团还与吉布提工商学校签订了战略合作协议,旨在发挥工程优势,为吉布提工商学校教学设施的运行维护提供支持。吉布提鲁班工坊能够有效满足吉布提乃至周边国家的技术人才、产业工人需求;同时也将文化教育深入到工程师教育层面。

图 3 吉布提鲁班工坊外景(图片来自中土埃塞公司)

3.5 工程师的健康伦理责任

健康伦理是近年来逐步得到关注的伦理责任,特别是新冠疫情背景下的工程伦理尤需注意健康伦理。工程师需要为自己以及所在国际工程项目的东道国员工建设健康环境、完善健康保障。跨国工程项目不是公益性机构,不具有公益性质,需要以项目的正常生产生活为目的,措施包括明确企业责任、建立有利于维护健康的行政管理体制,在力所能及的范围内增进东道国的健康社会氛围。

随着新冠疫情的蔓延,工厂停工、学校停课、交通停运,埃塞全国进入紧急状态。根据当地疫情防控形势要求,亚吉铁路暂停客运服务。为了保障当地民生和经济,亚吉铁路始终保证货运畅通,协助埃塞抢运了 10 多万 t 化肥和小麦等急需物资,实现 2020 年上半年运营收入同比增长 51%,业主方为此专门发出长达 7 页的感谢信盛赞货运量不减反增的运输大动脉作用,感谢中方运营团队的出色表现。

在客运恢复后,亚吉铁路制定了完善的上岗作业防疫流程,除对内部员工进行核酸检测外,还强化体温检测、健康管理、消毒防疫等工作,并对沿线居民捐献必要医用物资。

4　具体情境下的伦理抉择

4.1　征地拆迁

征地拆迁是影响项目顺利施工的重要因素。埃塞俄比亚的土地归国家所有,据 2005 年颁布的《因公共目的土地持有权的征收及补偿支付法》,所有符合埃塞政府发展规划、通过埃塞政府机构批准的土地都受到约束。根据城市土地和农村土地性质的不同,征地补偿的标准和原则也不同。从伦理上来讲,工业化开发改变当地农户甚至游牧民族长期形成的传统习惯、社会关系和家园的归属感很难短时间重构。管理者的伦理责任一方面包括遵守征地程序,保证合理补偿;另一方面需区分东道国的国家利益与公众利益,实现与政府、利益相关群体、被征收人等最大化地协调关系,履行应尽的社会责任。

在亚吉铁路项目前期征地过程中,中方管理者遇到了各种矛盾。奥罗米亚州征地主要涉及一些农田征用以及房屋拆迁,农民不愿放弃农田,房主不愿离开住所。在阿法尔州和索马里州,征地除涉及房屋、田地外,还涉及牧民的放牧(征地阻断了牛、羊、骆驼的放牧路线)。为解决这些矛盾,管理者按片区逐一处理,与业主配合,联系各地区的政府官员或有声望的部落长者出面召集居民或部族成员开会,解释征地目的,告知赔偿金额。同时,也将一次性补偿和长期补偿结合在一起,充分考虑失地居民的重新安置,优先给被征地人员及其家人提供就业岗位,让他们能在铁路项目工作,获得工作技能。根据情况,管理者也会给征地附近村民提供生活用水、修路甚至修建学校,改善他们的基础生活条件。通过与业主、政府部门及部落长老的合作,征地问题逐步得到解决。

4.2　当地人力资源管理

劳动关系形成于劳动者与用人单位两个主体之间。"一带一路"沿线各国的劳动法规大都按照国际劳动标准执行,同时夹杂本国的特色条款。除此之外,劳动关系还与社会文化、价值取向相关。为避免出现旷工、罢工甚至游行抗议,需要管理者和劳动者共同遵守劳动合同,发挥业主或者当地政府的监督和保障作用。

初期大多当地员工不愿意加班,到点就要离岗,节假日必须休息。针对这种情况,管理者建立多劳多得制度,宣传多劳多得思想,使员工尽量适应高强度的工作节奏。中方管理者也始终遵守当地劳工法等相关法律规定,在周末或节假日有工作安排的情况下,或是给予当地员工法定加班工资,或是安排他们轮休,以保证工作正常进行。

为了促进当地人力资源的可持续发展,中方管理者定期组织专业技能培训,积极稳妥地协助业主方推进铁路相关能力建设。然而,34 名在中国学习列车驾驶的埃塞司机在回到埃塞之后,认为他们已经接受并通过了专业培训,达到了火车司机国际标准,在对工资涨幅不满意的情况下开始集体罢工。中方管理者积极尝试与司机们沟通,向埃塞司机解释公司工资标准及相关补助津贴标准,也希望他们认识到通过了培训并不意味着他们已经完全掌握了火车驾驶技术,后期仍需要不断学习。

但火车司机们始终拒绝与中方沟通。在此过程中,中方管理者及时与业主互相沟通详细情况,并向埃塞交通部报告了事情经过,得到业主和交通部的支持。业主认为中方管理者不应在此问题上妥协。埃塞交通部认为火车司机应遵守公司的制度,还表示不会干涉中方管理者的决定。同时中方改变策略,不再主动寻求与埃塞司机沟通。司机在业主和交通部连连碰壁,未得到他们想要的结果。时机成熟后,在业主法律部门的协助下,中方发布最后通牒,责令司机限期签订合同,恢复工作,否则雇佣关系将自动终止,公司将通过法律程序向司机本人及其担保人索赔所有相关的培训费用。

整个罢工过程持续近两个月,之后再未发生,而且工资涨幅依然按照公司标准执行,未作任何更改。在此次罢工结束一年之后,中方管理者根据市场情况,再次调整了埃塞火车司机的工资。

4.3 伦理决策的实践智慧:伦理关联主义

在全球化工程伦理中,伦理关联主义既避免完全按照当地习俗而无视国际法规与准则的伦理相对主义,也避免只依据母国规则而无视当地社情民意与环境的伦理绝对主义。中土埃塞采取较为灵活的伦理关联主义,"没有认死理"。在亚吉铁路征地问题上,虽然埃塞法律中明确土地属于国有,私人不具有土地所有权,但在实际工作中,当地社区反对大型基础设施建设的事件时有发生。如果根据伦理绝对主义,尊重法律不存在合理的例外,中土埃塞应向当地法院提起诉讼;如果根据伦理相对主义,中土埃塞需要顺从当地社区的潜规则。在此当地社区反对征地的情境下,中土埃塞既尊重当地社区的意愿,邀请部落长老,又将法律作为争取项目和土地权益的有力武器。在人力资源管理问题上,中土埃塞最初秉持尊重当地法律与风俗传统的理念,为劳资关系提供了较为宽松的土壤;但随着情势变化,中土埃塞逐渐转变了态度,对十分激进的火车司机采取了更为强势的态度。具体来说,情势变化在于火车司机拒绝中土埃塞提供的新条件,业主和交通部并不支持不合理诉求。也就是说,当诉求超出工程共同体所共享的伦理界限时,就为转变伦理决策提供了依据。

在更大的尺度来看,中国国际工程的业务结构也实现了从产业链低端到高端的升级。从劳务输出起步,采用"入乡随俗"的伦理相对主义;到总包或分包施工,关注公司与母国利益,"自我中心"的伦理绝对主义;再到全产业链输出的"共商共建"的伦理关联主义的发展。这样的转型与工程共同体的结构变化密切相关:在劳务输出阶段,中方主要作为工人参与工程共同体,对于重大伦理决策的影响较小,处于较为被动的状态;在分包施工和部分工程总包时,中方虽然扮演着工程共同体中工程师、管理者的多重角色,但工程共同体中当地组织参与不多,因此,中方常常为降本增效和管理方便,更倾向于与国内伦理标准保持一致,因此不时出现因工程伦理矛盾而产生的冲突;在"共商共建"阶段,由中方主导的工程共同体中吸纳了更多的当地政府部门与社区,中方也增加了投资者和战略合作者等新角色,更为丰富的工程共同体使得中方倾向于采取伦理关联主义。具体到中土埃塞,就是秉承"共商共建共享"原则,以"投建营一体化"模式参与亚吉铁路建设和运营,在铁路沿线参与投资和建设工业园区,带动沿线经济发展,打造亚吉铁路经济走廊,形成了以"建营一条铁路,带动一条经济带"为标志的发展模式,为实现埃塞工业化发展目标和吉布提"东非物流枢纽"的梦想贡献力量。只有帮助和融入埃塞和东非的整体发展,才能为公司自身提供更大的平台与成长空间。

5 结论与启示

亚吉铁路能够很好地体现全球化背景下中国工程共同体如何践行工程伦理。工程师的伦理责任是多方面的:亚吉铁路的工程师职业伦理责任主要体现在标准选择与实践;社会伦理责任既体现在解决埃塞、吉布提两国就业问题,更体现在推动两国经济社会实现现代化；环境伦理责任特别体现为环境友好施工,野生动物保护；文化伦理责任既包括日常跨文化交流,也包括建立长期文化项目；健康伦理责任在新冠疫情下格外凸显,主要表现在组织抗疫方面。

随着情境转换,企业所处的伦理立场也在不断发生变化。由最初的伦理相对主义转向伦理绝对主义,再转向如今的伦理关联主义,这与工程共同体的结构变化密切相关。如何将微观的个人工程伦理与中观的企业社会责任、宏观的"一带一路"倡议相结合是未来工程伦理国际化背景下应当进一步思考的问题。

6　思考题

(1) 当监理单位所秉持的标准与工程项目一如既往使用的标准相冲突时,工程师应当怎么做呢?

(2) 当地方习俗与国家法律相抵触时,工程师该怎么办呢?

(3) 工程伦理规范使用的相对主义、绝对主义和关联主义立场,哪一个在中国工程企业国际化过程中更为重要?

案例 13.1 使用说明

1　案例摘要

亚吉铁路是非洲第一条电气化铁路,是新时代的"坦赞铁路",是中非合作的历史性丰碑。亚吉铁路案例能够体现出工程伦理中多种责任与规范使用立场。案例从职业、社会、环境、文化、健康五方面分析工程师的多重伦理责任,并从征地拆迁与人力资源管理两个具体情境出发,讨论伦理规范的关联主义立场。案例能够展现工程伦理的非洲区域特色与国际化水平不断提高的时代特色。

2　课前准备

重点研读教材《工程伦理》(第 2 版)第 13 章"全球化视野中的工程伦理",特别是 13.2 节"工程实践全球化带来的伦理挑战"中关于工程师的多重责任,13.3 节"跨文化工程伦理规范的辨识与运用"。课前熟悉中国工程企业"走出去"的发展历程,"一带一路"倡议的提出背景、价值理念、内容步骤,以及近年中国工程企业在海外发展的经验与教训。重点梳理埃塞俄比亚的基本国情,中国埃塞合作在中非合作中的重要地位,亚吉铁路在非洲发展中的重要地位,中国土木工程集团在中国工程企业国际化过程中的重要地位。重点把握以下理论知识点：工程师在跨国工程建设中的多重伦理责任,投资人、管理者、工人等工程共同体在工程建设中的伦理责任、伦理规范运用及其立场。

3　教学目标

(1) 让学生全面熟悉理解"一带一路"倡议与中非合作、中国埃塞合作。

（2）让学生理解亚吉铁路及基础设施建设对非洲发展的重要意义。

（3）理解和思考工程师在工程国际化过程中可能的多重责任。

（4）理解和思考工程共同体的伦理责任。

（5）鼓励学生梳理、归纳、总结国际工程的伦理规范的使用以及使用立场。

4 分析的思路与要点

（1）逻辑思路

首先，介绍埃塞、吉布提的基本国情，交通对于工程所在国发展的制约作用，介绍亚吉铁路基本情况。其次，从职业、社会、环境、文化、健康等多方面分析工程师的伦理责任。再次，以征地拆迁与人力资源管理为具体情境，分析中土埃塞的国际工程伦理规范立场。最后，总结伦理责任与立场中的一般性问题与非洲特色。从而回答以下问题：

① 亚吉铁路建设过程中，工程师会承担哪些伦理责任？

② 中土埃塞如何使用伦理关联主义？如何综合判断伦理决策的情势变化？

③ 亚吉铁路的工程共同体与伦理立场之间存在何种关联？

（2）知识点与能力点

亚吉铁路；"一带一路"倡议；中非合作；伦理责任；伦理规范立场；中国工程企业国际化。

5 课堂安排

（1）时间安排

课前阅读亚吉铁路与"一带一路"倡议、埃塞俄比亚发展历程相关资料及案例资料 3 h，讲授 1 h，讨论 2 h。

（2）组织引导

第一，布置案例相关背景资料的学习，让学生初步了解以中国土木为代表的工程企业自 20 世纪 80 年代至今的"走出去"发展历程，了解中国基建企业国际化的基本做法、成功经验与不足之处。第二，在课堂上通过讲述亚吉铁路案例的具体情节，将职业、社会、环境、文化、健康五方面的工程师多重伦理责任与具体做法对应。第三，分析工程共同体概念，工程共同体在工程全球化中的伦理责任结构。第四，分析工程伦理规范的基本立场，分析讨论伦理关联主义的具体表现形式。课后，可安排学生调研参与"一带一路"建设的相关工程企业，并形成调研报告，进行课堂展示和交流。

参考文献

[1] 新华网. 埃塞交通部长称赞中企运营亚吉铁路成效显著[EB/OL]. (2020-09-18)[2022-03-25]. http://www.xinhuanet.com/2020-09/18/c_1126510723.htm.

[2] 戴军. 亚吉铁路：在疫情中提速的繁荣之路[N]. 光明日报，2020-09-20(8).

[3] 周新军. 铁路节能现状及技术改进路径[J]. 铁道工程学报，2008(11)：1-5.

案例 13.2 跨文化工程伦理冲突与化解——以肯尼亚 A104 市政公路工程项目为例

作者姓名：冉奥博[1]，张妙平[2]
作者单位：1 清华大学城市治理与可持续发展研究院，2 中国武夷实业股份有限公司
案例来源：作者根据实地访谈资料及相关文献撰写
案例真实性：真实

内容提要：肯尼亚是东非的重要国家，A104 公路是肯尼亚经济发展的重要通道，A104 项目是肯尼亚重点公路工程项目。该工程由中国武夷肯尼亚分公司承建，其作为跨文化工程，始终处于全球性与地域性的张力之中。本案例从地理空间与自然资源、社会发展状态、时代发展与民众心理等地域性，生态性、整体性、深远性等全球性两方面对 A104 项目进行伦理分析。在此基础上，阐述中国与肯尼亚之间由于自然环境、社会环境不同而产生的伦理规范差异。最后，聚焦资金风险高企、权力寻租两大重要伦理问题，分析工程实践中黄金法则的实际运用，从而在一定程度上指导跨文化工程实践。

关键词：工程伦理；伦理冲突；全球性与地域性；肯尼亚

1 项目背景

肯尼亚位于赤道与东非大裂谷交汇之处，被称为"东非十字架"。东部面朝印度洋，中部处于东非高原和东非大裂谷地带，西部濒临维多利亚湖，北部干旱少雨，南部潮湿多雨。自然地理条件复杂导致肯尼亚建设国内统一市场存在不少自然障碍，特别是横贯南北、骤降数百米的东非大裂谷给物流交通带来诸多不便。同时，因肯尼亚国内的制造业基础薄弱，大量工业制成品依靠进口，中西部广大内陆地区的大量物资需要从东部沿海地区运输。因此，肯尼亚东西方向交通连接的意义重大。

肯尼亚 A104 公路是连接肯尼亚东西部的大动脉，是肯尼亚首都内罗毕通往东非大裂谷区域、维多利亚湖区的主干道。内罗毕是肯尼亚首都和第一大城市，是肯尼亚的政治、经济、文化、金融、物流中心。内罗毕建立于 1899 年，其建立目的就是作为英国东非殖民地物资运输的重要补给站，负责沿海城市蒙巴萨到乌干达的铁路补给。物流转运是内罗毕城市的重要功能，大量物资由沿海港口到达内罗毕，再由内罗毕转运至全国各地。同时，A104 公路还是市郊地区居民前往内罗毕的重要通道，支撑着内罗毕城市的日常运转。A104 项目工段就是从内罗毕市区到市郊基安布郡，支撑着内罗毕乃至更大区域的发展。

A104 市政公路工程项目(以下简称"A104 项目"，见图 1)道路全长约 25.3 km，工期 36 个月，保修期 12 个月。主要施工内容包括土方工程、路面工程、桥梁工程、涵洞和雨水排水系统等。主要资金来源于国际开发协会，项目业主为肯尼亚政府，主管部门为国道局，信用为国家信用。合同价款为 164 亿肯尼亚先令，折合人民币约 10.7 亿元(按当时汇率)。国际开发协会是世界银行附属组织，专门面向最贫困国家提供发展融资和跨部门支持。项目总承包单位为中国武夷肯尼亚分公司(简称"中国武夷")。中国武夷早在 21 世纪初就进入肯尼亚市场，自 2006 年以来，在肯累计承接工程 61 项，涉足公路、市政、机场场道、工业工程等

图 1 　A104 项目现场图（图片来自 A104 项目部）

多个领域,累计合同额达 125.7 亿元人民币,获得 4 个鲁班奖、2 个国家优质工程奖,目前是肯尼亚中国经贸协会副理事长单位,是肯尼亚最具影响力的中资企业之一。

A104 项目实施面临诸多挑战。项目初期,项目运行情况较好。但因道路建设的征地拆迁并未得到业主保证,导致工程进度晚于计划,施工压力陡增。特别是由于肯尼亚财政状况恶化、寅吃卯粮,世界银行下属国际开发协会^①临时撤资,项目回款速度远小于预期,导致资金压力巨大。除此之外,A104 项目也遇到国际工程中的一般性困难。分析这些困难及其应对策略,既是工程实践的地域性、全球性相关的工程伦理议题,也是工程伦理冲突与协调的生动案例。

2　案例概述

2020 年 8 月 28 日,肯尼亚交通和基础设施部部长詹姆斯·马查瑞亚(James Macharia)一行视察中国武夷肯尼亚分公司 A104 项目,见图 2。詹姆斯部长感叹道:"在过去的两年内,因为政府在财政上遇到前所未有的挑战,导致征地拆迁无法解决,再遇上世界银行的临时撤资,所以承包商的工程款无法及时支付。中国武夷作为国际一流的承包商,他们的努力让我十分欣慰。从起点到终点,近 26 km 的路程,每 500 m 就有一个施工点,在这种情况下交通依然非常顺畅! 还有他们的施工管理水平和工程质量并未因征地和工程款问题而打折扣。"

征地和工程款问题只是 A104 项目在肯尼亚遭遇地域性挑战的集中体现。工程实践作为技术、社会等的集成性活动,在具体地域产生和进行,受到特定地域的影响。肯尼亚与中国在地理条件上存在巨大差异。肯尼亚大多数地区属于热带草原气候,分为雨季和旱季,雨季潮湿多雨、暴雨如注,旱季干燥少雨、阳光明媚。项目所在的大内罗毕地区全年温度变化不大,无冬夏之分。

---

① 　A104 项目的出资方原为国际开发协会。国际开发协会作为世界银行面向最不发达国家的平台,本身就是贫困国家与发达国家之间伙伴关系的重要组成部分。国际开发协会的资金来源是富裕成员国政府的捐款,和已从国际开发协会毕业的成员国的信贷还款金。资金由国际开发协会通过信贷方式,与世界银行贷款混合发放给肯尼亚政府,信贷部分不收取利息,且还款周期较长。

图 2　詹姆斯·马查瑞亚部长视察 A104 项目(图片来自 A104 项目部)

　　肯尼亚的社会状态与中国差异也较大。肯尼亚工人的价值取向中经济性较弱,维权意识强,较容易发生罢工;而中国国内工人经济性较强,倾向于获得更多物质报酬。当地社区对于项目增进社会福祉的期望较大,若未满足期望,极有可能激化社会矛盾。当地公众则希望从项目中获得更多利益,沿路设立摊位的小贩不愿意公路改造影响经营,沿途居民希望征地补偿更多,当地议员、酋长等希望利用工程博取政治与经济利益。而中国工程建设与当地居民的互动并不多,很大部分社会责任功能由属地政府承担。肯尼亚的非正规经济十分发达,依附于公路产生的非正规经济体量巨大。在 A104 道路的内罗毕出城路段,沿街聚集着大量半固定集市。这些集市虽未获得正规经营许可,但已经成为当地社区的重要组成部分。道路改造,特别是扩宽道路,会直接影响道路两旁的集市经营。

　　在国际工程中,由于参与角色的多元,发生场景的多元,工程整体性更加明显。工程影响的空间不仅局限于一地、一国,而是整个地球村。虽然 A104 项目在国际工程领域只是不起眼的公路改造项目,但它却是全球价值链、国际分工中的一个支撑部件。如前所述,A104公路是连接肯尼亚乃至东非地区的交通干道,担负着物资由东部沿海运往西部裂谷地区和维多利亚大湖区的重要使命。在国际价值链、分工链中,肯尼亚与东非其他国家处于全球分工和价值链的初级,大量原材料和初级加工产品从肯尼亚中西部和东非大湖区通过 A104道路运往东部沿海地区。大量海外进口的工业制成品、油品也通过 A104 道路运往内陆。同时,每年数以百万计的国际游客通过 A104 前往肯尼亚的各个国家公园,是肯尼亚通过旅游业创汇的重要基础设施。这条 25 km 的道路实际上也是全球化背景下的工程实践,深深地参与并支持着全球价值链的运转。

　　随着人类世(Anthropocene)的到来[1],工程实践的影响越来越深远。工程活动在改变自然的同时,也创造出一个新的人工世界。A104 项目是肯尼亚众多基础设施建设中的一项,但其代表的发展理念和经济转型是深远的。A104 项目是肯尼亚建设现代经济体系的一个缩影。非洲非正式就业占总就业的 85.8%,为世界之最[2],肯尼亚非正式就业也占总就业的 80%[3],非正规经济很难受到国家监管和保护,也很难创造税收。肯尼亚政府为打造现代经济体系,逐步引导非正规经济正规化,沿街集市会随着道路扩建而减小规模,交通条件改善也会使沿途地段吸引更多商业投资,打造更加正规的商场,近年来 A104 沿线的土地开发也证明了这一点。另外,包括基础设施在内的固定资产投资成为肯尼亚拉动国内经济发展的重要手段。[4]通过诸如 A104 项目等政府投资,可以有效缓解肯尼亚的高失业率问题。

A104 项目也是肯尼亚建设国内统一市场的一部分。由于部落政治、缺乏共同记忆、认同感不强等原因,肯尼亚自建国之初就饱受分裂主义困扰。[5]在经济上的主要表现就是尚未建立全国统一市场,比如郡县之间、城镇之间通常设置有路障用以检查物流、安全等问题,郡县之间、部落之间也存在着产品和用工的保护主义。另外,肯尼亚的马赛地区、图尔卡纳地区、马萨比特地区等与肯尼亚其他地区的经济联系非常弱。一个健全且高效的全国道路交通网络,是形成国内统一市场的重要物质基础。

3 中国与肯尼亚的地域规范差异

3.1 自然环境产生的规范差异

自然环境直接影响到施工组织。在进度安排上,项目通常会在旱季赶工,而在雨季相对放缓;在分项工程上,旱季时土方、结构、路面均可正常施工,但雨季时土方、路面施工会受到较大影响。近年来,气候变化严重影响 A104 项目的工程进度。正常情况下,肯尼亚一年两个雨季,4—6 月是大雨季,10—12 月是小雨季。但近年来,受气候变化影响,肯尼亚雨季、旱季变化无常。如 2019 年的大雨季降雨偏少,而小雨季则一直持续到 2020 年 2 月底。气候变化直接导致工期安排出现不确定性,影响到人员、物资、财务的整体调度。雨季延长直接导致工期滞后,为保证质量、防止后期路面返水,雨后需晒干路面一到两天。暴雨还造成一系列滑坡、塌陷、严重积水等次生灾害,导致 A104 项目工程作业量增大,成本上升。但在现行政策框架下,A104 项目无法因气候变化向业主提出索赔,也无法投保,这实质也是气候变化伦理学在具体实践中的一项缺失。

自然环境还影响了施工中的技术使用。如在我国国内混凝土需要分为高温和低温两种配比,但在大内罗毕地区由于全年气温变化不大,因此只需要一种混凝土配比,再根据材料的含水率调整水灰比即可。具有差异性的技术适用还存在被误认为是伦理失范的可能性。A104 项目原本依照国内常规比例调配混凝土,但在实践中发现原有配比不能达到项目要求的质量,后经实验室和工程部分析,发现肯尼亚当地生产的水泥中掺了 25% 以上的火山灰,原配合比中外加剂的掺比和成品的养护周期没有作相应的调整,导致高强度的混凝土不合格。

3.2 社会环境产生的规范差异

与社会系统相关的规范差异在 A104 项目中最为显著,进而产生重要伦理议题。中肯双方对工作的价值取向完全不同。中方员工实行年休制,周末无休,一年回国休假一个月,在肯工作期间除中、肯重要节日,一般没有假期;而 A104 项目肯方员工为单休。同时,中方员工均吃住在各个营地,对中方员工而言,需要长期保持工作状态。但对肯方员工而言,工作只是生活的一部分,工作与休息之间存在时间、空间上的分离。这一定程度上导致中肯双方员工对项目工作性质的认识存在差异。除工作安排外,对于工作的看法,中肯双方也截然不同。多数中方员工认为工作是为了获得物质回报,会尽可能通过劳动获取报酬。但肯方员工认为工作是为了生活,不希望通过加班获得额外补偿,且希望薪酬发放周期更短。

社区贡献在肯尼亚是重要的伦理规范,当地社区对 A104 项目社区发展促进作用的期望较高。包括肯尼亚在内的诸多非洲国家对企业经营的看法与中国有较大差异。肯尼亚当地社区认为企业已经成为当地社区的一分子,需要担负起社区发展的部分责任,企业经营行为虽然是市场行为,但应当在社区发展的整体框架之中,帮助社区是理所应当的。实际上斯科特早已指出,在资本主义市场形成以前,经济行为是嵌入社会关系的。[6]当地经济结构也处于现代经济体系与传统经济体系的混合阶段,当地社区并没有把企业经营行为看作完全的市场行为,而是道义经济行为。而中方认为 A104 项目实施完全是市场行为,履行企业社会责任和帮助当地社区,应当建立在保质保量完成工程的基础上,同时还需要实现项目盈利。虽然施工过程中 A104 也积极参与社区活动、义务救火、免费修筑道路,但中方并没有把融入当地社区作为项目建设的优先项。正如某中方员工所说,"基建企业就像是游牧民族,干完一个地方,就出发走向下一个地方。"这既是行业特征所决定的,也是东道国与本土国之间利益冲突所决定的。

尊重规则在肯尼亚同样非常重要,即使面临突发应急事故也不例外。如 2020 年 9 月 6 日下午 3:30 左右,项目机修营地对面的 Kikuyu 管道销售公司货仓发生火灾。因为 Kikuyu 管道销售公司的仓库内存放着易燃塑料制品,货仓右侧是一个加油站,因此情况十分危急,

图 3　2020 年 A104 项目部协助救火
(图片来自 A104 项目部)

在项目现场施工的中方工作人员准备立即救援。但正当现场工作人员向项目部报告时,办公室和社会安全环境部负责人让现场工作人员稍待片刻,他们认为志愿救火虽是好事,但仍需要主管部门和货仓所有者的同意。他们马上与 Kikuyu 次郡警察局和公司联系,并请求协助救火。征得同意后,项目部迅速组织了灭火队——一支救援小组、一辆雾炮车和四辆水车进行救火(见图 3),有效防止了火势向周边加油站、非正规住居蔓延。

4　重要伦理问题的冲突与处理

通常,工程实践中的黄金法则在实际运用中有"分析形势—判定后果—换位思考"3 个步骤:①分析形势,判定有哪几种可选择的行为方式;②判定各种可选择的行为方式的可能后果;③把自己置于受影响者的位置,自问是否愿意接受那些结果,如果不愿意,那么这种行为在道德上就是不可接受的。本案例在处理现金流风险问题和当地权力寻租问题上都采用了黄金法则,取得了较好的效果。

4.1　资金风险高企背景下的决策

资金风险高企是在跨国投资和工程建设过程中所面临的重大挑战,在撒哈拉以南非洲尤为严重。A104 项目工程共同体存在错综复杂的利益诉求,投资者存在极大不确定性,这与国内项目投资方多为稳定的公共部门的情况有着天壤之别。A104 项目的投资人原本是世行下属的国际开发协会,款项严格按照工程进度拨付;但由于其怀疑国道局工程款挪用、征地问题迟迟无法解决等原因,国际开发协会将投资人身份让渡给国道局。实际上,这里也存在着一项伦理议题。世行变更出资人的决策对 A104 项目部,而非肯尼亚国道局产生负面影响。项目工程进度缓慢的根本原因是肯尼亚政府部门造成的,A104 项目部迫于无奈

才放缓施工进度。而世行变更出资人后，直接将项目款项转交给国道局管理，反而使国道局受益。由于国道局需要在全国各地的国道项目中进行资金平衡，为在全国范围内实现资金有效利用和发挥财政杠杆作用，国道局期望尽量拉长放款周期，从而使得 A104 项目部受损。

资金平衡难特别是流动资金紧缺，与企业以经济效益为中心的利益导向是背道而驰的。这一冲突还不仅是甲乙双方的冲突，它至少涉及三方矛盾。第一，世界银行、国际开发协会与肯尼亚政府的矛盾。世界银行和国际开发协会作为原出资人，接到有关项目征地款挪用投诉，在 2018 年 12 月展开调查，并在调查结束后中止项目借款协议，直接导致项目款紧张。第二，肯尼亚国道局与施工单位之间也存在资金矛盾。肯尼亚国道局严重拖欠施工单位工程款，已经造成了施工单位运作困难，在油品、施工材料等方面都拖欠了三个月以上的款项。为了应对资金严重不足问题，施工单位还向国内总公司借款以保证项目正常运营。第三，世界银行、国际开发协会与项目部之间的矛盾，前者认为项目工期缓慢、项目进展不利。但实际问题症结在于业主未能完成征地拆迁，因 2017 年总统大选的停工耽误了施工方进度。实际上，业主将自身与出资人的矛盾转移了一部分到施工方。

除明面上的三组矛盾，还暗含着两个组织的内部矛盾。第一，肯尼亚国道局内部资金平衡矛盾。近年来肯尼亚大兴土木，特别是部分工程占用大量资金；同时肯尼亚财政收入并未有大幅提升，再加上疫情影响，收入锐减，从而导致肯尼亚整体财政情况紧张。肯尼亚国道局需要在全国诸多开工项目中进行内部平衡，也造成肯尼亚内部的利益矛盾，同时还在客观上创造了寻租环境。第二，中国武夷肯尼亚分公司内部利益平衡。中国武夷在肯尼亚同时开工有十数个项目，如何分配紧缺的公司和集团的资金、设备、人员也是一大难题。

在资金困难问题上，A104 项目部存在三种选项：一是停工停产，等待国道局拨付资金再启动；二是继续施工，使用项目部和集团自有资金先行垫付；三是两者兼之，放缓施工进度，选择部分停工的同时，也积极协调各方争取现金流。项目部与分公司共同研判了三种选项的可能后果。停工停产虽然看似最为合理，且负面影响由造成延迟原因的业主承担，但会严重激化业主方与项目部的矛盾。国道局的主要诉求是尽快完成工程，实现肯尼亚东西向交通干道通畅，停工停产与其诉求完全背离。除此之外，停工停产还会打乱已有的施工组织，造成延期交付，进而造成合同款赔偿。继续施工是难度最大的选项，对中国武夷的综合实力和项目部的综合协调能力要求较高。这对肯尼亚是益处最大的选择，但可能使国道局得陇望蜀。两者兼之是综合上述两种方法，都采取但适度。

针对复杂的利益冲突，A104 项目最终选择两者兼之的方案。研判过程中，项目部与分公司充分考虑国道局的感受。停工停产会造成国道局极大不满，预测国道局会对不限于 A104 的中国武夷在肯项目发难，可能产生负面社会舆论影响，并对整个公司在肯社会形象产生不良影响。同时，停工停产会严重影响施工安排，增加项目设备、人员的闲置成本。继续施工会对现金流产生巨大压力，但项目部与分公司站在国道局立场上，充分体谅其难处，更立足于中非合作与"一带一路"建设，认为 A104 道路是肯尼亚重要的民生工程、发展工程，继续施工对于肯尼亚普通民众的益处极大。另外，也考虑到自身已在肯扎根 30 余年，未来也将与国道局保持密切合作。但同时，也积极联系国道局，催促国道局缩短付款周期，并以停工和放缓施工作为谈判筹码。对于诞误工期和延迟还款造成的重大损失，项目部积极要求与业主进行合同变更、工期和费用索赔，以期获得补偿。项目部反复申请分公司与总部的资金支持,扩大了资金使用的缓冲区域。同时积极协调世界银行,利用世界银行向肯尼亚方面施压,以便尽快拿到工程款。采取一系列措施后,虽然这一利益冲突尚未完全解决,但目前也未完全爆发。

A104项目也给其他国际工程项目带来一些启示。第一,世行贷款项目一般被认为是高枕无忧的招牌项目,但也并非铁律。施工方要多方面考察项目,积极做好投资方、业主等多边会议工作。第二,高度重视征地拆迁问题,督促业主尽早完成,理想情况是将其作为开工的前提条件。在A104项目上,征地拆迁问题特别凸显。A104处于土地价格呈上涨趋势的环内罗毕地区,当地社区又是肯尼亚执政党的重要选区,征地谈判异常困难。因此,在选择项目时,国际工程公司要对项目实施的基础条件有一个整体判断,特别避免成为业主转移矛盾的接收方。

4.2　权力寻租背景下的决策

肯尼亚在一定程度上存在着权力寻租现象,A104项目也不例外。一些在当地有影响力的人士希望建立不正当的利益输送关系,这就使项目部陷入伦理两难困局。如果迎合这种行为,则既违反法律、伦理,又不利于企业在肯尼亚的长期可持续经营。但如果在任何方面都不能满足其要求,那么正常经营也会受到影响。为此,项目通过团队建设、授课咨询、节日庆典等活动,邀请监理、官员、警察等部分工程共同体成员参加,通过合法合理的方式进行多元补偿。

此时,项目部不仅要站在企业、当地政府角度,还要站在中国国家形象和肯尼亚普通民众角度考虑问题。满足当地部分腐败官员要求,虽然一时可以使得项目顺利进行,但长远来看,放松了自身要求,存在降低项目质量的可能性。作为"一带一路"倡议的响应者和建设者,任何一个中国公司、中国人都代表着国家形象,行贿会严重损害国家形象并形成不利于中国的国际舆论。同时,肯尼亚普通民众对腐败问题深恶痛绝,权力寻租不利于肯尼亚建设公平透明的营商环境,严重损害肯尼亚社会经济的长远利益。

2018年,项目部经历了一场混合着工作价值取向与不正当利益关系的冲突事件。当地某具有较大影响力的官员与项目部协商,希望由他推荐项目部原材料的供货商。但指定供货商的供应价格明显高出市场价格一大截,项目部断然拒绝了这一无理诉求。于是该官员立即发动当地工人举行罢工和当地群众进行游行,谎称项目部非法损害工人和当地社区利益。面对势如海潮的罢工形势,工程师和管理者们没有被吓到。首先,项目部邀请肯尼亚具有影响力的《星报》《旗帜报》等报社媒体,公开透明地对项目运作和罢工事件进行全方位报道,还原事实真相。其次,分批次约谈罢工工人,摆事实、讲道理,在已有三封警告信[①]和提前告知基础上,合法开除其中的顽固分子。最后,直面矛盾,与该官员进行谈判,对建立不正当关系图谋予以驳斥;同时,搜集证据将相关方的非法行为诉诸法律。最终,罢工事件以和平方式收尾,项目也以市场方式建立了其他正常供货关系。

5　结论与启示

工程实践是面向具体自然,认识和改造特定自然,形成人工物的过程。工程国际化必然

---

① 按照肯尼亚法律规定,为保护员工权益,只有在公司对某员工开出三封警告信的基础上,公司才能够开除该员工。

具有地域性和全球性的双重属性。在自然与人工之间的工程实践,同时受到两者地域性和全球性的影响。随着中国工程队伍走向全球,工程的全球性需要得到高度重视,要将工程实践置于全球发展趋势和特定国家发展形势中进行分析。除教材理论外,在本案例中,全球性自然现象特别是全球气候变化也对工程实践造成较大影响。地域性和全球性共同作用于国际工程,并引发工程全球化的诸多伦理议题,其中资金筹划与权力寻租是本案例的关键问题,也是跨文化工程实践的一个缩影。

在工程实践中,工程师们面对的冲突往往不是单向的,而是多维的、错综复杂的;A104项目就遭到了2018年索贿事件、2019年世界银行撤资事件、肯尼亚财政严重紧缩情况等一系列难题。面对伦理冲突与进行化解时,需要从多角度分析问题,厘清其中的利害关系。在工程全球化如此发达的今天,中国工程师们还需要不断身体力行推进工程在地化进程,设身处地把握和运用工程伦理,才会避免使自己陷入伦理困境中。

6 思考题

(1) 在工程施工建设中,若遭遇当地政府官员或者项目监理索贿,应当采取怎样的伦理立场和措施?

(2) 全球变化势不可挡,如何理解全球变化对工程伦理的冲击?

(3) 由资金引起的相关利益纠纷最为常见,在国际工程特别是非洲的国际工程中,如何从整体上控制因资金引发的工程伦理冲突?

案例 13.2 使用说明

1 案例摘要

肯尼亚是东非的重要国家,A104公路是肯尼亚经济发展的重要通道,A104项目是肯尼亚重点公路工程项目。该工程由中国武夷肯尼亚分公司承建,其作为跨文化工程始终处在全球性与地域性的张力之中。本案例从地理空间与自然资源、社会发展状态、时代发展与民众心理等地域性,生态性、整体性、深远性等全球性两方面对A104项目进行伦理分析。在此基础上,阐述中国与肯尼亚之间由于自然环境、社会环境不同而产生的伦理规范差异。最后,聚焦资金风险高企、权力寻租两大重要伦理问题,分析工程实践中黄金法则的实际运用,从而在一定程度上指导工程实践。

2 课前准备

重点研读教材《工程伦理》(第2版)第13章"全球化视野中的工程伦理",特别是13.1节"工程实践全球化的内涵与特征",13.2节"工程实践全球化带来的伦理挑战"。课前熟悉中国工程企业"走出去"的发展历程,"一带一路"战略的实施背景、价值理念、内容步骤,中非合作的历史发展与现状以及近年中国工程企业在海外发展的经验与教训。重点梳理肯尼亚的基本国情,中肯合作的主要内容,中资企业在肯尼亚的发展现状、优势与困境。重点把握中国工程企业在国际化、跨文化背景下的工程伦理内涵特点与具体实践,可能的伦理困境与解决措施。

3 教学目标

(1) 让学生全面熟悉"一带一路"倡议与中非合作的宏观背景。

(2) 让学生理解全球化工程实践的复杂性,特别是全球化工程中的全球性与地域性。

(3) 鼓励学生梳理、归纳、总结中国工程企业国际化过程中可能面临的工程伦理问题。

(4) 理解和思考中国工程企业全球化中的工程伦理议题。

(5) 理解和思考中国工程企业全球化中的工程伦理冲突和具体化解办法。

4 分析的思路与要点

(1) 逻辑思路

首先,介绍肯尼亚的基本国情,特别是交通相关情况,说明 A104 项目案例分析的价值。其次,从肯尼亚交通部部长视察项目并给予高度评价引出案例,从工程国际化过程中的全球性、地域性特色方面分析 A104 项目。最后,以资金难题与腐败问题为重点,分析项目部面临的伦理难题,以及如何利用黄金法则解决。从而回答以下问题:

① 全球化过程中,工程建设会迎来何种挑战?

② 工程全球化过程中可能存在哪些伦理议题和冲突?

③ 如何使用黄金法则处理工程实践中的问题以及相关伦理冲突?

(2) 知识点与能力点

工程国际化;全球性;地域性;伦理冲突;工程伦理冲突化解;中非合作;肯尼亚。

5 课堂安排

(1) 时间安排

课前阅读肯尼亚与中非合作相关资料及案例资料 3 h,讲授 1 h,讨论 2 h。

(2) 组织引导

第一,布置肯尼亚与中非合作相关背景资料的学习,让学生初步了解肯尼亚的基本国情和中非合作现状,以中国武夷集团为代表的工程企业"走出去"的历程,对中国工程企业在肯尼亚的现状有概括性了解。第二,在课堂上通过讲述案例的具体情节,集中说明案例项目的特殊性与重要性。第三,梳理全球性、地域性在工程国际化过程中的具体表现,分析全球性与地域性张力之间的工程伦理议题,研究伦理冲突及其化解之道。第四,总结反思教材中相应部分内容。课后,可安排学生调研参与"一带一路"建设的相关工程企业,并形成调研报告,进行课堂展示和交流。

参考文献

［1］ WATERS C N,ZALASIEWICZ J,SUMMERHAYES C,et al. The Anthropocene is functionally and stratigraphically distinct from the Holocene[J/OL]. Science,2016,351(6269),aad2622[2022-03-24]. https://www. science. org/doi/10. 1126/science. aad2622.

［2］ African Development Bank. From debt resolution to growth：the road ahead for Africa[R/OL]. (2021-03-12)[2022-08-21]. https://www. afdb. org/en/documents/african-economic-outlook-2021.

［3］ OMOLO J. The dynamics and trends of employment in Kenya[M]. Nairobi：Institute of Economic Affairs,2010.

［4］ NJIRU E W,SIMIYU J M,BUNDE A O. Effect of government infrastructure investment on economic growth in Kenya[J]. Journal of economics and sustainable development,2020,11(4)：77-86.

［5］ HINO H,LANGER A,LONSDALE J,STEWART F. From divided pasts to cohesive futures：Reflections on Africa[M]. Cambridge：Cambridge University Press,2019.

［6］ 斯科特. 农民的道义经济学[M]. 程立显,刘建,等译. 北京：译林出版社,2001.

案例 13.3　传音手机出海非洲的成功之路①

作者姓名：何菁¹,周颖²
作者单位：1 南京林业大学高等教育研究所,2 南京林业大学机械电子工程学院
案例来源：作者根据网络及媒体的新闻报道撰写
案例真实性：真实

内容提要：2006 年 7 月,深圳传音控股股份有限公司(简称"传音控股")成立。由于中国手机市场中国际化品牌互相拼杀,国产品牌生存空间有限,传音控股开启了拓土非洲市场的发展之路。立足"中国科技品牌出海"这一定位,传音控股告别急功近利的增长模式,在非洲当地进行了大量的实地考察与调研,通过本土化创新的产品满足当地消费者多元化的需求。根据互联网数据中心(Internet Data Center,IDC)统计数据,从全球全品类手机出货量及市场占有率来看,2021 年,传音控股手机整体出货量约 1.97 亿部,全球市场占有率达12.4%,在全球手机品牌厂商中名列第三,其中智能机在全球智能机市场中的占有率排名第六;在非洲智能机市场的占有率超过 40%,继续巩固和扩大非洲第一的领先优势,是当之无愧的"非洲之王"。

关键词：传音控股;中国科技品牌出海;本土化创新;多元文化;民众需求

1　引言

2006 年,传音控股在中国香港成立。成立初期,传音也短暂走过代工的路子,但考虑到自身的竞争优势并不明显,决定放弃国内市场,将目标转向同样需要发展且需求量大的非洲。2008 年,传音正式启动自主品牌战略。经过十多年的本地化经营,在全球新兴市场手机行业中,传音公司已成为不容忽视的中坚力量。2021 年,传音手机以 1.97 亿部的出货量,占据超过四成的非洲智能手机市场,位列非洲市场总份额第一。传音旗下三大手机品牌TECNO、itel、Infinix 连续多年上榜"最受非洲消费者喜爱的品牌"百强榜单。

2　相关背景介绍

2.1　用户迅速增长的非洲手机市场

2005 年以来,非洲手机市场迎来了发展热潮,尤其撒哈拉以南非洲地区经济逐渐向好,人口增长迅速。非洲主要国家的手机市场在迅速扩大,但其基础设施建设相比世界其他地区仍较为落后,手机普及率尚未达到 100%。所以在中国手机市场逐渐趋于饱和的时候,非洲成为全球手机最强劲的驱动市场。

得益于非洲各国不断加大的 ICT 基础设施投资,非洲整体网络覆盖率有了很大提升,非洲成为全球移动通信发展最快的地区和第二大移动终端市场。根据国际电信联盟(ITU)

①　本案例为国家社科基金重大项目"中国工程实践的伦理形态学研究"(15ZDB015)阶段性成果。

的数据,2021 年非洲近九成人口可以使用移动宽带网络,72% 的人口生活在有 3G 和 4G 信号覆盖的范围内;截至 2021 年 10 月,非洲整体网民数量超过 5.8 亿人,互联网普及率达到 33%。

2.2 深圳传音控股股份有限公司

深圳传音控股股份有限公司(前身传音科技)2006 年 7 月成立于香港,是一家"为用户提供优质的以手机为核心的多品牌智能终端,并基于自主研发的智能终端操作系统和流量入口,为用户提供移动互联网服务"的高新技术企业。2008 年,公司开始进军非洲手机市场,明确了"聚焦非洲、打造品牌"的战略;2016 年,传音正式进军印度市场,之后又拓展到孟加拉、巴基斯坦等南亚地区和中东地区。传音控股旗下"拥有新兴市场知名手机品牌 TECNO、itel 及 Infinix,还包括数码配件品牌 oraimo、家用电器品牌 Syinix 以及售后服务品牌 Carlcare"(来自传音官网介绍)。同时,传音与网易等多家国内领先的互联网公司,在音乐、游戏、短视频、内容聚合及其他应用领域进行出海战略合作,包括非洲最大的音乐流媒体平台 Boomplay、新闻聚合应用 Scooper 和短视频应用 Vskit。据 IDC 数据,传音在非洲智能机市场的占有率从 2019 年的 36.9% 增长至 2020 年的 40%;2021 年第四季度,这一数据被提高到 47.9%,在非洲功能手机市场占有率达到 78%。

3 案例概述

3.1 理性入场,从"农村包围城市"

2006 年 7 月,深圳传音控股股份有限公司成立。当时,诺基亚、摩托罗拉、西门子等大牌手机公司牢牢占据国内手机市场,而国内其他手机品牌,如华为、小米,尚处在幼稚产业阶段,难以与这些国际品牌大鳄相较量,像传音这样的新生国产品牌生存空间更是有限;而欧美等发达国家的手机市场也基本是三星、诺基亚和苹果"三分天下"。传音的创始人竺兆江在考察中发现,贫穷的非洲地区手机的普及率很低,当地人的生活配套水平与国内至少差了10 年。因此,2008 年 7 月,传音选择避开竞争激烈的国内及欧美市场,进军非洲新兴市场。

初入非洲的传音在非洲缺乏知名度,为了树立品牌形象,传音选择了"从农村包围城市"的战略——走进贫穷的地区,在目之所及的各个渠道不断打广告——不仅上电视,就连路边电线杆都不放过;从内罗毕的机场道路到坎帕拉的贫民窟,从肯尼亚的边境小城 Kisii 到卢旺达的旅游城市 Rubevu,只要有墙的地方,就少不了传音 TECNO 的墙体广告。本地供应商和代理商合作,建立起多重的、强大又接地气的销售网络。

3.2 深度本土化,找准用户需求

当三星、诺基亚等品牌在非洲只做"国际标准"产品时,传音开始积极体察当地用户的需求,决定通过研究非洲当地人的消费习惯和需求特性,打造非洲人民买得起又用得好的手机。

(1) 物美价廉,符合当地购买力

由于经济发展水平低,非洲当时还处于 2G、3G 时代,手机市场以功能机为主,智能手机的渗透率较低。近年来,随着基建水平的提升,手机市场开始逐渐由功能机向智能机过渡,

消费者加快了手机迭代速度。传音抓住了非洲市场智能机渗透率不高的特点,通过本土化的设计以及适合当地的价格开拓市场。功能机平均售价为 66 元人民币,智能机平均售价为 454 元人民币,最新 5G 智能机售价 1786~1914 元人民币(2022 年数据)。总体价格水平低于其他品牌同性能手机,但实用性却大大超过其他品牌,让传音的手机用户迅速遍及了非洲大大小小的村落。

2022 年 7 月,传音发布 infinix Note 12 Pro 4G 新机,该款手机配备了一块 6.7 英寸的 AMOLED 水滴屏,后盖采用一大块圆形摄像模组设计;后摄组包含一颗 108MP 主摄,还有两颗 2MP 辅摄,前摄为 16MP,f/2.0。售价为 199 美元,约合人民币 1300 元。

(2) 因地制宜,以创新满足非洲当地需求

在非洲,为了应对激烈的市场竞争,很多国家的移动运营商免费向消费者赠送带有通话时长和数据流量的 SIM 卡。因此,许多非洲民众拥有多张 SIM 卡以便在信号不好时使用和减少通信费用,却没有经济能力购买多部手机。刚到非洲的传音发现,当时市场上售卖的品牌如三星和诺基亚都只有单卡手机。传音注意到这个消费特点,率先在非洲推出了双卡手机,凭借看似天方夜谭的"创新",为传音手机立足非洲打下了基础。2008 年 12 月,传音将双卡手机升级,推出四卡手机 TECNO 4Runner,打破了非洲移动运营商之间的壁垒。又由于在中非乃至整个非洲大陆缺少电力供应,传音推出具有"火箭充电"技术的手机,充电半小时能用 7 h,巨大的电池容量可以保证超长待机半个月。此外,针对许多非洲民众暂时用不起智能手机的现状,传音开发了跨所有手机平台的即时聊天工具 Palmchat。

酷爱拍照的非洲人因为肤色较深,用常规手机难以捕捉到人脸,在晚上更是拍不清自己的面部。对于这项非洲民众非常看重的功能,传音要解决的不仅仅是技术问题,更是能否用一颗同理心去真正感受非洲民众对美的定义与需求。传音通过搜集、比较当地人照片,分析、理解和精准捕捉他们的审美喜好,最终发现非洲民众拍照美颜时,并非一味追求白皙,而是希望能够在保留其自身肤色真实性的基础上发展出适宜深肤色的美肤模式。传音开发并推出"智能美黑"拍照功能,通过脸部轮廓、曝光补偿、成像效果的分析调校,以眼睛和牙齿来定位,增强人脸辨识精确度,不仅解决了黑色肤质照像的难题,还让非洲民众的微笑别具 3D 魅力。

非洲人喜爱唱哥跳舞,重视手机的音乐播放功能。传音手机深入挖掘如何提升手机的扬声效果。2016 年 3 月,TECNO 旗舰产品音乐手机 Boom J8 上市,Boom J8 手机采用噪声消除技术,即便是在嘈杂的街头,传音手机的低音炮功能也让用户及周围的民众听得一清二楚。非洲民众喜欢用手机听歌,但具有大量非洲本地曲库的音乐播放平台屈指可数,Boom play 因此应运而生。Boomplay 是一款由传音与网易合资开发、以大音乐集团为依托的音乐产品。截至 2022 年 3 月,该平台以 2.1 亿用户数、6800 万 MAU(月活跃用户人数)占据非洲市场第一。为了适应当地环境,传音还为手机加入防汗、防尘、防摔等特性。

为契合非洲用户需求,传音孵化出多个移动互联产品和平台应用服务,包括应用商店 Palmstore、新闻聚合应用 Scooper、游戏中心 AHA Games、综合内容分发应用 Phoenix、数据流量工具 SIMO 等。截至 2022 年 3 月,短视频平台 Vskit 拥有 3000 万 DAU(日活跃用户),广泛覆盖撒哈拉以南的非洲国家,在尼日利亚谷歌应用商店的娱乐类 APP 下载量排名中位居第一,被誉为"非洲版抖音"。

3.3 品牌层次化，入乡随俗寻求多元化发展

近年来，随着非洲 GDP 的逐年提高，多家手机巨头纷纷布局非洲市场，非洲手机市场逐步转向智能机。据 IDC 的统计数据，2014 年非洲智能手机整体增长了 108%。此时正值"一带一路"全面推进阶段，小米、OPPO、vivo 等国内企业纷纷入局。面对激烈的市场竞争，以功能机起家的传音根据目标市场情况以及非洲消费者的不同需求，及时调整产品结构（由低端到高端，功能机和智能机并举发展），进行产品转型，建立起入乡随俗的分层次多元化发展、多品牌策略。

2018 年，传音旗下共有 TECNO（大众智能机）、itel（低端功能机）、Infinix（高端智能机）和 Spice（介于功能型与智能手机之间）四个手机品牌，以及售后服务品牌 Carlcare、手机配件品牌 Oraimo 和家电品牌 Syinix，构成了"高低通吃"的品牌矩阵。其中，主流品牌 TECNO 定位中高端，产品遍布功能机和智能机；itel 进一步抢占中低端市场；定位新潮的年轻消费群体的 Infinix 则着重差异化和科技感。此外，传音凭借在非洲市场多年积累的资源和客户群，在继续保持手机品牌创新外，还开始涉足小家电及照明产品。

3.4 融入当地文化，积极履行社会责任

"共创·共享"（together we can）是传音的核心价值观。传音集团副总裁阿里夫·乔杜里（Arif Chowdhury）说，传音不仅在当地建立采购供应渠道和产业体系，还通过投资建厂，雇佣本地人带动就业，和当地的供应商建立起了牢固而良好的伙伴关系。除此之外，传音还因地制宜启动了一系列企业社会责任项目（CSR programs）。

2011 年，传音在埃塞俄比亚设立组装工厂，生产手机及家电产品，到 2017 年，这家工厂已雇用了 1600 多名当地员工，员工本地化率在 90% 以上，同时在某种程度上带动了基础设施建设；产品不仅满足本地用户的消费需求，还辐射邻近的东非国家，成为当地出口创汇企业。据传音官网介绍，传音在全球设立多个生产制造中心，包括中国、埃塞俄比亚、印度、孟加拉国等，在"本地化"战略进行的同时也树立了良好的企业形象。

在与供应商、代理商的合作方面，传音重视渠道与售后，但更注重与合作伙伴建立良好的互惠关系。阿里夫说："为了实现协同发展，我们会把自己的经验分享给我们当地的供应商与合作伙伴。"肯尼亚广告商姆瓦莱就是传音众多当地合作伙伴中的代表，他与传音共同成长，从合作之初没有正式的办公地址，到如今跻身肯尼亚广告公司前十，业务还成功拓展到其他非洲国家。传音的发展积极带动当地合作伙伴共同成长，惠及产业包括零售批发、售后服务、广告业、物流和金融等。

"义利相兼、以义为先。"在扎根非洲发展的同时，传音也不忘发挥自己的企业社会责任，积极融入本地社区，捐助奖学金、铺设路灯管线、捐助物资等，真正与非洲人民交之以心、换之以情。在非洲的传音员工还自发组建志愿者群，每月前往非洲当地贫民窟、孤儿院为孩子们提供所需，以爱陪伴他们成长。2020 年年初新冠疫情全球暴发后，传音与非洲当地政府及民众同气连枝，为当地医疗卫生机构、所在社区及急需帮助的困难人群捐赠食物及口罩、酒精和额温枪等紧缺防疫物品，以实际行动驰援海外国家的疫情防控工作。2020 年 6 月，传音与联合国难民署达成重要合作，帮助非洲难民儿童改善教育条件，获得更多受教育机会。2022 年 6 月 20 日，传音控股宣布再次与联合国难民署合作，支持难民高等教育奖学金

项目,旨在为非洲难民青年提供高等教育和就业机会。

4　伦理分析

4.1　产业转移中寻求"保持自我"与"适应他人"之间的平衡点——义利相兼

通俗地讲,产业转移指的是企业将产品生产的部分或全部由原生产地转移到其他地区的经济现象,通常是由相对发达的区域向欠发达区域转移。传音"出海"非洲是我国手机制造业国际产业转移的典型案例,它呈现出中国企业"出海"既是一种工程活动,也是一种经济活动,更是一种文化活动——"出海"让中国企业处在一个多元和异质的文化环境中,必然会面临我国伦理文化与东道国及其他合作国家伦理文化的不断碰撞,这种碰撞常常引发跨文化伦理冲突,它既可能表现为不相协调的文化、规范、标准和法律之间的冲突,也可能表现为我国和东道国、合作国家相对的利益与价值冲突。

2010 年,TECNO 跻身非洲智能手机前三甲;2011 年 9 月,传音开始在埃塞俄比亚投资设厂。建厂后不久,当地政府由于对手机生产行业不了解,税收政策制定得不合理。为此,传音邀请埃塞俄比亚政府官员和行业人士到深圳考察。考察团回国后,埃塞俄比亚政府调整了相关政策,扶持当地手机产业发展,传音在当地运营也由此获得更有利的政策环境。2017 年 11 月,《环球时报》曾刊发专栏文章指出,许多中国企业在融入当地文化方面面临着重重困难,这不仅导致中国企业在非洲的发展受到掣肘,更不利于中非双方实现互利友好、共同繁荣的美好愿景。但是传音与非洲很好地融入在了一起,也为非洲兄弟提供了大量就业岗位(截至 2017 年,传音在埃塞俄比亚的工厂雇用了 1600 多名当地员工)。埃塞俄比亚工业部副部长曾说,传音是埃塞俄比亚有史以来,第一家将产品出口到海外,帮埃塞俄比亚赚外汇的公司。[1]

一般来说,义利矛盾是任何经济形态与经济体制都存在的矛盾,以企业跨国经营为现实物化载体的中国工程实践也不例外。但是,"一带一路"传承并复兴的丝路精神本身就带有中国传统文化"正其谊不谋其利"的烙印。传音在埃塞经营发展的实践坚持"义利相兼"原则——顺应和平、发展、合作、共赢的时代潮流,秉承共商、共享、共建原则,义利兼顾,既要获得一定的经济利益,达到企业属地化持续发展的目的;更以自身技术、资本、经营、管理和人力资源优势,支持东道国各项基础设施,改善民生和社会经济环境。

4.2　以同理心真正感受非洲民众的需求

非洲是"一带一路"倡议的重要参与方,传音在以手机业务开启非洲市场之初就确立了"聚焦非洲"的发展战略。在"全球化视野、本地化执行"的精神下,传音通过不断倾听、挖掘非洲市场的真正需求,为非洲民众"量身定制"以手机为核心的智能终端产品和移动互联网服务,用诚心和品质赢得本地消费者的认可。

传音创造性地利用机器学习,把握非洲人面部的肤色肤质及五官特征点,帮助非洲民众在暗弱光场景下也能拍出清晰自然、真实美观的照片。这项非洲民众非常看重的功能,传音要解决的不仅仅是技术问题,更是能否用一颗同理心去真正感受非洲民众对美的定义与需求。作为心理学概念的"同理心"(empathy)泛指心理换位、将心比心,亦即设身处地地对他人的情绪和情感的认知性的觉知、把握与理解。在传音的跨文化经营中,简单来说,同理心就是将心比心。为了实现这个目标，传音团队大量采集非洲当地人的照片进行数据分析，理解和精准捕捉他们的审美喜好。基于大量的调研和对非洲民众审美需求的尊重，传音在保留非洲人肤色真实性的基础上创新发展出适宜深肤色的"黑得有层次、黑得有光泽"的美肤模式。而这一影像技术的成功突破，仰赖于传音团队真切地走近非洲用户，去研究与理解他们的美以及对美的追求。

在企业的跨文化交流与实践中，同理心尤其指在理解问题和对外交往过程中，能够以较为超脱自我的、富于同理心（换位思考）的态度和方式，与他人展开对话和合作，而不仅仅是自我立场、自我目标、自我利益、自我方式的宣讲和表述。从传音开发美黑自拍功能来看，以手机作为媒介的文化交流的过程不仅在于展示、说明自己，也在于欣赏、聆听他人，理解非洲民众对美的定义与生活展示的需求。"一带一路"不仅是促进沿线国家设施联通、贸易畅通、资金融通的开放的经济合作平台，更是文化互鉴、民心相通的人文交流平台。传音聚焦"一带一路"的新兴非洲市场，以本土化经营深入了解目标市场民情民意，重视当地消费者对产品的功能需求和使用体验，并根据当地环境和消费者特点设计生产有当地特色的产品，以创新服务不断增强文化融合，以合作寻求共赢，在交集中实现互通互赢。

4.3　以本土化创新提高企业的核心竞争力

为深耕非洲市场，提高企业的核心竞争力，传音聚焦非洲民众的消费承受能力及偏好，其研发成果高度契合非洲各国市场需求，包括黑人肤色摄像技术、夜间拍照捕捉技术、暗处人脸识别解锁等。为了使消费者可以随时复播喜欢的电台节目，传音为 FM 附加了可内录功能；针对非洲民众会随身携带多张 SIM 卡的现象，传音推出了双卡双待甚至多卡多待的手机；针对不同区域对待机时长的差异要求，传音还能够对特定手机低频使用时段的耗电进行调控；针对非洲国家局部地区经常停电、早晚温差大、使用者手部汗液多等问题，传音还针对性地研制了低成本高压快充技术、超长待机、环境温度检测的电流控制技术和防汗液 USB 端口等。

自深耕非洲以来，传音一直着力为非洲民众提供优质的以手机为核心的多品牌智能终端。结合行业技术发展趋势及在非洲积累的大量用户基础、数据资源，一是在技术上持续深耕深肤色摄像领域，2021 年，其 TECNO 品牌终端设备发布了 RGBW/G＋P 技术、安卓系统首款 Sensor Shift 防抖技术及伸缩镜头技术。二是将国内领先的移动互联网技术融入传音手机操作系统开发之中，截至 2021 年，传音 OS 已成为非洲等全球主要新兴市场的主流操作系统之一；并根据非洲市场流量、资源不足等情况，自主研发了流量节省技术、客户端/服务端多级缓存技术、资源差异化配置等技术，帮助用户改善移动网络使用体验。三是基于 Android 系统平台二次开发、深度定制 OS 操作系统，围绕传音 OS，打造应用商店、游戏中心、广告分发平台和手机管家等应用程序。四是与网易、腾讯、阅文集团等多家国内领先的互联网公司，在音乐、游戏、短视频、内容聚合、线上阅读等领域进行出海战略合作，共同组建合资公司，积极开发和孵化移动互联网产品。截至 2020 年 3 月 26 日，传音公司已合作开发多款月活跃用户超过 1000 万人的应用程序。此外，将中国的市场营销模式与当地的用户特点相结合，传音在营销和管理上不断进行符合当地实际情况的创新。比如，推出"买机送鸡""评劳模"等有效措施，将自己的整个商业行为嵌入当地的社会网络中，甚至改变当地人的观念。

4.4　尊重和理解非洲文化,与非洲合作伙伴相融共生

非洲由 50 多个国家组成,每个国家的经济、政治、文化、关税、语言等都不尽相同,但是多年扎根非洲的传音对非洲的文化有着深刻的理解和尊重。传音每年在非洲举办多种活动促进中非文化交流,积极开展非洲当地员工培训、困难员工救助、爱心慈善等活动,与非洲当地居民构建了和谐友善的合作关系。

在渠道和营销方面,首先是铺天盖地的广告,从电视到刷墙,将存在感刷到了极致,有网友吐槽称"由于传音的涂墙运动,油漆生产成为当下非洲最热门的行业"。其次是找到了被大品牌冷落的经销商们,在利益和价格上为他们提供很大优惠。据称,每一个与传音合作的代理商都发了财,即便是平均售价只有不到 66 美元一台的功能机,传音也给代理商留下了不错的利润空间。最初传音去非洲开拓市场,中方的工作人员不用当地人安排酒店,谈完事情打个地铺就睡了,这种办实事的质朴风格赢得了当地人的尊重和敬意,也让非洲人对传音产生了文化认同感,甚至相当一部分民众认为 TECNO 是本地品牌。

传音尊重印巴人对非洲的情怀,行政管理采用以本地为主、中方配合的管理模式,传音惠州自建工厂组织供应链,并在埃塞俄比亚自建工厂深入本地制造环节,不断地连接和维系以印度人和巴基斯坦人为圈子的行业分销网络,比如传音副总裁阿里夫·乔杜里(Arif Chowdhury)就是孟加拉人。传音东非零售业务多以印度和巴基斯坦人为主,仅在西非区域以中国或者当地人为主。

4.5　积极践履企业社会责任

在扎根非洲发展的同时,传音也不忘践行企业社会责任,积极为非洲当地捐助奖学金、铺设路灯管线、捐助物资等;传音员工还自发组建志愿者群,每月前往非洲当地贫民窟、孤儿院为孩子们提供所需的教育及生活用品。2020 年 6 月,传音宣布与联合国难民署达成新的合作伙伴关系,旨在改善非洲难民儿童的教育条件,使他们获得更多受教育的机会。据中国新闻网报道,传音与联合国难民署合作的第一阶段项目将在肯尼亚展开。通过与联合国难民署的合作,传音将帮助超过 6700 名来自肯尼亚达达布难民营的儿童改善教育现状,在课本教材、学习及考试经费、校服等基础需求方面提供资金支持,并鼓励他们通过持续学习获得接受高等教育的机会。

此外,由于受 2020 年全球新冠疫情的影响,非洲地区的儿童教育和医疗资源均面临着巨大压力,传音旗下 TECNO 品牌还捐赠了 5 万只口罩及一批平板电脑,用于帮助联合国难民署在难民营的疫情防控工作及恢复孩子们的教育。

5　结论与启示

中国工程"走出去"既是制造业、装备等产品和富裕产能的输出,也是技术和资本的输出,更是中国文明与异文化的互动与融合的过程。可以说,在"一带一路"战略的推动下,中国工程正在进入"走出去的新常态"。"走出去"的中国企业要想立足东道国拓展海外市场,并在国际经营中获得可持续发展,仅仅考虑如何获取更大利润等"硬"利益是远远不够的,还必须考虑如何跨越文化障碍,提高其跨文化伦理竞争力等"软"利益。具体来说,应考虑:如何以中国伦理智慧的圆融,找准"保持自我"与"适应他人"之间的平衡点,既把中西方文化的精华

结合起来用于项目属地化的运营、实施和管理,又坚持工程质量与技术标准的统一;如何以中国文化的包容,既能入乡随俗,遵守东道国的法律、制度和规范以及国际通行的"游戏规则",又能承担起企业的社会责任和工程师的职业责任,诚信公正,体现负责任大国的道义精神。

哈里斯所著的《工程伦理:概念和案例》中提出的"超文化规范"只能为中国工程跨文化实践提供部分原则性的伦理指南,面向"一带一路"的中国工程跨文化实践的伦理内容必须推陈出新,即在中西文化互鉴中坚守"人类共同价值"①理念,传承中国传统的义利相兼、和而不同、务实有为、诚朴尽责的价值观,并赋予其在跨文化工程实践中的现代性意涵;注意在跨文化实践中兼顾文化的多元性、文明的多样性和不同国家、民族的利益诉求,包容不同国家和地区处在不同的发展阶段而形成的不同的发展水平和模式,通过互助、合作、发展谋求共赢、共荣、共进。

6 思考题

(1)结合本案例,谈谈跨文化工程实践中"同理心"的内涵及应用原则。

(2)结合本案例,谈谈"一带一路"建设中中国工程企业社会责任的内容。

(3)中国工程企业在"一带一路"建设中如何找准"保持自我"与"适应他人"之间的平衡点?请结合本案例作具体分析。

案例 13.3 使用说明

1 案例摘要

2006 年 7 月,深圳传音控股股份有限公司(简称"传音控股")成立。由于中国手机市场中国际化品牌互相拼杀,国产品牌生存空间有限,传音控股开启了拓土非洲市场的发展之路。立足"中国科技品牌出海"这一定位,传音控股告别急功近利的增长模式,在非洲当地进行了大量的实地考察与调研,通过本土化创新的产品满足当地消费者多元化的需求。根据互联网数据中心(Internet Data Center,IDC)统计数据,从全球全品类手机出货量及市场占有率来看,2021 年,传音控股手机整体出货量约 1.97 亿部,全球市场占有率达 12.4%,在全球手机品牌厂商中排名第三,其中智能机在全球智能机市场的占有率为 6.1%,排名第六;在非洲智能机市场的占有率超过 40%,继续巩固和扩大非洲第一的领先优势,是当之无愧的"非洲之王"。

2 课前准备

课前熟悉中国工程企业"走出去"的发展历程,"一带一路"战略的实施背景、价值理念、

---

① 2015 年 9 月 28 日,中国国家主席习近平在第七十届联合国大会一般性辩论的讲话中提出"和平、发展、公平、正义、民主、自由,是全人类的共同价值",并系统阐述了其"人类共同价值"思想。虽然当前世界在国家利益、意识形态、宗教信仰以及文化传统等各个方面还存在着差异,但与此同时也存在超越这些差异和冲突的共同利益和共同价值,和平、发展、公平、正义、民主、自由就是各民族、各国家在自己的历史实践中形成的带有人类共性的价值。

内容步骤以及近年中国工程企业在海外发展的经验与教训。重点梳理中非文化的迥异性、中国手机军团在海外尤其是非洲拓展的本土化策略与成功经验；重点把握中国工程企业"走出去"后本土化及多元化发展的基本原则以及中国工程企业的社会责任；凝练和总结中国工程跨文化实践的价值原则和行为规范。

3　教学目标

要求通过对此案例的讨论和分析，让学生全面理解"一带一路"战略的内涵和意义；让学生理解工程跨文化实践的复杂性，熟悉中国工程海外的经验和教训。

从工程的跨文化实践角度鼓励学生梳理、归纳、总结中国工程企业跨文化发展的本土化策略与成功经验。

从工程伦理的角度让学生理解中国工程企业"走出去"的社会责任；理解中国制造业企业向非洲等不发达国家(或地区)产业转移过程中力求做到"义利相兼"的必要性及重要性；理解和内化中国工程跨文化实践的价值原则。

4　分析的思路与要点

(1) 本案例围绕中国工程企业海外经营可能遇到的伦理问题(或困境)展开，主要解决4个方面的问题：

① 工程跨文化实践的复杂性具有哪些特点？

② 如何以中国伦理智慧的圆融，找准"保持自我"与"适应他人"之间的平衡点？

③ 如何从产业转移中的工程伦理议题思考并讨论"义利相兼"的必要性及重要性？

④ 该怎样赋予"义利相兼、和而不同、务实有为、诚朴尽责"在工程跨文化活动中的实践意义？

首先概述中国工程企业"走出去"的发展历程，全面介绍"一带一路"战略的实施背景、价值理念、内容步骤以及近年中国工程企业在海外发展的经验与教训，凸显工程跨文化的诸种伦理困境。其次结合案例，分析传音在其产业转移中本土化策略的切实性和优势，分析传音拓土非洲背后的文化理解及文化融合的智慧。再次，总结中国传统文化元素对中国工程跨文化实践的积极作用，并分析传音积极履行社会责任的动因及主要做法。最后，凝练中国工程跨文化实践的价值原则，总结中国工程跨文化实践的行为规范。

(2) 知识点与能力点

"一带一路"；工程的跨文化实践；同理心；工程企业及工程师的社会责任；中国工程跨文化实践的价值原则；中国工程跨文化实践的行为规范。

5　课堂安排

(1) 时间安排

课前阅读"一带一路"相关资料及案例资料3 h，讲授1 h，讨论2 h。

(2) 组织引导

① 提前布置关于"一带一路"相关背景资料的学习，让学生初步了解自20世纪80年代至今中国工程企业"走出去"的发展历程，了解中国手机企业"出海"的基本做法、成功经验与

不足之处。

②在课堂上通过讲述案例的具体情节,通过梳理传音拓土非洲的发展历程,分析传音在其产业转移中的本土化策略的切实性和优势,总结工程跨文化实践中促进文化理解与融合的有益做法。

③通过梳理案例中传音破解发展困境的应对策略和现实做法,分析其背后中国传统文化的影响因素,凝练中国工程跨文化实践的价值原则。

④总结中国工程跨文化实践的行为规范。

⑤课后,可安排学生开展对于参与"一带一路"战略实施的省内工程企业的调研活动,并形成调研报告,进行课堂展示和交流。

参考文献

[1] 吴清.传音手机:一年一亿部称雄非洲的背后[EB/OL].(2022-01-08)[2022-08-26]. http://finance. sina. cn/tech/2022-01-08/doc-ikyamrmz3838741. shtml.

[2] 张俊.国产手机出海另类样本:传音的非洲称王之路[EB/OL].(2018-09-10)[2022-08-15]. https:// www. huxiu. com/article/261958. html.

[3] 张阳.中国手机界隐形冠军:传音非洲市场成功不只靠低价[EB/OL].(2018-10-11)[2022-08-15]. https://tech. huanqiu. com/article/9CaKrnKdvQd.

[4] 传音手机全球出货量仅次华为 有望成为科创板巨头[EB/OL].(2019-03-18)[2022-08-15]. http:// finance. sina. com. cn/stock/kechuangban/qydt/2019-03-18/doc-ihrfqzkc4913708. shtml.

[5] 非洲之王传音:四卡四待,唯一能拍美黑人的手机![EB/OL].(2018-02-12)[2022-08-15]. https:// www. sohu. com/a/222406538_351912.

[6] 华为进入非洲市场的营销策略分析[EB/OL].(2019-10-29)[2022-08-15]. https://www. kchuhai. com/report/view-2966. html.

[7] 传音的本地化2.0与中非企业文化[EB/OL].(2018-07-03)[2022-08-15]. https://www. sohu. com/ a/239098458_100055509.

[8] 卢晓.拿下非洲,困于印度?传音控股还能靠功能机走多远[EB/OL].(2019-04-04)[2022-08-15]. http://finance. sina. com. cn/roll/2019-04-04/doc-ihvhiewr3261334. shtml.

[9] 太阳.传音:远征非洲的传奇[EB/OL].(2019-10-08)[2022-08-15]. http://www. ceconline. com/ strategy/ma/8800101631/01/.

[10] 中新网.传音控股:携手联合国难民署支持非洲儿童教育事业[EB/OL].(2020-06-19)[2022-08-15]. https://baijiahao. baidu. com/s?id=1669924702875120676&wfr=spider&for=pc.

[11] 传音控股年营收494亿净利增四成,手机出货1.97亿部全球市占率达12.4%[EB/OL].(2022-04-28) [2022-08-15]. https://baijiahao. baidu. com/s?id=1731322935683116824&wfr=spider&for=pc.

后　记

工程伦理教育因其在培养工程师的责任意识、规范认知以及伦理决策能力方面的重要作用，近年来得到社会各界的高度重视。《工程伦理案例集》的编写旨在贯彻落实中央关于高等教育"把立德树人作为中心"的重要教育理念。这项工作的意义在 2022 年中共中央办公厅和国务院办公厅印发的《关于加强科技伦理治理的意见》中得到进一步的体现。

案例教学是提高工程伦理教育质量的一种有效教学形式。近年来，全国工程专业学位研究生教育指导委员会（以下简称"全国工程教指委"）一直致力于加强工程伦理的师资、教学、教材和案例库等系列建设工作。在 2022 年举办的全国工程类硕士专业学位研究生教育系列专题研修会"塑意识，强责任——工程伦理与教学工作"专题会议、工程伦理教育工作坊、工程伦理案例教学师资研修会等会议上，工程伦理案例教学及案例库建设成为交流研讨的重点之一。

由李正风、丛杭青、王前教授等编著的《工程伦理》教材出版后，得到师生的广泛认可。为提供更多能反映新时代工程形态以及中国工程与产业实践的分析案例，受全国工程教指委委托，我们在《工程伦理》教材第 2 版总论和分论共 13 章的基础上，编写了 28 个配套案例，并在每个案例文本后附有一份案例教学指导说明书。本案例集的编写得到了全国高校教师、研究生和一线工程管理人员的积极响应。案例作者以一线教学研究力量为骨干，既有国内知名专家，也吸纳了一批国内中青年学者，以及有丰富工程实践经验的清华大学创新领军工程项目博士研究生。

为保证编写质量，编者在案例作者和主题的选择以及评审等环节严格把关。案例选择力图体现四个特点：典型性，能够很好地展现《工程伦理》教材中的重点与难点，并有所补充和扩展；新颖性，突出新的工程形态所体现的伦理问题；激励性，以正面叙事为主，彰显新时代中国工程伦理的精神气质；原创性，提倡一手案例，鼓励编写人或结合自身实践，或深入田野，掌握鲜活的一手资料。由于每个案例作者写作思路不一，编者力求在保证案例集整体一致性，即教材与案例之间、同一章节案例之间相互衔接、相得益彰的同时，体现案例类型和写作风格的多元化。案例集顺利完稿得益于作者的辛勤写作和评审专家的严格把关。由于编者统稿水平有限，书中难免会存在不足之处，敬请方家批评指正。

案例集从启动到最终顺利出版，前后历时两年。这期间离不开全国工程教指委在每个环节上的大力支持。中国学位与研究生教育学会副会长、清华大学杨斌副校长为案例集作序，充分肯定了案例教学和案例集编写工作的意义。全国工程教指委秘书处连彦青主任，曾巧巧、刘静女士，以及中国学位与研究生教育学会沈岩副秘书长提供了很多宝贵的指导意见和细致帮助。案例集的出版也离不开清华大学研究生院和深圳国际研究生院的积极支持。华润学习与创新中心对案例集的组织编写工作提供了很多无私帮助，体现了产业界对工程伦理教育的重视和迫切需求。清华出版社冯昕、赵从棉编辑不辞辛劳的工作，保证了案例集的顺利出版。在此表达最诚挚的谢意！

王蒲生　李平　刘立栋

2022 年 9 月